Das Arbeitsgedächtnis ist so etwas wie der Merkzettel unseres Gehirns: Je kleiner er ist, desto weniger können wir behalten. Und desto schlechter können wir Informationen sortieren, bewerten und verarbeiten. Die gute Nachricht ist: Das Arbeitsgedächtnis lässt sich trainieren, der Merkzettel lässt sich aktiv vergrößern.

Wie das funktioniert, zeigen die Psychologin Tracy und der Spezialist für Gedächtnistraining Ross Alloway. Mit Tests, Übungen, Spielen, Rezepten sowie anschaulichen Beispielen und Tipps aus ihrer Forschungs- und Arbeitspraxis.

Tracy Alloway ist Professorin für Psychologie an der Universität North Florida. Zuvor war sie Leiterin des Center for Memory and Learning in the Lifespan (Center für lebenslanges Erinnern und Lernen) in Stirling, Großbritannien. Ihre Forschungsschwerpunkte sind Arbeitsgedächtnis und Bildung, und in diesem Zusammenhang hat sie den international anerkannten Test Alloway Working Memory Assessment entwickelt. Sie bloggt auf Psychology Today.

Ross Alloway ist Inhaber der Firma Memosyne Ltd. Sie entwickelt und vertreibt Unterrichtsmaterialien für Arbeitsgedächtnistraining. Ross Alloway hat u. a. die Lernhilfe »Jungle Memory«, entwickelt, die in über zwanzig Ländern angewendet wird.

Weitere Informationen, auch zu E-Book-Ausgaben, finden Sie bei www.fischerverlage.de

Tracy & Ross Alloway

Wir sind intelligenter als wir denken

Das Arbeitsgedächtnis optimal nutzen

Aus dem Amerikanischen
von Gabriele Herbst

FISCHER Taschenbuch

Erschienen bei FISCHER Taschenbuch
Frankfurt am Main, Juni 2014

Die amerikanische Originalausgabe erschien unter dem Titel
›The Working Memory Advantage‹
im Verlag Simon & Schuster, New York
© 2013 by Tracy Alloway and Ross Alloway
Für die deutsche Ausgabe:
© S. Fischer Verlag GmbH, Frankfurt am Main 2014

Satz: Fotosatz Amann, Memmingen
Druck und Bindung: CPI books GmbH, Leck
Printed in Germany
ISBN 978-3-596-19892-4

Für unsere kleinen Helden, M. und M.

Inhalt

Teil I **Was Ihr Arbeitsgedächtnis für Sie tut**
  1 Willkommen im Reich des Arbeitsgedächtnisses **11**
  2 Warum das Arbeitsgedächtnis wichtig ist für Erfolg **41**
  3 Verschüttet, aber unverzagt – wie das Arbeitsgedächtnis uns glücklicher macht **62**
  4 Misserfolge, schlechte Gewohnheiten und Irrwege **81**
  5 Das wichtigste Instrument des Lernens – das Arbeitsgedächtnis in der Schule **98**
  6 Die neue Leib-Seele-Einheit – das Arbeitsgedächtnis beim Sport **134**

Teil II **Das Arbeitsgedächtnis fördern und verbessern**
  7 Das Arbeitsgedächtnis über die Lebensspanne **167**
  8 Arbeitsgedächtnistraining Grundkurs **209**
  9 Geheimnisse von Arbeitsgedächtnisspezialisten **222**
 10 Nervennahrung – Treibstoff für Ihr Arbeitsgedächtnis **249**
 11 Sieben Gewohnheiten, um das Arbeitsgedächtnis aufzuladen … und ein paar, die Sie vermeiden sollten **270**

Teil III **Zukunft und Vergangenheit des Arbeitsgedächtnisses**
 12 Ein Utopia für das Arbeitsgedächtnis **293**
 13 Am Vorabend des Arbeitsgedächtnisses **308**
    Arbeitsgedächtnis-Trainingshandbuch zum raschen Nachschlagen **333**
    Dank **351**
    Bibliographie **355**

Teil I

Was Ihr Arbeitsgedächtnis für Sie tut

1
Willkommen im Reich des Arbeitsgedächtnisses

Im Dezember 2005 verkaufte ein Makler an der Tokioter Börse 610 000 Anteile eines Unternehmens namens J-Com für den sagenhaft niedrigen Preis von einem Yen. Das entspricht heute nicht einmal einem Eurocent. Das Problem war nur, dass er eigentlich eine Aktie für 610 000 Yen hatte an den Mann bringen wollen!

2001 verkaufte ein Londoner Händler Anteile im Wert von *300* Millionen Pfund, obwohl er eigentlich nur für drei Millionen hatte verkaufen wollen. Der Abschluss löste am Markt eine Panik aus, bei der sich 30 Milliarden Pfund in Luft auflösten.

Broker verarbeiten bei Kauf- und Verkaufsentscheidungen Berge von Informationen, doch im Eifer des Gefechts genügt manchmal eine einzige zusätzliche Information – ein Telefonklingeln, das Aufleuchten eines Bildschirms, der Kick, mit Riesensummen zu jonglieren –, und die Konzentration ist weg. Sie können die Informationsflut nicht mehr bewältigen und verlieren den Überblick über die Größenordnungen. Börsenhändler ist ein Beruf mit hohen Anforderungen an eine grundlegende kognitive Fähigkeit, die man als *Arbeitsgedächtnis* bezeichnet.

Das Arbeitsgedächtnis besser nutzen – damit meinen wir, dass diese Fähigkeit Ihnen auf die Sprünge hilft und Ihnen im Leben Auftrieb gibt. Wie Sie sehen werden, verschafft Ihnen das Arbeitsgedächtnis einen Vorteil bei einem breiten Spektrum von Aktivitäten – das reicht vom Alltäglichen, etwa eine wichtige Präsentation zu halten, bis zum Extremen, etwa sich eine 25 Meter hohe Welle hinunterzustürzen. Unseren evolutionären Vorfahren half das Arbeitsgedächtnis, den Schritt vom nackten

Überleben zur erfolgreichen Existenz und zu Wohlstand zu tun. Es machte auch die technologische Entwicklung möglich – von der Knochenkeule als Waffe zum iPhone als Kommunikationsmittel. Wenn Sie Ihr Arbeitsgedächtnis ignorieren, überlasten oder schädigen, schaden Sie sich selbst enorm. Wenn Sie ihm hingegen Beachtung schenken und es verbessern, ist fast alles möglich. Wir haben dieses Buch geschrieben, um jedem die Gelegenheit zu geben, diese lebensverändernde Fähigkeit zum eigenen Vorteil zu nutzen.

Im zurückliegenden Jahrzehnt ist die Forschung zum Arbeitsgedächtnis förmlich explodiert. Es zeichnet sich ab, dass das Arbeitsgedächtnis eine der meistuntersuchten kognitiven Funktionen des 21. Jahrhunderts ist, und wir gehören zu den treibenden Kräften auf diesem Forschungsgebiet. Tracy hat einen bahnbrechenden und hochpräzisen standardisierten Arbeitsgedächtnistest für Pädagogen entwickelt und widmet einen Großteil ihrer Forschungsarbeit der Rolle des Arbeitsgedächtnisses beim Lernen und bei Lernschwierigkeiten. Ross konzentriert sich auf die Entwicklung von Übungen zur Verbesserung des Arbeitsgedächtnisses, und als Geschäftsführer und Gründer von Memosyne Ltd. entwickelte er die Software *Jungle Memory* zum Training des Arbeitsgedächtnisses, die Tausende Schüler und Studenten bereits nutzen. Gemeinsam untersuchen sie beide die Rolle des Arbeitsgedächtnisses in unterschiedlichen Zusammenhängen, etwa, wie es sich mit dem Alter verändert, wie es sich auf die Lebenszufriedenheit auswirkt, was es mit dem Lügen zu tun hat, wie sich Aktivitäten wie Barfußlaufen darauf auswirken und wie es von sozialen Netzwerken wie Facebook beeinflusst wird.

Was ist das Arbeitsgedächtnis?

Das Arbeitsgedächtnis ist unsere Fähigkeit, mit Informationen zu arbeiten. Genauer gesagt ist das Arbeitsgedächtnis die *bewusste Verarbeitung von Information*. Mit *bewusst* meinen wir, dass eine Information in Ihrem Denken präsent ist. Sie schenken ihr Aufmerksamkeit, rücken sie geistig ins Scheinwerferlicht, konzentrieren sich darauf oder treffen auf sie bezogene Entscheidungen. Zudem blenden Sie alles andere willentlich aus. Wenn Sie beispielsweise über ein Aktiengeschäft nachdenken, ignorieren Sie die klingelnden Telefone, das Geplapper Ihrer Kollegen und die Nervosität bei der Erteilung einer Ein-Millionen-Dollar-Order. Mit *Verarbeitung* meinen wir, dass Sie etwas mit der Information machen, mit ihr umgehen, Berechnungen damit anstellen oder sie neu formulieren.

Das klassische Beispiel für einen Beruf, der ein gutes Arbeitsgedächtnis voraussetzt, ist der Fluglotse. Seine Aufgabe besteht darin, den sicheren und reibungslosen Ablauf des Flugverkehrs zu gewährleisten. Da stündlich Hunderte Flugzeuge starten und landen, muss ein Fluglotse über die geistige Beweglichkeit verfügen, mit vielen Variablen gleichzeitig umzugehen, etwa mit Anzeigeinstrumenten, Wetterbedingungen, Verkehrsaufkommen, klaren Anweisungen an die Piloten und raschen Berechnungen. Im Notfall muss er imstande sein, binnen Sekundenbruchteilen Entscheidungen zu treffen, gleichzeitig muss er wirksam mit dem Stress umgehen können, und dem Wissen, dass das Leben von Flugpersonal und Passagieren in seiner Hand liegt.

Ein leistungsfähiges Arbeitsgedächtnis ist aber auch in vielen ganz alltäglichen Situationen von Vorteil. Es sorgt dafür, dass Sie Ihrem Ehepartner zuhören können, während Sie gleichzeitig einen Blick auf Ihr Smartphone werfen und Pfannkuchen für die Kinder backen. Es sorgt dafür, dass Sie trotz der Unterbrechungen durch Ihr ständig klingelndes Telefon und des Geräuschpegels nerviger Kollegen eine komplizierte Tabellenkalkulation fertigstellen. Es sorgt dafür, dass Sie Ihre Aufmerksamkeit ganz Ihrer Abendverabredung widmen und den Drang unterdrücken können, die Fußballergebnisse auf dem Smartphone abzurufen.

Das Arbeitsgedächtnis im Gehirn

Seit mehr als zehn Jahren nutzen Wissenschaftler hoch entwickelte bildgebende Verfahren, um die Funktionsweise des Arbeitsgedächtnisses im Gehirn zu erforschen. Ihren Ergebnissen zufolge arbeiten mehrere Hirnareale zusammen, wenn das Arbeitsgedächtnis in Aktion tritt. Einige der wichtigsten stellt die folgende Abbildung dar:

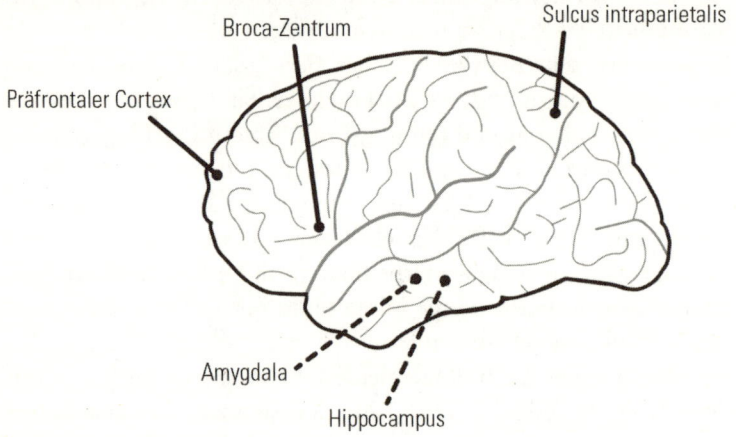

Hauptareale des Arbeitsgedächtnisses

Präfrontaler Cortex (PFC): Der PFC ist der Hauptsitz des Arbeitsgedächtnisses. Er liegt in der vorderen Großhirnrinde und stimmt sich durch elektrische Signale mit anderen Hirnregionen ab; von diesen erhält er Informationen, die Ihr Arbeitsgedächtnis nutzen kann. Auf Gehirnscans leuchtet der PFC auf, wenn das Arbeitsgedächtnis beansprucht wird; er sendet Signale an die verschiedenen Gehirnareale und arbeitet mit den Informationen, die aus diesen Arealen eingehen. Das Arbeitsgedächtnis ist die Hauptfunktion des PFC. Obgleich er der am häufigsten mit dem Arbeitsgedächtnis in Zusammenhang gebrachte Bereich ist, muss man doch darauf hinweisen, dass Wissenschaftler auch in anderen Hirnbereichen Aktivität festgestellt haben, wenn Menschen eine Arbeitsgedächtnisaufgabe ausführen. Dazu gehören der Parietalcortex (im Scheitellappen) und das im Stirnlappen entspringende anteriore Cingulum (vorderer Teil der Gürtelwindung).

Hippocampus: Im Hippocampus ist die Riesenmenge an Wissen, die Sie im Laufe Ihres Lebens angehäuft haben, langfristig gespeichert. Er ist also der Sitz des Langzeitgedächtnisses (LZG). Ihr Arbeitsgedächtnis erlaubt es Ihnen, all diese im Langzeitgedächtnis gespeicherten Informationen durchzugehen und die für die vorliegende Aufgabe wichtigsten herauszufischen. Es verleiht Ihnen die Fähigkeit, das aufbewahrte Wissen mit neu eintreffenden Informationen zu verknüpfen und neue Informationen in Ihr Langzeitgedächtnis zu übertragen.

Amygdala: Die Amygdala (oder der Mandelkern) ist das Gefühlszentrum des Gehirns. Wenn Sie eine starke Emotion wie Furcht empfinden, wird Ihre Amygdala aktiviert. Das Arbeitsgedächtnis ist unter anderem für die Kontrolle der Gefühle wichtig; es bearbeitet die von der Amygdala eingehenden emotionalen Informationen und verhindert, dass sie Sie von der Aufgabe ablenken, an der Sie gerade arbeiten. Wenn jemand im Kino »Feuer!« schreit, hilft Ihnen Ihr Arbeitsgedächtnis, die von der Amygdala gesendete Angst im Zaum zu halten, damit Sie den Raum ruhig verlassen können, ohne eine Panik zu verursachen.

Sulcus intraparietalis: Der Sulcus intraparietalis sitzt im oberen hinteren Teil des Gehirns und bildet dessen Mathezentrum. Müssen Sie Berechnungen anstellen, etwa die günstigste Hypothek wählen oder grob abschätzen, wie weit Sie mit einem viertelvollen Tank noch kommen, stützt sich Ihr Arbeitsgedächtnis auf dieses Areal. Wie wichtig der Sulcus intraparietalis für die mathematischen Fähigkeiten ist, haben Forscher nachgewiesen: Wenn sie ihn bei ihren Versuchspersonen durch Anlegen von Schwachstrom außer Gefecht setzen, fällt es diesen plötzlich schwer, einfachste Rechenaufgaben zu lösen, etwa anzugeben, ob 4 größer ist als 2.

Broca-Zentrum: Dieses Areal liegt im linken Frontallappen (Stirnlappen) und ist zuständig für das Sprachverständnis und flüssiges Sprechen, Redefluss, Sprechgeläufigkeit. Jedesmal wenn Sie schreiben oder mit Freunden, Angehörigen, Kollegen oder einer/m Angebeteten sprechen, verarbeitet Ihr Arbeitsgedächtnis Informationen aus diesem Bereich. Ob Sie ein schlagfertiger Wortakrobat sind oder ob Sie über Ihre eigene Zunge stolpern, hängt zum Teil von der Leistungsfähigkeit Ihres Arbeitsgedächtnisses ab. Wir haben dies kürzlich auf einer Hochzeitsfeier miterlebt: Der Trauzeuge erhob sich zu seiner Glückwunschrede und merkte dabei, dass er seine Notizen im Auto hatte liegen lassen. Statt sich nun durch eine Kette von »Ähs« und »Öhs« zu kämpfen, taten sich sein Arbeitsgedächtnis und sein Broca-Zentrum zusammen und halfen ihm, eine wortgewandte, gefühlvolle Ansprache aus dem Stegreif zu halten.

Was das Arbeitsgedächtnis nicht ist

Bei jedem unserer Vorträge über das Arbeitsgedächtnis hebt ein Zuhörer die Hand und fragt: »Ist das nicht dasselbe wie das Kurzzeitgedächtnis?« Die Antwort lautet unmissverständlich *nein*. Unter Kurzzeitgedächtnis versteht man die Fähigkeit, sich für einen sehr kurzen Zeitraum an Informationen zu erinnern, etwa an den Namen eines Partygastes und dessen Beruf oder an den Titel eines empfohlenen Buches. Üblicherweise behalten wir solche Informationen nicht sehr lange im Kopf – für ein paar Sekunden vielleicht –, und gewöhnlich würde es uns schwer fallen, uns tags darauf des Namens dieser Person oder des Buchtitels zu entsinnen. Das Arbeitsgedächtnis macht es uns möglich, mit der vorliegenden Information *etwas anzufangen* statt sie sich einfach nur kurz ins Gedächtnis zu rufen.

Nehmen wir an, Sie sind auf einer geschäftlichen Veranstaltung und lernen dort Keith, einen Unternehmensberater für Kleinbetriebe kennen. Er erwähnt, jeder Existenzgründer müsse unbedingt das Buch *Grundlagen des Unternehmertums* lesen. Sofort fällt Ihnen ein, dass Ihre Bekannte Theresa daran denkt, sich mit einer eigenen Firma selbständig zu machen, und Sie notieren sich rasch den Titel, um ihr später eine Nachricht zu schicken. Es ist Ihr Arbeitsgedächtnis, das dafür sorgt, dass Ihnen Theresas Vorhaben, das im Langzeitgedächtnis gespeichert ist, wieder einfällt und dass Sie dieses Wissen mit der neuen Information über den Nutzen des Buches für angehende Unternehmer verbinden.

Das Arbeitsgedächtnis unterscheidet sich auch vom Langzeitgedächtnis. Das Langzeitgedächtnis ist die Bibliothek des Wissens, das Sie über die Jahre angehäuft haben – Wissen über Länder, wahllos aufgelesene Fakten, Erinnerungen an Ereignisse aus Ihrer Schulzeit und sogar die Werbesongs, die Sie als Kind im Fernsehen gehört haben. Informationen können in Ihrem Langzeitgedächtnis über beliebige Zeiträume von ein paar Tagen bis zu vielen Jahrzehnten gespeichert bleiben.

Das Arbeitsgedächtnis erlaubt Ihnen, auf diese Informationen zuzugreifen und sie sinnvoll zu nutzen. Sie können sie aus Ihrem Langzeitgedächtnis hervorholen, sofort verwenden und sie dann wieder dort verstauen. Das Arbeitsgedächtnis ist außerdem der Mechanismus, mit dem neue Informationen ins Langzeitgedächtnis übertragen werden, etwa wenn Sie eine Fremdsprache lernen.

Das Arbeitsgedächtnis als Dirigent

Sie können sich das Arbeitsgedächtnis als den Dirigenten Ihres Gehirns vorstellen. Der Dirigent eines Orchesters leitet all die unterschiedlichen darin versammelten Instrumente und bringt sie in Einklang. Ohne ihn wäre das Ergebnis eine Kakophonie: Die Piccoloflöte spielt vielleicht gerade dann, wenn eigentlich das Klavier dran ist, oder ein donnernder Paukenwirbel übertönt die Geigen. Betritt der Dirigent die Bühne, tritt Ordnung an die Stelle von Chaos.

Ähnlich bringt Ihr Arbeitsgedächtnis Ordnung in die tägliche Informationsflut: die E-Mails, die klingelnden Telefone, den sich ständig ändernden Terminplan, den neu zu lernenden Mathestoff, den entmutigenden Facebook-Eintrag Ihrer/s Freundin/es, die neuen Twitter-Nachrichten, die brandeilige Präsentation für einen möglichen Neukunden. In diesem Ozean von Informationen, in dem alles gleich wichtig zu sein scheint, erfüllt Ihr Arbeitsgedächtnis-Dirigent zwei Hauptfunktionen:

1. Er ordnet Informationen nach Priorität und verarbeitet sie, sodass Sie Unwichtiges ignorieren und nur das Wichtige bearbeiten können.
2. Er hält Informationen fest, damit Sie damit arbeiten können.

In diesem Buch bezeichnen wir das Arbeitsgedächtnis gelegentlich als *Dirigenten* oder *Arbeitsgedächtnis-Dirigenten*, wenn wir über diese Funktionen sprechen.

Damit Sie sich vorstellen können, wie Ihnen Ihr Arbeitsgedächtnis-Dirigent bei der Arbeit nützt, versetzen Sie sich einen Augenblick lang in Mark, einen Manager der mittleren Führungsebene in der Tablet-PC-Abteilung von Microsoft. Der Tablet hat durch den iPad 700, der holographische Bilder darstellen kann, eine Schlappe hinnehmen müssen. Die Benutzer des iPad 700 finden es großartig, dass sie ihre Bilder und Tabellen dreidimensional sehen können. Nun werden Sie zu einer Besprechung beordert, in der ein Erfinder einen Tablet namens FeelPad vorstellt. Er kann Hologrammen Masse verleihen. FeelPad-Benutzer können Bilder erzeugen, die man berühren und spüren und nicht nur betrachten kann. Sie sind wirklich beeindruckt. Und weil Sie in der Hackordnung weiter unten rangieren, können Sie nur dabei sitzen und fasziniert sein, weil in solchen Besprechungen niemand je eine Frage an Sie richtet. Bis heute.

Bill Gates wendet sich um und schaut Ihnen in die Augen. »Mark, wird das unserem Tablet einen Vorteil verschaffen?«

In diesem Augenblick wird Ihnen blitzartig klar, dass Gates Sie irrtümlich für den Produktmanager hält. Ihre Amygdala, das emotionale Herz Ihres Gehirns, jagt eine Woge von Angst und Schrecken durch Ihre Adern. Sie könnten Gates aufklären, aber dann könnten Sie Ihre Karriere gleich abschreiben. Oder Sie könnten mit dem Strom schwimmen und schauen, wohin er Sie trägt. Der Dirigent übernimmt das Regiment, und Sie beschließen, etwas zu riskieren. Weil Sie über die Technik des FeelPad kaum Bescheid wissen, müssen Sie sich auf das stützen, was Sie gerade gehört haben, und eine Antwort zusammenschustern, welche die Schlüsselmerkmale der Technologie und Ihre Einschätzung der Marktchancen zusammenfasst.

»Na ja«, setzen Sie an, »ich glaube, dass der Bekanntheitsgrad des iPad 700 so gewaltig ist, dass wohl beträchtliche Investitionen nötig sind, um die Verkaufszahlen von Apple anzukratzen, aber wenn der FeelPad wirklich Bilder zum Leben erwecken kann, dann hätten wir damit möglicherweise einen echten iPad-Killer.«

»Prima«, erwidert Bill. »Apple will sich die Technologie ebenfalls ansehen, und der Erfinder gibt uns einen Tag, um ein Angebot vorzulegen. Sie haben zehn Minuten für die Entscheidung, ob wir sie kaufen sollten.«

Zehn Minuten? Sie gehen sofort an Ihren Platz im Großraumbüro, um einen Plan zu erstellen. Die Zeit reicht nicht für einen detaillierten Vorschlag, aber sie genügt, um die wichtigsten technischen Stichpunkte, Marktanalysen, Programmierprobleme und Kostenvoranschläge zusammenzustellen. Sie ignorieren das klingelnde Telefon, die blinkende E-Mail-Benachrichtigung und das gedämpfte Stimmengewirr und wandeln einen Markteinführungsplan ab, mit dem Sie bereits vertraut sind. So zeigen Sie, dass der FeelPad mit der richtigen Software und viralen Marketingprogrammen den iPad 700 vernichtend schlagen kann. Bill gefällt Ihr Plan so gut, dass er Sie zum Projektmanager ernennt. Binnen eines Jahres wendet der FeelPad im Alleingang die Geschicke von Microsoft, und Sie werden zum stellvertretenden Leiter der Produktentwicklung befördert. Glückwunsch!

Diese bemerkenswerte Wendung des Schicksals geht darauf zurück, dass Ihr Dirigent auf Optimalniveau gearbeitet hat. Er machte es Ihnen möglich, wichtige, Ihnen bereits vorliegende Informationen, etwa Markteinführungsstrategien, aus dem Hut zu ziehen und sie auf die potentiellen Erfordernisse des neuen Geräts abzustimmen. Zudem hielt der Dirigent Sie bei der Stange und blockierte ablenkende Informationen wie das Telefonklingeln, den Bürolärm und die aufsteigende Angst, diese Chance zu vermasseln. Er stellte sicher, dass Sie Hardware, Software und Finanzdaten parat hatten. Er sorgte zudem dafür, dass Sie all dies lange genug im Kopf behielten, um Ihren Plan zu erstellen.

Wie das Arbeitsgedächtnis Ihnen im Alltag hilft

Das Arbeitsgedächtnis verschafft Ihnen den Vorteil des Informationsmanagements auch in Ihrem täglichen Leben, und zwar von der Geburt bis ins reife Alter. Es folgt eine kurze Vorschau auf nur einige seiner zahlreichen Nutzeffekte. Viele davon werden wir im Verlauf des Buches genauer erläutern.

Informationen Priorität zuweisen

Ein leistungsfähiges Arbeitsgedächtnis hilft Ihnen, die täglich auf Sie einstürzende Flut von E-Mails, SMS, Facebook-Aktualisierungen, Tweets und telefonischen Nachrichten zu bewältigen. Ihr Dirigent sorgt dafür, dass Sie all diese Daten verarbeiten und nach Priorität ordnen können. Das versetzt Sie in die Lage, auf das Wichtigste zuerst zu reagieren, sich im Kopf eine Notiz zu machen, um einige Dinge später zu erledigen, und alles Unbrauchbare ohne Umschweife in den Papierkorb zu befördern.

Sich auf das Wichtige konzentrieren

Im Leben lauern überall Ablenkungen, und das Arbeitsgedächtnis hilft uns, unsere Aufmerksamkeit auf das zu richten, was wirklich zählt. Torkel Klingberg vom schwedischen Karolinska Institutet fand heraus, dass eine der wichtigsten Funktionen des Arbeitsgedächtnisses darin besteht, selektiv Ablenkungen auszublenden, damit wir uns auf relevante Informationen konzentrieren können. Ein persönliches Beispiel: In der Endphase der

Arbeit an diesem Buch brach im Haus ein kleiner Kabelbrand aus, unser Auto blieb liegen und musste abgeschleppt werden, unser Kühlschrank gab den Geist auf (was eine leichte Lebensmittelvergiftung zur Folge hatte) und unser Babysitter musste wegen eines familiären Notfalls die ganze Woche frei nehmen. So saßen wir allein mit zwei ungestümen Jungs da, die lautstark um unsere Aufmerksamkeit kämpften, während wir eigentlich arbeiten mussten. Das Arbeitsgedächtnis half uns, mit all den Zwischenfällen fertig zu werden, einen Betreuungsplan für unsere Söhne zu erstellen und dann unsere Aufmerksamkeit rasch wieder dem Buch zuzuwenden, um es termingerecht abzuschließen und an den Verlag zu schicken.

Schnelle Entscheidungen fällen

Sie haben ein Vorstellungsgespräch für Ihre Traumstelle im Verkauf und sind rundum vorbereitet – Sie haben sich gründlich informiert über das Unternehmen, seine Kunden, seine Wettbewerber und seine Verkaufsstrategien. Doch völlig unvermittelt bringt Sie die Gesprächsleiterin mit einer völlig abwegigen Frage aus dem Konzept: »Sie haben einen Termin bei einem Kunden in einem Industriepark mit einem abgeschlossenen Parkplatz. Wo parken Sie?« »Bitte?« Sie zögern, dann kramt Ihr Arbeitsgedächtnis im Tresor Ihres Kurzzeitgedächtnisses herum und fördert eine Geste der Gesprächsleiterin zutage; sie hatte während des Gesprächs auf ihren Wagen – abgestellt auf dem Parkplatz neben der Ausfahrtschranke – gewiesen. Sofort fällt bei Ihnen der Groschen: Wo sie parkt, sollten ihrer Ansicht nach auch Sie parken. Also antworten Sie: »Ich würde gleich neben der Ausfahrt parken.« Bingo! Sie kriegen den Job.

Risiken besser kalkulieren

Ihr Dirigent hilft Ihnen, sich auf die wesentlichen Informationen zu konzentrieren, wenn Sie das Für und Wider eines möglicherweise riskanten Vorhabens abwägen, und er bewahrt Sie davor, blindlings mit dem Strom zu schwimmen oder der Masse zu folgen. Wenn beispielsweise die Facebook-Aktien, die Sie gekauft haben, sofort nach dem Börsengang in den Keller gehen, dann hilft Ihnen Ihr Arbeitsgedächtnis bei der Entscheidung, ob Sie sie abstoßen oder behalten sollen.

Leichter lernen in der Schule

Kinder nutzen jedes Mal, wenn sie den Fuß ins Klassenzimmer setzen, ihren Dirigenten. Er hilft ihnen, ablenkende Informationen wie das Flüstern von Klassenkameraden zu unterdrücken und sich bei komplexen Aufgaben zu merken, wo sie gerade sind. Auch sorgt er dafür, dass sie auf sämtliche für eine Aufgabe benötigten Informationen wie Zahlen oder Wörter zugreifen können. Und durch ihn können sie diese Informationen im Kopf behalten und die Aufgabe so rasch wie möglich zu Ende bringen.

Urteile fällen

Schnelle Entscheidungen darüber zu fällen, was Sie mögen und was nicht, und wie Sie in bestimmten Situationen handeln sollen, ist eine Aufgabe, die das Arbeitsgedächtnis intensiv beansprucht. Es mag Sie überraschen, aber sogar Attraktivitätsurteile hängen stark vom Arbeitsgedächtnis ab. Wenn Sie in der anderen Ecke einer Bar eine Person erblicken, durchforstet Ihr Arbeitsgedächtnis die Kartei Ihres Hippocampus nach Ihren Kriterien für schöne Menschen. Dann sorgt es dafür, dass Ihnen diese Information gegenwärtig bleibt, während Sie die neue Person mit dem geistigen Bild vergleichen und eine Entscheidung treffen: aufregend oder langweilig? Derselbe Vorgang läuft ab, wenn Sie entscheiden, ob Ihnen ein Horrorfilm gefällt. Reicht das Leinwandmonster an die anderen in Ihrem Hippocampus gespeicherten heran?

Was das Handeln angeht, so hat das Arbeitsgedächtnis das Heft in der Hand. Wenn Sie in einen Autounfall verwickelt werden, der andere Fahrer aus seinem Wagen springt und sich Ihnen in drohender Haltung nähert, dann spult Ihr Arbeitsgedächtnis in rascher Folge verschiedene Szenarien vor Ihrem geistigen Auge ab, damit Sie entscheiden können, ob Sie besser ebenfalls aussteigen oder die Türen verriegeln und 110 wählen.

Sich neuen Situationen anpassen

Haben Sie sich je gefragt, warum es manchen Menschen gelingt, nach einer Entlassung, Scheidung oder einem beruflich bedingten Umzug ans andere Ende des Landes auf die Füße zu fallen und neu durchzustarten, während andere sich damit schwer tun? Ein gutes Arbeitsgedächtnis ist das A und O, um sich privat und beruflich erfolgreich neu zu orientieren, sich nach vielen Ehejahren wieder »auf den Markt« zu begeben oder sich ein neues Leben in einem neuen Zuhause aufzubauen. Warum? Weil der Arbeitsgedächtnis-Dirigent es Ihnen erlaubt, reibungslos von einem Gedanken zum nächsten überzugehen, die Welt mit anderen Augen zu sehen und alte Informationen neu zu bewerten.

Motiviert bleiben, um langfristige Ziele zu erreichen

Nehmen wir an, Sie studieren mit dem Ziel einer Karriere als Anwalt in einer Spitzenkanzlei. Der erste Schritt auf dem Weg zu diesem Ziel ist das Bestehen des Zulassungstests. Das Tolle an dieser Prüfung ist, dass das Lernen tatsächlich Ihre Chancen dafür erhöht. Wenn Sie also fleißig lernen, dürften Sie gut abschneiden, auf eine der besten juristischen Fakultäten kommen und Ihr Endziel erreichen. Das Arbeitsgedächtnis hilft Ihnen, Ihr Ziel im Auge zu behalten, und gibt Ihnen die nötige Motivation, Ihre Nase auch dann in die Bücher zu stecken, wenn Ihre Freunde zu einer Party aufbrechen und Sie auffordern mitzugehen. Das Arbeitsgedächtnis hilft Ihnen, nein zu sagen.

In einer aussichtslosen Situation optimistisch bleiben
Ihr Dirigent ist so verdrahtet, dass er Emotionen in relevant und irrelevant unterteilt. Er interpretiert die Signale von der Amygdala, dem primitiven emotionalen Kern des Gehirns, der Gefühle wie Furcht und Ängstlichkeit erzeugt, und dämpft dann diese Emotionen, damit wir uns auf positive Gedanken konzentrieren können. Weiter unten verdeutlichen wir Ihnen das am Beispiel des Bergmanns Mario Sepulveda. Er war einer der 30 Männer, die 2010 nach einem Minenunglück in Chile gerettet wurden. Mit seinem Humor hatte er verhindert, dass die Gruppe verzweifelte. Selbst in den düstersten Zeiten unter Tage hatte sich Mario seinen Optimismus bewahren können, weil er sein Augenmerk ganz auf die Zukunft richtete.

Dem eigenen moralischen Kompass folgen
Das Arbeitsgedächtnis hilft Ihnen, im Beruf, im Umgang mit anderen und sogar in der Liebe das Richtige zu tun. Es kann Ihnen helfen, treu zu bleiben, während andere fremdgehen. Die Forschung hat nachgewiesen, dass ein gutes Arbeitsgedächtnis zur Selbstkontrolle in Liebesdingen beiträgt. Menschen mit einem leistungsfähigen Arbeitsgedächtnis schaffen es, sich ihre Beziehungsziele stets vor Augen zu halten und ihre Beziehungen zu schützen, wenn diese bedroht werden – wenn beispielsweise ein/e attraktive/r Kollege/in Sie auf einer Geschäftsreise versucht zu verführen. Umgekehrt sind Menschen mit einem schwachen Arbeitsgedächtnis anfälliger für solche Gelegenheiten zum Seitensprung.

Sportliche Leistungen steigern
Es gibt Zeiten, da kann ein leistungsfähiges Arbeitsgedächtnis Ihr bester Mannschaftskamerad sein. Nehmen wir an, Sie spielen Tennis. Wenn der Ball auf Ihrer Netzseite aufprallt, zu welchem Schlag setzen Sie dann an? Diagonal gespielte Vorhand, Rückhand longline, Lob, Stoppball? Das Arbeitsgedächtnis hilft

Ihnen, die Alternativen zu sichten und die beste zu wählen, während Sie gleichzeitig die Position Ihres Gegners auf dem Feld im Kopf behalten. Je schneller Ihr Arbeitsgedächtnis all diese Informationen verarbeiten kann, desto wahrscheinlicher wird Ihnen der Punktgewinn gelingen.

Was bringt mehr – Arbeitsgedächtnis oder IQ?

Unsere Gesellschaft baut nun seit fast 100 Jahren auf den IQ als *das* Intelligenzmaß der Wahl. Nach allgemeiner Überzeugung sind Ihre Erfolgschancen bei was auch immer umso höher, je höher Ihr IQ ist. Doch ein hoher IQ bedeutet nicht unbedingt, dass Sie im Leben das bekommen, was Sie wollen. Wie gelingt es andererseits Leuten mit unterdurchschnittlichem IQ, Unternehmenschef, Bestsellerautor oder kreativer Erfinder zu werden? Wie fänden Sie es, wenn wir Ihnen jetzt erklären würden, dass der IQ keineswegs das beste Intelligenzmaß oder der beste Vorhersagefaktor für ein erfolgreiches Leben darstellt, schon gar nicht im 21. Jahrhundert?

Die Anfänge des modernen Intelligenztests reichen in das frühe 20. Jahrhundert zurück. 1917, als der Erste Weltkrieg tobte, gewann die U.S. Army Richard Yerkes, den hochangesehenen Vorsitzenden der American Psychological Association dafür, einen Test zu entwickeln, der die Intelligenz von fast drei Millionen Rekruten messen sollte. Die Militärs wollten herausfinden, welche Männer sich zu Offizieren eigneten und welche nur fürs Fußvolk. Yerkes konstruierte einen Test, der das Faktenwissen und den Wortschatz der Rekruten erfasste, also das, was man auch als kristallisierte oder feste Intelligenz bezeichnet.

Doch in Kriegszeiten, wo nichts nach Plan läuft und man sich der Taktik des Feindes anpassen muss oder verliert, ist das reine Wissen konkreter Fakten eigentlich nicht hilfreich. Viele der für hochrangige Positionen ausgewählten Männer versagten kläglich, während einige, die in den niederen Rängen versauerten, sich als ausgezeichnete militärische Köpfe erwiesen. Beim Militär merkte man schnell, dass Yerkes' Test die falschen Männer für die Aufgabe auswählte, und schaffte ihn nach sechs Monaten wieder ab. Doch in der übrigen Gesellschaft bemaß man die Intelligenz weiter an der Menge des kristallisierten Wissens einer Person, und der moderne IQ-Test unterscheidet sich nicht grundlegend von dem von Yerkes. Das ist ein großes Problem.

Dank Google und ähnlicher Suchmaschinen hat sich in der Welt ein tiefgreifender Wandel im Hinblick darauf vollzogen, wie wir Information suchen, aussortieren und aufnehmen. Wir leben im Google-Zeitalter. Für die Kognition ist Google großartig. Es hat die Menge der geistigen Ressourcen, die wir früher auf das Aufstöbern von Fakten verwenden mussten, bevor wir überhaupt etwas damit anstellen konnten, beträchtlich verringert. Weil es Google gibt, müssen wir nicht mehr so sehr auf unsere kristallisierte, mit dem IQ und dem herkömmlichen Intelligenzbegriff verknüpfte Intelligenz bauen, also auf das Auswendiglernen von Fakten, Daten oder Namen. Nur mit ein paar Klicks können wir uns fast jede gewünschte Information verschaffen. Heute besteht das Schlüsselmerkmal von Intelligenz in der Fähigkeit, diese Fakten miteinander zu verknüpfen, Informationen Priorität zuzuweisen und etwas Konstruktives damit anzufangen. Und es gibt eine besondere geistige Funktion, die Ihnen dabei hilft: das Arbeitsgedächtnis. *IQ ist das, was Sie wissen. Arbeitsgedächtnis ist das, was Sie mit Ihrem Wissen anfangen können.*

In einer ihrer ersten Forschungsarbeiten verglich Tracy die Noten von Schülern mit deren IQ und Arbeitsgedächtnispunktwerten. Sie stellte fest, dass Letztere die Noten viel genauer vorhersagten als die IQ-Werte. Wenn Tracy die Kapazität des Arbeitsgedächtnisses eines Kindes kannte, konnte sie dessen Noten mit 95-prozentiger Genauigkeit vorhersagen. In Kapitel 5 werden wir diese und andere Studien genauer unter die Lupe nehmen; sie alle belegen, dass das Arbeitsgedächtnis Ihnen im Unterricht einen größeren Vorteil verschafft als der IQ. Es folgen nur einige der zahlreichen spannenden und zuweilen überraschenden Erkenntnisse, auf die wir in diesem Kapitel eingehen werden:

- Ein gutes Arbeitsgedächtnis bietet die beste Erfolgschance in der Schule und hängt ursächlich mit den Noten zusammen.
- Kinder mit hohen IQ-Werten haben nicht unbedingt ein gutes Arbeitsgedächtnis.
- Ein durchschnittlicher oder sogar hoher IQ bietet dem Schüler nicht unbedingt die Voraussetzungen für Erfolg in der Schule und darüber hinaus.
- Der IQ hängt mit dem sozioökonomischen Status zusammen, das Arbeitsgedächtnis aber nicht; dadurch wird es zu einem großen Gleichmacher.

Die Forschung belegt überdies, dass die Leistungsfähigkeit des Arbeitsgedächtnisses einer Person weitaus mehr beeinflusst als Schulnoten. Eine Fülle neuer, in diesem Buch dargestellter Ergebnisse zeigt, dass die Leistungsfähigkeit Ihres Arbeitsgedächtnisses eine entscheidende Rolle für Ihren Erfolg in vielen Lebensbereichen spielt. Es beeinflusst, ob Sie die innere Stärke besitzen, auf Ihre langfristigen Ziele hinzuarbeiten, ob Sie das Glas als halb voll oder halb leer betrachten und sogar ob Sie es fertig bringen, die Finger vom Knabberzeug zu lassen, wenn Sie eine Diät machen.

Was das Arbeitsgedächtnis schwächt

Leider arbeiten in unserer schnelllebigen Rund-um-die-Uhr-Gesellschaft viele Dinge gegen uns und setzen unserem Arbeitsgedächtnis zu. Und wenn das Arbeitsgedächtnis nicht auf vollen Touren läuft, dann bringt uns das sehr ins Hintertreffen.

Informationsüberlastung
Wenn Ihr Arbeitsgedächtnis nicht auf der Höhe ist, könnten Sie in der überwältigenden Datenflut ertrinken. Todd erhielt auf die harte Tour Aufschluss über die Auswirkungen von Informations-

überlastung. Als einem Gründer mehrerer Firmen war dem 35-jährigen Vater dreier Kinder das irrwitzige Tempo eines High-Tech-Start-Up-Unternehmens im Silicon Valley nicht fremd. Er saß jeden Tag vor vier Bildschirmen, die piepten, blinkten und neue E-Mails, Onlinenachrichten, Websites und Tweets meldeten. Seine Kunden riefen ihn ständig zu Hause an, seine Kinder forderten Aufmerksamkeit, und er war wie verwachsen mit seinem iPhone, während er zwischen seinen häuslichen und beruflichen Pflichten hin und her schaltete. Über ein Jahr lang suchte Todd nun schon nach einem Käufer für seine Firma. Doch als ein großes Unternehmen von der Ostküste per E-Mail Interesse an seiner Firma bekundete, ging die Anfrage im Chaos seines Lebens unter. Erst nach mehr als einer Woche entdeckte er sie in seinem Eingangspostfach. Wäre er nicht endlich darüber gestolpert, als er eines Abends seine zurückliegende Korrespondenz durchsah, wäre ihm vielleicht ein Geschäft durch die Lappen gegangen, das sich dann als zwei Millionen Dollar schwer entpuppte.

Der Reiz der sofortigen Befriedigung

In unserer Ich-will-es-jetzt-Gesellschaft jagen wir der sofortigen Befriedigung nach. Unser Streben nach dem flüchtigen Nervenkitzel durch einen Spontankauf oder den Verzehr einer Tüte Chips, obwohl wir auf Diät sind, verbannt das Arbeitsgedächtnis ins Abseits des Entscheidungsprozesses. Aus diesem Grund wählen wir so häufig kleinere und früher einsetzende Belohnungen, statt auf etwas Größeres und Besseres zu warten, etwa ein dickes Bankkonto oder eine schlanke Taille.

Zeitbeschränkungen

Zeitdruck belastet das Arbeitsgedächtnis und macht Sie anfälliger dafür, Impulsen nachzugeben – ob Sie nun vor einem begrenzt gültigen Sonderangebot stehen oder sich in einem Test für die richtigen Antworten entscheiden müssen – sogar dann, wenn Ihnen Ihr Augenstern das Ultimatum stellt, sich jetzt zu verloben oder sich zu trennen. In Kapitel 2 betrachten wir, wie sich das bei Ebay auswirken kann: Die tickende Uhr setzt Ihr Arbeitsgedächtnis außer Gefecht und erhöht die Wahrscheinlichkeit, dass Sie impulsiv handeln und mehr als nötig bezahlen.

Stress

Druck kann Ihr Arbeitsgedächtnis überlasten und Ihre Leistung am Arbeitsplatz oder in der Schule, ja sogar auf dem Sportplatz sabotieren. Denken Sie an einen A-Jugend-Fußballer, der das Spiel seines Lebens abzuliefern versucht, weil er weiß, dass Talentsucher im Publikum sitzen und dies seine einzige Chance ist, Eindruck auf sie zu machen. Wenn es gilt, in der letzten Minute die entscheidenden Pässe zu spielen, hat er plötzlich Blei in den Beinen. Spiel gelaufen. Chance ade.

Ruhestand

Entschuldigung, dass wir Ihnen Ihre Illusionen rauben, aber wenn Sie von dem Tag träumen, an dem Sie den Acht-Stunden-Trott hinter sich lassen und Ihre Rente genießen können, dann müssen wir Ihnen sagen, dass Ruhestand verblödet. Die Verrentung zieht nicht nur weniger Arbeit nach sich, sondern auch weniger Denken und infolgedessen auch eine geringere Kapazität Ihres Arbeitsgedächtnisses.

Schmerz

Wenn Sie sich schon mal die Hand in der Autotür eingeklemmt oder sich kochendes Wasser über die Beine geschüttet haben, dann wissen Sie, dass man kaum klar denken kann, wenn man Schmerzen leidet. Wissenschaftler haben festgestellt, dass Schmerzen, auch chronische wie Rücken- oder Kniebeschwerden, das Arbeitsgedächtnis beeinträchtigen können.

Liebe

Was hat Liebe mit dem Arbeitsgedächtnis zu tun? Jeffrey Cooper und seine Mitarbeiter vom Trinity College in Dublin fanden 2012 in einer Studie heraus, dass der PFC in der ersten Woge der Verliebtheit eine gewichtige Rolle spielt. Sie machten Aufnahmen des Gehirns von 19- bis 31-Jährigen, die sich auf der Pirsch befanden, und zeigten diesen Fotos potentieller Partner. Einige dieser Bilder riefen Aktivitätsausbrüche in Teilen des PFC der Probanden hervor. Diese nahmen danach an einem Speed-Dating teil, und wie die Forscher feststellten, bemühten sich die Teilnehmer umso häufiger um ein zweites Rendezvous, je stärker ihr PFC aktiviert gewesen war. Wenn Sie merken, dass Ihr Arbeitsgedächtnis bei der ersten Begegnung mit einer Person Überstunden macht, dann besteht eine gute Chance, dass Sie sich ein Herz fassen und sie zum Essen einladen.

Eine spannende neue Forschungsarbeit von Johan Karremans von der niederländischen Rodboud Universität gibt Aufschluss darüber, warum es Männern bei der Begegnung mit einer Frau, die sie attraktiv finden, oftmals die Sprache verschlägt. Der Forscher ermittelte bei Männern geringere Punktzahlen in einem Arbeitsgedächtnistest, nachdem sich diese kurz mit einer schönen Frau unterhalten hatten. Interessanterweise konnte Karremans diesen »Attraktivitätseffekt« bei Frauen nach einem Gespräch mit einem gut aussehenden Mann nicht nachweisen. Er deutet seine Ergebnisse so, dass die traditionellen Geschlechterrollen von Männern verlangen, die Initiative zu einem Gespräch mit einer potentiellen Partnerin zu ergreifen, und das belastet ihr Arbeitsgedächtnis stärker.

Videospiele, Rauchen und übermäßiges Essen

Worin auch immer Ihr Laster bestehen mag, es kann Ihr Arbeitsgedächtnis lahm legen. Ein gesundes Arbeitsgedächtnis hemmt selbstschädigende Gewohnheiten, doch wenn man sich zu häufig Verhaltensweisen mit hohem Suchtpotential durchgehen lässt, dann verursacht dies Veränderungen im Gehirn. Im

Prinzip verbünden sich bestimmte Hirnregionen und nötigen Ihr Arbeitsgedächtnis, dem Suchtverlangen nachzugeben, statt es zu unterbinden.

Wie sich das Arbeitsgedächtnis verbessern lässt

Noch bis vor fünf Jahren glaubte man, das Arbeitsgedächtnis sei unveränderlich – man sei auf das festgelegt, was einem von Geburt an mitgegeben ist. Doch die Forschung besagt etwas anderes. Stellen Sie sich das Arbeitsgedächtnis als Gummiband vor. Manche Gummibänder sind breit, manche schmal, aber alle lassen sich dehnen. Ähnlich kommen wir alle mit einer bestimmten Arbeitsgedächtniskapazität zur Welt. Doch unabhängig von unserer genetischen Veranlagung für ein gutes oder weniger gutes Arbeitsgedächtnis können wir es praktisch alle zu unserem Nutzen dehnen und erweitern.

Unsere Arbeit mit Schülern, die ihr Arbeitsgedächtnis mit Hilfe des von Ross entwickelten *Jungle-Memory*-Programms trainierten, hat bestätigt, dass substantielle Verbesserungen möglich sind. Nehmen wir den Fall eines jungen Mädchens namens Jasmine. Sie bekam häufig zu hören, sie müsse sich »mehr anstrengen«, doch obwohl sie ihr Bestes gab, schaffte sie es einfach nicht, in der Schule mitzukommen oder daheim den Anweisungen ihrer Mutter zu folgen. Nachdem bei Jasmine ein Arbeitsgedächtnisdefizit diagnostiziert worden war, wandte sie acht Wochen lang *Jungle Memory* an, und ihre Leistungen steigerten sich dramatisch. Sie verbesserte ihr Arbeitsgedächtnis um mehr als 800 Prozent (ein erstaunliches Resultat!) und gewann nun sogar Preise in der Schule.

Tracy stellte bei klinischen Versuchen mit lese- und rechenschwachen Schülern ebenfalls beachtliche Verbesserungen fest. Nachdem die Schüler acht Wochen lang regelmäßig mit *Jungle Memory* geübt hatten, zeigten sie phantastische Verbesserungen ihres Arbeitsgedächtnisses; noch aufregender war, dass sich ihre Noten ebenfalls verbesserten – im Allgemeinen um eine ganze

Stufe, also von Drei auf Zwei oder von Zwei auf Eins. Eine weitere Studie zeigte, dass all diese Verbesserungen mindestens acht Monate lang erhalten blieben.

In diesem Buch werden wir Ihnen eine Vielzahl einfacher Übungen zum Training des Arbeitsgedächtnisses vorstellen. Damit können Sie schon während des Lesens anfangen. Und ans Ende des Buches haben wir ein Trainingshandbuch gestellt, in dem Sie immer wieder rasch nachschlagen können, um Ihr Arbeitsgedächtnis fit zu halten.

In den folgenden Kapiteln erläutern wir, gestützt auf mehr als zehnjährige Forschung und praktische Erfahrung, warum das Arbeitsgedächtnis für unser Leben so zentral ist und welche Rolle es für unsere allgemeine Arbeitsfähigkeit, unsere allgemeine Lebenszufriedenheit sowie für das Lernen, die Überwindung von Süchten und sportliche Leistungen spielt. In Teil II zeigen wir Ihnen, wie sich das Arbeitsgedächtnis im Laufe des Lebens von der Kindheit bis ins Alter entwickelt, und weisen Sie auf ermutigende Beweise dafür hin, dass sich unser Arbeitsgedächtnis auch im Alter in guter Verfassung halten lässt. Zudem stellen wir besondere Instrumente zur Stärkung des Arbeitsgedächtnisses vor – von den wirksamsten Gehirntrainingsprogrammen über die nützlichsten Nahrungsmittel (von denen einige Sie überraschen dürften) bis hin zu kleinen, aber entscheidenden Änderungen in Ihren Alltagsgewohnheiten, die für Ihr Arbeitsgedächtnis einen großen Unterschied bewirken können. Die Kapitel von Teil III führen eine Zukunft vor Augen, in der die Welt auf die Entfaltung des Arbeitsgedächtnisses zugeschnitten ist, und beleuchten bahnbrechende Erkenntnisse dazu, wie es unseren Vorfahren einen evolutionären Vorteil verschafft hat.

Prüfen Sie Ihr Arbeitsgedächtnis

Damit Sie einen ersten Eindruck von der Leistungsfähigkeit Ihres Arbeitsgedächtnisses gewinnen, folgen jetzt zwei Schnelltests. Wenn Sie sich ein umfassenderes Bild von Ihrer Arbeitsgedächtniskapazität verschaffen möchten, absolvieren Sie den vollen Online-Test auf http://testwm.com (auf Englisch).

Test 1

Unten finden Sie eine Liste von Wörtern mit drei Buchstaben. Schauen Sie nicht hin! Bitten Sie jemanden um Hilfe. In Stufe 1 dieses Tests soll diese Person zwei Wörter wie *Mob* und *Lob* laut vorlesen. Sie sollen sich die beiden Wörter merken, im Geiste umdrehen und rückwärts wiederholen, also *Bom* und *Bol*. Auf Stufe 2 müssen Sie das Ganze mit drei Wörtern machen, auf Stufe 3 mit vier Wörtern. Die meisten Menschen schaffen Stufe 1, doch für 2 und 3 benötigt man ein gutes Arbeitsgedächtnis.

Wortliste

Stufe 1
Tag
Tod

Stufe 2
Sud
Tau
Nor

Stufe 3
Tal
Rot
Lid
Tau

Test 2

Stufe 1

1. Schauen Sie sich die folgende Pyramide an. Merken Sie sich das Dreieck mit dem Buchstaben.

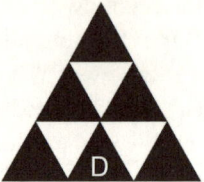

2. Betrachten Sie jetzt das folgende Bild. Beginnt das abgebildete Objekt mit demselben Buchstaben wie der in dem Dreieck?

3. Jetzt folgt eine weitere Pyramide. Merken Sie sich das Dreieck, in dem der Buchstabe steht.

4. Betrachten Sie jetzt dieses Bild. Beginnt das Objekt mit demselben Buchstaben wie der Buchstabe in dem Dreieck?

5. Zeichnen Sie jetzt Pfeile zu den Dreiecken mit den Buchstaben in der richtigen Reihenfolge.

Stufe 2

Folgen Sie denselben Anweisungen wie in Stufe 1.

1. Merken Sie sich das Dreieck mit dem Buchstaben.

2. Beginnt das abgebildete Objekt mit demselben Buchstaben wie der in dem Dreieck?

3. Merken Sie sich das Dreieck, in dem der Buchstabe steht.

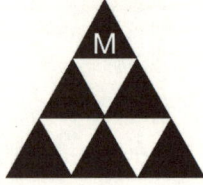

4. Beginnt das Objekt mit demselben Buchstaben wie der Buchstabe in dem Dreieck?

5. Merken Sie sich das Dreieck mit dem Buchstaben.

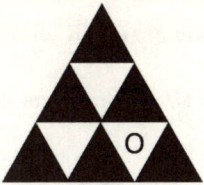

6. Beginnt das abgebildete Objekt mit demselben Buchstaben wie der in dem Dreieck?

7. Zeichnen Sie jetzt Pfeile zu den Dreiecken mit den Buchstaben in der richtigen Reihenfolge.

37

Stufe 3

Folgen Sie denselben Anweisungen wie in Stufe 1.

1. Merken Sie sich das Dreieck mit dem Buchstaben.

2. Beginnt das abgebildete Objekt mit demselben Buchstaben wie der in dem Dreieck?

3. Merken Sie sich das Dreieck, in dem der Buchstabe steht.

4. Beginnt das Objekt mit demselben Buchstaben wie der Buchstabe in dem Dreieck?

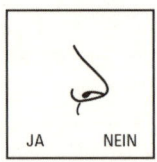

5. Merken Sie sich das Dreieck mit dem Buchstaben.

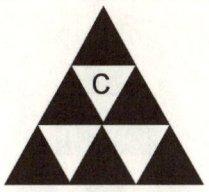

6. Beginnt das abgebildete Objekt mit demselben Buchstaben wie der in dem Dreieck?

7. Merken Sie sich das Dreieck mit dem Buchstaben.

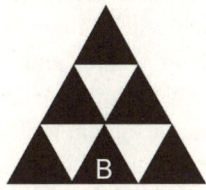

8. Beginnt das abgebildete Objekt mit demselben Buchstaben wie der in dem Dreieck?

9. Zeichnen Sie jetzt Pfeile zu den Dreiecken mit den Buchstaben in der richtigen Reihenfolge.

Auswertung

Die Zahl der Buchstaben, die Sie in der korrekten Reihenfolge erinnern können, gibt Ihnen einen Hinweis auf die Stärke Ihres Arbeitsgedächtnisses. Wenn es Ihnen so geht wie den meisten Erwachsenen, dann haben Sie wahrscheinlich die Stufen 1 und 2 dieses Tests richtig absolviert. An Tausenden Menschen gewonnene Daten bestätigen, dass ein Fünfjähriger sich im Durchschnitt zwei Objekte einzuprägen und zu bearbeiten vermag. Die meisten Erwachsenen können sich vier bis fünf Elemente in der richtigen Reihenfolge merken.

Wenn Sie bei diesen Tests nicht so gut abgeschnitten haben, dann grämen Sie sich nicht. Sie können sich jederzeit verbessern. Haben Sie ein glänzendes Ergebnis eingefahren, dann hüten Sie sich vor Selbstgefälligkeit. Sie müssen Ihrem Arbeitsgedächtnis ständig Herausforderungen bieten, soll es in Topform bleiben. Übungen zum Gehirntraining wie in diesem Buch können dazu beitragen, es zu optimieren.

2
Warum das Arbeitsgedächtnis wichtig ist für Erfolg

Wir erforschen seit langem, was geschieht, wenn unserem Arbeitsgedächtnis-Dirigenten die Kontrolle entgleitet – das reicht von Kindern mit Schwierigkeiten im Unterricht bis zu selbstschädigenden Gewohnheiten wie Glücksspiel, übermäßigem Essen und häufigem Versäumen von Terminen in der Arbeit. Es kann sogar sein, dass ein überfordertes Arbeitsgedächtnis dahinter steckt, wenn Sie sich vorkommen wie ein Dauergriesgram oder ständig anderen hinterher schauen, obwohl Sie doch »den Einen« oder »die Eine« schon gefunden haben. Das Arbeitsgedächtnis ist deshalb so zentral für den Erfolg bei allen möglichen Unternehmungen in Arbeit und Schule, beim Sport und beim Abnehmen, weil ein starkes Arbeitsgedächtnis dafür sorgt, dass wir ein Bündel wichtiger Fähigkeiten nutzen können. Um genauer zu erläutern, wie das Arbeitsgedächtnis funktioniert und wie es uns im Leben nützt und stützt, befassen wir uns hier mit diesen Kernfähigkeiten. Am Beginn steht das vielleicht kennzeichnendste Merkmal des Menschseins: unser Wille – die Fähigkeit, selbständig zu entscheiden, zu handeln, Pläne umzusetzen, Verantwortung für unser Handeln zu tragen.

Arbeitsgedächtnis und Wille

Der Wille ist einer der wichtigsten Vorteile, die das Arbeitsgedächtnis für Sie bereithält. Ihr Wille verschafft Ihnen das nötige Rüstzeug, um Ihre Lebensziele zu verwirklichen: eine weiterführende Schule zu besuchen, ein Studienfach zu wählen, einen

Partner zu finden und Karriere zu machen. Warum ist das Arbeitsgedächtnis entscheidend dafür, das zu verwirklichen, was wir wollen? Weil dies seinerseits voraussetzt, dass wir bewerten, planen, Pläne ausführen, langfristige Ziele im Kopf behalten, Impulse kontrollieren und Hindernisse überwinden – und all das entspringt Fähigkeiten des Arbeitsgedächtnisses.

Das Zusammenspiel von Arbeitsgedächtnis und Wille führte uns ein Zwischenfall während unserer einjährigen Lehrtätigkeit in El Salvador sehr eindrücklich vor Augen. In diesem Land lauert überall Gefahr. Während unseres Aufenthalts standen bewaffnete Wachleute in Lebensmittelläden neben der Milch und durchsuchten einen vor dem Einkauf nach Waffen. Wir lernten schnell, jedermann mit ausgesuchter Höflichkeit zu begegnen.

An unserem allerletzten Tag im Land waren wir auf einer vielbefahrenen Straße unterwegs, als ein Auto plötzlich ausscherte und uns dann schnitt. Ross, der hinterm Lenkrad saß, sah, dass einer der Insassen ein Gewehr in der Hand hielt. Ross zeigte keine Reaktion. Tracy auf dem Beifahrersitz sah die Waffe aus ihrer Perspektive nicht, aber sie sah rot und gab in unmissverständlicher, allgemeingültiger Zeichensprache zu erkennen, was sie von dem Manöver hielt. Glücklicherweise nahmen die Männer im anderen Wagen die Geste nicht wahr oder nicht zur Kenntnis, und wir setzten unsere Fahrt unversehrt fort.

Unsere beiden grundverschiedenen Reaktionen auf denselben Vorfall bieten ein Paradebeispiel für die Funktionsweise des Willens. Joaquin Fuster, Professor für Psychiatrie und Bioverhaltenswissenschaften an der UCLA, hat das einmal so ausgedrückt, dass der Wille eine Flut von Informationen dreier verschiedener Kategorien berücksichtigen muss:

- *Interne Information* – Hormonspiegel, Stimmung, Emotionen, Signale von inneren Organen
- *Externe Information* – der ununterbrochene Strom der von den Sinnen aufgenommenen Informationen
- *»System der Grundsätze«-Information* – Sprache, Gedächtnis, Werte, Kultur, staatsbürgerliche Regeln und Gesetze, an die wir gebunden sind

Unser Arbeitsgedächtnis-Dirigent nimmt all diese Informationen auf, klassifiziert sie, entscheidet über das Vorgehen und führt den Plan aus. Betrachten wir also, wie Fusters Modell sich in unserem Beispiel auf der Straße konkretisiert haben könnte.

Nachdem Ross auf die Bremse gestiegen war, um einen Unfall zu vermeiden, verarbeitete sein Arbeitsgedächtnis-Dirigent die drei Arten von Information:

- *Interne Information:* Seine Amygdala war ziemlich sauer und sandte diese Information an sein Arbeitsgedächtnis.
- *Externe Information:* Bevor er einen Fluch ausstoßen konnte, brachte sein Arbeitsgedächtnis den Anblick der Waffe und die Zahl der Männer in dem Auto zum Tragen.
- *»System-der-Grundsätze«-Information:* Kulturelles Bewusstsein, dass ein Kraftausdruck möglicherweise eine Gegenreaktion hervorrufen würde (sowie das schmerzliche Bewusstsein, dass er lediglich mit holprigem Spanisch als Waffe in eine Schießerei geraten könnte).

Sein Arbeitsgedächtnis wog all diese Informationen gegeneinander ab, kam zu dem Schluss, dass eine Reaktion keinerlei Nutzen brachte, und leitete willentlich die Handlung ein, sich auf die Lippen zu beißen.

Betrachten wir jetzt, was sich in Tracys Kopf abspielte. Ihr Dirigent war ebenfalls eifrig mit der Bearbeitung von Informationen beschäftigt:

- *Interne Information:* Tracys Amygdala sandte genau wie die von Ross die Meldung »Wut« an ihren PFC.
- *Externe Information:* Entscheidend war, dass sie nicht über dieselbe externe Information verfügte – sie sah lediglich, wie der Wagen uns schnitt. Anders als Ross erblickte sie weder die Waffe noch zählte sie die Wageninsassen.
- *»System-der-Grundsätze«-Information:* Unter anderem ein ungerechtfertigtes Vertrauen in Ross' begrenzte Zweisprachigkeit, um mit möglichen Folgen fertig zu werden. Außerdem das ethische Gefühl, dass uns Unrecht geschehen war und wir Gerechtigkeit verdienten.

Nachdem sie binnen Sekundenbruchteilen all diese Informationen abgewogen hatte, beschloss ihr Wille, ihrer Wut in einer geharnischten Antwort Ausdruck zu verleihen.

Den Willen umzusetzen heißt nicht einfach nur, bewusst zu handeln. Es ist viel komplizierter. Dahinter verbirgt sich ein vielschichtiger Jonglierakt aus Informationsbewertung, Gefühlsabstimmung und strategischem Denken. Ihr Arbeitsgedächtnis-Dirigent hilft Ihnen, all diese Daten zu durchforsten, um zu einem Plan zu gelangen, und in manchen Fällen kann die beste Vorgehensweise in energischem, zielstrebigem Handeln liegen.

Nehmen wir einmal an, Sie hätten eine, wie Sie meinen, beförderungswürdige Idee für eine neue Marketingkampagne, und begeistert verraten Sie sie Ihrer unmittelbaren Vorgesetzten Kathy. Tags darauf bekommen Sie zufällig mit, wie Kathy dem Chef der Marketingabteilung Ihre Idee unterbreitet und die Anerkennung dafür einheimst. Halten Sie den Mund oder erheben Sie die Stimme? Wenn Sie nicht aufmucken, dann verärgern Sie Ihre Vorgesetzte nicht. Aber es bedeutet auch, dass Sie wahrscheinlich für die nächste Zeit im Großraumbüro festsitzen. Wenn Sie dem Marketingchef mitteilen, dass es Ihre Idee war, dürfte Kathy an die Decke gehen. Andererseits könnte es Ihnen auch einen Karriereschritt und eine Gehaltserhöhung einbringen. Sie beschließen, dass es sich lohnt, und dank Ihres Arbeitsgedächtnisses können Sie strategisch denken und sich eine pfiffige Möglichkeit einfallen lassen, um dem Boss reinen Wein einzuschenken, ohne Kathy in ein schlechtes Licht zu rücken.

Befriedigungsaufschub

Menschen, die auf eine Belohnung warten können, haben im Leben die Nase vorn. Wenn wir dem schnellen Geld nachjagen, den leichten Weg gehen, lassen wir uns die Belohnungen entgehen, die nur Geduld uns einbringt, und wie wir in diesem Abschnitt sehen werden, ist unser Arbeitsgedächtnis die Instanz, die uns hilft, langfristige Ziele zu erreichen. Wie jeder weiß, der durch harte Arbeit die Karriereleiter erklommen hat, ist es genauso sehr das, was man lässt, wie das, was man tut, was einen beruflich voranbringt. Es sind die Abende, an denen man nicht mit Freunden in die Kneipe, sondern zu Fortbildungskursen geht, die Sonntage, an denen man sich, wenn montags eine Konferenz ansteht, nicht zu endlosem Fußballgucken vor dem Fernseher niederlässt, und die Montage, an denen man nicht »blaumacht«, bloß weil man am Wochenende etwas zu viel Spaß hatte. Die Fähigkeit, um einer größeren Belohnung willen auf ein Augenblicksvergnügen zu verzichten, ist entscheidend für Erfolg. Doch man weiß seit langem, dass die menschliche Natur dieser Fähigkeit entgegensteht.

Der Verhaltensökonom und Psychologe George Ainsle ist berühmt für seine theoretische Arbeit über Entscheidungsfindung und Impulskontrolle. 1975 fasste Ainsle einschlägige Studien zusammen und kam zu folgendem Ergebnis: Menschen neigen dazu, eher sofortige, aber geringere Belohnungen einzustecken, statt sich bis zu einer größeren, später erfolgenden Belohnung zu gedulden. In einer Studie stellte man die Teilnehmer vor die Wahl, entweder sofort elf Dollar oder später 85 Dollar ausgezahlt zu bekommen. Die Probanden entschieden sich häufiger für den geringeren Betrag.

Dank John Hinson und Forschern der Washington State University wissen wir, dass das Arbeitsgedächtnis eine wichtige Rolle bei diesem Vorgang spielt. Diese Wissenschaftler fanden heraus, dass Otto (oder Anna) Normalverbraucher, sofern das Arbeitsgedächtnis nicht am Entscheidungsprozess mitwirkt, eher auf eine sofortige, kleinere Belohnung aus ist, als auf mehr zu warten. Hinson überlastete das Arbeitsgedächtnis der Teilnehmer durch eine Überfülle von Information. Als die Probanden dann zwischen 100 bis 900 Dollar sofort oder bis zu 2000 Dollar später wählen sollten, vermochte ihr Arbeitsgedächtnis nicht zu berechnen, welche Belohnung langfristig vorteilhafter war. Infolgedessen folgten sie ihrem Impuls und griffen nach der kleineren, sofortigen Belohnung.

Eine ähnliche Studie führte Bennedetto De Martino vom University College London durch. Er wollte wissen, was im Gehirn passiert, wenn Menschen ihren Willen einsetzen, um auf eine höhere Belohnung zu warten. De Martino legte den Probanden eine Reihe von Risikoszenarien vor, untersuchte jedoch dabei ihre Gehirne mit funktionaler Magnetresonanztomographie (fMRI). Wie er feststellte, dachten die Probanden, welche die kleinere, aber sichere Belohung wählten, im Grunde nicht über ihre Entscheidung nach. Ihr emotionales Zentrum, die Amygdala, leuchtete auf, und sie trafen die leichte, wenn auch unbedachte Wahl. Unterdrückten sie jedoch ihren Impuls und entschieden sich für die größere und unsichere Belohnung, wurde ihr präfrontaler Cortex, der Sitz des Arbeitsgedächtnisses, aktiv.

Manche Personen neigten in höherem Maße zu automatischen und emotionalen Reaktionen auf diese Entscheidungen: Ihre Amygdala zeigte eine stärkere Aktivierung. Man könnte meinen, solche Menschen tendierten dazu, stets die naheliegendere Wahl zu treffen. Doch bei seiner Datenanalyse stellte De Martino fest, dass es nicht von der Stärke ihrer Emotionen abhing, mit welcher Wahrscheinlichkeit sie sich für die unmittelbare Belohnung entschieden. Vielmehr war der ausschlaggebende Faktor der Aktivitätsgrad ihres Arbeitsgedächtnisses. Zeigte der PFC geringere Aktivierung, folgten sie ihren Impulsen. Doch je stärker jener aktiviert war, desto eher trafen sie die bessere Wahl.

Auch eine sich über Jahrzehnte erstreckende Folge von Experimenten des Psychologen Walter Mischel belegt die Fähigkeit unseres Dirigenten zum Befriedigungsaufschub. Mischel begann 1968 mit seinem berühmten Marshmallow-Test und forschte bis zu seinen neuesten, 2011 veröffentlichten Ergebnissen kontinuierlich weiter. In den 1960er-Jahren setzte er in seinem Labor an der Stanford University mehr als 600 vier- bis sechsjährige Kinder einzeln an einen Tisch, auf dem ein Marshmallow lag. Dann erklärte er ihnen, er werde jetzt den Raum verlassen, und sie würden, falls sie bis zu seiner Rückkehr warten könnten, ein zweites Marshmallow bekommen. Sollten sie aber nicht warten können, dann durften sie ein Glöckchen läuten, das er auf dem

Tisch zurückließ, und dann würde er zurückkommen und ihnen erlauben, das eine Marshmallow zu essen. Einige Kinder stopften sich die Süßigkeit sofort in den Mund, während andere der Versuchung widerstanden und um der größeren Belohnung willen durchhielten.

Zwar bezeichneten Mischel und seine Mitarbeiter den Marshmallow-Test nicht als Arbeitsgedächtnisaufgabe, doch wir wissen heute, dass er viele Züge mit solchen Aufgaben teilt, etwa den, ein Ziel oder eine größere Belohnung im Kopf zu behalten, eine Ablenkung zu ignorieren, zu planen und Strategien zur Aufmerksamkeitssteuerung anzuwenden. Aufgrund unserer derzeitigen Kenntnisse über das Arbeitsgedächtnis wissen wir, dass Kinder nur mit einer begrenzten Informationsmenge umgehen können und von einer sehr verführerischen Aussicht wie einem einzigen köstlichen, fluffigen Marshmallow vor ihrer Nase leicht zu überwältigen sind.

Die Kinder mussten ihren Arbeitsgedächtnis-Dirigenten einsetzen, um den Drang, zuzugreifen und das Marshmallow zu verschlingen, zu unterdrücken. Ihr Dirigent half ihnen, ihren Blick oder zumindest ihre Aufmerksamkeit auf etwas anderes zu richten. Sie wandten allerlei Tricks an, um sich von der schaumigen Leckerei abzulenken: Sie versteckten sich unter dem Tisch, hielten sich die Augen zu, drehten ihren Stuhl anders herum oder sangen ein Lied.

Mischel verfolgte diese Kinder über Jahre weiter und untersuchte, ob ihre Fähigkeit zum Befriedigungsaufschub ihnen irgendeinen Vorteil im Leben verschaffte. Beispielsweise verglich Mischel in einer Folgestudie von 1990 die Schulleistungstestwerte (SAT) der Kinder mit ihrem Abschneiden im ursprünglichen Experiment. Dabei kam heraus, dass ein Kind umso höhere SAT-Werte erzielte, je länger es auf das zweite Marshmallow zu warten vermocht hatte.

Einer 2011 erschienenen Publikation zufolge testeten Mischel und seine Mitarbeiter die Gruppe erneut. Ließen sich die Probanden, die jetzt in den Vierzigern waren, immer noch nach ihrem Verhalten als Kinder unterscheiden? Die Forscher wählten diejenigen Erwachsenen aus, die als Kinder der Versuchung, das Marshmallow zu essen, längere Zeit widerstehen konnten, sowie diejenigen, die ihr recht schnell nachgegeben hatten. In einem Testdurchgang zeigten sie beiden Gruppen eine Reihe von Gesichtern mit verschiedenen Ausdrücken – fröhlich, ängstlich oder neutral – und wiesen die Probanden an, bei jedem fröhlichen Gesicht eine Computertaste zu drücken, die ängstlichen oder neutralen Gesichter aber außer Acht zu lassen. Die Gruppen schnitten ähnlich ab. In einem weiteren Testdurchgang mussten die Probanden die Taste drücken, sobald sie ein ängstliches Gesicht erblickten, nicht aber bei einem lächelnden. Da es ein natürlicher menschlicher Impuls ist, auf ein Lächeln zu reagieren, erforderte diese Aufgabe demnach, eine natürliche Regung zu unterdrücken. Denjenigen, die als Kinder kaum zu Befriedigungsaufschub fähig gewesen waren, fiel es als Erwachsenen gleichermaßen schwer, nicht auf die fröhlichen Gesichter zu reagieren. Dagegen konnten die Personen, die als Kinder zu längerem Befriedigungsaufschub imstande gewesen waren, ihren Impuls im Zaum halten.

Im nächsten Schritt untersuchten die Forscher, was dabei im Gehirn vor sich ging. Zu diesem Zweck ließen sie die Probanden dieselbe Gesichtererkennungsaufgabe in einem Tomographen bearbeiten. Als die aufschubfähigen Probanden der Versuchung widerstehen mussten, bei einem fröhlichen Gesicht die Taste zu drücken, wurde ihr PFC aktiv. Diejenigen mit geringer Aufschubfähigkeit jedoch nutzten dieses Gehirnareal nicht so intensiv wie ihre beherrschteren Pendants. Stattdessen zeigte bei ihnen eine als Striatum (oder Streifenkörper) bezeichnete Region Aktivierung; sie hat mit automatisierten und unüberlegten Reaktionen zu tun.

Zwar nannte Mischel keine genaueren Einzelheiten zum beruflichen Erfolg der Teilnehmer, doch auf anekdotischer Ebene spricht Einiges dafür, dass die Aufschubfähigen offenbar beruflich mehr erreichten. Eine von ihnen namens Carolyn promovierte in Princeton und arbeitet jetzt als Psychologieprofessorin an einem College. Craig, einer der weniger Aufschubfähigen, zog nach Los Angeles, macht dieses und jenes, aber immer noch auf der Suche nach der Basis für eine berufliche Karriere. Er selbst meint dazu. »Klar, ich wünschte, ich wäre geduldiger gewesen. Im Nachhinein betrachtet gab es auf jeden Fall Augenblicke, in denen mir das geholfen hätte, bessere berufliche Entscheidungen zu fällen.«

Wie sehr uns der Reiz der sofortigen Befriedigung im Leben auf Abwege führen kann, hat uns die jüngste Finanzkrise vor Augen geführt. Der Immobilienmarkt verlockte viele Käufer zu unklugen Kaufentscheidungen, zum Teil weil er ihnen ein auf kurze Sicht höchst reizvolles Geschäft zu bieten schien. Die Arbeitsgedächtnisse der Käufer wurden kurzgeschlossen, und sie erwarben immer teurere Häuser, ohne zu bedenken, wie sie diese abzahlen könnten oder was sie tun würden, sollten die Häuser im Wert sinken. Sie waren hinter dem schnellen, leichten Profit her.

Der überzeichnete Kreditmarkt, der zu dem Crash beitrug, war in ähnlicher Weise auf sofortige Befriedigung der Konsumenten angelegt. Sie möchten ein neues Auto, haben aber nicht das nötige Kleingeld? Keine Sorge, kaufen Sie's einfach und stottern Sie es in den nächsten 60 Monaten in Raten ab. Sie müssen diese Louis-Vuitton-Tasche besitzen, haben aber keine 6000 Euro in der Tasche? Kein Problem, Sie verfügen doch über einen Dispokredit zu 18 Prozent Zinsen. Sie brauchen diesen HDTV-Fernseher *jetzt*, damit Sie heute noch das Spitzenspiel sehen können? Was ist schon eine monatliche Belastung von zehn Prozent zusätzlich zum Kaufpreis?

Die Störung des Arbeitsgedächtnisses ist eine verbreitete Verkaufsstrategie, und oft tätigen wir dann Impulskäufe. Haben Sie schon mal mehr als nötig bei Ebay bezahlt? Wir ganz bestimmt, und der Grund liegt darin, dass Online-Versteigerungen das Arbeitsgedächtnis überlasten. Nehmen wir an, Sie bieten für ein Heimkinosystem, das Sie in Ihrem örtlichen Elektronikmarkt für etwa 650 Euro neu kaufen könnten. Online stoßen Sie auf ein gebrauchtes für das Mindestgebot von 49 Euro. Ein echtes Schnäppchen, denken Sie. Also geben Sie Ihr Gebot ab. Dann müssen Sie zuschauen, wie das Höchstgebot unaufhaltsam steigt.

Nun muss bei jeder Preisänderung Ihr Dirigent die neuen Zahlen verarbeiten und neu entscheiden, ob das Gerät immer noch ein Schnäppchen ist oder ob es, wenn Sie die Versandkosten und den Gewährleistungsausschluss einkalkulieren, mehr kostet, als es wert ist. Zugleich müssen Sie Ihren Dirigenten dafür einspannen, die von Ihrer Amygdala aufgewirbelte Aufregung zu unterdrücken, denn das Gefühlszentrum Ihres Gehirns stachelt Sie an, nach dem Sieg zu greifen! Wenn schließlich der Countdown läuft, bleibt der Stoppuhr Ihres Arbeitsgedächtnisses immer weniger Zeit zur Verarbeitung all dieser sich ändernden Größen. Im Endergebnis zahlen Sie dann 500 Euro für ein möglicherweise beschädigtes Heimkinosystem ohne Garantie.

Autohändler wenden dieselbe Masche an. Sie setzen Sie mit sich ständig ändernden Zahlen unter Druck, spielen mit Ihren Gefühlen – »Wenn ich mit meinem Chef rede, habe ich dann Ihr Wort, dass wir ins Geschäft kommen?« – und machen Ihnen ein zeitlich begrenztes Angebot. Am Ende fahren Sie dann in einem neuen Wagen vom Hof und fragen sich, warum Sie für ein Auto, das nicht mal die gewünschte Farbe hat, mehr bezahlt haben, als Sie wollten.

Der Psychologe Itiel Dror hat experimentell gezeigt, warum zeitlich begrenzte Angebote uns dazu bringen, größere Risiken einzugehen, als wir es normalerweise täten. Seine Versuchspersonen sollten eine vereinfachte Version von 17 und 4 spielen, bei der die Spieler immer jeweils eine Karte erhielten. Der Wert der Karten entsprach der aufgedruckten Zahl (eine Herz 7 war sieben Punkte wert), und mit jeder neuen Karte wurden die Punkte aufaddiert. Das Ziel des Spiels bestand darin, nicht über 21 Punkte zu kommen. Je mehr man sich der 21 nähert, desto höher ist das Risiko, diesen Wert mit der nächsten Karte zu übertreffen. Wenn die Spieler ausreichend Punkte zu haben meinen, passen sie daher gewöhnlich oder nehmen keine Karten mehr. Die Teilnehmer sollten zwei Runden spielen.

In der ersten Spielrunde durften sie sich Zeit für die Entscheidung lassen, ob sie noch eine Karte nehmen oder passen wollten. In der zweiten Runde erhielten sie keine Zeit zum Nachdenken und mussten sofort entscheiden. Wie Dror feststellte, trafen die Teilnehmer unter Zeitdruck die riskantere Wahl. Selbst wenn sie bereits eine hohe Punktzahl hatten, etwa 18, nahmen sie häufiger eine weitere Karte, obwohl sie damit sehr wahrscheinlich über die Grenze von 21 kamen. Ohne Zeitdruck dagegen verhielten sie sich weitaus konservativer.

Die Ironie an diesem Reiz der sofortigen Befriedigung ist nur, dass Erkenntnissen von Psychologen zufolge das Vergnügen eines Impulskaufs rasant dahinschmilzt, wenn er dem Geldbeutel wehtut. Um dieses flüchtige Gefühl der Erregung erneut zu spüren, müssen Sie ein weiteres Mal Ihre Kreditkarte für noch eine Handtasche oder sonst etwas zücken. Schließlich jagen Sie womöglich unablässig dem Nervenkitzel des Kaufens nach und verstricken sich dabei immer tiefer in Schulden. Würden die Menschen über eine solche Kaufstrategie des »besitze mehr, genieße es weniger« wirklich gründlich nachdenken, würden sie wohl kaum je wieder etwas auf Kredit kaufen.

Die Fähigkeit zu Befriedigungsaufschub und zu strategischer Zuweisung von Aufmerksamkeit ist in vielen Lebensbereichen entscheidend. Wenn Ihnen am nächsten Tag eine wichtige Klausur oder ein großes Projekt bevorsteht, dann behält Ihr Arbeitsgedächtnis das klar im Kopf, damit Sie nein sagen können, wenn Sie zur Bierparty beim Nachbarn oder dem Happy-Hour-Treff mit Kollegen eingeladen werden. Ihr Arbeitsgedächtnis bewahrt Sie davor, die fetttriefende Lasagne auf dem Teller Ihres Verlobten zu verputzen, wenn Sie versuchen, für Ihre in drei Wochen anstehenden Flitterwochen auf der Insel eine Bikinifigur zu kriegen. Die gute Nachricht lautet wiederum, dass Sie nicht ein für alle Mal auf Ihr jetziges Arbeitsgedächtnis festgelegt sind: Sie können es stärken, dadurch Ihre Fähigkeit zum Befriedigungsaufschub verbessern und somit die größeren Belohnungen im Leben erreichen, die Sie wirklich wollen.

Konzentration und Multitasking

Die Fähigkeit, sich zu konzentrieren, ist ein weiterer Vorteil, den uns das Arbeitsgedächtnis verschafft. Konzentration ist zentral für das Lernen und einer der Faktoren, die unsere Leistungen in der Schule und darüber hinaus gravierend beeinflussen. Damit Sie sich konzentrieren können, muss Ihr Dirigent das Ziel im Auge behalten und zugleich sicherstellen, dass keine anderen Gedanken Sie ablenken. Das wird natürlich in der Welt von unaufhörlichen E-Mails, Twitter-Nachrichten und jeder Menge offener Fenster auf Ihrem Computerbildschirm immer schwieriger.

Dass die Stärke des Arbeitsgedächtnisses in beträchtlichem Maße über diese Fähigkeit mitbestimmt, bewies in beeindruckender Weise eine Studie, die eine Gruppe um Michael Kane von der University of North Carolina 2007 durchführte. Sie bestimmte den Einfluss des Arbeitsgedächtnisses auf die Fähigkeit, inmitten aufmerksamkeitsheischender Aktivitäten bei der Sache zu bleiben. Die Forscher ließen mehr als 100 junge Erwachsene Arbeitsgedächtnistests absolvieren und baten sie, eine Woche lang aufzuzeichnen, wie oft ihnen ablenkende Gedanken durch den Kopf gingen oder sie ihren Gedanken nachhingen. Wie sich herausstellte, schweiften die Teilnehmer mit niedrigen Arbeitsgedächtniswerten häufiger ab, insbesondere wenn die Aufgaben schwieriger wurden. Dagegen konnten diejenigen mit hohen Arbeitsgedächtniswerten die Aufmerksamkeit besser aufrechterhalten.

Doch Ablenkung ist nicht der einzige Stolperstein für die Konzentration. Von uns allen wird zunehmend verlangt, mehrere Aufgaben gleichzeitig zu erledigen, und Studien haben gezeigt, dass dieses Multitasking das Arbeitsgedächtnis stark strapaziert und leicht überlastet.

Betrachten wir, wie Multitasking sich im Gehirn darstellen könnte. Nehmen wir an, es sei Mittwochabend 19 Uhr, und Sie helfen Ihrer Tochter bei ihren Hausaufgaben – schriftliche Division. Das letzte Mal haben Sie solche Aufgaben vor 20 Jahren gerechnet, deshalb fallen sie Ihnen nicht gerade leicht. Zwischen Ihrem Sulcus intraparietalis und Ihrem PFC läuft dichter Signalverkehr, damit Sie die Sache in den Griff bekommen.

Plötzlich dringt das E-Mail-»Bing!« Ihres Handys an Ihr Ohr, und Sie ziehen Ihre Aufmerksamkeit von der Teilerei ab. Im Geschäft stehen Sie vor einem großen Abschluss, und dort benötigt man Ihre Hilfe. Sie müssen eine entscheidende Information liefern, und zwar möglichst sofort. Sie schieben die Division beiseite und senden rasch eine Antwort. Und nun zurück zu den Rechenaufgaben.

Psychologen bezeichnen diese Fähigkeit als *Aufgabenwechsel*, und sie hängt eng mit der Leistungsfähigkeit Ihres Arbeitsgedächtnisses zusammen, wie ein Fachkollege an der Université de Genève, Pierre Barrouillet, 2008 entdeckt hat. Er wollte herausfinden, wie sich das Springen von einer Aufgabe zu einer anderen auf das Arbeitsgedächtnis auswirkt. Dazu stellte er seinen Versuchspersonen Zahlenaufgaben auf einem Computerbildschirm. Die Ziffern erschienen je nach der zu bearbeitenden Aufgabe in roter und blauer Farbe. Bei der Aufgabe in Rot sollten die Probanden entscheiden, welche Zahlen größer oder kleiner als fünf waren. Bei der »blauen« Aufgabe mussten sie beurteilen, ob die Zahlen gerade oder ungerade waren. Die Teilnehmer absolvierten je einen Probedurchlauf, um sich mit den Regeln beider Aufgaben vertraut zu machen.

Nun konnte Barrouillet prüfen, ob ein Wechsel zwischen der roten und der blauen Aufgabe die Leistung der Probanden gefährdete. Als diese nur die rote Aufgabe bearbeiteten, waren sie gut. Doch als sie rasch zwischen der roten und der blauen Aufgabe hin und her schalten mussten, überlastete dies ihr Arbeitsgedächtnis. Sie brauchten viel länger für die Aufgaben und begingen zudem mehr Fehler.

Heutzutage geht es im Leben manchmal knallhart zu: In bestimmten Phasen können Sie einfach Ihre Aufmerksamkeit nicht von einer Aufgabe abwenden und voll auf eine andere richten, sondern müssen beide gleichzeitig erledigen. So kommt es vor, dass Sie eine berufliche E-Mail beantworten müssen, während

Sie in einem Gespräch mit dem Lehrer Ihres Kindes sitzen, oder einen Anruf von der Schule entgegennehmen müssen, während Sie auf dem Weg zur Arbeit gerade auf die Autobahn auffahren. Macht es unser Arbeitsgedächtnis möglich, beides zu tun, und können wir beide Aufgaben genauso gut erfüllen, wie wenn wir unsere Aufmerksamkeit nur auf eine richten würden? Das kommt darauf an.

2010 testeten Jason Watson und David Strayer von der University of Utah die Fähigkeit von 200 Personen, eine Vielzahl von Aufgaben gleichzeitig zu bewältigen. Die Teilnehmer saßen in einem Fahrsimulator und kommunizierten mit Hilfe einer Freisprechanlage. Um die Aufgabe zusätzlich zu erschweren, lief noch eine Audioaufzeichnung einer Wortfolge mit eingestreuten Rechenaufgaben. Diese Arbeitsgedächtnisaufgabe erforderte beträchtliche geistige Beweglichkeit: Die Probanden mussten mathematische Information aus ihrer Langzeitbibliothek abrufen, um ein Problem zu lösen. Gleichzeitig mussten sie sich eine Abfolge von Wörtern in der richtigen Reihenfolge einprägen. Obendrein galt es, sich bei all dem durch den simulierten Verkehr zu bewegen.

Von den 200 Erwachsenen fuhren die meisten im Fahrsimulator schlechter, wenn sie gleichzeitig ihr Arbeitsgedächtnis in Anspruch nehmen mussten. Sie benötigten länger zum Bremsen als angemessen, und sie fuhren zu dicht auf. Wenn Sie je beim Autofahren über ein Problem in der Arbeit nachdachten oder in den Tagen vor dem Navi eine rätselhafte, rasch hingekritzelte Wegbeschreibung zu entziffern versuchten, dann wissen Sie sehr gut, dass Ihr Fahrverhalten leiden kann. Die Ergebnisse dieses Experiments waren eindeutig: Die Leistung sinkt, wenn Menschen zwei Dinge auf einmal machen. Watson und Strayer stellten zudem fest, dass zwar die meisten Menschen mindestens zwei mögliche Aufgaben im Kopf behalten können, dass aber, wenn es mehr werden und sie gezwungen sind, sich mit mehr als zwei Aufgaben zu beschäftigen, ihr Arbeitsgedächtnis-Dirigent schlicht und ergreifend den Taktstock hinwirft.

Wissenschaftlern ist seit den 1980er-Jahren bekannt, dass

gleichzeitiges Bearbeiten zweier Aufgaben die Leistung in beiden verschlechtert. Doch eine weitere Entdeckung von Watson und Strayer war recht überraschend: Die Regel, dass die Arbeit an zwei Aufgaben zugleich die Leistung bei beiden beeinträchtigt, gilt nicht für alle Menschen. Probanden mit Spitzenwerten beim Arbeitsgedächtnistest waren in der Lage, sowohl die Fahr- als auch die Arbeitsgedächtnisaufgabe zu lösen, ohne dass Leistungseinbußen in einer davon auftraten. Bei diesen »Super Taskern«, wie Watson und Strayer sie nennen, war das Arbeitsgedächtnis so gut, dass es spielend mit allem fertig wurde. Wenn wir unser Arbeitsgedächtnis verbessern, können wir ihnen ähnlicher werden.

Mit Information umgehen

Ein weiterer wichtiger Stressfaktor für unser Arbeitsgedächtnis ist die Informationsüberlastung: Zu viel Information kann unser Arbeitsgedächtnis schwer ins Hintertreffen bringen.

Eine in dieser Hinsicht aufschlussreiche Studie führten Forscher an der Washington State University durch. Sie wollten herausfinden, wie sich Informationsüberlastung auf finanzielle Entscheidungen auswirken kann. Sie legten den Teilnehmern eine Spielaufgabe mit vier Kartenpäckchen vor; manche Karten brachten ihnen Geldgewinne, manche Geldverluste. Die besten Spieler merkten sich, was sie gewonnen hatten, und verglichen es mit ihren aufgedeckten Karten; so konnten sie rasch feststellen, welche Kartenstapel ihnen das meiste Geld eintrugen und welche sie wegen Verliererkarten meiden mussten. Als die Spieler sich jedoch zusätzlich zufällige Zahlenfolgen einprägen sollten, brauchten sie länger, um die Gewinn- und Verluststapel zu unterscheiden, und sie verloren mehr Geld. Das belegt, dass zu viel Information Sie zu einem schlechten Investor machen kann.

Das gilt erst recht für Händler an der Wall Street. Wenn Sie je die Phalanx flimmernder Bildschirme auf dem Schreibtisch eines

Börsenmaklers gesehen haben, bekommen Sie eine Ahnung von der Informationsüberlastung, mit der sich diese Leute konfrontiert sehen. Beispielsweise müssen sie bei Investitionsentscheidungen einkalkulieren, wer in einem Unternehmen am Ruder sitzt, den aktuellen und potentiellen Umfang seines Marktes, den Bilanzgewinn sowie den früheren, derzeitigen und künftigen Wert seiner Aktien und vieles mehr. All diese Faktoren abzuwägen kann so viel von Ihrem Arbeitsgedächtnis in Anspruch nehmen, dass es überläuft. Stellen Sie sich Ihren von Papierstapeln, Klebezetteln und Tabellen überquellenden Schreibtisch vor, und Sie bekommen eine Vorstellung davon, was sich im Gehirn abspielt. Ein derart informationsüberlastetes Arbeitsgedächtnis kann Broker – und uns alle – dazu bringen, sämtliche Strategien und Analysen über Bord zu werfen und sich auf emotionale oder Bauchentscheidungen zu verlassen.

Ein solcher Zusammenbruch der Analyse- und Entscheidungsfähigkeiten kann aber jedem von uns zustoßen, wenn uns im Büro ein Informationstsunami überrollt. Dann treffen wir vielleicht emotionale Entscheidungen, wenn strategisches Denken viel eher angebracht wäre, etwa wenn Sie einen neuen Mitarbeiter einstellen sollen. Wenn Sie beispielsweise mit allen 23 Bewerbern, die sich beworben haben, Gespräche führen, statt die Gruppe möglicher Kandidaten auf fünf oder weniger einzugrenzen, dann verliert Ihr Dirigent möglicherweise den Überblick über all die Daten zu ihrer beruflichen Erfahrung und Eignung, und Sie werfen all diese wertvollen Informationen aus dem Fenster und verlassen sich auf Ihr Gefühl. Sie entscheiden sich für den Kerl, der Schalke-Anhänger ist, weil Sie auch Schalke-Fan sind. Das ist nicht der klügste Schachzug.

Kinder können der gleichen Arbeitsgedächtnisüberlastung zum Opfer fallen, wenn sie in der Schule mit Informationen überschüttet werden. Führen die Lehrkräfte zu viel Material auf einmal neu ein, verliert der Dirigent die Kontrolle. Dann hört selbst der intelligenteste Schüler bei Tests zu denken auf und beginnt zu raten.

Zu viel Information kann sogar ein Phänomen herbeiführen,

das wir als *katastrophalen Verlust* des Arbeitsgedächtnisses bezeichnen. Unser Freund Sam wurde kürzlich entlassen, weil sein Unternehmen Arbeitsplätze abbaute. Er bekam eine Abfindung von sechs Monatsgehältern, um sich neu zu orientieren und nach neuen Stellen Ausschau zu halten. Doch immer wenn er sich an den Computer setzte, ließ er sich ablenken und fühlte sich überfordert. Er las E-Mails von Freunden, die meinten, er solle mit seiner Abfindung doch erst mal drei Monate durch Südamerika touren. Andere Freunde riefen an und machten ihn auf Stellen aufmerksam, und auf den Websites, die er besuchte, taten sich Hunderte verschiedener Karrierechancen und -richtungen auf. Diese Fülle von Möglichkeiten lähmte ihn. Was das Arbeitsgedächtnis betrifft, so entsprechen zu viele Wahlmöglichkeiten zu viel Information. Die Unmenge der Alternativen – reisen, auf Feuerwehrmann umsatteln, wieder zur Schule gehen, einen großen Roman schreiben – brachte Sams Arbeitsgedächtnis zum Absturz, genau wie ein Computer abstürzt, wenn Sie zu viele Programme gleichzeitig laufen lassen. Sam wuchs das so über den Kopf, dass er seine Suche frustriert aufgab und nur noch Endloswiederholungen von »Law & Order« guckte. Schließlich rutschte er in eine Depression, was mit seiner Arbeitsgedächtnisüberlastung zusammenhing. Wir werden uns mit dem Zusammenhang zwischen Arbeitsgedächtnis, affektiven Störungen und allgemeiner Lebenszufriedenheit im folgenden Kapitel näher befassen.

Wissen sollte man aber, dass die Konfrontation mit unüberschaubaren Alternativen oder einfach zu viel Information nicht bedeutet, dass Ihr Arbeitsgedächtnis-Dirigent zum Scheitern verdammt ist. Es kommt darauf an, wie Sie mit dem unaufhörlichen Strom von Daten umgehen, und davon hängt ab, ob Sie wie Sam in der Flut untergehen oder ob Sie in der Lage sind, sich rasch auf die besten Möglichkeiten und die für Sie wichtigste Information zu konzentrieren. Menschen, die der vernichtenden Wucht von zu vielen Alternativen entkommen, verbieten es sich, jede einzelne Möglichkeit zu erwägen oder auf jedes Fitzelchen Information zu achten. Sie reduzieren die Zahl der Optionen und Quellen auf eine überschaubarere Menge. In unserem Trainingsleitfaden am Ende Buches werden wir Ihnen Hinweise auf die geeignetsten Methoden dafür geben.

Mit Zeit umgehen

Eine weitere, für die Produktivität entscheidende Fähigkeit ist, sich seine Zeit richtig einzuteilen. Heutzutage müssen wir alle die Kunst erlernen, mehr in weniger Zeit zuwege zu bringen. Doch das Problem besteht darin, wie wir alle wissen, dass uns zwar die neuen Technologien helfen, schneller zu arbeiten – E-Mails zu beantworten, wichtige Verkaufszahlen oder neue Dokumente zu prüfen, noch bevor wir morgens überhaupt das Büro betreten –, uns aber nicht immer helfen, intelligenter zu arbeiten.

Ein Nachteil der neuen Technologien besteht darin, dass sie uns so viele neue Möglichkeiten eröffnen, die Zeit zu verbringen. Wir treiben uns im Netz herum, schauen in vielfältige Nachrichtenquellen, buchen Reisen oder kaufen etwas auf unseren Lieblingswebsites. Statt unsere Zeit produktiv zu nutzen, verplempern wir mehr davon. Das Arbeitsgedächtnis trägt maßgeblich dazu bei, dass wir unseren Zeitaufwand im Griff behalten und die anstehenden Aufgaben erledigen.

Mit dem Begriff *kognitives Zeitmanagement* erfassen Katya Rubin und Anna Smith vom King's College in London, wie gut wir die für eine Aufgabe aufgewendete Zeitspanne einschätzen und wie gut wir die für eine Aufgabe zur Verfügung stehende Zeit einteilen. Ihr Überblick über Gehirn-Bildgebungsstudien zum kognitiven Zeitmanagement ergab, dass der PFC bei zeitbegrenzten Aufgaben stark aktiviert ist. Theoretisch misst das Arbeitsgedächtnis die verstrichene Zeit und stimmt die Entscheidungen darüber, wann etwas zu tun ist, darauf ab.

Mit Stress umgehen

Eines der allgegenwärtigen Kennzeichen des modernen Lebens ist Stress, und leider beeinträchtigt Stress unser Arbeitsgedächtnis in erheblichem Maße, wie Mauricio Delgado von der Rutgers University herausfand. Um dies empirisch zu untermauern, setzte Delgado seine Probanden unter Stress, indem er sie ihre Hände in kaltes Wasser tauchen ließ. Dieses Verfahren ist eine psychologisch anerkannte Methode, um bei den Versuchspersonen Stress zu erzeugen, ohne ihnen zu schaden. Wie Delgado feststellte, beeinträchtigte der Stress das Arbeitsgedächtnis der Probanden in solchem Ausmaß, dass sie die Aufgabe – Abschätzung des Ergebnisses einer Reihe von Finanzinvestitionen –, statt sie gründlich zu durchdenken, häufig lieber aus dem Gefühl heraus lösten.

Die Beeinträchtigung des Arbeitsgedächtnisses durch Stress trat auch in einer Studie von Amy Arnsten und Mitarbeitern von der Yale University zutage. Die Forscher arbeiteten mit Ratten und setzten die Tiere durch Erhöhung des Spiegels von Proteinkinase C (PKC) unter Stress. Hohe PKC-Konzentrationen sind mit erhöhtem Stress verbunden: Je mehr PKC sich im Organismus der Ratte befindet, desto gestresster ist sie. Indem die Forscher die PKC-Spiegel der Ratten erhöhten, schaltete deren Arbeitsgedächtnis buchstäblich ab. Infolgedessen zeigten sie beeinträchtigtes Urteilsvermögen, ließen sich leicht ablenken und neigten zu impulsivem Verhalten. Starker Stress wirkt sich also eindeutig negativ auf das Arbeitsgedächtnis aus.

Wirklich aufschlussreich ist jedoch, dass umgekehrt ein starkes Arbeitsgedächtnis dazu beitragen kann, Sie gegen Stress zu immunisieren. 2006 analysierten Rachel Yehuda von der Mount Sinai School of Medicine und ihre Mitarbeiter von der Yale Medical School Fähigkeiten vom Arbeitsgedächtnistyp in einem breiten Spektrum traumatischer und belastender Situationen. Sie untersuchten Kriegsveteranen mit posttraumatischer Belastungsstörung, Menschen nach dem Verlust eines Angehörigen, Frauen in den Frühstadien einer Brustkrebserkrankung und

Überlebende von Naturkatastrophen. Wie die Forschergruppe feststellte, spielten Fähigkeiten mit Bezug zum Arbeitsgedächtnis eine gewichtige Rolle bei der Situationsbewältigung.

Risiken einschätzen

Der letzte Nutzen des Arbeitsgedächtnisses, der maßgeblich zum Erfolg im Leben beiträgt, besteht in der Fähigkeit einzuschätzen, welche Risiken und Vorteile in unterschiedlichen Situationen stecken. Die Vorausberechnung von Risiken spielt zudem eine zentrale Rolle bei allen wichtigen Entscheidungen im Leben. Kündigen Sie Ihre aufstiegschancenlose Stelle bei einer großen Firma und wechseln Sie zu einem Start-Up-Unternehmen, bei dem Ihnen eine kometenhafte Karriere offen steht, Sie aber im Fall einer Pleite auch auf der Straße landen könnten? Setzen Sie die Familientradition fort und gehen Sie auf die Alma Mater Ihrer Eltern am Ort oder immatrikulieren Sie sich an einer kleinen geisteswissenschaftlichen Universität Hunderte von Kilometern entfernt? Nehmen Sie als frischgebackener Uni-Absolvent das erste Jobangebot an oder warten Sie ab, ob noch was Besseres kommt?

Risikoabschätzung ist auch für die banaleren Aspekte unseres Alltags grundlegend. Ganz gewöhnliche Dinge wie Autofahren erfordern regelmäßig zahlreiche Risikoberechnungen. Sollten Sie Gas geben, um noch bei Gelb durchzurutschen, oder auf die Bremse steigen? Die Entscheidung verlangt von Ihrem Arbeitsgedächtnis, rasch die herannahende Situation zu beurteilen, die Anwesenheit von Fußgängern und die Möglichkeit, dass weiter vorne eine Polizeistreife lauert. Unser Arbeitsgedächtnis erlaubt es uns, all diese Informationen in Sekundenbruchteilen unter einen Hut zu bringen. Denken Sie nur an all die Aufgaben, die Sie täglich erledigen und die eine ähnliche Risikoabschätzung erfordern, dann sehen Sie erneut, wie wichtig das Arbeitsgedächtnis ist.

Wir wissen jetzt also, welch zentrale Rolle das Arbeitsgedächtnis für die wichtigsten erfolgversprechenden Fähigkeiten im Leben spielt, ob in der Schule, im Beruf oder bei der Arbeit. Im nächsten Kapitel werden wir eine Reihe faszinierender Forschungsergebnisse vorstellen, die untermauern, dass das Arbeitsgedächtnis über den Erfolg in einem weiteren grundlegenden Lebensbereich mitbestimmt: unserer allgemeinen Lebenszufriedenheit.

3
Verschüttet, aber unverzagt – wie das Arbeitsgedächtnis uns glücklicher macht

Mario Selpulveda, einer der 30 im September 2010 aus einem eingestürzten chilenischen Kohlenbergwerk geretteten Männer, wurde berühmt, weil er immer ein Scherzwort auf den Lippen hatte. In den 69 Tagen, in denen er und seine Mitkumpel in drückender Hitze und völliger Dunkelheit tief in einer gefährlichen Mine eingeschlossen waren, verhinderte der ansteckende Humor des 46-Jährigen, dass die Gruppe ins Chaos abglitt. Selbst in den trostlosesten Tagen, bevor die Verschütteten die Bohrgeräusche vernahmen und ein Steinregen ihnen klarmachte, dass eine Rettungsaktion begonnen hatte, bewahrte sich Mario seine Zuversicht, indem er sich auf das konzentrierte, was er tun würde, wenn er rauskam. Er bemühte sich mit ganzer Kraft, sich nicht von der staubigen Luft unterkriegen zu lassen, und beklagte sich nicht darüber, dass er auf feuchtem Karton schlafen musste, ohne eine Ahnung, ob es Tag oder Nacht war.

Stattdessen führte er Vorstöße zur Erkundung möglicher Fluchtwege an, machte Witze, um nicht den Verstand zu verlieren und die Moral der Gruppe hochzuhalten, und stand den jüngeren Bergleuten bei, die sich häufig von Angst und Hysterie überwältigen ließen. Wenn Mario in ein Tief geriet, verbarg er seine Tränen, damit die Gruppe nicht die Zuversicht verlor. Nachdem die dramatische Rettung geglückt war und die Bergleute wohlbehalten das Tageslicht wiedergesehen hatten, überreichte Mario den Rettungskräften in Alufolie gewickelte Steine als humorvolles Dankesgeschenk für ihre harte Arbeit.

»Wir wussten, wenn die Gemeinschaft zusammengebrochen

wäre, wären wir alle verloren gewesen«, erklärte er einem Reporter der Londoner *Daily Mail.* »Es war wichtig, uns sauber zu halten, uns zu beschäftigen, daran zu glauben, dass wir gerettet würden.«

Die Schlagzeilen weltweit machten ihn zu »Super Mario«, weil er derjenige gewesen war, der den Zusammenbruch der Gruppe verhindert hatte. Sie priesen Marios natürliches Charisma, seine Führungsqualitäten und seine optimistische Einstellung. Wir jedoch sehen die Sache ein wenig anders: Wir glauben, dass Mario ein gesundes Arbeitsgedächtnis mobilisierte, um auf das Positive konzentriert zu bleiben.

Zwar beginnen die Forscher gerade erst, die Beziehung zwischen Arbeitsgedächtnis und Zufriedenheit zu verstehen, doch immer mehr Studien sprechen dafür, dass einer der Vorteile eines guten Arbeitsgedächtnisses in der Fähigkeit liegt, sich eine optimistische Einstellung zu bewahren, selbst in so belastenden, bedrohlichen Situationen wie derjenigen, der Mario und seine Mitkumpel ausgesetzt waren.

Die Wissenschaft vom Glück

»Das Glück hängt von uns selbst ab.« Dieser scharfsinnige Spruch, den man dem antiken griechischen Denker Aristoteles zuschreibt, bringt prägnant auf den Punkt, was Philosophen seit langem wissen: Glück ist die Folge von Entscheidungen, die wir in unserem Leben fällen. Wir können selbst unter den entsetzlichsten Umständen beschließen, glücklich und zufrieden zu sein. Während seiner Konzentrationslagerhaft fand Viktor Frankl, ein prägender Vertreter der existentiellen Therapie, dadurch Sinn und einen Grund weiterzuleben, dass er sich ganz auf die Liebe zu seiner Frau konzentrierte. Statt über seine Gefangenschaft nachzugrübeln, beschloss er ganz bewusst, glücklich zu sein und nur an künftige Ziele zu denken. In den vergangenen zehn Jahren suchten Psychologen und Neurologen mit ausgeklügelten experimentellen Verfahren zu verstehen, was Philosophen schon lange wissen. Im Mittelpunkt ihrer Untersuchungen steht das Arbeitsgedächtnis.

Sara Levens und Ian Gotlib von der Stanford University gehören zu den Psychologen, welche die Rolle des Arbeitsgedächtnisses für die Lebenszufriedenheit erforschen. 2010 konnten sie für eine Studie zwei Gruppen von Erwachsenen gewinnen: Die einen litten unter Depressionen, die anderen wiesen keine Anzeichen dieser affektiven Störung in ihrer Vorgeschichte auf. Beide Gruppen mussten eine Arbeitsgedächtnisaufgabe lösen; sie sollten den Gefühlsausdruck – glücklich, traurig oder neutral – einer Reihe von Gesichtern auf einem Computerbildschirm beurteilen.

Sobald ein Gesicht auf dem Bildschirm erschien, sollten die Probanden angeben, ob es dieselbe oder eine andere Emotion als das vorangegangene zeigte. Die Gruppen absolvierten die Aufgabe jeweils zweimal. Der eine Durchgang beanspruchte das Arbeitsgedächtnis nicht, denn die Teilnehmer mussten lediglich beurteilen, ob der Gesichtsaudruck dem unmittelbar davor gesehenen entsprach (1-Zurück). Bei der 2-Zurück-Aufgabe, die das Arbeitsgedächtnis beansprucht, sollten sie den Gesichtsausdruck mit demjenigen vergleichen, den sie zwei Gesichter davor gesehen hatten. Es folgen Beispiele für diese Aufgaben.

1-Zurück-Aufgabe*

Traurig   Glücklich   Traurig   **Traurig**   Neutral

2-Zurück-Aufgabe

Traurig   Neutral   **Traurig**   Glücklich   Neutral   **Glücklich**   Glücklich

Die Wörter, die in der 1-Zurück- oder der 2-Zurück-Aufgabe wiederholt werden, sind fett gedruckt.

---

* Wir haben dies aus Gründen einer besseren Erklärbarkeit als 1-Zurück-Aufgabe bezeichnet.

Levens und Gotlib registrierten die Geschwindigkeit und Korrektheit der Antworten. In der 1-Zurück-Aufgabe ergab sich kein statistisch aussagekräftiger Unterschied zwischen der depressiven und der nichtdepressiven Gruppe. Sollten aber in der 2-Zurück-Aufgabe – die das Arbeitsgedächtnis einspannt – die Gesichtsausdrücke erinnert werden, trat ein Unterschied zutage. Die depressiven Probanden erkannten traurige Vergleichsgesichter schneller, die nichtdepressiven dagegen glückliche. Die Psychologen vermuten, dass dieser Unterschied mit der Art und Weise der Emotionsverarbeitung durch unser Arbeitsgedächtnis zu tun hat. Sie schließen daraus, dass depressive Personen eher traurige Empfindungen in ihrem Arbeitsgedächtnis behalten, während nichtdepressive Menschen eher frohe Emotionen bewahren. Dies spricht dafür, dass Ihr Arbeitsgedächtnis-Dirigent ein zweischneidiges Schwert sein kann, was Glück und Zufriedenheit angeht: Sie können ihn dazu gebrauchen, sich auf das Schlechte oder auf das Gute zu fixieren. Es liegt bei Ihnen, um Aristoteles wieder aufzugreifen. Doch wie wir sehen werden, entscheiden sich Menschen mit einem guten Arbeitsgedächtnis eher für das Glück.

Zur Fortführung ihrer Forschung tat sich Levens mit Elizabeth Phelps von der New York University zusammen. Gemeinsam gingen die Forscherinnen der Frage nach, was im Gehirn passiert, wenn Menschen in ihrem Arbeitsgedächtnis emotionale Information verarbeiten. Sie stellten den Probanden Arbeitsgedächtnisaufgaben, bei denen diese positive und negative Emotionen erkennen sollten. Zuerst sahen die Versuchspersonen eine Serie negativer emotionaler Wörter wie »Mord« und »Terror« auf einem Computerbildschirm. Dann zeigte man ihnen ein einzelnes Wort (das Zielwort), und sie sollten beurteilen, ob es in der eben gesehenen Liste negativer Wörter enthalten war. Dann fand ein Durchgang mit positiven Wörtern statt. Diese Aufgaben verlangten von den Teilnehmern, ihr Arbeitsgedächtnis zu benutzen, um sich die Wortlisten zu merken, und dann das Zielwort mit den Listen zu vergleichen. Gleichzeitig beobachteten die Wissenschaftlerinnen die Hirnaktivität der

Probanden mittels fMRI. Die Scans zeigten, dass der PFC stärker durchblutet wurde, und die Forscherinnen zogen daraus den Schluss, dass das Arbeitsgedächtnis eine Rolle bei der Beurteilung positiver und negativer Emotionen spielt. Doch zwischen positiven und negativen Gedanken zu unterscheiden ist nicht dasselbe wie ein positives oder negatives Gefühl zu empfinden. Kann also ein gutes Arbeitsgedächtnis wirklich dazu beitragen, dass wir mehr Glück und Zufriedenheit empfinden?

Das Arbeitsgedächtnis beflügelt die Wohlfühl-Botenstoffe des Gehirns

Das menschliche Gehirn arbeitet mit einer Reihe von chemischen Substanzen, die Glücksgefühle hervorrufen. Zwei dieser Wohlfühlsubstanzen sind die Neurotransmitter Dopamin und Serotonin. Dopamin hat mit Lust und Motivation zu tun und wird immer dann im Gehirn freigesetzt, wenn Sie etwas Angenehmes tun. Der plötzliche Dopaminstoß erzeugt ein kurzzeitiges Hochgefühl, und das treibt Sie dazu, das Verhalten zu wiederholen. Serotonin könnte man auch den Zen-Neurotransmitter nennen, weil es mit Gefühlen tiefer, differenzierter Befriedigung sowie mit langfristiger Zufriedenheit einhergeht. Serotonin ist so entscheidend für das Glücksempfinden, dass der Wirkmechanismus der meistverordneten Antidepressiva darauf beruht; sie erhöhen den Serotoninspiegel im Gehirn.

Spannende Forschungsarbeiten weisen überraschende Zusammenhänge zwischen dem Arbeitsgedächtnis und der Dopamin- und Serotoninproduktion nach. Eine Studie von Forschern der University of Califonia in Berkeley untersuchte die Verbindung von Arbeitsgedächtnis und Dopamin mittels Positronen-Emissionstomographie (PET). Im ersten Schritt prüfte das Experiment das Arbeitsgedächtnis der Probanden, um die mit gutem von denen mit schlechtem Arbeitsgedächtnis zu unterscheiden. Dann wurde sowohl die eine wie auch die andere Gruppe einer PET unterzogen, um die Dopaminausschüttung im Gehirn zu messen. Wie die Forscher feststellten, erzeugten die Gehirne der Teilnehmer mit gutem Arbeitsgedächtnis mehr Dopamin, während diejenigen mit schlechtem Arbeitsgedächtnis niedrigere Spiegel aufwiesen.

Mit einer anderen PET-Studie wollten Rüdiger Grandt und Mitarbeiter von der Heinrich-Heine-Universität Düsseldorf einem möglichen Zusammenhang zwischen Arbeitsgedächtnis und Serotonin auf die Spur kommen. Ergebnis: Lösten die Probanden eine Arbeitsgedächtnisaufgabe, bei der sie sich eine Folge von Gesichtern einprägen mussten, erhöhte sich sprunghaft der Serotoninspiegel in ihrem Gehirn. Bei einer Aufgabe ohne Beteiligung des Arbeitsgedächtnisses zeigte sich dieser Anstieg nicht. Besonders spannend an dieser Studie finden wir, dass es eben diese Aktivierung des Arbeitsgedächtnisses ist, die mit der Serotoninwoge zusammenhing. Mit anderen Worten, die schlichte Inanspruchnahme Ihres Arbeitsgedächtnisses kann Sie glücklicher machen. Wenn Sie miese Laune haben, könnten Sie etwas tun, das Ihr Arbeitsgedächtnis beansprucht, und ausprobieren, ob der Dopamin- und Serotoninstoß vielleicht Ihre Stimmung hebt.

Das Arbeitsgedächtnis und das halbleere Glas

Am anderen Ende des Spektrums wollten wir untersuchen, was das Arbeitsgedächtnis mit Unglücklichsein, insbesondere mit Depression und Grübelei zu tun hat. Mit Grübeln oder *Rumination*, wie die Psychologen sagen, ist gemeint, dass man sich geistig immer wieder mit denselben, häufig negativen Dingen beschäftigt. Es handelt sich um ein unproduktives Denken, das sich nur schwer steuern oder abstellen lässt, und es ist meist mit starken Gefühlen wie Sorge und Angst verbunden. Es ist, als ließe unser Arbeitsgedächtnis-Dirigent immer wieder dasselbe traurige Lied spielen.

Susan Nolen-Hoeksema, Psychologin an der Yale University, befasst sich seit mehr als zehn Jahren mit der Rumination, und ihre Forschung spricht dafür, dass zur Grübelei neigende Menschen häufiger und schwerer an einer Depression erkranken. Wir wollten wissen, ob sich Rumination auf das Arbeitsgedächtnis auswirken könnte, und unseren Erkenntnissen zufolge deuten immer mehr Befunde auf einen Zusammenhang hin. Robert Hester und Hugh Garavan vom Trinity College in Dublin verstärkten künstlich die Rumination über negative Gedanken; sie zeigten Erwachsenen eine Liste mit negativ besetzten Wörtern wie »Mord«, »Wut« und »Kampf« – und stellten fest, dass Grübeln nicht nur die Stimmung der Probanden drückte, sondern auch ihr Arbeitsgedächtnis beeinträchtigte.

In einer ähnlichen Studie von 2008 legten die Psychologen Jutta Joorman und Ian Gotlib zwei Personengruppen eine Aufgabe vor, bei der diese sowohl fortlaufend Information in ihrem Arbeitsgedächtnis aktualisieren als auch Wörter mit negativen Konnotationen möglichst unterdrücken mussten. Eine Teilnehmergruppe litt unter Depressionen, die andere nicht. Wie sich zeigte, fiel es den Depressiven schwerer, nicht über negativen Wörtern zu brüten, was ihr Arbeitsgedächtnis beeinträchtigte.

Wir wollten diese Zusammenhänge selbst überprüfen und untersuchten daher über einen Zeitraum von drei Monaten eine Gruppe von über 100 Personen in den Zwanzigern. Wir wählten diese Altersgruppe, weil Menschen in diesem Lebensabschnitt meist das Elternhaus verlassen, neue Freundschaften knüpfen und neue Ideen entwickeln. Diese Übergangsphase ins Erwachsenenalter kann zwar sehr aufregend, aber auch sehr belastend sein und ein Gefühl von Überforderung und sogar Niedergeschlagenheit auslösen. Da diese Altersgruppe so oft um ihr Lebensglück ringen muss, bot sie uns eine gute Gelegenheit zu erforschen, wie uns das Arbeitsgedächtnis hilft, unsere Gefühle zu bewältigen und optimistisch zu bleiben.

Unsere Studienteilnehmer bearbeiteten mehrere kognitive Aufgaben. Zuerst lösten sie eine Arbeitsgedächtnisaufgabe aus Tracys *Alloway Working Memory Assessment* (AWMA). Wir stellten ihnen Fragen wie: »Orangen leben im Wasser. Richtig oder falsch?«, und baten sie dann, das letzte Wort der Aussage zu wiederholen. Fragen wie diese aktivieren das Arbeitsgedächtnis, weil das Gehirn gezwungen ist, den Satz zu behalten und zu entscheiden, ob er richtig ist, während es zugleich das letzte Wort wiederholt. Danach unterteilten wir die Probanden in solche mit leistungsstarkem und -schwachem Arbeitsgedächtnis.

Zudem ließen wir die jungen Erwachsenen Fragebögen ausfüllen, wie sie häufig in Krankenhäusern und Ambulanzen benutzt werden, um objektiv einzuschätzen, ob jemand depressiv ist. Die Teilnehmer mussten Aussagen danach beurteilen, in welchem Maße sie in der vergangenen Woche auf die eigene Person zugetroffen hatten. Manche dieser Aussagen umschrieben negative Gefühle wie: »Mich belasteten Dinge, die mir gewöhnlich nichts ausmachen.« Andere drückten positive Gefühle aus, etwa: »Ich blickte zuversichtlich in die Zukunft.« Nach den Antworten beurteilten wir, ob die Probanden depressiv waren oder nicht. Mittels eines ähnlichen Fragebogens bestimmten wir zudem ihre Neigung zur Rumination.

Unserer Hypothese zufolge sollten Grübler und Depressive ein relativ schlechtes Arbeitsgedächtnis aufweisen und Grübler depressiv sein. Als wir jedoch die Arbeitsgedächtniswerte, die Depressionsausprägung und die Ruminationstendenz der jungen Erwachsenen analysierten, machten wir einige sehr überraschende Entdeckungen: Weder wiesen alle Grübler niedrige Arbeitsgedächtniswerte auf noch waren sie alle depressiv. Die Grübler mit einem guten Arbeitsgedächtnis hatten ein geringeres Depressionsrisiko als diejenigen mit einem schlechten. Wir deuten dies so, dass ihr Arbeitsgedächtnis-Dirigent zwar immer dasselbe Lied spielt, aber auch stark genug ist, um die mit Depressionen einhergehenden negativen Emotionen zu hemmen.

Das Arbeitsgedächtnis und das halbvolle Glas

Die Ergebnisse unserer Studie zu Arbeitsgedächtnis, Rumination und Depression waren ein spannender Anfang, denn sie enthüllten, dass Menschen tatsächlich ihr Arbeitsgedächtnis dazu nutzen, Gefühle zu bewältigen, Probleme zu lösen und sich vor dem Abgleiten in die Depression zu bewahren. Von diesen Befunden ermutigt, nahmen wir uns das andere Ende der Glücksskala vor und gingen der Frage nach, ob ein leistungsfähiges Arbeitsgedächtnis Menschen optimistischer stimmt.

Zu diesem Zweck taten wir uns mit dem British Science Festival zusammen. Diese in Großbritannien überaus populäre Veranstaltung präsentiert alljährlich Wissenschaft und Technik. Dieses Forum förderte unsere Studie und lud die Festivalbesucher zur Teilnahme daran ein. So konnten wir eine weitere umfangreiche Studie mit Tausenden Erwachsenen auf den Weg bringen. Die Größenordnung der Studie half uns die Frage aufzuklären, wie das Arbeitsgedächtnis das Glücksempfinden beeinflusst und ob ein leistungsfähiges Arbeitsgedächtnis dazu beiträgt, dass man das Glas eher als halbvoll betrachtet.

Die Probanden unterzogen sich einem Arbeitsgedächtnistest und füllten den *Life-Orientation-Test* aus, einen klinischen Fragebogen zur Beurteilung des dispositionellen Optimismus und Pessimismus. Zudem stellten wir ihnen die folgenden Ja-Nein-Fragen:

1. In unsicheren Zeiten erwarte ich gewöhnlich das Beste.
2. Ich sehe meine Zukunft immer optimistisch.
3. Wenn für mich etwas schief gehen kann, dann geht es schief. Ich verlasse mich selten darauf, dass mir Gutes widerfährt.

Unsere Analyse der Antworten ergab eine Korrelation zwischen der Stärke des Arbeitsgedächtnisses und dem Ausmaß des Optimismus. Die Probanden mit besserem Arbeitsgedächtnis waren häufiger optimistisch, während diejenigen mit schlechterem Arbeitsgedächtnis eher zu Pessimismus neigten. Daraus ergibt sich, dass Menschen mit leistungsfähigem Arbeitsgedächtnis hoffnungsvoller und zuversichtlicher in die Zukunft blicken, während solche mit schwachem Arbeitsgedächtnis eher schwarz sehen.

Die bislang in diesem Kapitel vorgestellte Forschung spricht dafür, dass ein gutes Arbeitsgedächtnis mit Zufriedenheit und Optimismus verknüpft ist. Dabei handelt es sich nicht um einen direkten Kausalzusammenhang, da Glück etwas Komplexes ist und viele Faktoren – persönliche wie kulturelle – zum individuellen Glücksempfinden beitragen. So bietet zwar ein gutes Arbeitsgedächtnis keine Garantie für Optimismus, doch es kann Ihre Schritte entschlossener auf einen erfüllten Lebensweg lenken.

Einer der großen Vorteile von Optimismus ist ein längeres und befriedigenderes Leben. Becca Levys Forschungen an der School of Public Health der Yale University belegten, dass ältere Erwachsene, die dem Älterwerden optimistisch entgegensehen, durchschnittlich 7,5 Jahre länger leben als ihre weniger zuversichtlichen Altersgenossen. Eine positive Einstellung ist zudem mit einem gesünderen Leben verknüpft. Beispielsweise fanden Hillary Tindale und ihr Team von der University of Pittsburgh heraus, dass Optimismus das Risiko für eine potentiell lebensbedrohliche koronare Herzkrankheit senkt. In ihrer Studie mit fast 100 000 Frauen zwischen 50 und 79 Jahren verglichen sie das optimistischste Viertel mit dem pessimistischsten und stellten fest, dass erstere seltener Herz-Kreislauf-Probleme, Diabetes und Bluthochdruck entwickelten. Eine Studie mit Männern über einen Zeitraum von zehn Jahren gelangte zu ähnlichen Ergebnissen: Die Optimisten entwickelten im Laufe der Jahre seltener eine koronare Herzkrankheit als die Pessimisten.

Weniger ist mehr

Am Ende dieses Kapitels finden Sie ein paar einfache Übungen zur Stärkung Ihres Arbeitsgedächtnisses. Vorerst jedoch werfen wir rasch einen Blick auf einige Bewältigungsstrategien, die nachweislich sowohl das Arbeitsgedächtnis verbessern als auch das Glücksempfinden steigern.

In Kapitel 2 haben wir Ihnen unseren Freund Sam vorgestellt, dem all die Möglichkeiten nach seiner Entlassung über den Kopf wuchsen. Zu viele Alternativen führen zu psychischem

Stress und Unglücklichsein. Eine 2010 im *Journal of American Consumer Research* veröffentlichte Studie von Hazel Markus und Barry Schwartz untermauerte dies durch das Ergebnis, dass die amerikanische Kultur zwar die Wahlfreiheit hochhält, die Menschen aber oft von den unbegrenzten Möglichkeiten wie gelähmt und infolgedessen mit ihren Entscheidungen weniger zufrieden sind.

Wie Sie in Kapitel 2 erfahren haben, kann ein Übermaß an Alternativen Ihr Arbeitsgedächtnis überlasten und eine Menge negativer Konsequenzen nach sich ziehen: Stress und Angst nehmen zu, Sie können kaum noch eine Entscheidung treffen und wenn, dann grübeln Sie hinterher oft darüber nach, ob Sie sich richtig entschieden haben. Eine Möglichkeit, Ihre Zufriedenheit zu steigern, besteht demnach darin, die Zahl der zu treffenden Entscheidungen zu verringern. Im Büro beispielsweise könnten Sie bestimmte Zeiten für bestimmte Aufgaben reservieren und nur ein Programm auf Ihrem Bildschirm öffnen, statt zwischen zahlreichen Fenstern und Optionen hin und her zu springen.

Im Privatleben glauben viele von uns, dass unsere Kinder es besser haben und glücklicher werden, wenn wir sie jeden Tag zu fünf verschiedenen Aktivitäten ermuntern. In Wirklichkeit kann die Wahl zwischen zu vielen Freizeitbeschäftigungen Ihre Kinder überfordern und ihre Leistung in dem, was sie schließlich machen, vermindern. Wenn Sie einige wenige Hobbys auswählen und genügend unverplante Zeit vorsehen, die die Familie gemeinsam verbringt, dann nimmt der Druck auf das Arbeitsgedächtnis aller Familienmitglieder ab, und alle werden sich weniger gestresst und glücklicher fühlen.

Wenn Sie Ihre Entscheidungen als Konsument beschränken, hilft Ihnen das ebenfalls. Im Supermarkt ziehen interessante Verpackungen oder neue Produkte unsere Aufmerksamkeit auf sich. Manchmal fällt es schwer zu entscheiden, welche der zehn verschiedenen Marken desselben Erzeugnisses man kaufen soll. Um die Alternativen zu begrenzen und einen besseren Überblick zu behalten, sollten Sie vor dem Einkauf eine Liste machen, was Sie wirklich brauchen, und sich daran halten.

Unser Freund Sam, der in eine Depression verfiel, weil er sich nicht für eine neue Stelle entscheiden konnte, merkte, dass es ihm enorm half, die Alternativenzahl zu verringern. Nachdem es ihm wochenlang schlecht gegangen war, ermutigte ihn seine Frau, den Rat eines Karriere-Coachs einzuholen. Dieser half ihm, sich auf eine oder zwei unmittelbar anstehende Aufgaben und Ziele zu konzentrieren. Daraufhin vermochte Sams Arbeitsgedächtnis die einschlägige Information besser zu verdauen, sein Stress ließ nach und seine Stimmung hob sich. Er schaffte es, eine Liste möglicher Jobs zu erstellen, und begann seine auf den neuesten Stand gebrachte Bewerbung zu verschicken. Zwei Wochen später hatte er ein Vorstellungsgespräch.

Sich Ängsten und Problemen stellen

Ann, Rechtsanwältin in einer Kanzlei und seit kurzem Sozia, entdeckte eines Tages einen großen Knoten am unteren Rücken. Sofort begann sie sich zu sorgen, es könnte eine bösartige Krebsgeschwulst sein, doch da sie so sehr von ihren neuen Pflichten in Anspruch genommen war, drückte sie sich vor einem Arztbesuch und versuchte die Situation zu verdrängen. Doch je heftiger sie den Gedanken beiseite schob, desto mehr grübelte sie über mögliche Katastrophenszenarien nach. Binnen weniger Wochen war sie in eine Depression gerutscht. Sie hatte Probleme, sich auf die Arbeit zu konzentrieren, zeigte sich in Besprechungen zerstreut, beurteilte Fälle falsch und vergaß Rückrufe bei ihren Mandanten. Kurzum, ihr Arbeitsgedächtnis war beeinträchtigt.

Faszinierende Forschungen belegen, dass das Ausweichen vor Problemen unser Arbeitsgedächtnis beeinträchtigt. Eine einschlägige Studie führten Wissenschaftler von Harvard, Cornell und der University of Texas durch. Sie untersuchten den Flucht-oder-Angriff-Mechanismus bei Mäusen und stellten fest, dass Tiere, die aus verschiedenen Problemsituationen (etwa sich mit größeren, angriffslustigeren Mäusen auseinanderzusetzen) flohen, an Gewicht verloren, einen verringerten Sexualtrieb und gestörten Schlaf sowie einen veränderten Spiegel eines Proteins namens BDNF (von engl. *brain-derived neurotrophic factor*) aufwiesen. Frühere Arbeiten haben gezeigt, dass geringe BDNF-Spiegel sowohl mit einem beeinträchtigten Arbeitsgedächtnis als auch mit Depression einhergehen, doch wie diese komplizierte Beziehung im Einzelnen aussieht, bleibt noch zu klären.

Die Mäuse hingegen, die sich den größeren Artgenossen stellten, schliefen regelmäßig, zeigten ein gesundes Sexualleben und keine Veränderung ihres BDNF-Spiegels. Die Autoren ziehen eine wichtige Folgerung aus dem Ergebnis: Wenn Sie Ihre Probleme aktiv angehen, dann stärkt das Ihre psychische Widerstandsfähigkeit, von Psychologen als Resilienz bezeichnet. Die Forscher stützen sich auf die in Kapitel 2 aufgeführten Arbeiten von Rachel Yehuda zu Arbeitsgedächtnis und Stress und zeigen, wie sich Resilienz in Belastungssituationen bemerkbar macht und dass sich psychisch widerstandsfähige Menschen angesichts von Widrigkeiten ihren Optimismus bewahren.

Kehren wir also für einen Augenblick zurück zu Ann, die sich in die Arbeit stürzte und ihr Problem auf die lange Bank schob. Infolgedessen beeinträchtigte der Stress ihr Arbeitsgedächtnis – und ihre Arbeit. Als Anns beste Freundin sie flehentlich bat, ihre Angst vor dem Arztbesuch zu überwinden und den Knoten untersuchen zu lassen, gab sie schließlich nach. Der Arzt nahm eine Gewebeprobe und stellte fest, dass der Knoten nicht bösartig war. Fazit: Wenn Sie sich vor Ihren Problemen drücken, kann dies Ihr Arbeitsgedächtnis schwächen und Sie depressionsanfälliger machen. Dies kann sich unmittelbar auswirken, denn ein schlechtes Arbeitsgedächtnis schwächt auch Ihre Fähigkeit, angemessen mit den Konsequenzen der anfänglichen Vermeidung umzugehen. Packen Sie aber den Stier bei den Hörnern, dann haben Sie zumindest den Vorteil, dass Ihr Arbeitsgedächtnis voll auf der Höhe ist und Sie für alles gewappnet sind, was da kommen mag.

Finde zur Ruhe und finde zum Glück

Meditation wird seit jeher mit dem Gefühl von Ruhe und Frieden in Verbindung gebracht. 2007 untersuchten Richard Davidson und seine Mitarbeiter an der University of Wisconsin-Madison mittels fMRI, was sich während der Meditation im Gehirn abspielt. Die Forscher zogen sowohl erfahrene Übende mit bis zu 37 000 Meditationsstunden als auch eine Gruppe von Neulingen heran. Während die Teilnehmer im Tomographen meditierten, bombardierten die Forscher sie mit ablenkenden Geräuschen wie Restaurantlärm, Babygebrabbel oder schreienden Frauen. Wie sich zeigte, vermochten die erfahrendsten Probanden die Ablenkungen besser auszublenden als die Anfänger. Die Aufnahmen zeigten zudem eine stärkere Aktivierung des PFC – Sitz des Arbeitsgedächtnisses – in der geübtesten Gruppe. Die Forscher hatten den PFC gewählt, weil die Scans während einer Konzentrationsmeditation aufgenommen wurden. Bei dieser Form der Meditation richtet man sein ganzes Augenmerk auf ein visuelles Vorstellungsbild oder auf den eigenen Atem, und diese Technik nimmt das Arbeitsgedächtnis in Anspruch.

Amishi Jha und ihre Mitarbeiter von der University of Pennsylvania befassten sich näher mit dieser Entdeckung und fanden eine unmittelbarere Verbindung zwischen Meditation, einem starken Arbeitsgedächtnis und Glücksgefühlen. Die Forscherin arbeitete mit U.S.-Marinesoldaten, die wegen eines bevorstehenden Einsatzes unter Stress standen. Eine Gruppe meditierte acht Wochen lang 30 Minuten täglich, die andere Gruppe über acht Wochen 20 Minuten pro Woche. Nach diesem Zeitraum sollten die Teilnehmer ihre positiven und negativen Stimmungslagen beurteilen. Die Gruppe, die täglich eine halbe Stunde meditiert hatte, erzielte nach den acht Wochen höhere Arbeitsgedächtniswerte und berichtete zudem über eine positivere Gestimmtheit als die weniger geübte Gruppe. Wir vermuten, dass es den Marines aufgrund ihres verbesserten Arbeitsgedächtnisses mit größerem Erfolg gelang, negative, belastende Gedanken auszublenden und sich stattdessen auf positive Gedanken zu konzentrieren, wodurch sich ihre Stimmung hob.

Zu Beginn dieses Kapitels haben wir »Super Mario« kennengelernt, einen Mann, der aufgrund seiner positiven Einstellung eine unglaubliche Notsituation bewältigen konnte. Wir haben die Frage gestellt, ob ein gutes Arbeitsgedächtnis zu seinem glücklichen Naturell beigetragen haben mag. Nach der Analyse der vorliegenden Daten sehen wir gute Chancen dafür. Ein starker Arbeitsgedächtnis-Dirigent dürfte Mario die Fähigkeit verliehen haben, über negative Gefühle hinwegzusehen und sich auf die positiven zu konzentrieren, auch wenn er allen Grund hatte, nicht an eine Rettung zu glauben. Auch weil er sich beschäftigte – Witze erzählte, Zukunftspläne für seine Kinder schmiedete, nach Fluchtwegen suchte und sich kreative Lösungen für alltägliche Arbeiten während ihrer Gefangenschaft unter Tage ausdachte – und so sein Arbeitsgedächtnis auf Trab hielt, statt über möglichen Untergangsszenarien zu brüten, blieben sein Dopamin- und Serotoninspiegel wahrscheinlich relativ hoch und bewahrten ihm ein gewisses Wohlbefinden.

Wenn Ihr Frustpegel steigt, weil Ihre Kollegen Sie mit E-Mails und Online-Witzen zuschütten, kann Ihnen die Stärkung Ihres Arbeitsgedächtnis-Dirigenten helfen, diese irrelevanten Ablenkungen zu ignorieren und sich auf Ihr Projekt zu konzentrieren. Wenn Sie mies drauf sind, weil Ihr Ehepartner sich über die zankenden Kinder beschwert, das Haus ein Schweinestall ist und gleich Freunde zum Abendessen kommen, dann hilft Ihnen Ihr Arbeitsgedächtnis, sich vor Augen zu halten, wie nett das Treffen werden wird, wenn Sie aufgeräumt und die Kinder zu Bett gebracht haben.

Arbeitsgedächtnisübungen

Ihr Arbeitsgedächtnis-Dirigent hilft Ihnen, mit Ihren Gefühlen fertig zu werden, und das ist ein großer Schritt auf dem Weg zu mehr Glück und Zufriedenheit. Die folgenden Übungen stellen die Weichen zu einem leistungsfähigeren Arbeitsgedächtnis und zu besserer Kontrolle über Ihre Stimmungen und Einstellungen.

1. Lernen Sie positive und negative Emotionen zu bewältigen

Ein wichtiger Schritt zum Glücklichsein ist die Fähigkeit zu erkennen, was Sie glücklich und was Sie traurig macht. Wir nutzen unser Arbeitsgedächtnis, um uns auf vertraute emotionale Information zu konzentrieren. Die folgende Übung trainiert Ihr Arbeitsgedächtnis darauf, Wörter mit emotionalem Gehalt zu beurteilen, so dass Sie lernen können, Ihr Augenmerk auf das Positive statt auf das Negative zu richten.

1. Unten finden Sie eine Wortliste. **Schauen Sie nicht hin!**
2. Bitten Sie eine/n Freund/in, Ihnen die Wortliste laut vorzulesen.
3. Achten Sie auf sich wiederholende Wörter. Wenn Sie ein wiederholtes Wort hören, das drei Wörter zuvor vorgelesen wurde, dann machen Sie folgendes:
    d. Schnippen Sie mit den Fingern.
    e. Sagen Sie Ihrer/m Freund/in, ob das Wort emotional positiv, negativ oder neutral ist.

Die richtigen Wörter sind in der Liste fett gedruckt.

Wortliste
- Blatt
- bedauerlich
- entzückt
- sonnig
- Sirup
- **entzückt**
- dankbar
- **Sirup**
- Brett

- Pech
- ängstlich
- freundlich
- **Pech**
- dankbar

2. Trinken Sie ein paar Tässchen

2012 entdeckten Lars Kuchinke und seine Mitarbeiter von der Ruhr-Universität Bochum, dass man positive Wörter schneller und korrekter erkennt, wenn man 200 mg Koffein – zwei bis drei Tassen Kaffee oder vier Tassen Tee – zu sich nimmt. Bei neutralen oder negativen Wörtern tritt dieser Effekt nicht auf. Die Studie untersuchte zwar nicht, ob Kaffeetrinker seltener depressiv sind, doch wenn man Positives schneller erkennt, dann ist das doch eine gute Sache.

3. Blenden Sie das Negative aus

Wenn wir grübeln, kreist unser Denken um negative Erfahrungen und Emotionen. Diese Übung trainiert Ihr Arbeitsgedächtnis darauf, negative Gefühle auszublenden und sich auf positive zu konzentrieren.

Stufe 1: Anleitungen

1. Ziehen Sie eine Linie zwischen den positiven Wörtern und lassen Sie die anderen außer Acht.

2. Blättern Sie um und schreiben Sie alle positiven Wörter, die Sie gerade verbunden haben, auf ein eigenes Blatt Papier.

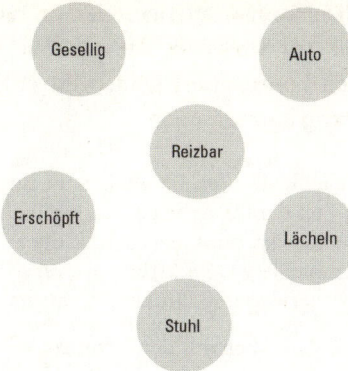

Stufe 2: Anleitungen

1. Ziehen Sie eine Linie zwischen den positiven Wörtern und lassen Sie die anderen außer Acht.

2. Blättern Sie um und schreiben Sie alle positiven Wörter, die Sie gerade verbunden haben, auf ein eigenes Blatt Papier.

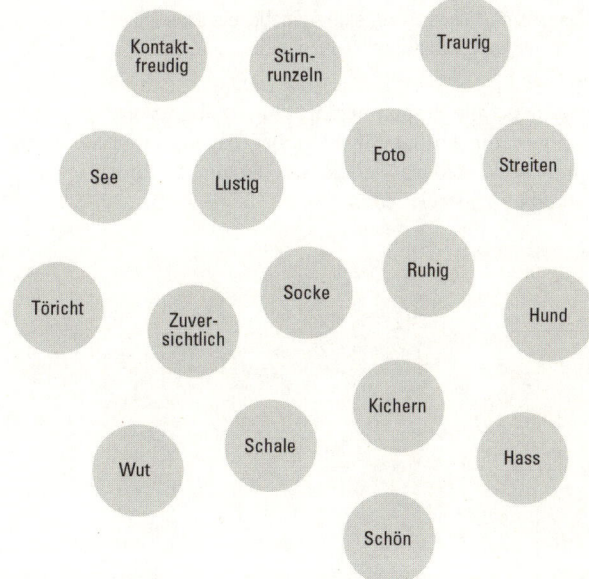

4. Ordnen Sie Ihre Alternativen nach Priorität

Diese Übung baut den Stress ab, der entsteht, wenn Sie mit zu vielen Alternativen konfrontiert sind, weil sie Ihnen hilft, dem Wichtigsten Vorrang einzuräumen.

1. Erstellen Sie eine Liste aller Tätigkeiten an einem durchschnittlichen Tag, die Ihr Arbeitsgedächtnis beanspruchen – beispielsweise auf Facebook nachsehen, die E-Mails auf Ihrem Smartphone lesen, Frühstück machen. Ihre Liste umfasst möglicherweise 30 Punkte oder mehr.

2. Wählen Sie die Aufgaben auf der Liste aus, die am unwichtigsten sind, und unterlassen Sie sie eine Woche lang. Sie können Ihr iPad in eine Schublade stecken, bei der Arbeit am Computer Ihre Online-Zeit begrenzen oder Ihre Twitter-Aktualisierungen aussetzen.

3. Stellen Sie sich am Ende der Woche folgende Fragen:

   - Fühle ich mich weniger gestresst?
   - Finde ich mich produktiver?
   - Konnte ich mich auf eine Aufgabe, die ich erledigt habe, besser konzentrieren?

4. Haben Sie alle Fragen bejaht, dann sollten Sie ernsthaft erwägen, die Aufgabenzahl zu begrenzen, damit Sie weniger unter Stress stehen. Vielleicht versuchen Sie, noch mehr Aufgaben zu streichen.

4
Misserfolge, schlechte Gewohnheiten und Irrwege

Wenn man sieht, wie Sportler, die im Geld schwimmen, Millionen Dollar bis hin zum Bankrott verpulvern, wie Prominente, die doch wunschlos glücklich sein müssten, alles mit ihrer Drogensucht durchbringen oder wie Übergewichtige sich immer weiter vollstopfen, obwohl sie schon an einer Herzkrankheit und Diabetes leiden, dann fragt man sich natürlich, warum diese Menschen ihr Verhalten nicht im Griff haben. In jahrelanger Forschung haben wir herausgefunden, dass mangelnde Verhaltenssteuerung eng mit Arbeitsgedächtnisproblemen verknüpft ist. In diesem Kapitel verdeutlichen wir Ihnen die Nachteile durch einen Arbeitsgedächtnis-Dirigenten, der nicht Herr im eigenen Haus ist.

Wenn Glück sich in Unglück verkehrt

Wer hat bei dieser schlechten Wirtschaftslage nicht schon einmal davon geträumt, im Lotto zu gewinnen? Wir schon. Aber sollten wir nicht aufpassen, was wir uns wünschen? Wie Sie vielleicht schon gehört haben, berichten viele Lottogewinner später, sie seien nun keineswegs glücklicher, und etliche betrachten die riesige Geldsumme letztlich eher als Bürde denn als Segen. Das kommt einem vor wie ein schlimmer Treppenwitz, doch unseren Vermutungen zufolge hat dieses Phänomen mit einer Störung des Arbeitsgedächtnisses zu tun, und in gewisser Weise illustriert es, dass das Arbeitsgedächtnis auch an impulsivem Verhalten beteiligt ist.

Nehmen wir den Fall von Andrew Jackson »Jack« Whittaker. An einer Tankstelle kaufte er für einen Dollar ein Lotterielos, das ihm den damals größten Einzelgewinn in den USA einbrachte: 314 Millionen Dollar. Nach Abzug von Steuern und Abgaben entsprach dies einer einmaligen Ausschüttung von 113 Millionen Dollar. Wenn es je einen glücklichen Gewinner gegeben hat, der mit einem so großen Gewinn umgehen konnte, dann war es Whittaker. Er hatte es schon vorher zu großem Erfolg gebracht. Er besaß ein Millionenvermögen und war Vorstandsvorsitzender eines erfolgreichen Bauunternehmens in West Virginia mit mehr als 100 Mitarbeitern.

Im Hochgefühl seines Gewinns versprach Whittaker, einen Teil davon verschiedenen Organisationen zu spenden, und gründete eine gemeinnützige Organisation zur Unterstützung sozial benachteiligter Familien. Doch es dauerte nicht lange, und an die Stelle sorgfältigen Planens trat zügellose Verschwendung. Der Mann, der seine Millionen mit harter Arbeit und Selbstdisziplin verdient hatte, wurde in eine Welt katapultiert, in der er über so viel Geld verfügte, dass er offenbar dessen Wert aus den Augen und jede Kontrolle über seine Ausgaben verlor.

Im ersten Jahr hatte er bereits 45 Millionen Dollar ausgegeben. Sein persönliches Vorhaben, mehr Zeit mit seiner Frau, mit der er seit über 40 Jahren verheiratet war, und seiner ihn vergötternden Enkelin zu verbringen, blieb ein schöner Traum. Stattdessen zitierte ihn die *Washington Post* mit der Bemerkung: »Wenn sie das Familienleben mit mir pflegen wollen, dann müssen sie früher aufstehen oder viel später schlafen gehen.« Kein Wunder, dass er zwischen den häufigen Abstechern zur Rennbahn, Casinobesuchen und Grundstückskäufen weniger und nicht mehr Zeit mit der Familie verbrachte. Und natürlich erfüllte Whittaker das Klischee des Lottogewinners, denn er kaufte jede Menge Autos und Häuser, auch für Verwandte und Bekannte. Fünf Jahre nach seinem Gewinn behauptete er, ihm sei viel Geld gestohlen worden und er sei pleite. Außerdem lief ein Verfahren wegen Körperverletzung und Trunkenheit am Steuer gegen ihn.

Zwar bildet Whittaker, was das Schicksal von Lotteriegewinnern angeht, keinen Einzelfall, doch dass es einem von vornerein schon Wohlhabenden so ergeht, kommt nicht sehr häufig vor. Whittakers Fall spielt hier deshalb eine Rolle, weil er die Frage aufwirft: Warum war ein Mensch, der Erfahrung im Umgang mit hohen Geldsummen besaß, nicht besser als die meisten anderen Glückspilze dafür gewappnet, seinen Gewinn sinnvoll zu verwenden? Warum gab er plötzlich derart impulsiv Geld aus?

Wilhelm Hofmann vom Center for Decision Research der Booth School of Business an der University of Chicago liefert Hinweise auf die Antwort. Seit Jahren befasst er sich mit Entscheidungsprozessen, Impulsivität und Arbeitsgedächtnis. In einem Artikel von 2009 skizzierte er ein theoretisches Modell mit zwei bedeutsamen Einflussinstanzen für Entscheidungen – ein impulsives System und ein reflexives System.

- *Impulsives System:* Dieses System ist automatisch, unüberlegt und hedonistisch, und es drängt uns, alles zu tun, was ein gutes Gefühl hervorruft.
- *Reflexives System:* Dieses System ist rational und umfasst strategisches, zielgerichtetes Planen, bewusstes Urteilen und Ausüben von Kontrolle. Hofmann sieht einen direkten Zusammenhang zwischen der Stärke des reflexiven Systems und dem Arbeitsgedächtnis.

Stellen Sie sich beispielsweise vor, Sie befänden sich allein auf einem Rettungsfloß auf hoher See, und Sie haben sich Ihre Vorräte eingeteilt, um Ihre Überlebenschancen zu erhöhen. Unter anderem besitzen Sie ein paar Schokoriegel, und Sie wissen, dass Sie sich auf ein Stückchen täglich beschränken sollten. Doch in Ihrem Kopf tobt ein Krieg. Das impulsive System drängt Sie, den Riegel auf einen Sitz zu futtern – *Mach schon, du hast doch Hunger. Du musst jetzt den ganzen Riegel essen.* Das reflexive System rät Ihnen dringend, sich an Ihr Stückchen pro Tag zu halten – *Gib der Versuchung nicht nach. Teil ihn dir ein. Davon hast du langfristig mehr.*

Ob Sie den Riegel auf einmal hinunterschlingen oder ihn sich einteilen, hängt von der Leistungskraft Ihres Arbeitsgedächtnisses ab. Hoffmann zufolge hält Ihr reflexives System Ihr impulsives umso besser in Schach, je leistungsfähiger Ihr Arbeitsgedächtnis ist.

Vor dem unerwarteten Geldsegen musste sich Whittaker finanziell zurückhalten, um sich nicht zu übernehmen. Dazu musste sein Dirigent die Ausgaben im Rahmen halten und das reflexive System in Anspruch nehmen: *Ich hätte diese Villa wirklich sehr gerne, aber ich kann sie mir nicht leisten.* Nach seinem Lottogewinn jedoch war er finanziell in der Lage, alles was ihm ins Auge stach – von Diamanten bis zu Rennbooten –, zu kaufen, ohne einen Gedanken daran zu verschwenden. Da eine Ausgabenbeschränkung nicht mehr nötig war, legte sein Dirigent praktisch sein Amt nieder, und das impulsive System herrschte uneingeschränkt. In dem Maße, wie Whittakers Selbstkontrolle dahinschwand, schmolz auch sein Lottogewinn dahin. Einer seiner Freunde brachte das der Zeitung *USA Today* gegenüber treffend auf den Punkt. Der Gewinn »überrollte ihn ... je mehr man besitzt, desto schwieriger ist es, der Versuchung zu widerstehen.«

Außer Kontrolle

Das Arbeitsgedächtnis spielt eine entscheidende Rolle bei Süchten, ob es um Drogen, Alkohol, Zigaretten, übermäßiges Essen, Kaufen, Glücksspiel, Pornographie oder sogar Videospiele geht. Je stärker Ihr Arbeitsgedächtnis-Dirigent, desto eher können Sie Suchtverhalten widerstehen. Je schwächer Ihr Dirigent, desto leichter geraten Sie in die Fänge einer Sucht.

Haben Sie sich jemals etwas so brennend gewünscht, sich so heftig in etwas gestürzt oder sich so stark auf etwas fixiert, dass alles daneben verblasste? Obwohl das Objekt Ihrer Begierde Ihrer Gesundheit, Ihren Beziehungen, Ihrer Karriere oder Ihren Finanzen schadet? Und obwohl es Ihr Leben zerstört? Damit stehen Sie mit Sicherheit nicht alleine. Sie brauchen nur einen Blick auf die Zahlen zu werfen. Mehr als 68 Millionen Amerikaner (circa 20 Millionen Deutsche) rauchen. Fast 30 Millionen (in Deutschland 3,2 Millionen) sind drogen- oder medikamentenabhängig, und weitere 22 Millionen Erwachsene (geschätzte 500 000 in Deutschland) sind süchtig nach Internet-Pornographie. Nicht weniger als 24 Millionen (800 000) sind kaufsüchtig, und sechs bis acht Millionen (600 000) zeigen problematisches Spielverhalten. Und vergessen Sie nicht die geschätzten 75 Millionen (48 Millionen) Erwachsene und 12,5 Millionen (1,9 Millionen) Kinder mit Übergewicht. Warum lassen sich so viele von uns von schlechten Gewohnheiten und Süchten versklaven?

Das süchtige Gehirn

2011 definierte die American Society of Addiction Medicine Sucht neu. Eine Sucht gilt jetzt als »eine chronische Krankheit der Belohnungs-, Motivations-, Gedächtnis- und verwandter Schaltkreise des Gehirns«. Die angesehene Neurowissenschaftlerin, Psychiaterin und Leiterin des National Institute on Drug Abuse, Nora Volkow, ist die führende Forscherin auf dem Gebiet des süchtigen Gehirns. Mit mehr als einem Jahrzehnt wissenschaftlich anerkannter Forschung drückt die Urenkelin von Leo Trotzki der Geschichte ihren eigenen Stempel auf: Ihren Erkenntnissen zufolge wird Suchtverhalten zwanghaft, weil der Kontrollmechanismus des Gehirns gestört ist. Im Folgenden stellen wir dar, was sich im süchtigen Gehirn abspielt.

Bedeutsamkeit und Belohnung

Bedeutsamkeit ist die relative Wichtigkeit eines Gegenstands oder Verhaltens, und *Belohnung* sind die angenehmen Empfindungen, die uns dieser Gegenstand oder dieses Verhalten bereitet. Bedeutsamkeit und Belohnung sind im süchtigen Gehirn eng miteinander verbunden. Suchtmittel und Suchtverhalten besitzen für Süchtige eine extrem hohe Bedeutsamkeit, und das heißt, dass sie ihre Aufmerksamkeit darauf heften. Zeigen Betroffene Suchtverhalten, schüttet der tief im Gehirn sitzende Nucleus accumbens einen ordentlichen Schuss des Belohnungsneurotransmitters Dopamin aus. Wenn Sie einen Schokoriegel essen, erhalten Sie einen kleinen Spritzer Dopamin; ein Rieseneisbecher mit Karamelsoße, Schlagsahne, Krokantstreuseln und Nüssen bewirkt eine kräftigere Dosis des Botenstoffes. Und eine Droge wie Heroin löst eine wahre Dopaminsturzflut aus. Die Belohnung durch das Dopamin macht das einschlägige Verhalten für den Süchtigen höchst bedeutsam, so dass es zu seinem einzigen Interesse wird.

Gedächtnis

Abhängige erinnern sich an die Bedeutsamkeit des Verhaltens, weil das Ereignis sowohl in der Amygdala als auch im Hippocampus registriert wird. Das emotionale Zentrum des Gehirns, die Amygdala, spricht auf die starke Bedeutsamkeit und Belohnung an und schließt diese Information in der Gedächtnisbank, dem Hippocampus, ein.

Antrieb

Antrieb ist das, was Abhängige dazu bewegt, ihr Verhalten fortzusetzen. Er drängt sie, es ständig aufs Neue zu wiederholen. Antrieb entsteht im orbitofrontalen Cortex (OFC) und im anterioren Cingulum (AC, vorderer Teil der Gürtelwindung), Hirnregionen, die häufig mit dem Arbeitsgedächtnis in Zusammenhang gebracht werden. Um zu bestimmen, in welchem Maße das Arbeitsgedächtnis am Trieb beteiligt ist, bedarf es noch weiterer Forschung. Wenn ein Süchtiger nach einer Droge verlangt, geschieht im Gehirn Folgendes: Sein OFC und sein AC werden überaktiv und fachen den Antrieb stark an. Falls das Arbeitsgedächtnis mit dem Antrieb zu tun hat, könnte es so sein wie bei einem Kratzer in der Platte – das Verlangen, sich die Belohnung zu verschaffen, wird immer wieder abgespielt. Tatsächlich ähneln diese Hirnregionen eines Süchtigen denen zwangsgestörter Menschen.

(Außer) Kontrolle

Der Kontrollaspekt dieses Prozesses ist angesiedelt im PFC, dem Sitz des Arbeitsgedächtnisses. Nicht abhängigen Menschen hilft der PFC, schädlichem Verhalten zu widerstehen. Wenn Sie beispielsweise Ihr Weinglas mit der Hand abdecken statt nachschenken zu lassen, hat sich Ihr PFC aktiviert. Im Gehirn eines Abhängigen jedoch verkehrt sich dieser Vorgang ins Gegenteil: Wenn ein Mensch das Suchtverhalten ausführt, wird der PFC heruntergeregelt. Wie zu erwarten ist diese verminderte Aktivität mit geringerer Selbst- und Verhaltenskontrolle verknüpft. Es ist, als habe der Dirigent die Bühne verlassen. Die Bedeutsamkeit des von dem Suchtstoff oder -verhalten hervorgerufenen Gefühls hebt die Fähigkeit des PFC auf, das Verhalten im Zaum zu halten. Wenn ein Abhängiger Verlangen (auch als Craving bezeichnet) empfindet, erhöht sich der Aktivierungsgrad des PFC. Dagegen sinkt dieser, wenn der Betroffene das Verhalten ausführt oder sich die Substanz zuführt. Beim Craving spannt der PFC das Arbeitsgedächtnis ein, um frühere Erinnerungen an Bedeutsamkeit und Belohnung zu aktivieren sowie Strategien zur Befriedigung des Drangs zu entwickeln. Im süchtigen Gehirn steht der Arbeitsgedächtnis-Dirigent, der die Kontrolle ausüben sollte, unter der Kontrolle der Sucht.

Der Suchtprozess

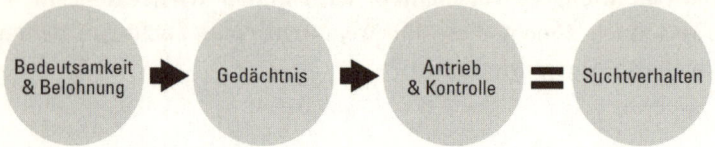

Im süchtigen Gehirn dient das Arbeitsgedächtnis als Schlüsselelement des Suchtprozesses und hilft, die Sucht zu befriedigen statt sie zu unterdrücken. Aus Gründen der Anschaulichkeit stellt dieses Schema den Suchtprozess linear dar, obwohl die verschiedenen Stadien nicht immer in dieser Abfolge auftreten müssen.

Wir bekamen einen Einblick aus erster Hand in zwanghaftes Verhalten, als Ross 2003 etwa eine Woche vor Weihnachten ein echt cooles Egoperspektiven-Videospiel mitbrachte. Tagsüber war Ross ein sanftmütiger Akademiker, aber nachts verwandelte er sich in einen Ex-Navy-Seal, der in einer hochgeheimen, hochrangigen Abteilung der National Security Agency arbeitete. Ross war die Aufgabe anvertraut, die Vereinigten Staaten vor einem drohenden Krieg mit China zu bewahren. Er wandte seine ganze List und seinen beträchtlichen militärischen Scharfsinn auf, um Feinden nachzustellen und ihr Hauptquartier zu unterwandern, und rettete die Vereinigten Staaten sogar vor einem Atombombenangriff.

Man sollte meinen, Tracy wäre stolz auf seine harte Arbeit und seine Entschlossenheit zur Vollendung der Mission gewesen. Doch obwohl Ross ganz allein den Dritten Weltkrieg verhindert hatte, beunruhigte es sie, dass er sehr viel Zeit in seiner Phantasiewelt verbrachte. So ließ er all das ausfallen, was er sonst in der Weihnachtszeit gerne machte: auf den deutschen Weihnachtsmarkt in Edinburgh mit seinen dampfenden Glühweinbechern gehen, durch den Schnee wandern, Plätzchen backen und Weihnachtslieder singen. Das Videospiel hatte Ross regelrecht in einen Grinch verwandelt.

Für den ersten Weihnachtsfeiertag verbot ihm Tracy das Spielen. Ross merkte zwar, dass er immer wieder daran dachte und sich sorgte, was wohl geschähe, wenn der finstere Verbrecher des Spiels die Atombombe zündete, während er, Ross, feierte, doch sah er auch ein, dass Tracy vielleicht Recht hatte: Er war in einen Spielzwang gerutscht. Er zerbrach die Diskette und schwor dem Videospielen ein für alle Mal ab. Diesen Eid hat er bis heute gehalten.

Viele Spieler sind imstande, dem Sirenengesang wirklich fesselnder Videospiele zu widerstehen und noch etwas anderes zu tun als gegen den Lord der Sith zu kämpfen, den Grand Prix zu gewinnen oder eine neue Zivilisation aufzubauen. Doch die Forschung belegt, dass landesweit einer von zehn Videospielern Anzeichen von Suchtverhalten zeigt. Im Netz kursieren zahlreiche Geschichten von Spielern, die zum Schaden ihrer Arbeit und ihrer Beziehungen abhängig geworden sind. Lesen Sie nur das folgende Geständnis auf einer Spiel-Website zur Suchtgefahr eines beliebten Online-Spiels:

> Ich hatte eine Ehefrau, 3 Häuser, 3 Autos, Geld auf der Bank. Ich habe aufgehört zu arbeiten. Ich habe eine Scheidung hinter mir. Ich musste ein Haus verkaufen. Ich musste ein Auto verkaufen. Ich habe jetzt nichts mehr auf meinem Bankkonto, aber zum Glück ist mein Spieler-Account für ein Jahr im Voraus bezahlt. Meine Kreditwürdigkeit ist zerstört. Es ist mir egal.

Ehen zerbrechen, Kinder bleiben auf der Strecke und finanzielle Zukunftsaussichten platzen. Die tiefe Besorgnis der chinesischen Regierung ob des negativen Einflusses von Internetspielsucht auf viele ihrer Bürger könnte der Grund sein, dass sie 2009 das beliebte Online-Spiel *World of Warcraft (WoW)* verboten hat.

Im selben Jahr führte eine taiwanesische Forschergruppe unter der Leitung von Wei-Chen Lin eine bahnbrechende Studie durch, um aufzuklären, was im Gehirn von Spielsüchtigen vor sich geht, wenn sie eine Spielgelegenheit wittern. Die Wissenschaftler gewannen zehn *WoW*-Vielspieler zur Mitarbeit. Diese hatten es auf die höchsten Levels des Spiels geschafft, weil sie regelmäßig mehr als 30 Stunden pro Woche spielten. Zudem beteiligten sich zehn Nichtspieler, die das Internet weniger als zwei Stunden täglich nutzten.

Die Probanden lagen in einem Magnetresonanztomographen (fMRI) und sahen eine Serie von Bildern, immer abwechselnd ein neutrales Bild und eines aus dem *WoW*-Spiel. Hervorzuheben ist, dass die Forscher nicht etwa Aufnahmen machten, während die Teilnehmer spielten. Die Forscher zeigten ihnen die Bilder, weil sie eine Craving-Reaktion in ihrem Gehirn auslösen wollten.

Wie erwartet ergaben die Scans der Nichtspieler keinen Unterschied zwischen den *WoW*-Bildern und den neutralen Bildern. Erblickten die *WoW*-Spieler neutrale Bilder, unterschieden sich ihre Gehirnaufnahmen nicht von denen der Nichtspieler. Beim Anblick der Spielbilder jedoch leuchtete der Bildschirm des Tomographen auf wie ein Weihnachtsbaum.

- In Erwartung des durch das Spiel ausgelösten Dopaminstoßes wurde der Nucleus accumbens aktiviert – beispielsweise wenn ihre Spielfigur eine Suche vollendete, einen Freund rettete oder einen Feind bezwang.
- Der PFC fuhr hoch und beauftragte das Arbeitsgedächtnis, einen Weg zu finden, um an diesen Dopaminstoß heranzukommen; es sollte also einen Plan für eine Spielgelegenheit entwickeln.

Dass diese Studie die Gehirnaktivität beim Verlangen nach dem Suchtverhalten und nicht bei dessen Ausführung untersuchte, erklärt, warum der PFC aufleuchtete. Wie wir oben beim Modell des süchtigen Gehirns erläutert haben, verändert das Craving die Funktionsweise von PFC und Arbeitsgedächtnis. Diese Hirnareale, die im nichtsüchtigen Gehirn das Verhalten hemmen und steuern, waren nun in den Dienst des Craving-Prozesses gestellt, machten ihn möglich und fanden einen Weg, um an den begehrten Dopaminstoß zu kommen. Wenn es darum geht, das Verlangen nach einem Suchtstoff oder -verhalten zu erfüllen, wird das Arbeitsgedächtnis zu einem Feind statt zu einem Freund.

Wenn Arbeitsgedächtnisfehler Ihre Gesundheit bedrohen

Arbeitet Ihr Arbeitsgedächtnis auch gegen Sie, wenn Sie abnehmen wollen, aber sich den Nachtisch nicht verkneifen können? Fehlt es Ihnen einfach nur an Willensstärke? Oder hindert Sie etwas anderes daran, Ihr Essverhalten in den Griff zu kriegen? Betrachten wir Michael, einen New Yorker mit einem Gewicht von 540 Kilo. Zum Teil ermuntert von einer fettleibigen Mutter, begann er den Tag mit vier Schüsseln Frühstücksflocken, Toast, Waffeln, Kuchen und einem Liter Limonade. Gerne beendete er ihn mit einer Pizza. Michael probierte eine Diät nach der anderen aus, doch er war unfähig, sein Verlangen zu bezähmen.

Neuere Forschungen sprechen dafür, dass es Menschen gibt, die süchtig sind nach Fett. Bedenkt man, dass zwei Drittel der erwachsenen U.S.-Amerikaner übergewichtig oder fettleibig sind, dann ist klar, dass viele von uns mehr fetthaltige Nahrungsmittel zu sich nehmen als sie sollten, und das hat verheerende Auswirkungen auf unser Arbeitsgedächtnis. Einer 2007 in der Zeitschrift *Appetite* erschienenen Studie zufolge schneiden fettleibige Kinder bei Tests, die das Arbeitsgedächtnis beanspruchen, schlechter ab als normalgewichtige. Im mittleren Alter sieht es nicht besser aus. 2010 stellten Forscher von der University of Texas in Austin fest, dass das Gehirn fettleibiger Personen bei der Ausführung einer Arbeitsgedächtnisaufgabe eine geringere Aktivierung in einer mit dem Arbeitsgedächtnis zusammenhängenden Region zeigte; das Gehirn normal- oder leicht übergewichtiger Personen war vergleichsweise stärker aktiviert.

2003 wiesen Forscher von der Boston University bei älteren Menschen mit Übergewicht und Bluthochdruck schlechtere Arbeitsgedächtnisfunktionen nach. Eine andere, 2007 in der Fachzeitschrift *Current Alzheimer's Research* veröffentliche Arbeit zeigte, dass Fettleibigkeit in der Lebensmitte mit kognitiven Erkrankungen im höheren Lebensalter einhergeht. Menschen, die im mittleren Alter starkes Übergewicht hatten, trugen ein fünf Mal höheres Risiko für eine vaskuläre (gefäßbedingte oder

Multi-Infarkt-) Demenz und ein drei Mal höheres für Alzheimer. Und glauben Sie bloß nicht, Sie seien aus dem Schneider, wenn Sie nur ein bisschen pummelig statt eindeutig fett sind. Derselben Studie zufolge erkrankten übergewichtige Menschen in ihren dann doch nicht besten Jahren doppelt so häufig an Alzheimer oder vaskulärer Demenz. Diese Studien bieten einen nützlichen Ausgangspunkt, um den Zusammenhang zwischen übermäßigem Essen und dem Arbeitsgedächtnis zu verstehen. Neuere Forschungen haben von der Verwendung von Ratten profitiert, da sich in Tierversuchen die experimentellen Bedingungen – etwa Eingriffe in Gehirnzellen oder die Anwendung von Elektroschocks – strenger kontrollieren lassen. So können die Wissenschaftler in Erfahrung bringen, wie übermäßiges Essen in Sucht ausartet und schließlich das Arbeitsgedächtnis beeinträchtigt.

2010 gingen die Neurowissenschaftler Paul Johnson und Paul Kenny vom Scripps Research Institute in Florida der Frage nach, wieso fetthaltige Nahrung im Gehirn wie eine Droge wirken kann, so dass das Belohnungssystem ins Trudeln und außer Kontrolle gerät. Die Forscher verabreichten drei Gruppen von Ratten unterschiedliches Futter, um festzustellen, wie der Fettgehalt das Gehirn und Gewicht der Tiere beeinflusste. Gruppe 1 – wir nennen sie hier die *Buffet*-Ratten – hatten praktisch unbeschränkten Zugang zu stark fetthaltigem Futter, etwa wie bei einem All-you-can-eat-Buffet, einschließlich einiger Leckereien für Menschen wie Schinkenspeck, Wurst, Schokolade und Käsekuchen. Gruppe 2 – wir nennen sie die *eingeschränkten* Ratten – hatten Zugang zu derselben fetthaltigen Kost, aber nur während eines kurzen Zeitraums einmal am Tag. Gruppe 3, eine Kontrollgruppe – wir bezeichnen sie als die *gesunden* Ratten – hatten nur Zugang zu gesundem Rattenfutter. Können Sie sich denken, was geschah? Es dürfte kaum überraschen, dass die Buffet-Ratten doppelt so viel Kalorien aufnahmen wie die gesunden Ratten und rasch fett wurden.

Dann konditionierten die Forscher die Tiere: Jedes Mal, wenn ein Lämpchen anging, erhielten sie einen leichten elektrischen Schlag. Beim nächsten Füttern schalteten die Forscher das Licht ein und beobachteten, was nun geschah. Die eingeschränkten und die gesunden Ratten verschmähten das Futter, wenn das Lämpchen leuchtete, die Buffet-Ratten jedoch stürzten sich dennoch darauf. Sie waren so süchtig nach der fetthaltigen Kost geworden, dass ein leichter Elektroschock sie nicht davon abhalten konnte, jeden Bissen zu verschlingen.

Johnson und Kenny wollten überdies genauer erkunden, welche Rolle Dopamin bei Esssucht spielt. Wie schon erwähnt benötigt ein substanzabhängiger Mensch mit der Zeit immer mehr von dem Stoff, um denselben Dopaminstoß zu erzeugen. Das liegt daran, dass sich das Gehirn an diese Dopaminwogen anpasst, indem es die erzeugten Dopaminmengen herunterfährt oder die Zahl der Dopaminrezeptoren, die auf diesen Botenstoff reagieren, verringert.

Johnson und Kenny wollten wissen, wie sich die Buffet-Ratten verhielten, wenn sie weniger Dopaminrezeptoren besaßen. Deshalb schleusten sie ein Virus in das Gehirn der Tiere ein, das die Rezeptoren befiel. Die Forscher erwarteten, dass sich die Ratten allmählich anpassten und weniger Fettfutter verzehrten, weil es nicht mehr dasselbe Dopamin-High auslöste. Nun stellen Sie sich ihre Überraschung vor, als die Ratten in dem Bemühen, das gewohnte High zu erreichen, sogar noch mehr fraßen.

Wenn Sie sich also je gefragt haben, warum Sie jetzt drei Schokoriegel für dasselbe Gefühl der Befriedigung brauchen, für das früher einer genügt hat, dann wissen Sie jetzt, dass Ihr Gehirn möglicherweise die sinkende Zahl der Dopaminrezeptoren wettzumachen sucht. Dies erklärt auch, warum manche von uns weiterhin Dickmacher in sich hineinstopfen, obwohl sie es furchtbar finden, dass sie kaum noch ihre Hosen zukriegen, an Diabetes leiden und mit hohem Blutdruck kämpfen.

Die Forschung zu Ernährung und Arbeitsgedächtnis deutet darauf hin, dass übermäßiger Fettverzehr unser Arbeitsgedächtnis unmittelbar beeinträchtigt. Andrew Murray und sein Team von der University of Oxford untersuchten dies an zwei Rattengruppen. Beide erhielten bis zu zwei Monate lang gesundes Futter und absolvierten dann einen Arbeitsgedächtnistest für Ratten, bekannt als Labyrinthaufgabe. Ein Labyrinth wird häufig zur Messung des Arbeitsgedächtnisses bei Ratten eingesetzt und besteht aus einer erhöhten Plattform mit mehreren, strahlenförmig von der Labyrinthmitte ausgehenden Gängen. Die Ratte lernt, in welchem Gang, uneinsehbar an dessen Ende, eine Belohnung liegt. Es zählt als Fehler des Arbeitsgedächtnisses, wenn die Ratte in einen Gang ohne Futter läuft, obwohl sie zuvor schon dort nachgesehen hat. Als Arbeitsgedächtnisaufgabe gilt dies deshalb, weil das Tier sich im Labyrinth zurechtfinden und zugleich im Kopf behalten muss, wo es bereits gewesen ist. Die Forscher hielten die Punktwerte der Gruppen fest.

Nach dem Test ernährten sie eine Gruppe neun Tage lang fettreich und testeten beide Gruppen erneut. Die gesund ernährten Ratten schossen durch das Labyrinth; sie waren zwar nicht perfekt, erzielten aber etwas höhere Werte als beim ersten Mal. Die fettreich ernährten Ratten benötigten viel länger für die Aufgabe als beim ersten Mal und machten mehr Fehler. Die fettreiche Ernährung verminderte offenbar die Kapazität ihres Arbeitsgedächtnisses.

Es gibt zahlreiche andere Theorien zu speziellen Nahrungsmitteln, die das Belohnungssystem des Gehirns gegen uns wenden. 2009 vermutete David Kessler, dass Nahrungsmittel, die Salz, Zucker und Fett in sich vereinigen, das Belohnungssystem des Gehirns übers Ohr hauen und übermäßigen Konsum und Fettleibigkeit herbeiführen. Den Schwarzen Peter hat man auch Zucker alleine zugeschoben; zu den Zuckern gehören Maissirup mit hohem Fruchtzuckergehalt, Maltose, Dextrose (Traubenzucker) und Dutzende anderer in unserer Ernährung enthaltene Zuckerformen. Einzelne Nahrungsmittel, Kategorien oder Kombinationen von Nahrungsmitteln, die erwiesenermaßen unser Belohnungssystem verwirren, werden offenbar immer dann problematisch, wenn wir sie im Übermaß zu uns nehmen. Schließlich sollten wir uns vor Augen halten, dass der menschliche Körper Fett für ein gesundes Gehirn, Glukose zum klaren Denken und Salz benötigt. Konsumieren wir jedoch zu viel davon, dann leidet unser Arbeitsgedächtnis.

Wenn der Wohlfühl-Transmitter sich nicht mehr gut anfühlt

Am anderen Ende des Spektrums der Essstörungen finden wir Menschen mit Anorexia nervosa, Magersucht. Anna Patterson, eine junge Frau, die einen Blog über Anorexie schreibt, war überzeugt, dass sie trotz ihres Gewichts von nur 40 Kilo ihren »fetten« Bauch loswerden müsse, und obwohl sie sich weigerte zu essen, kreisten all ihre Gedanken zwanghaft ums Essen.

Während Menschen, die zu viel essen, dies allem Anschein nach teilweise deshalb tun, weil sie süchtig sind nach dem Dopaminkick, den ihnen eine Tüte Pommes oder ein Stück knuspriger Speck verschafft, sprechen neuere Forschungen dafür, dass Magersüchtige nicht in derselben Weise auf Dopamin reagieren. 2012 verglich Walter Kaye die Hirnaktivität genesender magersüchtiger Frauen mit der einer Gruppe gesunder Frauen derselben Altersgruppe. Mittels PET bestimmte er die Dopaminwirkung im Gehirn der Probandinnen. Beide Gruppen erhielten oral eine Einzeldosis des Wachmachers Amphetamin, der eine starke Dopaminausschüttung auslöste.

Bei den meisten Menschen entspricht der Dopaminstoß Lustgefühlen, und wie erwartet erlebten die gesunden Frauen angenehme Empfindungen bis hin zu Hochstimmung. Beim Blick auf ihre Hirnscans sah Kaye eine Aktivierung in einer Region um den Nucleus accumbens, und dieser Kern ist gespickt mit Dopaminrezeptoren.

Umgekehrt zeigten die Aufnahmen von den genesenen Magersüchtigen eine Aktivierung im dorsalen Nucleus caudatus (Schweifkern), einem Teil des Gehirns, in dem Sorgen über Konsequenzen entstehen. Mit anderen Worten, Lustempfindungen lösen bei magersüchtigen Menschen automatisch Schuldgefühle und Sorge aus. Tatsächlich erreichten die Anorektikerinnen in einem später ausgefüllten Angstfragebogen sehr hohe Werte, die noch über drei Stunden nach dem Dopaminstoß anhielten. Für sie ging ihr unkontrolliertes Verhalten nicht auf den Drang nach Vergnügen zurück, sondern auf den Wunsch, die Schuld- und Angstgefühle zu vermeiden, die mit der Dopaminfreisetzung durch Essen einhergehen.

Wenn jemand »süchtig nach Hungern« ist, wie es die Biologin Valerie Campan ausdrückt (und das deutsche Wort »Magersucht« es andeutet), oder auch einfach besessen von Selbstkontrolle, dann hat das ebenfalls mit Arbeitsgedächtnisproblemen zu tun. Offenbar kann zu wenig Lust genauso süchtig machen wie zu viel, und das Arbeitsgedächtnis leidet bei beiden Extremen. 2006 legte die australische Psychologin Eva Kemps einer Gruppe magersüchtiger und einer Gruppe gesunder Frauen mehrere Tests sowie einen Fragebogen über Essen und Nahrung vor. Die anorektischen Frauen berichteten über mehr zwanghafte Gedanken an Essen, Gewicht und Körperform, und obwohl beide Gruppen ähnliche IQ-Werte aufwiesen, fand die Forscherin bei den Magersüchtigen Anzeichen eines beeinträchtigten Arbeitsgedächtnisses.

2009 griff ein Team um Arne Zastrow von der Universität Heidelberg diese Forschung auf und erweiterte sie durch Hirnscans von anorektischen Frauen. Es stellte je einer Gruppe 15 magersüchtiger und 15 gesunder Frauen eine Aufgabe, bei der sie Information verarbeiten und überwachen mussten, während sie in einem Tomographen lagen. Die Probandinnen sollten sich die Form eines Ziels, etwa einen Kreis oder ein Dreieck merken und einen Knopf drücken, wenn sie diese Form unter anderen erkannten. Bei dieser Aufgabe änderte sich zudem die Zielform; die Frauen mussten also die vorige Form im Geist verwerfen und ihr Arbeitsgedächtnis mit dem neuen Ziel aktualisieren. Kliniker wenden diese kognitive Aufgabe in der Regel an, um zu ermessen, wie schnell sich eine Person anpassen kann, wenn sich die Spielregeln ändern.

Wie in der Studie von Kemp unterliefen den magersüchtigen Frauen mehr Fehler als ihren gesunden Pendants, was auf kognitive Starrheit hindeutet: Es fällt ihnen schwer, eine Vorstellung loszulassen und zu einer anderen überzugehen. Das könnte erklären, warum sie rigides Verhalten zeigen. Wie Sie sich vielleicht erinnern, hilft Ihnen ein leistungsstarkes Arbeitsgedächtnis, den Brennpunkt Ihrer Aufmerksamkeit zu wechseln. Somit könnte bei Menschen mit Anorexie das Arbeitsgedächtnis beeinträchtigt sein. Wahrscheinlich ist das einer der Gründe, warum es den Betroffenen so schwer fällt, sich von der Vorstellung zu lösen, Essen sei »schlecht«, und es künftig als etwas Angenehmes, Gesundheitsförderliches zu betrachten.

Die Hirnaufnahmen in Zastrows Studie gaben Aufschluss über die Gründe dafür. Sie zeigten, dass bei den magersüchtigen Frauen mehrere motivationsbezogene Hirnareale zu wenig Aktivität aufwiesen. Die gesunden Frauen zeigten zudem eine stärkere Aktivierung des PFC, was belegt, dass sie ihr Arbeitsgedächtnis nutzten, um die Aufgabe zu lösen. Bei den Magersüchtigen jedoch war der PFC überhaupt nicht aktiviert; ihr Arbeitsgedächtnis lief also auf Tempomat.

Die Nachteile eines schlechten Arbeitsgedächtnisses liegen auf der Hand. Wenn unser Dirigent versagt, erkennen wir, wie entscheidend es für unser finanzielles, seelisches und körperliches Wohlergehen ist. Ein leistungsschwaches Arbeitsgedächtnis geht einher mit einem höheren Risiko für ungesunde Gewohnheiten und Verhaltensweisen, die Sie in Zahlungsunfähigkeit, Sucht, Fettleibigkeit oder alles auf einmal treiben können. Und verschlimmernd kommt noch hinzu, dass ein außer Kontrolle geratenes Verhalten auch Ihr Arbeitsgedächtnis strapazieren oder es sogar so umpolen kann, dass es gegen Ihr eigenes Interesse arbeitet.

5
Das wichtigste Instrument des Lernens – das Arbeitsgedächtnis in der Schule

Der IQ galt lange Zeit als *der* Maßstab für den Schulerfolg. In unserer eigenen Forschung hat sich jedoch herausgestellt, dass es verfehlt ist, sich auf den IQ als Vorhersagefaktor für Erfolg zu verlassen.

Als Tracy mit der Untersuchung des Arbeitsgedächtnisses, des IQ und der schulischen Leistungen begann, wollte sie herausfinden, welche kognitiven Fähigkeiten Schülern im Unterricht die größten Vorteile verschaffen. In eine ihrer ersten veröffentlichten Studien bezog sie fast 200 Kinder im Vorschulalter ein. Sie unterzog sie verschiedenen Tests, unter anderen Arbeitsgedächtnis- und Intelligenztests. Beim Vergleich der Testwerte der Kinder mit ihren Noten verblüfften die Ergebnisse sie selbst.

Im Gegensatz zu dem, was man vermuten könnte, brachten durchschnittliche oder hohe IQ-Werte den Kindern kaum einen Vorteil. Tracys Befunden zufolge ist es durchaus möglich, dass Schüler mit durchschnittlichem IQ in der Schule hinterherhinken. Beispielsweise hatte einer der kleinen Probanden namens Andrew einen durchschnittlichen IQ, doch zu Beginn der zweiten Klasse fiel es ihm schwer, mit seinen Klassenkameraden mitzuhalten. Wäre der IQ eine gute Vorhersagevariable, hätte sich Andrew in der Schule nicht so schwer tun dürfen. Sein IQ war nicht der Grund für seine Schulprobleme.

Als Tracy sich Andrews Arbeitsgedächtniswert ansah, fiel ihr auf, dass dieser im Vergleich mit Gleichaltrigen niedrig war. Hätte man den Jungen mit 100 Kindern seines Alters in eine Reihe gestellt, hätte er sich, was seine Arbeitsgedächtniskapazität anging, an das Ende stellen müssen. Andrews geringer Arbeitsgedächtniswert korrelierte mit seinen schlechten Schulleistungen.

Derselbe Zusammenhang galt auch für die anderen Vorschüler. Wie Tracy feststellte, ließen sich ihre künftigen Noten weit genauer aus dem Arbeitsgedächtnis als aus dem IQ vorhersagen. War Tracy der Arbeitsgedächtniswert eines Kindes bekannt, konnte sie seine schulischen Leistungen mit 95-prozentiger Trefferwahrscheinlichkeit voraussagen. Als wir uns sechs Jahre später die Noten der Kinder anschauten, erwies sich, dass das Arbeitsgedächtnis das Lernen derart stark beeinflusste, dass wir auch die Noten in der sechsten Klasse mit 95-prozentiger Genauigkeit aus dem Arbeitsgedächtniswert in der Vorschule vorherzusagen vermochten.

In einer anderen Studie wollte Tracy herausfinden, welche kognitive Fähigkeit am wichtigsten für den Lernerfolg in den grundlegendsten Fächern war: Lesen, Verständnis, Rechtschreibung und Rechnen. Sie verfolgte fast 70 Schüler im Alter von sieben bis elf Jahren über einen Zeitraum von zwei Jahren. Wieder prüfte sie deren Arbeitsgedächtnis und IQ und verglich dann diese Werte mit den Schulleistungen in diesen vier Bereichen. Bei der Analyse der Daten und dem Vergleich des Arbeitsgedächtnisses mit dem IQ bestätigte sich erneut, dass der IQ sehr wenig zur Leistung beitrug. Dagegen erwies sich das Arbeitsgedächtnis als die wichtigste kognitive Fähigkeit, und ein gutes Arbeitsgedächtnis war ein Vorteil, der den Schülern zu guten Noten verhalf.

Andere Forschergruppen kamen ebenfalls zu diesem spannenden Ergebnis, dass Arbeitsgedächtnisfunktionen das Fundament für den Schulerfolg legen. Linda Siegel, Lehrstuhlinhaberin für Sonderpädagogik an der kanadischen University of British Columbia, hat mehrere richtungweisende Arbeiten veröffentlicht, welche die Bedeutung des Arbeitsgedächtnisses für das Lernen hervorheben. In einer Studie mit Sieben- bis Dreizehnjährigen fand sie heraus, dass ein schlechtes Arbeitsgedächtnis sowohl zu Lese- als auch zu Rechenschwierigkeiten führen kann.

Die britische Psychologin Rebecca Bull gelangte mit britischen Schülern ebenfalls zu diesem Ergebnis. Haben Schüler ein schlechtes Arbeitsgedächtnis, dann zeigen sie auch geringere rechnerische Fähigkeiten, weil sie nicht in der Lage sind, alle nötigen numerischen Informationen zu verarbeiten und damit umzugehen. Ihr schlechtes Arbeitsgedächtnis bedeutet auch, dass es ihnen schwer fällt, verschiedene mathematische Begriffe miteinander in Beziehung zu bringen, und dies ist gewöhnlich erforderlich zur Lösung von Textaufgaben.

In den Vereinigten Staaten befasst sich der Psychologe David Geary von der University of Missouri-Columbia seit fast zehn Jahren mit der Bedeutung des Arbeitsgedächtnisses für die Rechenfähigkeiten. In einer seiner zahlreichen Studien verfolgte er Kinder von der Vorschule bis zur fünften Klasse und ermittelte bei denjenigen mit den größten Problemen in Mathematik niedrigere Arbeitsgedächtniswerte als bei ihren Klassenkameraden.

Eine Fülle von Arbeiten spricht überdies dafür, dass das Arbeitsgedächtnis Ihnen beim Sprachenlernen einen Vorteil verschafft. Forscher von der University of California untersuchten drei Jahre lang Highschool-Schüler mit dem Ergebnis, dass das Arbeitsgedächtnis die Schlüsselfähigkeit für den Erfolg beim Lesen und beim Verständnis ist. Erhärtet werden diese Befunde durch zahlreiche Studien einer Gruppe um Susan Ellis Weismer von der University of Wisconsin-Madison. Sie zeigt, dass das Arbeitsgedächtnis entscheidend für das Lernen sowohl von Grammatik als auch neuer Vokabeln ist. Die Schüler in Weismers Studien besitzen in der Regel einen durchschnittlichen IQ, aber ein schlechtes Arbeitsgedächtnis und bieten sich daher in idealer Weise dafür an, den Beitrag des Arbeitsgedächtnisses und den des IQ zur Lernleistung voneinander abzugrenzen.

Den Berichten Weismers zufolge erschwert ihr schlechtes Arbeitsgedächtnis es den Schülern trotz eines durchschnittlichen IQ, neue Wörter zu lernen und sich die Grammatikregeln einzuprägen. Insbesondere stellte sie fest, dass Menschen mit durchschnittlichem IQ, aber schlechtem Arbeitsgedächtnis das Lernen besonders dann schwer fällt, wenn die Information rasch dargeboten wird.

Tracy lieferte viele Beiträge zu dem Fundus gesicherten Wissens über das Arbeitsgedächtnis und das Lernvermögen. Dazu gehört auch eine weitere Studie, in der sie IQ- und Arbeitsgedächtniswerte von Sechs- bis Elfjährigen verglich. Diesmal fand sie einen Kausalzusammenhang zwischen Arbeitsgedächtnis und Sprache (Lesen, Schreiben und Verständnis) sowie rechnerischen Fähigkeiten. Die Leistungsstärke des Arbeitsgedächtnisses eines Kindes entschied darüber, wie gut es in diesen Bereichen abschnitt.

Mit der wachsenden Zahl der Befunde von Tracy und anderen Forschern kristallisiert sich eines klar heraus: Wenn wir Schüler bestmöglich fördern möchten, müssen wir ihr Arbeitsgedächtnis in den Focus nehmen.

Die Erkenntnis, dass ein gutes Arbeitsgedächtnis einen großen Vorteil in der Schule darstellt – mehr als der IQ –, trägt dazu bei, eines der Geheimnisse von Kindern mit hohem IQ, auch Hochbegabte genannt, zu lüften.

Eine neue Sicht von Hochbegabung

Jeff war eines dieser frühreifen Kinder, die alle möglichen Fragen über die Welt stellen und mehr zu wissen scheinen als alle sonst in ihrer Vorschulklasse. Die meisten würden wohl bei Jeff auf einen hohen IQ tippen. Und damit hätten sie recht. Ein Kind muss in einem Intelligenztest einen Punktwert von mindestens 130 erreichen, um als hochbegabt zu gelten. Wenn Schulen Hochbegabung prüfen, berücksichtigen sie vielleicht auch andere Faktoren, aber viele bauen nach wie vor ganz auf den IQ.

Wahrscheinlich würden Sie auch vermuten, dass Jeff zu einem beruflich erfolgreichen Erwachsenen heranwuchs und Topmanager, Anwalt oder Arzt wurde? Doch das geschah nicht. Über Jahre wechselte er die Jobs wie andere die Hemden und endete schließlich als Mädchen für alles. Was war passiert? Wenn Jeff zu den »hochbegabten« Schülern gehört hatte, hätte er da nicht auch höchst erfolgreich werden müssen? Das könnte man meinen, doch wie wir festgestellt haben, verhält es sich mit dem allgemeinen Begriff der Hochbegabung nicht so einfach.

Hochbegabung ist ein Konzept, das die Psychologen seit fast 100 Jahren fasziniert. Lewis Terman war einer von ihnen, und er widmete einen Großteil seines Lebenswerks der Untersuchung dieses spannenden Gegenstands. Anfang des 20. Jahrhunderts entwickelte er einen der ersten Tests zur Messung von Intelligenz, den Stanford-Binet-Test, und Terman schreibt man den Ausdruck *hochbegabtes Kind* zu. In einer Langzeitstudie, veröffentlicht unter dem Titel *Genetic Studies of Genius*, identifizierte Terman eine ausgewählte Gruppe von Kindern, deren IQ-Testwerte in das oberste Prozent der Verteilung fielen, und verfolgte sie ihr gesamtes Leben lang. Diese bahnbrechende Arbeit leitete die wissenschaftliche Erforschung der Hochbegabung ein und brachte sie voran, aber sie warf auch eine verwirrende Frage auf, die uns heute noch beschäftigt.

Als Termans Mitarbeiterin Melita Oden die 100 erfolgreichsten von Termans Schützlingen mit den 100 erfolglosesten aus derselben Gruppe verglich, stellte sie einen Unterschied in deren gewählten Berufen fest. Während sich die Spitzengruppe aus Ärzten, Anwälten und Wissenschaftlern zusammensetzte, fanden sich unter den letzten 100 Swimmingpool-Reiniger und Zimmerleute. Überraschend aber war, dass diese beiden Gruppen in ihren IQ-Werten kaum voneinander abwichen.

Warum also schlugen sich manche hochbegabte Schüler herausragend, andere aber nicht? Viele Menschen, auch Pädagogen, nehmen an, dass hochbegabte Schüler mit schlechten Schulleistungen sich schlicht und einfach nicht genügend anstrengen. Doch trifft das wirklich zu?

Tracy kam einer Erklärung dieses Phänomens näher, als sie die Gelegenheit erhielt, mit der britischen National Association of Gifted Children zusammenzuarbeiten. Sie war begeistert davon, wusste sie doch, dass sie dadurch eingehender erforschen konnte, warum manche hochbegabten Schüler ihr Leben lang erfolgreich sind, während andere als Hilfsarbeiter enden. Um diesem Rätsel auf den Grund zu gehen, legte sie einer Gruppe hochbegabter Schüler sowohl Intelligenz- als auch Arbeitsgedächtnistests vor. Die Ergebnisse zeigten keinen klaren Zusammenhang zwischen dem IQ-Wert und der Leistungsfähigkeit des Arbeitsgedächtnisses. Zwar wiesen alle Kinder einen hohen IQ auf, doch beim Arbeitsgedächtnis lagen nicht alle an der Spitze der Skala. Vielmehr verteilten sich ihre Werte über die gesamte Bandbreite von hoch bis niedrig.

Tracys Erkenntnissen zufolge bleiben Schüler mit hohem IQ, aber schlechtem Arbeitsgedächtnis häufiger hinter ihren Möglichkeiten zurück, während Schüler mit sowohl hohem IQ als auch gutem Arbeitsgedächtnis überwiegend mit Erfolgen glänzen.

Wir wollen diesen Zusammenhang zwischen Arbeitsgedächtnis, IQ und Schulleistungen an einem fiktiven Beispiel erläutern. Stellen Sie sich zwei Highschool-Schülerinnen vor, Madison und Emma. Beide Mädchen haben einen hohen IQ und besuchen denselben Englisch-Leistungskurs. Beide verfügen über das entsprechende Faktenwissen: die Namen wichtiger Schriftsteller und literarischer Werke, die Schreibweise und Definition von Wörtern sowie wichtige literaturgeschichtliche Daten. Der Unterschied zwischen den beiden Mädchen tritt jedoch zutage, als sie einen Aufsatz über die Ähnlichkeiten und Gegensätze zwischen *Fahrenheit 451* und *1984* schreiben müssen.

Madison, die ein leistungsschwaches Arbeitsgedächtnis hat, fällt es schwer, die einschlägigen Motive schlüssig und logisch miteinander zu verbinden. Emma, die ein leistungsstarkes Arbeitsgedächtnis besitzt, bringt geschickt alle Informationen in überzeugender Weise in Zusammenhang. Madison bekommt eine Drei für ihren Aufsatz, Emma eine Eins. Welche dieser beiden Schülerinnen wird auf lange Sicht erfolgreicher sein? Emma. Welche kognitive Fähigkeit verhalf Emma zu ihrem Erfolg? Das Arbeitsgedächtnis.

Vor dem Hintergrund der zunehmenden empirischen Daten zum Thema Arbeitsgedächtnis und Leistung meinen wir, dass es an der Zeit ist, den Begriff der Hochbegabung und deren Messung zu überdenken. Statt Hochbegabung als umfangreichen

Wissensschatz, wie er durch Intelligenztests erfasst wird, zu definieren, sollten unsere Gesellschaft und unser Schulsystem sie eher als die Fähigkeit betrachten, im Klassenzimmer und darüber hinaus erfolgreich zu sein. Und da das Arbeitsgedächtnis sich als der beste Vorhersagefaktor für schulische Leistungen erwiesen hat, empfehlen wir den Schulen, Hochbegabung eher mit Arbeitsgedächtnistests zu messen, als sich so stark auf den IQ zu verlassen.

Eine Frage des Lernstils?

Ein in der Erziehungswissenschaftlergemeinde weit verbreitetes Argument lautet, der Lernstil beeinflusse in hohem Maße, wie gut sich Schüler in der Schule schlagen. Der Lernstiltheorie zufolge lernen Menschen auf unterschiedliche Weisen. Eine bekannte Einteilung von Lernstilen unterscheidet Verbalisierer von Visualisierern und ganzheitliche Denker von analytischen.

- *Verbalisierer:* Menschen, die am liebsten sprachbezogen lernen
- *Visualisierer:* Menschen, die am liebsten mittels Bildern und Vorstellungen lernen
- *Analytisch:* Menschen, die sich beim Lernen lieber auf die Details konzentrieren
- *Ganzheitlich:* Menschen, die beim Lernen lieber das Gesamtbild betrachten

Wenn Sie wissen wollen, wie sich der bevorzugte Lernstil eines Schülers im Unterricht auswirkt, dann stellen Sie sich vor, Sie säßen wieder in der Naturkundestunde. Das heutige Thema: Gletscher und ihre Entstehung. Der Lehrer zeigt Dias mit den verschiedenen Stadien der Gletscherbildung, ausschließlich Fotos aus dem Yosemite-Nationalpark. Sie kapieren sofort, wie Gletscher entstehen, weil Sie mit bildlich dargestellter Information am meisten anfangen können. Ihr Klassenkamerad Brandon jedoch hätte lieber Dias mit Text, der den Gletscherbildungsprozess erklärt; er muss sich also mehr anstrengen, um das Material zu verstehen. Und einem anderen Klassenkameraden namens Ali fällt es schwer, die Mechanismen zu begreifen, weil der Lehrer ausschließlich auf die wesentlichen Einzelheiten der Gletscherentstehung abhebt, ohne Information zum Gesamtbild zu liefern.

Der Lernstiltheorie zufolge müssten Sie nach dieser Unterrichtsstunde beim Abhören glänzend abschneiden, während Brandon und Ali nicht so gute Karten hätten. Ein Verfechter dieser Theorie würde behaupten, dass Sie je nach Ihrem Lerntyp in einem Fach sehr gut sein müssten, in einem anderen aber nicht unbedingt. Beispielsweise vertritt Richard Riding von der britischen University of Birmingham die Ansicht, analytische Denker seien in der Schule meist im Vorteil, da sie aufgrund ihrer aufs Detail gerichteten Perspektive schnell zum Kern eines Problems vorstoßen können. Auch Verbalisierer schneiden besser ab, da der Unterricht meist über schriftliche Information statt Bilder läuft und sie daher am meisten davon haben. Doch der Theorie Ridings könnte ein entscheidendes Puzzleteil fehlen.

In einer Studie mit einer Gruppe britischer Highschool-Schüler untersuchte Tracy deren Arbeitsgedächtnis, Lernstile und schulische Leistungen. In Großbritannien (wie in den Vereinigten Staaten) müssen Schüler eine standardisierte Prüfung ablegen, die ihr Wissen in Fächern wie Englisch, Mathe, Naturwissenschaft, Geschichte und Geographie abfragt. Als Tracy den Schülern einen weit verbreiteten Lernstilfragebogen vorlegte und anschließend deren Arbeitsgedächtnis mit ihrem Standardtest überprüfte, zeichnete sich der Vorteil klar ab: Schüler mit gutem Arbeitsgedächtnis brachten in allen Fächern herausragende Leistungen, unabhängig von ihrem persönlichen Lernstil. Die Visualisierer waren in allen Fächern genauso gut wie die Verbalisierer, und ganzheitliche Denker erzielten genauso hohe Testwerte wie analytische.

Im Rahmen der Lernstiltheorie mag dies rätselhaft erscheinen, uns jedoch leuchtet das völlig ein. Schüler mit gutem Arbeitsgedächtnis vermögen ihren Lernstil an verschiedene Lernsituationen anzupassen, gleichgültig ob die Information mit Bildern oder Text, in Einzelheiten oder als großes Ganzes vermittelt wird. Zwar mögen sie eine bestimmte Form des Wissenserwerbs bevorzugen, doch es behindert sie nicht, wenn Information nicht ihrem bevorzugten Lernstil entsprechend dargeboten wird.

Eine ausgeglichenere Partie

Weil das Arbeitsgedächtnis so entscheidend über den Erfolg bestimmt, hängt Ihr Leistungsvermögen nicht davon ab, ob Sie mit einem goldenen Löffel im Mund geboren wurden oder nicht. Warum? Der IQ hängt eng damit zusammen, über welches Einkommen Ihre Eltern verfügen und wo Sie leben, doch die Ausprägungen des Arbeitsgedächtnisses sind gleichmäßiger über die Gesellschaft verteilt.

Wir stellen Ihnen zwei Achtjährige vor, die scheinbar nichts gemeinsam haben. Dominique lebt in einer Elf-Zimmer-Villa und wird täglich in einem schicken Mercedes zur Schule gebracht. Nach dem Unterricht fährt sie zum Reitunterricht in einem Reitverein oder zum noblen Club ihrer Eltern, wo sie Tennisunterricht bekommt. Jorge ist ein in den Vereinigten Staaten geborenes Einwandererkind und wohnt mit seiner alleinerziehenden Mutter, seiner Großmutter und zwei jüngeren Brüdern in einer Zwei-Zimmer-Wohnung. Jeden Morgen läuft Jorge fast zwei Kilometer zur Schule, und nach Unterrichtsschluss geht er sofort wieder nach Hause und kümmert sich um seine beiden Brüder und seine Großmutter, bis seine Mutter von der Arbeit zurückkehrt.

Wahrscheinlich können Sie sich schon denken, dass Dominique Jorge bei einem Intelligenztest weit hinter sich ließ. Für uns ist das keine Überraschung. Das liegt daran, dass der IQ eng mit dem elterlichen Einkommen korreliert: Je mehr die Eltern verdienen, desto höher ist der IQ ihrer Kinder. Dasselbe gilt für das elterliche Bildungsniveau: Je höher der Schulabschluss der

Eltern, desto höher der IQ ihres Kindes, wahrscheinlich weil gebildete Eltern ihren Kindern mehr Gelegenheiten zu Lernerfahrungen, wie sie von IQ-Tests erfasst werden, bieten können.

Doch wie Tracy entdeckte, folgt daraus nicht unbedingt, dass Dominique einen höheren Arbeitsgedächtniswert erzielen würde als Jorge. Tracy untersuchte Vorschulkinder und verglich ihre Arbeitsgedächtniswerte mit dem Bildungsniveau ihrer Eltern. In dieser Gruppe zeigte sich ein verblüffendes Muster (das Tracy auch in anderen Studien fand): Die Arbeitsgedächtniswerte eines Kindes hängen nicht mit dem elterlichen Bildungsniveau zusammen. Es spielt überhaupt keine Rolle, ob Mama und Papa einen Hauptschulabschluss oder einen Doktortitel haben.

Wir wollten diese Befunde überprüfen und orientierten uns dazu an Postleitzahlen, die Tracy von Kindern aus verschiedenen Teilen Großbritanniens erhoben hatte. Mit Hilfe einer Marketing-Datenbank, die verschiedene Wohnviertel anhand ihrer Postleitzahl nach ihrem sozioökonomischen Niveau unterscheidet, konnten wir Schüler aus einkommensschwachen und aus wohlsituierten Vierteln identifizieren. Wir verglichen die Werte dieser Kinder in standardisierten Intelligenz- und Arbeitsgedächtnistests. IQ-Tests erfassen in der Regel Ihre Kenntnisse; sie entsprechen quasi einem verbalen Verzeichnis Ihres über die Welt angehäuften Wissens. Dagegen messen Arbeitsgedächtnistests, was Sie mit diesem Wissen anzufangen verstehen.

Wie Sie sich denken können, erzielten die ärmeren Kinder, die nicht dieselben Chancen wie ihre Altersgenossen gehabt haben dürften, bei den IQ-Tests erheblich geringere Werte. Bei den Arbeitsgedächtnistests jedoch schnitten beide Gruppen ganz ähnlich ab. Mit anderen Worten, beide Kindergruppen verfügten über die grundlegenden erfolgsträchtigen Fähigkeiten. Das spricht dafür, dass Kinder aus einkommensschwachen Familien, sofern sie dieselben Lernchancen erhalten wie besser gestellte Kinder, zu guten schulischen Leistungen imstande sein sollten.

Nun wollen wir untersuchen, warum die Leistungsfähigkeit des Arbeitsgedächtnisses einen derart entscheidenden Faktor für die Lernfähigkeit darstellt. Dazu schauen wir uns an, was das Lernen in der Schule von einem Schüler verlangt, und zwar von Anfang an.

Ein kleiner Schritt für Vorschulkinder, aber ein großer Sprung für das Arbeitsgedächtnis

Der Eintritt in die Schule ist ein folgenschweres Ereignis im Leben eines Kindes. Es bedeutet einen Bruch mit seinem vorigen Dasein. Dahin sind die Tage der ungeteilten Aufmerksamkeit von Eltern oder Babysittern. Dahin sind die gewohnten Abläufe, die auf die individuellen Bedürfnisse, Verhaltensweisen, Persönlichkeitszüge und Lernweisen eines Kindes zugeschnitten sind. Beispielsweise muss:

- Johnny, der vielleicht allzu lebhaft ist und am besten lernt, wenn er zappeln und herumspringen und die Antwort herausschreien darf, lernen still zu sitzen.

- Mary, die Information dann schneller versteht, wenn sie zusammen mit einem Bild dargeboten wird, jetzt Wörter oder Sätze ohne Bilder von der Tafel abschreiben.

- Tim, der aufblüht, wenn er durch schwierigeres Material gefordert wird, jetzt warten, bis seine Altersgenossen mit ihm gleichziehen.

Bei Klassengrößen bis 30 oder sogar mehr Schülern wäre es für die Lehrkräfte überaus schwierig, die Unterrichtspläne auf die unzähligen Verhaltensstile im Klassenzimmer abzustimmen. In diesem Fall würde sogar das absolute Chaos ausbrechen: Johnny – und vielleicht noch ein paar andere – würden herumhüpfen wie Kängurus, Mary würde von der Lehrkraft erwarten, dass sie ein Bild von Hänsel und Gretel im Wald malt, und Tim würde schon zur nächsten Aufgabe vorpreschen, bevor die anderen alles verstanden hätten. Die meisten Kinder erleben beim Schuleintritt zum ersten Mal in ihrem Leben die Situation, dass sie ihr Verhalten an Erwartungen anpassen müssen, statt dass sich Mama und Papa nach ihnen richten.

Auf kognitiver Ebene entspricht der Übergang vom Spielzimmer zum Klassenzimmer dem Schritt Neil Armstrongs aus dem Landefahrzeug auf die Mondoberfläche, dem Schwimmenlernen in einem aufgewühlten Meer, der Nachtwanderung durch einen stockfinsteren Wald – einer höchst anspruchsvollen und bisher unbekannten Welt. Es ist, als ob der Arbeitsgedächtnis-Dirigent des Kindes, bislang daran gewöhnt, nur einige wenige Instrumente zu dirigieren, sich plötzlich vor ein Riesenorchester gestellt sieht. Jetzt müssen die Kinder Dinge von der Tafel abschreiben, den Wunsch unterdrücken, den süßen Klassenhamster zu streicheln, das Flüstern und Kichern ringsum nicht beachten, den komplizierten sprachlichen Anweisungen einer fremden Person folgen, der Versuchung widerstehen, ihr Arbeitsblatt zu einem Papierflugzeug zu falten, und natürlich lesen, schreiben und rechnen lernen. In dieser schönen neuen Welt verschafft ihnen das Arbeitsgedächtnis einen Vorteil.

Im Klassenzimmer müssen Kinder ihren Arbeitsgedächtnis-Dirigenten unablässig einsetzen,

- um ablenkende Information wie das Flüstern ihrer Kameraden hinter ihnen oder das knallige Pink des Rucksacks vor ihnen auszublenden. Ihr Dirigent hilft ihnen zudem mitzuverfolgen, an welcher Stelle einer mehrstufigen Aufgabe sie gerade sind

- um mit der Information zu arbeiten – den Zahlen, Buchstaben oder Wörtern, über die sie nachdenken müssen, um eine Aufgabe zu erledigen

- um die Information über einen begrenzten Zeitraum zu behalten und um die Aufgaben möglichst rasch abzuschließen.

Im Hinblick auf die Information, die Kinder verarbeiten können müssen, ist das Arbeitsgedächtnis entscheidend für gute Leistungen bei allen Aufgaben im Klassenzimmer: Lesen, Schreiben und Rechnen. Bei jeder einzelnen davon wird das Arbeitsgedächtnis in Anspruch genommen, um die eine oder andere von zwei grundlegenden Informationsarten zu verarbeiten oder auch beide zugleich:

Verbale Information: Dinge, welche die Kinder lesen und hören können.

Visuelle Information: Bilder, Zahlen, Karten und Muster, die sie mit geschlossenen Augen nicht »sehen« können.

Lesen

Lesen ist eine vorwiegend verbale Aktivität, an der die beiden Sprachzentren, das Broca- und das Wernicke-Zentrum, beteiligt sind. Sie helfen uns, Gelesenes und Gehörtes zu verstehen sowie Gedachtes auszusprechen. Diese Areale wurden im 19. Jahrhundert von den Neurologen Paul Broca und Carl Wernicke entdeckt. Sie behandelten Patienten, die einen Hirnschaden in diesen Regionen erlitten hatten und an Sprachstörungen litten. Die Rolle des Arbeitsgedächtnisses beim Verstehen verbaler Information ist genauso entscheidend, denn es hilft, beim Lesen an der richtigen Stelle zu bleiben und sich das Gelesene zu merken, damit man den Zusammenhang und die umfassendere Bedeutung versteht.

Nehmen wir an, die kleine Marion soll folgenden Satz lesen: »Seite an Seite mit einem verspielten Delphin trieb das Ruderboot im Wasser.« Bei einem Erwachsenen geschieht das ganz leicht und automatisch, doch ein Kind liest viel langsamer. Das Broca- und das Wernicke-Areal durchforsten den Satz nach dem Sinn jedes Wortes und halten bei jedem unbekannten Wort inne, beispielsweise *Ruderboot*.

Marions Arbeitsgedächtnis-Dirigent hilft ihr, das zusammengesetzte Wort zu zerlegen. Zuerst bearbeitet sie *Ruder*, das in die Sprachzentren befördert wird. Ihr Arbeitsgedächtnis stellt fest, dass sie die Bedeutung dieses Wortes kennt. Dann geschieht dasselbe mit *Boot*. Als nächstes fügt der Dirigent die Definitionen wieder zusammen und macht sich eine Vorstellung von der Bedeutung des Wortes *Ruderboot*. Schließlich aktualisiert er den Satz mit der neu entdeckten Bedeutung, und sie versteht, dass es sich um ein Boot mit Rudern handelt.

Schreiben

Einmal während der Arbeit an diesem Buch wachte unser älterer Sohn um sechs Uhr morgens auf, noch bevor einer von uns aufstehen wollte. Ross stellte ihm eine Schüssel Frühstücksflocken hin, setzte ihn an den Küchentisch, der mit Notizen für das Buch übersät war, und ging wieder ins Bett. Nun stellen Sie sich seine Überraschung und Genugtuung vor, als unser Sohn ihm, nachdem er dann aufgestanden war, stolz den folgenden handschriftlichen Text überreichte (das Bild links ist die Vorlage, die unser Sohn kopierte; das Bild rechts ist sein Werk).

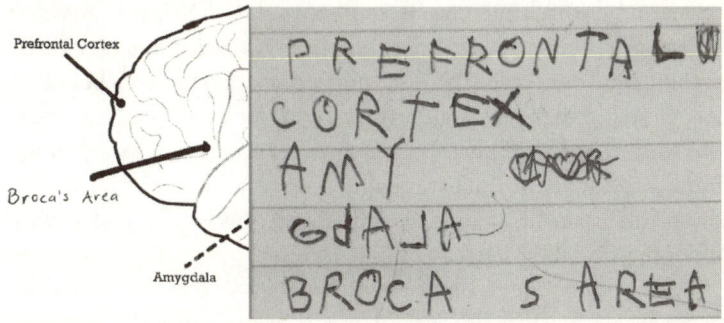

Das schrieb unser Sohn

Zum damaligen Zeitpunkt lernte unser Sohn gerade lesen, und es war anstrengend für ihn, mehrsilbige Wörter zu entziffern, daher war dies genau genommen eine Schreibübung für ihn. Sie verlangte, dass sein Arbeitsgedächtnis sowohl verbale als auch visuelle Information bearbeitete. Die verbale Information besteht aus den Buchstaben, die visuelle Information steckt in der Reihenfolge, in der sie erscheinen. Wir haben unserem Sohn beim Lesenlernen beigebracht, die einzelnen Buchstaben laut auszusprechen statt sich Wörter als Buchstabengruppen einzuprägen. Anfangs geht es mit dieser Methode langsamer voran, doch so erwirbt er die Voraussetzungen, um jedes gewünschte Wort zu lesen, und ist nicht auf diejenigen beschränkt, die er sich gemerkt hat. Auch schreibt er meist in Großbuchstaben.

Schauen wir uns seinen zweiten Buchstaben an. Das Wort

Prefrontal zu schreiben war eine komplexe verbale Aufgabe. Sein Broca- und sein Wernicke-Zentrum halfen ihm, den Buchstaben r zu erkennen und auszusprechen, und sein Arbeitsgedächtnis half ihm, das r zu behalten. Dann wandelte er mit Hilfe seines Arbeitsgedächtnisses das kleine r in ein großes R um und behielt es im Kopf, während er das R aufs Papier schrieb.

Darüber hinaus musste sein Arbeitsgedächtnis eine große Menge visueller Information verarbeiten. Die Wörter *Prefrontal Cortex* waren oben in der Abbildung platziert und von Weißraum umgeben, was es ihm relativ leicht machte, beim Schreiben immer an der richtigen Stelle zu bleiben. Sein Dirigent musste in jedem gegebenen Augenblick nur den vorangegangenen Buchstaben und den, an dem der Junge gerade arbeitete, behalten. Als er sich daher anschickte, *Prefrontal* zu schreiben, musste er nur mit P (dem Buchstaben, den er bereits niedergeschrieben hatte) und R (dem Buchstaben, den er gerade schrieb) arbeiten, dann mit R und E, E und F und so fort, bis er das ganze Wort niedergeschrieben hatte.

Als er dann jedoch das nächste Wort in Angriff nahm, musste er zwei weitere Informationselemente verarbeiten. Jetzt musste sein Dirigent die bereits geschriebenen Wörter (*Prefrontal Cortex*), das nächste Wort der Liste und die Buchstaben, aus denen es bestand, behalten. Wie Sie der Abbildung entnehmen können, wurde die Informationsüberlastung zu groß, so dass er, statt nach *Prefrontal Cortex* mit *Broca's Area* fortzufahren, gleich zu *Amygdala* sprang.

Den Ergebnissen unserer Studie zum Arbeitsgedächtnis über die Lebensspanne zufolge kann das Durchschnittskind im Alter unseres Sohnes nur zwei Informationselemente gleichzeitig im Kopf behalten. Also schwoll uns die elterliche Brust vor Stolz, als wir sahen, dass er mehr als zwei Elemente zugleich verarbeitete. Und dass er trotz eines überlasteten Dirigenten bei der Stange blieb, ist schlicht großartig. (Wenn er jetzt nur noch seinen Spinat essen würde.)

Rechnen
12 + 9 = ?

Diese Rechenaufgabe mag Ihnen vorkommen wie ein Kinderspiel. Vor einem Grundschulkind jedoch kann sie sich auftürmen wie ein Berg, denn sie umfasst mehrere Schritte, deren Gelingen mit dem Arbeitsgedächtnis steht und fällt. Wenn Sie je Probleme mit einer horizontalen Rechenaufgabe hatten, dann wird Ihnen die folgende Aufgliederung der einzelnen Schritte vor Augen führen, warum sie schwieriger ist als sie aussieht. Betrachten wir Schritt für Schritt, was sich in Ihrem Gehirn abspielt:

Schritt 1: Nimm 2 und 9 und schicke die Zahlen an den intraparietalen Sulcus (IPS), der den ersten Teil der Berechnung durchführt.
Schritt 2: Übertrage diese Lösung, 11, in dein Arbeitsgedächtnis.
Schritt 3: Benutze dein Arbeitsgedächtnis, um die 1 (von 11) zu behalten und zu 1 (von 12) hinzuzuzählen.
Schritt 4: Aktualisiere dein Arbeitsgedächtnis mit 2.
Stelle 2 mit 1 (von 11) zur Lösung zusammen: 21.

Diese Rechenaufgabe ist besonders knifflig, weil sie in der Waagrechten statt in der Senkrechten gestellt wird. Zu den Fehlern, die Kinder bei diesem Problem häufig begehen, gehört die Lösung 121; dann hat ihr Arbeitsgedächtnis bei der Aufgabe versagt, im Auge zu behalten, an welcher Stelle des Lösungswegs sie sich befanden.

In einer Studie mit mehr als 200 Sieben- und Achtjährigen stellte Tracy fest, dass der Arbeitsgedächtniswert eines Kindes unmittelbar mit seiner Rechenkompetenz zusammenhing. Das Arbeitsgedächtnis spielt eine Schlüsselrolle dabei, auf dem Lösungsweg arithmetisches Wissen in der richtigen Reihenfolge zu behalten.

Lernschwierigkeiten in höheren Klassenstufen

Ist Ihnen schon aufgefallen, dass manche Kinder in der Grundschule recht gut mitkommen, auf der weiterführenden Schule aber Probleme bekommen und zurückfallen? Sie leiden nicht an einer Lernstörung wie Aufmerksamkeitsdefizit- und Hyperaktivitätsstörung oder Dyslexie – sie können offenbar einfach nicht mehr mithalten. Diese Schüler stellen Lehrer und Eltern meist vor ein Rätsel; oft sind die Erwachsenen mit ihrem Latein am Ende, weil sie keinen konkreten Grund dingfest machen können. Der Grund ist häufig ein schlechtes Arbeitsgedächtnis.

In einer umfangreichen Studie mit mehr als 3000 Kindern wollten Tracy und ihre Forschungsgruppe herausfinden, warum manche Kinder in höheren Klassenstufen Probleme mit dem Lernen bekommen. Im Rahmen dieser Studie prüfte sie Daten von jüngeren (fünf- und sechsjährigen) und älteren (neun- und zehnjährigen) Kindern. Heraus kam, dass die Kluft zwischen Schülern mit schlechtem Arbeitsgedächtnis und ihren Altersgenossen sich mit zunehmendem Alter vertieft. In der jüngeren Gruppe erreichte nur ein Drittel der Kinder mit schlechtem Arbeitsgedächtnis sehr geringe Werte in Sprach- und Mathetests. Bei den älteren Schülern mit schlechtem Arbeitsgedächtnis jedoch hatte sich der Anteil mit niedrigen Testwerten fast verdoppelt.

Es gibt mehrere Gründe, welche die Zunahme von Lernproblemen mit dem Alter erklären. In den unteren Klassenstufen wiederholen die Lehrkräfte Anweisungen häufig und liefern lernfördernde Gedächtnisstützen. Werden die Schüler älter, sollen sie beim Lernen unabhängiger werden, und das bringt solche mit schwachem Arbeitsgedächtnis in Nöte. Zusätzlich wird der Unterrichtsstoff schwieriger, und diese erhöhten Anforderungen bewältigt ein schlechtes Arbeitsgedächtnis nicht mehr.

Die Schwierigkeiten treten auf der gymnasialen und universitären Ebene noch deutlicher zutage. Tracy testete eine Gruppe von nahezu 400 College-Studenten, um zu ermitteln, welche Fähigkeiten gute Lese-, Rechtschreib- und Verständniswerte vorhersagten. Dabei identifizierte sie als entscheidenden Faktor das Arbeitsgedächtnis. Spätestens auf dem College müssen die Studenten komplexe Analysen mit dem vorgegebenen Stoff durchführen. Sie müssen nicht nur mehr neue Information im Kopf behalten, sondern sollen auch Findigkeit beim Problemlösen beweisen, in Aufsätzen überzeugend argumentieren und neuartige Ideen vortragen, die nicht nur die vorhandene Forschung wiederkäuen, sondern ein Thema neu beleuchten.

Was das Lernen angeht, so spielt das Arbeitsgedächtnis über die gesamte Lebensspanne eine wichtige Rolle. Dies folgerten Lynn Hasher und Rose Zacks aus ihrem Überblick über die Forschung zu Arbeitsgedächtnis und Altern. Die Autorinnen analysierten etliche Studien zu Sprachfähigkeiten und Leseverständnis und kamen zu dem Schluss, dass hinter einschlägigen Problemen ein schlechtes Arbeitsgedächtnis steckt. Sie hoben insbesondere eine Untersuchung hervor, bei der ältere und jüngere Menschen einen grammatikalisch schwierigen Text lesen mussten, eine Aufgabe, die das Arbeitsgedächtnis stark beansprucht. Den älteren Erwachsenen mit schlechtem Arbeitsgedächtnis fiel es schwerer, den Sinn des Textes zu erfassen, als den Angehörigen der jüngeren Generation. Hasher und Zacks erörtern auch, dass einige ältere Erwachsene immer noch zu sehr guten Leistungen imstande sind. Wir werden in Kapitel 9 über das Arbeitsgedächtnis im Verlauf des Älterwerdens mehr dazu erfahren.

Arbeitsgedächtnis und Lernstörungen

Wo auch immer Sie ein Klassenzimmer betreten mögen, Sie werden wahrscheinlich mindestens einen oder zwei Schüler antreffen, die Einschränkungen oder Lernstörungen aufweisen, darunter Aufmerksamkeitsdefizit- und Hyperaktivitätsstörung (ADHS), Dyslexie und Autismus. Man neigt dazu, diese Auffälligkeiten als getrennte Probleme mit spezifischen Unterschieden zu betrachten, und obgleich das in gewisser Hinsicht stimmt, haben sie alle eine gemeinsame Basis: ein leistungsschwaches Arbeitsgedächtnis. Der Zusammenhang zwischen Arbeitsgedächtnis und Lernstörungen ist komplex, und die Forscher, auch wir, sind noch mit seiner genauen Aufklärung beschäftigt. Es folgt ein kurzer Blick auf die bisher vorliegenden Erkenntnisse.

ADHS

Der neunjährige Jason ist im Unterricht oft ein massiver Störfaktor. Unablässig tritt er gegen sein Pult – *rumms, rumms, rumms!* –, er springt unerwartet von seinem Stuhl auf, und er redet, wenn er nicht dran ist. Seine Hausaufgaben fallen ihm sehr schwer, und er neigt zum Tagträumen, wenn der Lehrer spricht. Jason legt es aber nicht darauf an, ein Unruhestifter zu sein. Er gehört nur zu den neun Prozent amerikanischer Kinder mit ADHS (in Deutschland sind verschiedenen Schätzungen zufolge vier bis sechs Prozent betroffen). Doch bedeutet das, dass Jason nicht intelligent ist? Und was genau hindert ihn und andere Kinder mit ADHS daran, ihr Verhalten im Zaum zu halten und sich auf das Lernen zu konzentrieren?

Bei Schülern mit ADHS ist oft der motorische Cortex überaktiv. Das bedeutet, dass sie häufiger herumzappeln, aufspringen und schreien – oft im unangemessensten Moment. Wenn es ihnen gelingt, Ruhe zu bewahren, dann weil ihr Dirigent sein Äußerstes gibt, um ihr Verhalten zu steuern. Doch weil ihr Dirigent so sehr mit der Verhaltenskontrolle beschäftigt ist, steht er ihnen nicht mehr für Lernleistungen zur Verfügung, etwa um einen neuen Begriff zu verstehen, etwas von der Tafel abzuschreiben oder zu lesen. Ihr Dirigent kann nicht Diener zweier Herren sein: Entweder bleibt das Lernen auf der Strecke oder das Verhalten des Kindes.

2005 bekam Tracy als Leiterin eines von der britischen Regierung finanzierten Projekts die Gelegenheit, den Zusammenhang zwischen Arbeitsgedächtnis und ADHS bei Schulkindern zu untersuchen. Zunächst verglich sie die Arbeitsgedächtniswerte von fast 100 Schülern mit klinischer ADHS-Diagnose mit denen nicht betroffener Altersgenossen und fand bei der Mehrzahl der ADHS-Schüler sehr niedrige Arbeitsgedächtniswerte. Dieser Befund wird gestützt von Bildgebungsstudien, die bei Betroffenen einen kleineren PFC nachwiesen, was vermutlich ihr Arbeitsgedächtnis beeinträchtigte.

Bislang liegen noch nicht genügend empirische Daten vor, um definitiv zu sagen, dass ein schwaches Arbeitsgedächtnis ADHS *verursacht*, doch es scheint einen kombinierten Effekt zu geben: ADHS schwächt einerseits das Arbeitsgedächtnis, und ein schwaches Arbeitsgedächtnis verschlimmert andererseits ADHS. Ein Analogiebeispiel könnte den Zusammenhang klarer machen. Nehmen wir an, Ihnen tut der Daumen weh. Er ist verstaucht, und Sie haben sich einen dicken Spreißel eingezogen. Wenn Sie den Spreißel herausziehen, könnte der Schmerz nachlassen, aber die Verstauchung bestünde immer noch. Sie haben zwei verschiedene Probleme, aber wenn Sie eines beseitigen, können Sie Ihren Daumen wahrscheinlich besser gebrauchen. Dasselbe gilt für das Arbeitsgedächtnis und ADHS. Soweit wir gegenwärtig wissen, sind das zwei verschiedene Baustellen, doch wenn Sie auf einer vorankommen, kann sich die Lernfähigkeit des Kindes verbessern.

Der Zusammenhang zwischen einem schlechten Arbeitsgedächtnis und ADHS ist immerhin so stark, dass Arbeitsgedächtnistests oft als eines der diagnostischen Instrumente für ADHS Verwendung finden. Eltern oder Lehrkräfte, die bei einem Kind ADHS vermuten, täten gut daran, sein Arbeitsgedächtnis zu untersuchen, um zu klären, ob die Lernstörung tatsächlich vorliegt.

Dyslexie

Die 14-jährige Taylor hatte es schon immer schwer in der Schule. Sie behauptete »dumm« zu sein, weil sie sich mit dem Lesen so schwer tat und niemals gute Aufsätze schrieb. Wie sich herausstellte, hatte sie Dyslexie. Diese Lesestörung äußert sich darin, dass Buchstaben wie B und D verwechselt, Wörter nach der Aussprache falsch geschrieben (*Froind* statt *Freund*) und Zahlen vertauscht werden (14 statt 41).

Manche Psychologen vermuten, dass hinter der Dyslexie unter anderem ein schlechtes Arbeitsgedächtnis steckt. Unser Arbeitsgedächtnis hält uns Sprache geistig präsent; der Dirigent muss die für das Wörtererkennen und Textverstehen nötigen Sprachlaute und -begriffe im Kopf behalten. Da unser Arbeitsgedächtnis zudem dazu dient, Information in der richtigen Reihenfolge zu bewahren, geraten Schüler wie Taylor oft durcheinander, weil ihr Dirigent den Überblick verliert.

Der Zusammenhang zwischen Arbeitsgedächtnis und Dyslexie kann bis ins Erwachsenenalter bestehen bleiben, wie Tracy in einer neueren Studie mit College-Studenten nachwies. Beim Vergleich der Arbeitsgedächtniswerte der Studenten mit Dyslexie und einer Studentengruppe mit normaler Entwicklung stellte sie fest, dass die Lesegestörten geringere Werte in den Tests erzielten, welche die Verarbeitung von Wörtern und Sprache verlangten. Das erhärtete, dass Dyslexie mit einem unzureichenden Arbeitsgedächtnis zu tun hat.

Autismusspektrumstörung

Martin, zehn Jahre alt, ist versessen auf Dinosaurier und kann praktisch alles herunterspulen, was Sie schon immer über T. rex, Stegosaurus oder Triceratops wissen wollten. Fragen Sie ihn aber, wie es ihm geht, oder erzählen Sie ihm einen Witz, werden Sie wahrscheinlich nur einen leeren Blick ernten. Martin hat Autismus, und diese Störung ist verbunden mit einer Reihe von Problemen, unter anderem Schwierigkeiten mit Kommunikation und sozialer Interaktion sowie übermäßige Konzentration auf ein enges Interessensspektrum.

Was diese Probleme verursacht, ist eine Eine-Million-Dollar-Frage. Jahrzehntelange Autismusforschung hat bislang keine konkreten Hinweise auf die Ursachen erbracht. Und obschon Untersuchungen des Zusammenhangs von Arbeitsgedächtnis und Autismus eine Verbindung bestätigt haben, konnten sie doch das Arbeitsgedächtnis nicht als eine Ursache dingfest machen.

Bei einer Untersuchung in Zusammenarbeit mit einer Autismus-Hilfsorganisation fand Tracy heraus, dass es Autisten schwer fällt, sich sämtliche für die Verarbeitung von Sprache nötige Information geistig präsent zu halten. Da soziale Interaktionen von Natur aus sprachlichen Charakter haben und die Kommunikation zwischen Menschen stark auf verbalem Austausch beruht, haben autistische Kinder große Mühe, soziale Situationen zu verstehen.

In derselben Studie fand Tracy Hinweise darauf, dass autistische Schüler zu viel Zeit auf die Details verwenden und Schwierigkeiten haben, das größere Ganze zu sehen. So sollte ein Schüler eine Arbeitsgedächtnisaufgabe lösen, bei der er eine Aussage als richtig oder falsch beurteilen und sich dann das letzte Wort eines Satzes wie: »Hunde können Gitarre spielen« merken sollte. Er dachte lange darüber nach und antwortete schließlich: »Man kann einem Hund schon etwas beibringen.« Seine eingehende, ausführliche Prüfung dieses Satzes verriet, dass er den zweiten Schritt der Aufgabe vergessen hatte.

Bildgebende Untersuchungen von autistischen Schülern haben ergeben, dass sie ein kleineres Corpus callosum besitzen; dieses dicke, auch Balken genannte Nervenbündel verbindet die rechte und die linke Gehirnhälfte miteinander und sorgt dafür, dass Information von der einen in die andere Hemisphäre gelangt. Demnach müssen Autisten mit einer einspurigen Straße zurechtkommen, während ihre Altersgenossen eine vierspurige Autobahn zur Informationsübermittlung nutzen können. Das bedeutet womöglich, dass Informationen zu lange brauchen, um ihren Bestimmungsort zu erreichen. Nimmt man nun noch die Neigung der Betroffenen hinzu, übermäßig an einem Gedanken festzukleben, dann kann man sich vorstellen, dass im Gehirn autistischer Kinder ein regelrechter Verkehrsstau herrscht.

Bedeutet dies, dass alle Kinder mit Autismus niedrige Arbeitsgedächtniswerte haben? Nein. Die Kapazität des Arbeitsgedächtnisses kann stark schwanken, je nachdem, an welcher Stelle des Autismusspektrums ein Schulkind angesiedelt ist. Beispielsweise kann ein Schüler mit hochfunktionalem Autismus (IQ über 70) eine durchschnittliche Arbeitsgedächtniskapazität zeigen.

Kann eine Stärkung des Arbeitsgedächtnisses dazu beitragen, den Verkehrsstau aufzulösen? Die Forschung zum möglichen Nutzen eines Arbeitsgedächtnistrainings für Autisten steckt noch in den Kinderschuhen, ist jedoch vielversprechend. Das IdeA-Forschungsinstitut für Individuelle Entwicklung und Lernförderung in der frühkindlichen Bildung in Frankfurt, wo Tracy 2012 einen Vortrag hielt, untersucht Formen des Trainings, die das Arbeitsgedächtnis von autistischen Kindern möglicherweise positiv beeinflussen. Weiter unten in diesem Kapitel gehen wir näher auf Arbeitsgedächtnistraining ein.

Vom Forschungslabor in die reale Welt

Da das Arbeitsgedächtnis und seine Bedeutung für das Lernen immer mehr Beachtung finden, wächst auch das Interesse an der Umsetzung von Arbeitsgedächtnisstrategien im Unterricht und im Privatleben. Zu Beginn ihrer Forschungstätigkeit musste Tracy viel Zeit dafür aufwenden, die Aufmerksamkeit von Lehrern und Eltern zu wecken. Als ihre Botschaft von der Wichtigkeit des Arbeitsgedächtnisses nach und nach durchdrang, begannen sie ihr die Türen einzurennen. Heute muss sie täglich Anfragen von Eltern, Lehrern, Sonderpädagogen, Schulpsychologen, Verwaltungen, Schulbehörden und Bildungspolitikern abweisen; sie alle sind auf der Suche nach praktischen Möglichkeiten, die Kraft des Arbeitsgedächtnisses zu nutzen.

Eltern von Problemschülern können Erleichterung und Unterstützung finden, wenn sie wissen, wie das Arbeitsgedächtnis das Lernen beeinflusst. Nach einem von Tracys Vorträgen sprach eine Mutter sie an. Mit Tränen in den Augen berichtete sie, dass sich ihre elfjährige Tochter immer sehr schwer tat mit den Schularbeiten und dass die Lehrer sie praktisch abgeschrieben hatten. Nachdem diese Frau von der Rolle des Arbeitsgedächtnisses beim Lernen gehört hatte, sah sie, wie sie sagte, für ihre Tochter Licht am Ende des Tunnels, und sie sei jetzt ganz aus dem Häuschen darüber, dass es Wege gebe, wie sie und die Lehrer ihre Tochter unterstützen könnten.

Andere Eltern klagten Tracy gegenüber, die Schulpsychologen hätten ihnen gesagt, ihr Kind könne nicht einmal an eine weiterführende Schule denken, da es außerstande sei, die höheren Anforderungen zu bewältigen. Als man jedoch bei den betreffenden Kindern das Arbeitsgedächtnis förderte, schafften sie es auf die weiterführende Schule, und manche von ihnen schlossen sogar mit Auszeichnung ab.

Manchmal suchen Lehrer bei Tracy fachlichen Rat, um einem bestimmten Schüler helfen zu können. So war es bei Adam, einem 13-jährigen, der ständig Unterrichtsmaterial kaputt machte. Die Lehrkräfte überlegten, ob er vielleicht ein Aufmerksamkeitsproblem hatte, ob die Utensilien zu kompliziert waren oder ob es ihm an grob- und feinmotorischen Fertigkeiten mangelte. Eine Untersuchung ergab bei Adam ADHS und ein schlechtes Arbeitsgedächtnis. Das erschwerte es ihm, sein Verhalten in den Griff zu bekommen, und frustrierte ihn. Aufgrund dieser Information erstellten seine Lehrer einen speziell auf ihn zugeschnittenen Plan, der unter anderem kürzere Lernphasen vorsah. Sie stellten ihm beispielsweise nicht zwei Rechenaufgaben hintereinander, sondern ließen ihn erst eine rechnen, dann eine Pause machen und schließlich die nächste in Angriff nehmen. Nach dieser Veränderung bekam Adam sein Verhalten besser unter Kontrolle und seine Leistungen verbesserten sich.

Andere Schulen möchten schulweit einen arbeitsgedächtnisorientierten Ansatz einführen, darunter eine Schule in England, die dafür bekannt ist, Schüler mit Leseproblemen besonders zu fördern. Die Schulleitung hatte von Tracys Forschung gehört und bat sie um einen Vortrag. Tracy skizzierte eine Reihe einfacher Veränderungen an den Leselehrmethoden, darunter einige der im Abschnitt »Arbeitsgedächtnisübungen und -strategien«

am Ende dieses Kapitels aufgeführten. Diese Strategien setzen Arbeitsgedächtniskapazitäten frei, so dass die Schüler sich besser auf das Lesen konzentrieren können.

In den Vereinigten Staaten lässt sich eine wachsende Anzahl Schulen von Tracy bei der Einführung arbeitsgedächtnisfreundlicherer Lehr- und Lernmethoden beraten. In einem Schulbezirk in Kansas werden die Schüler mit dem *Alloway Working Memory Assessment* (AWMA) getestet, und sie nutzen *Jungle Memory* zum Training ihres Arbeitsgedächtnisses. Die Schule wendet überdies einige arbeitsgedächtnisentlastende Lehrmethoden und Unterrichtsstrategien an.

Trotz des fortschreitenden Erkenntnisstands sind sich nicht alle Lehrkräfte oder Schulleitungen bewusst, dass das Arbeitsgedächtnis das Lernen entscheidend zu beeinflussen vermag. An einer Gesamtschule, wo Tracy kürzlich referierte, gestand ihr zuvor eine Kunstlehrerin, sie glaube nicht, dass das Arbeitsgedächtnis für ihren Unterricht relevant sein könnte. Nachdem sie jedoch Tracys Vortrag gehört hatte, kam diese Lehrerin erneut auf sie zu und räumte ein: »Jetzt ist mir klar, dass *alles*, was ich im Unterricht sage und tue, mit dem Arbeitsgedächtnis zu tun hat. Wenn ich Anleitungen gebe oder meine Klasse anweise, bestimmte Techniken zu benutzen, stelle ich Anforderungen an ihr Arbeitsgedächtnis. Es macht einen Unterschied, wie viele Anweisungen ich gebe.«

Manche Lehrer glauben nicht, dass man so stark auf das Arbeitsgedächtnis abheben müsse, weil sie bereits über Gedächtnisstützen im Klassenzimmer verfügten. Solche Hilfen, etwa eine Zahlenreihe oder das Alphabet an der Wand, sind in Grundschulen üblich. Doch Schüler mit schlechtem Arbeitsgedächtnis wissen diese Gedächtnisstützen womöglich nicht effektiv zu nutzen oder ihr Dirigent schafft es nicht, gleichzeitig die Gedächtnisstütze wahrzunehmen *und* eine Aufgabe zu erledigen. Sind sich die Lehrkräfte dessen bewusst und helfen diesen Schülern, die Gedächtnisstütze zu nutzen, dann können sie das Problem lösen.

Das sind nur einige der zahlreichen Möglichkeiten, wie die

Förderung des Arbeitsgedächtnisses bereits Tausenden von Schülern an Schulen im In- und Ausland Vorteile bringt.

Arbeitsgedächtnistraining für bessere Leistungen

Schulen und Eltern, die zur Steigerung der schulischen Leistungen gerne am Arbeitsgedächtnis ansetzen möchten, greifen vermehrt zu computergestützten Trainingsprogrammen. *Jungle Memory*, eines dieser Programme, zielt speziell auf die für den Schulerfolg entscheidenden Arbeitsgedächtnisfunktionen ab. Es hält die Schüler zudem zur Aufmerksamkeit an und trainiert sie, Information und schwierige Gedankengänge schneller zu verarbeiten.

Bisher haben unsere Forschungen gezeigt, dass *Jungle Memory* dazu beiträgt, die Noten und das Arbeitsgedächtnis zu verbessern. Das gilt für Durchschnittsschüler, solche mit allgemeinen Lernschwierigkeiten und solche mit Lernstörungen wie Dyslexie oder Autismus. In einer von Tracys Studien verbesserten sich Schüler mit Lernschwierigkeiten nach achtwöchigem Training mit *Jungle Memory* um bis zu zehn Standardpunkte in Sprache und Mathematik. Das entspricht einer Steigerung um eine ganze Notenstufe. Auch ihr Arbeitsgedächtnis verbesserte sich. Um wissenschaftlichen Kriterien zu genügen, wurden die Ergebnisse mit denen einer Kontrollgruppe verglichen, die Nachhilfe erhielt, aber *Jungle Memory* nicht nutzte. Die Kontrollgruppe zeigte keine statistisch bedeutsamen Verbesserungen bei Arbeitsgedächtnis oder Lernen.

Bei klinischen Tests in Zusammenarbeit mit der Interessenvertretungsorganisation Dyslexia Scotland stellte Tracy fest, dass sich Schüler in standardisierten Arbeitsgedächtnistests signifikant verbesserten, nachdem sie regelmäßig mit *Jungle Memory* geübt hatten. Ihre Punktwerte in standardisierten Sprach- und Rechentests waren nach dem Training ebenfalls höher. Tracy stellte diese Befunde 2010 und 2011 auf Ortsverbandstreffen von Dyslexia Scotland vor.

Uns interessierte auch, ob ein Arbeitsgedächtnistraining die Lernfähigkeit von autistischen Kindern verbesserte. Deshalb führten wir einen Versuch mit Schülern mit hochfunktionalem Autismus durch. Insbesondere wollten wir klären, ob die Nutzung von *Jungle Memory* das Arbeitsgedächtnis und die Noten autistischer Kinder verbesserte. Wir teilten die Probanden in drei Gruppen auf: Gruppe 1 übte acht Wochen lang viermal pro Woche mit *Jungle Memory*, Gruppe 2 acht Wochen lang einmal pro Woche, und Gruppe 3 nutzte *Jungle Memory* in diesen acht Wochen gar nicht.

Zu Beginn der Trainingsphase und nach deren Abschluss unterzogen wir alle Schüler standardisierten Tests von Intelligenz, Arbeitsgedächtnis und Lernen. Wie sich herausstellte, zeigten die autistischen Schüler, die viermal pro Woche mit *Jungle Memory* trainiert hatten, signifikante Verbesserungen gegenüber den beiden anderen Gruppen. Ihre Arbeitsgedächtniswerte erhöhten sich von gering auf durchschnittlich und ihre Noten um durchschnittlich fünf Punkte, was einer Verbesserung von einer 2- auf eine 2+ entspricht. Um die langfristigen Effekte des Trainings zu prüfen, testeten wir jede Gruppe acht Monate später erneut und stellten fest, dass die Verbesserungen in der Gruppe mit viermaligem Training pro Woche erhalten geblieben waren.

Als Forscher verbringen wir viel Zeit mit Berechnungen und Datenanalysen, und wenn wir dann Ergebnisse wie diese erhalten, kann das sehr aufregend sein. Doch nichts verschafft uns größere Befriedigung als direkt aus dem Munde von Eltern eines lerngestörten Kindes zu hören, wie sehr das Training mit *Jungle Memory* ihrem Kind geholfen hat. Das folgende Zitat stammt von der Mutter des neunjährigen Carson:

> Carson machte *Jungle Memory* viel Spaß, und im Lauf der Wochen verbesserte er sich stetig. Seit der Studie wagt er sich an schwierigere Bücher, und ich glaube, für ihn war das eine gute Gelegenheit, Stolz auf seine Fähigkeiten zu entwickeln. Ich habe heute in der Schule seine Lehrerin getroffen, und sie

hat gesagt, dass es bei Carson Verbesserungen beim Worterkennen und Buchstabieren gebe und dass er einen Punktwert von 7,5 im Vergleich zu 0 im letzten Jahr habe.

Das Arbeitsgedächtnis in der Schule

Die Entdeckung, dass das Arbeitsgedächtnis entscheidend für das Lernen ist, hat enorme Folgen für unsere Schulen und die Bildung und Erziehung unserer Kinder sowohl im häuslichen Umfeld als auch in der Schule. Über das Arbeitsgedächtnis eines Kindes Bescheid zu wissen, kann für Lehrer sehr von Vorteil sein – ein leistungsfähiges Instrument, das sie zur Veränderung seiner Lernergebnisse anwenden können. Aus diesem Grund sollten wir das Arbeitsgedächtnis aller Kinder testen. Dadurch können wir ihre Stärken und Schwächen bestimmen. Diese Ergebnisse können Lehrkräften besser verständlich machen, warum manche Schüler hinter ihren Möglichkeiten zurückbleiben, welche Schüler auf bestimmten Gebieten zusätzliche Hilfe benötigen und welche Schüler unterfordert sind. Dadurch wiederum können die Lehrkräfte Zeit und Mühe im Unterricht gezielter einsetzen und die besten Fördermethoden für jeden einzelnen Schüler festlegen.

Das Wissen um die Arbeitsgedächtniswerte von Schülern kann auch eine tiefgreifende Veränderung bestimmter Sichtweisen herbeiführen. Statt beispielsweise anzunehmen, dass ein Schüler mit mangelhaften Leistungen einfach nur faul ist, wird Lehrern und Eltern vielleicht bewusst, dass er ein Arbeitsgedächtnisproblem hat und dass ihm ein paar Veränderungen zu mehr Erfolg verhelfen können. Ähnlich können Pädagogen und Eltern, in deren Augen Schüler mit bestimmten Lernbehinderungen zuvor als chancenlos galten, zu der Erkenntnis gelangen, dass die Stärkung oder Entlastung des Arbeitsgedächtnisses ihrem Kind das Lernen erleichtern würde. In dem Abschnitt mit Arbeitsgedächtnisübungen und -strategien am Ende dieses Kapitels stellen wir eine Reihe einfacher Techniken vor, die Lehrer einsetzen können, um Arbeitsgedächtnisüberlastungen im Unterricht zu vermeiden.

Die Früherkennung von Lernproblemen kann zudem dazu beitragen, die enormen finanziellen Lasten für ein unterfinanziertes Bildungssystem zu verringern. Weiter oben in diesem Kapitel erläuterten wir, dass ein schlechtes Arbeitsgedächtnis Lernprobleme im Laufe des Schulbesuchs immer weiter verschärfen kann. Erhält beispielsweise eine Siebenjährige mit sprachlichen Schwierigkeiten nicht die nötige Hilfe, hat sie im Alter von zwölf Jahren vermutlich Schwierigkeiten in jedem Fach. Der Versuch, das Problem auf dieser späten Stufe ihrer Schullaufbahn zu beheben, erfordert erheblich mehr Aufwand an Zeit, Mühe und Finanzen. Nimmt man Lernprobleme früh in Angriff, senkt dies die Kosten insgesamt.

Hilft man Schülern in früherem Alter, Lernprobleme zu überwinden, könnte dies auch die Schulabbrecherquoten senken. In Amerika bricht alle 26 Sekunden ein Schüler die Schule ab, und laut der Organisation America's Promise Alliance schließen nur 75,5 Prozent der Schüler die Highschool ab. Im internationalen Vergleich hinken die Vereinigten Staaten in der Bildung hinterher. Von 34 Ländern rangieren sie in der PISA-Studie (Programme for International Student Assessment) beim Lesen auf Platz 14, bei den naturwissenschaftlichen Fächern auf Platz 17 und auf Platz 25 in Mathematik. Zur Lösung dieser Probleme, insbesondere angesichts von Einsparungen im öffentlichen Bildungssystem, brauchen wir innovative Ansätze. Die sich abzeichnenden Erkenntnisse aus der Forschung und aus der realen Welt verweisen auf das Arbeitsgedächtnis als eine effektive, erschwingliche Möglichkeit für die Schulen, die Lernresultate zu verbessern.

Arbeitsgedächtnisübungen und -strategien

Für Lehrer

Prüfen Sie das Arbeitsgedächtnis

Tracy hat den Test *Alloway Working Memory Assessment* (AWMA) entwickelt, ein hochpräzises, standardisiertes Instrument zur quantitativen Abschätzung des Arbeitsgedächtnisses. Dieser Test liefert Schulen und Lehrkräften das Wissen, das sie zur Verbesserung der Lernergebnisse benötigen. Das AWMA wurde in fast 20 Sprachen übersetzt und wird in Tausenden Schulen in aller Welt eingesetzt, doch Millionen weitere Schulen könnten davon profitieren, ein genaues Arbeitsgedächtnisprofil ihrer Schüler zu erheben.

Unterstützen Sie das Arbeitsgedächtnis

Über das Arbeitsgedächtnis eines Schülers Bescheid zu wissen ist nur der Anfang. Wir haben eine Reihe von Strategien zur Stützung des Arbeitsgedächtnisses und somit der Verbesserung des Lernens entwickelt. Das übergreifende Ziel ist dabei, unnötige Beanspruchungen des Arbeitsgedächtnisses zu vermindern, damit die Schüler es für die wesentlichen Dinge benutzen können.

Routine, Routine, Routine

Immer wenn Sie im Unterricht etwas Neues einführen, etwa die Bruchrechnung oder eine neue Lektüre, dann stellen Sie eine Anforderung an das Arbeitsgedächtnis. Um sich den neuen Begriff gut einzuprägen oder den neuen Lesestoff zu begreifen, sollten die Schüler imstande sein, ihr Arbeitsgedächtnis ganz auf den Lernprozess auszurichten. Leider geschieht das oft nicht, weil viele Lehrer dem Arbeitsgedächtnis ihrer Schüler unwissentlich weitere Anforderungen aufbürden.

Viele Lehrer durchbrechen beispielsweise die Routine, indem sie ihren Unterrichtsablauf ändern oder Dinge in einer anderen Abfolge tun als gewöhnlich, etwa ihre Schüler auffordern, als Erstes ihre Lineale hervorzuholen, wenn sie üblicherweise zuerst ihr Millimeterpapier bereitlegen. Dies schafft eine zusätzliche Anforderung an das Arbeitsgedächtnis, weil die Schüler jetzt etwas bewusst anders tun müssen als zuvor. Das sollte wo immer möglich vermieden werden. Wenn Sie zu einer funktionierenden Routine gefunden haben, dann bleiben Sie dabei.

Gelbe Punkte, rote Punkte, grüne Punkte

Alles im Klassenraum sollte seinen Platz haben. Filzstifte gehören zu den Filzstiften, Wörterbücher kommen aufs Regal, und Bastelpapier befindet sich in seiner Schublade. Kinder, die lange nach den Stiften oder Wasserfarben suchen müssen, vergessen darüber womöglich, wofür sie sie holen sollten. Das gilt insbesondere für Vor- und Grundschulkinder, die häufig Dinge umher tragen und sie verstreut liegen lassen. Wenden Sie, damit alles an seinem Platz bleibt, eine einfache Farbmarkierungsstrategie an: Kleben Sie gelbe Punkte auf Bücher, rote auf alle Schreib- oder Malutensilien und grüne auf alle Arten von Papier. Auf diese Weise bekommen die Schüler einen visuellen Hinweisreiz, der ihnen hilft, sich zu erinnern, wo sich was befindet. Das stellt das Arbeitsgedächtnis für Lernaufgaben frei.

Nicht zu viel auf einmal

Anweisungen zu verstehen ist eine der anspruchsvollsten Aufgaben für das Arbeitsgedächtnis von Schülern. Sie müssen sie sowohl alle im Kopf behalten als auch eine nach der anderen in der richtigen Reihenfolge ausführen. Zu viele Anweisungen können einen Schüler oder eine ganze Klasse leicht überfordern. Je mehr Anweisungen Sie hinzufügen, desto schwieriger wird es und umso wahrscheinlicher, dass ein Schüler an einer Aufgabe resigniert. Wenn Sie wissen, was Ihre Klasse bewältigen kann, können Sie dieses verbreitete Problem lösen.

Arbeitsgedächtniskapazität nach Alter

Alter	Zahl der Anweisungen nach Alter
5–6	2 Anweisungen
7–9	3 Anweisungen
10–12	4 Anweisungen
13–15	5 Anweisungen
16 und darüber	6 Anweisungen

Zurück zum Wesentlichen

Im Unterricht geschieht es nur allzu häufig, dass die Schüler eine komplexe Aufgabe lösen sollen, während sie noch mit den Grundlagen ringen. Ein gutes Beispiel liefert das Leseverständnis. Nehmen wir an, eine Schülerin soll die Bedeutung des folgenden Satzes erklären: »Sie sah die Wolken und stellte sich unter die Bäume.« Wenn sie nun noch nicht weiß, dass die Buchstabenkombination *äu* wie *oi* ausgesprochen wird, dann erschöpft sie ihr Arbeitsgedächtnis mit dem Versuch, das Wort *Bäume* zu verstehen, und kann seine Bedeutung in dem Satz nicht verarbeiten. Die Lösung des Problems liegt darin, die grundlegenden Aussprachregeln immer wieder zu üben, so dass die Laute beim Lesen automatisiert werden. Das heißt, dass die Schüler nicht mehr aktiv mit diesen Lauten und Buchstaben hantieren müssen, und das macht ihr Arbeitsgedächtnis frei für das Verstehen des Satzes.

Für Eltern

Stellen Sie das Anti-Lerngerät ab

Genau wie der Unterricht das Arbeitsgedächtnis unterstützt, wenn er nachteilige Praktiken vermeidet, können sich Eltern verhalten. Am wichtigsten ist es, den Fernseher auszuschalten. Kindergehirne sind sehr formbar. Bei Säuglingen, Krabbel- und Schulkindern bilden sich die Neuronenverbindungen, die später über die Wesenszüge und Reaktionsweisen der Kleinen entscheiden. Wenn Sie möchten, dass sie lachen lernen, dann lachen Sie viel. Wenn Sie möchten, dass sie einen guten Wortschatz aufbauen, dann reden Sie oft mit ihnen. Wenn Sie möchten, dass sie sich gerne im Freien aufhalten, dann lassen Sie sie draußen spielen. Wenn Sie möchten, dass sie sich passiv berieseln lassen, eine kurze Aufmerksamkeitsspanne haben und denkfaul werden, dann hocken Sie sie vor ein Gerät, das all das fördert – den Fernseher.

Nach allem, was uns die Arbeit von Dimitri Christakis lehrt, gibt es gute Gründe, die Geräte auszuschalten. 2004 veröffentlichte dieser Forscher eine Langzeitstudie mit mehr als 1200 Kindern, die er über einen Zeitraum von sechs Jahren jeweils im Alter von einem, drei und sieben Jahren getestet hatte. Er kam zu erstaunlichen Ergebnissen: Je mehr Zeit die Kinder als Ein- und Dreijährige täglich vor dem Fernseher verbracht hatten, desto häufiger entwickelten sie im Alter von sieben Jahren Aufmerksamkeitsprobleme.

Wenn Sie das Arbeitsgedächtnis Ihres Kindes fördern möchten, dann beschränken Sie strikt den Fernsehkonsum, insbesondere, wenn es noch sehr klein ist. Die American Association of Pediatrics empfiehlt, Kinder unter zwei Jahren überhaupt nicht fernsehen zu lassen. Bei älteren Kindern rät sie zu täglich höchstens einer bis zwei Stunden lehrreicher, gewaltfreier Sendungen. Halten Sie Ihre Kinder dazu an, statt die ganze Zeit fernzusehen, ihr Arbeitsgedächtnis zu üben, indem sie Alltagsgegenstände zu außergewöhnlichen Dingen umfunktionieren: Schachteln werden zu Raumschiffen, Löffel zu Schwertern, Mamas Schuhe zu gläsernen Pantoffeln und Papas Schuhe zu Raketenstiefeln.

Lesen Sie Ihren Kindern vor
oder lassen Sie sich von ihnen vorlesen

Abgesehen davon, dass Kinder sich liebend gerne von ihren Eltern vorlesen lassen, müssen sie ihr Arbeitsgedächtnis nutzen, um eine vorgelesene Geschichte zu verstehen. Stellen Sie Ihrem

Kind nach dem Vorlesen Fragen zu der Geschichte; so kann es mit Hilfe seines Arbeitsgedächtnisses kritisch über das gerade Gehörte nachdenken. Eine Warnung: Geben Sie nicht nach, wenn es immer wieder dieselbe Geschichte hören möchte. Wird eine Geschichte mehrmals wiederholt, ist sie im Langzeitgedächtnis gespeichert, und Ihr Kind muss nicht mehr sein Arbeitsgedächtnis gebrauchen. Fordern Sie sein Arbeitsgedächtnis, indem Sie häufig neue Geschichten vorlesen.

Kindergeschichten können für Eltern leicht langweilig werden, und dann lesen sie weniger oft vor. So konnte Ross ein ganz bezauberndes, von unserem älteren Sohn heißgeliebtes Kinderbuch schließlich nicht mehr ausstehen. Daraufhin beschloss er, unser Sohn müsse, wenn er vorgelesen bekommen wollte, sich Texte nach Ross' Geschmack anhören, etwa John Miltons *Das Verlorene Paradies*, Shakespeare-Auszüge oder historische Stoffe wie die *König Haralds Saga*. Zu seiner Freude stellte Ross fest, dass unser Sohn nachfragte, wenn er etwas nicht verstand, und sich eine Diskussion über das Buch entspann. Wenn Sie von Kindergeschichten die Nase voll haben, dann machen Sie einen Versuch mit Büchern, die *Sie* interessieren: der Biographie eines Künstlers, den Memoiren eines Industriellen oder einer Abenteuergeschichte vom Überleben in der Wildnis. Ihr Kind wird vielleicht nicht alles verstehen, aber es könnte Sie überraschen. Ermuntern Sie es auch, Ihnen vorzulesen. Je nach seinem Alter kann das ein einzelnes Wort sein, ein Satz, eine Seite, ein Kapitel oder noch mehr.

Einfache Rezepte nachkochen

Schnelle, einfache Gerichte zuzubereiten beansprucht das Arbeitsgedächtnis. Geben Sie Ihrem Kind ein Rezept mit einigen wenigen Zutaten, etwa Pfannkuchen (Mehl, Milch, Eier, Zucker, Butter) oder frische Nudeln (Mehl, Eier, Olivenöl). Lesen Sie ihm die einzelnen Schritte vor, statt es von einem Rezept ablesen zu lassen. Das stellt sicher, dass es sein Arbeitsgedächtnis nutzt, um die Schritte im Kopf zu behalten, während es zugleich mit den Zutaten hantiert. Legen Sie alle Utensilien und Zutaten bereit, bevor Sie anfangen.

Frischer Nudelteig für Kinder
1 Ei
200 g Mehl
1 Esslöffel Olivenöl

1. Mache mit dem Mehl auf der Arbeitsfläche zuerst einen Berg und dann einen Vulkan mit einem großen Krater.
2. Schlage das Ei auf und gib es mit dem Öl in den Vulkankrater. Vermenge Ei, Öl und etwas Mehl von den Wänden sorgfältig, ohne die Wände des Vulkans kaputtzumachen.
3. Matsche alles mit den Händen durch, so dass es gründlich gemischt wird, und forme es dann zu einer Kugel und bestreue sie mit Mehl.
4. Klopfe die Kugel flach, rolle sie mit einem Nudelholz dünn aus und streue Mehl darüber. Rolle die Nudelplatte röhrenförmig zusammen.
5. Bitte Mama oder Papa, die Röhre mit einem Messer in dünne Scheiben zu schneiden, so dass kleine Spiralräder entstehen. Entrolle die Räder zu Bandnudeln.

Da jede Anweisung mehr als einen Schritt enthält, geben Sie Ihrem Kind immer nur eine oder zwei, je nach Alter und Arbeitsgedächtnis. Probieren Sie bei Kindern bis acht Jahren immer einen Schritt auf einmal. Kinder über acht Jahre können meist mit zwei Schritten auf einmal umgehen.

Zeichnen aus dem Gedächtnis

Nutzen Sie folgende Methode, um das Arbeitsgedächtnis Ihres Kindes spielerisch zu aktivieren:

1. Zeigen Sie ihm ein Bild (etwa ein Auto, einen Strand oder ein berühmtes Gemälde).

2. Nehmen Sie das Bild weg.
3. Fordern Sie es auf, das Bild so gut wie möglich aus dem Gedächtnis zu zeichnen oder zu malen.

Zu dieser Aktivität ist das Arbeitsgedächtnis erforderlich, weil die Kinder das Bild im Kopf behalten müssen, während sie es gleichzeitig zeichnen. Achten Sie darauf, dass sie das Bild zuvor noch nicht gesehen haben. Das stellt sicher, dass sie ihr Arbeitsgedächtnis und nicht ihr Langzeitgedächtnis nutzen.

6
Die neue Leib-Seele-Einheit – das Arbeitsgedächtnis beim Sport

Haben Sie sich schon einmal gefragt, warum manche Sportler unter Druck versagen, während andere anscheinend Nerven wie Drahtseile haben? Warum sich manche Skifahrer freiwillig in halsbrecherischem Tempo schwarze Abfahrten hinunterstürzen, während uns gewöhnlichen Sterblichen allein bei dem Gedanken das Blut in den Adern gefriert? Warum Sie nach den teuren Trainerstunden *schlechter* Golf spielen? Warum manche Spieler allem Anschein nach noch vor dem Matchbeginn das Handtuch werfen? Warum Sportskanonen als Hohlköpfe gelten? Oder warum Sie beim Fußballspielen der Firmenmannschaft einfach nicht besser werden, obwohl Sie schon von Kindesbeinen an kicken? Solche Fragen quälen seit Jahrzehnten Spitzenathleten, Trainer, Fans, Wochenendsportler und Stümper gleichermaßen. Die Antworten liegen im Arbeitsgedächtnis.

Als Freizeitsportler und Sportfans beschlossen wir, die Beziehung zwischen Arbeitsgedächtnis und sportlichen Leistungen unter die Lupe zu nehmen, und stellen Ihnen die zahlreichen Erkenntnisse vor, die wir gewonnen haben. Zudem erläutern wir, in welcher Weise körperliche Aktivitäten, wie Sie sie vielleicht ausüben, die Leistungsfähigkeit Ihres Arbeitsgedächtnisses beeinflussen können.

Eine Reihe faszinierender Studien deckt derzeit auf, wie das Arbeitsgedächtnis an sportlichen Leistungen beteiligt ist. Dabei ist es bisweilen wichtig, das Arbeitsgedächtnis einzuspannen und dann wieder, es nicht zu behelligen: Es kann die Leistung sowohl steigern als auch behindern, je nach Situation. Das ist knifflig auszutarieren, und das Umschalten von der Nutzung zum links Liegenlassen ist eine der Begabungen, die über Ihre Qualitäten als Sportler entscheiden. Im Großteil der Zeit, in der wir aktiv einen Sport betreiben, ist es am besten, wenn wir »drin« sind, wenn also unsere Bewegungen augenblicklich und weitgehend unbewusst erfolgen. Das erfordert, dass unser Arbeitsgedächtnis größtenteils abgeschaltet bleibt. Doch zugleich müssen wir es auch jederzeit aktivieren können, um eine Situation zu analysieren und eine Strategie für unseren nächsten Schritt zu finden. Denken Sie an Serena und Venus Williams – sie müssen schnelle Berechnungen anstellen, damit sie im richtigen Moment an der richtigen Stelle des Spielfelds stehen, um eine unerreichbare Rückhand longline zu schlagen. Oder überlegen Sie, was Fußballspieler tun müssen – die Laufwege der Verteidiger vorausahnen und sich auf ihre umfassende Erfahrung und ihr Arbeitsgedächtnis stützen, um zu entscheiden, ob sie den Ball abgeben und an welchen Spieler oder ob sie mit ihm Richtung Tor dribbeln.

Die Erkenntnis, dass das Arbeitsgedächtnis beim Sport erheblich gefordert ist, erhärtete 2012 eine Studie von schwedischen Forschern. Mit einer Reihe kognitiver Tests, darunter auch Arbeitsgedächtnisaufgaben, verglichen sie Profi-Fußballspieler mit Sportmuffeln. Zur Überraschung der Wissenschaftler schnitten männliche wie weibliche Fußballspieler der unteren wie der oberen Ligen besser ab als die unsportlichen Probanden. Das Interessanteste jedoch war, dass die Oberligaspieler und -spielerinnen in sämtlichen Tests die höchsten Werte erzielten. Die Autoren vermuten, dass das ständige Training bei guten Spielern auch das Arbeitsgedächtnis trainiert. Unter dem Zeitdruck einer Spielsituation müssen die Spieler lernen, ihr Arbeitsgedächtnis zu gebrauchen, um die Lage zu beurteilen, sie mit Vorerfahrungen zu vergleichen, kreative Alternativen zu finden und eine schnelle Entscheidung zu treffen. Wenn Sie also das nächste Mal einen durchtrainierten Spieler sehen, sollten Sie ihn nicht für einen »blöden Muskelprotz« halten.

Entscheidend für das richtige Quantum Beteiligung des Arbeitsgedächtnisses ist, die Grundbewegungen einer Sportart so zu verinnerlichen, dass Sie nicht mehr darüber nachdenken müssen. Damit wird Ihr Arbeitsgedächtnis frei verfügbar, und kann sich einschalten, wenn Sie es brauchen.

Befassen wir uns jetzt mit nachteiligen Auswirkungen des Arbeitsgedächtnisses. Denken Sie an Ihren letzten Versuch, eine neue Sportart oder eine schwierige neue Technik zu erlernen, etwa beim Tennis von der einhändigen zur beidhändigen Rückhand zu wechseln oder von Skiern zum Snowboard. Wenn Sie sich bemühen, sämtliche Anweisungen des Trainers umzusetzen, kann Sie das völlig überfordern. Tracy erlebte das, als sie Ross, einen begeisterten Skifahrer, auf eine Reise in die Schweizer Alpen begleitete. Sie hatte noch nie zuvor auf Skiern gestanden und meldete sich zu einem Skikurs an. Ihr Lehrer sprach perfekt Englisch und achtete peinlich genau auf alle Details. Bevor Tracy die Hänge hinuntergleiten durfte, erhielt sie eine Checkliste. Die Hüften mussten einen bestimmten Winkel zum Rücken einnehmen. Die Arme hatten eine bestimmte Position zu haben, die Knie sollten eine bestimmte Beugung aufweisen, und die Skier mussten richtig gekantet sein.

Der Lehrer hatte ihr eingeschärft, all diese Anweisungen im Geist abzuspulen, bevor sie sich zum ersten Mal den Idiotenhügel hinabstürzte. *Hüfte? Okay. Arme? Okay. Knie? Okay. Ski ... Plumps!* Nach kaum 15 Sekunden lag sie flach. Die ganzen Anweisungen brachten ihr Arbeitsgedächtnis auf Hochtouren, und als das geschah, blockierten die Hirnregionen, welche Bewegung und Gleichgewicht koordinieren. Das geht aus der folgenden Darstellung des motorischen Arbeitsgedächtnis-Lernschaltkreises, wie wir ihn nennen, hervor. Dieser Schaltkreis wird aktiv, wenn wir einen Sport erlernen. Er besteht aus drei Schritten.

Motorischer Arbeitsgedächtnis-Lernschaltkreis

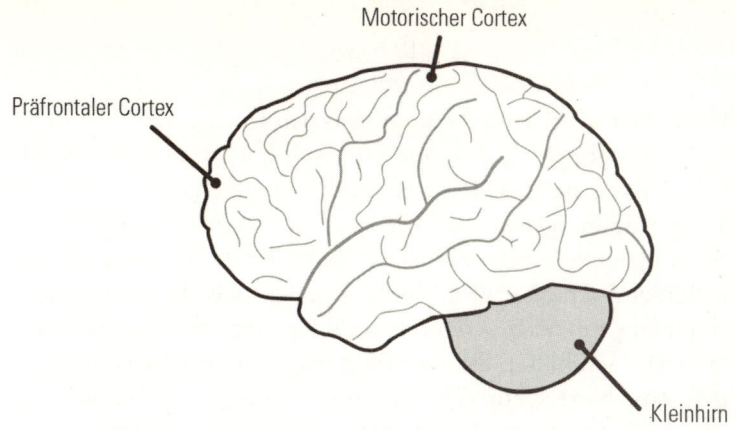

1. Sie hören eine Reihe von Anweisungen. Ihr Arbeitsgedächtnis verarbeitet sie in der kognitiven Zentrale Ihres Gehirns, dem präfrontalen Cortex (PFC).

2. Ihr PFC befördert diese Anweisungen zum Kleinhirn oder Cerebellum, dem Koordinationszentrum des Gehirns, um die Bewegungen im Geiste zu üben.

3. Schließlich leitet Ihr Kleinhirn die Anweisungen an die für Willkürbewegungen zuständige Hirnregion, den motorischen Cortex, weiter. Dieser wiederum befiehlt Ihren Muskeln, sich entsprechend den Anweisungen zu bewegen.

Stellen Sie sich diese drei Schritte wie die Sequenz »baggern-pritschen-schmettern« beim Volleyball vor. Jeder Spieler muss an den Ball kommen und seine Rolle in der Sequenz erfüllen. Die Mannschaftskameraden machen also nacheinander ihren Spielzug. Begeht einer der Spieler einen Fehler, bricht die gesamte Sequenz zusammen und der Punkt geht verloren. Oder – je nach Sportart – Sie plumpsen mit dem Hintern in den Schnee, schießen am Tor vorbei oder versenken den Golfball im Bunker. Je mehr Information Sie zu beachten suchen, desto wahrscheinlicher wird es, dass Sie einen Schnitzer machen.

Drin sein

Versuchen wir nun zu erklären, was den Unterschied ausmacht, wenn wir »drin« sind, wenn wir also ohne Nachdenken sämtliche Bewegungen richtig ausführen. Dazu vergleichen wir, wie Tracy Skifahren lernte und wie Ross, der schon ein guter Skifahrer war, im selben Urlaub das Carven lernte. Carving ist eine fortgeschrittene Kurventechnik, bei der sich der Fahrer weit zum Hang hin neigt, wodurch die Skier aufgekantet werden und man das Gefühl hat, die Schwünge wie auf Gleisen zu durchfahren. Ross hatte schon seit einigen Jahren erfolglos herauszufinden versucht, wie man das macht. Während also Tracy einen Anfängerkurs belegte, nahm er Carving-Unterricht. Seine Lehrerin zeigte sich im Unterschied zum Lehrer von Tracy als eher wortkarg, was sich als Vorteil erwies.

Statt genaue Anweisungen zu geben, nahm die Lehrerin einfach ein Seil und gab das eine Ende Ross in die Hand, während sie das andere festhielt. Dann bedeutete sie Ross, sich so weit wie möglich zur Seite zu lehnen, so dass die Seiten seiner Knie etwa drei Zentimeter vom Hang entfernt waren und seine Ski auf die Kanten kippten. Voilà! Ohne eine einzige verbale Anweisung verstand Ross genau, wie sich Carving anfühlte. Nun brauchte er lediglich dieses Gefühl zu reproduzieren.

Bei seiner nächsten Abfahrt carvte er. Nachdem er jahrelang versucht hatte, durch Nachdenken hinter den Trick beim Carven zu kommen, carvte er jetzt endlich. Ohne eine geistige Checkliste, die es abzuhaken galt, war sein Arbeitsgedächtnis nicht mehr an den motorischen Fertigkeiten des Skifahrens beteiligt – statt dessen stand es nun zur Verfügung, um ihm die schwierige Strecke hinunter zu helfen.

Ross' Lehrerin hatte den motorischen Arbeitsgedächtnis-Lernschaltkreis umgangen und es Ross möglich gemacht, direkt die Schleife Cerebellum-motorischer Cortex (C-MC) anzuzapfen, um ein Gefühl für das Carving zu bekommen statt es rein kognitiv zu verstehen. Wird diese Schleife aktiviert, schicken das Kleinhirn und der motorische Cortex das Arbeitsgedächtnis auf die Ersatzbank und arbeiten als fein abgestimmtes Duo zusammen, und daran ist kein bewusstes Denken beteiligt. Nun tun Sie einfach, was Sie tun, augenscheinlich ohne jede Mühe. Das heißt »drin« sein.

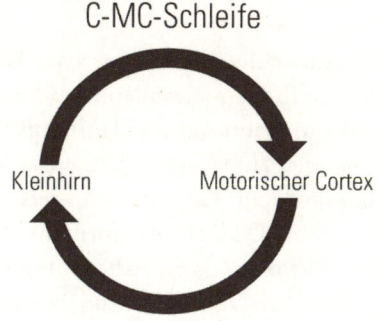

Versagen unter Druck

Haben Sie schon mal beim Fußballspielen den Ball vor dem Tor am Fuß gehabt und ihn dann an die Latte gedonnert? Oder einen tollen Golfschlag machen wollen, um Ihre Mitspieler zu beeindrucken, und dann den Ball in die Bäume geschlagen? Sie stehen nicht allein da. Sogar Profis, die Millionen verdienen, können unter Druck versagen. Wer kann vergessen, wie Uli Hoeneß beim Elfmeterschießen im Endspiel der Fußball-EM 1976 den Ball weit über das Tor gejagt hat? Oder wie Rory McIlroy, einer der Shooting Stars des Golf, in der Endrunde des U.S. Masters 2011 in Augusta eine scheinbar uneinholbare Führung von vier Schlägen vergab und schließlich mit zehn Schlägen Rückstand auf den Gewinner aus der Runde ging? Jeder, der einen Sport betreibt, kennt sich aus mit Versagen, doch Sie wissen vielleicht nicht, dass das Arbeitsgedächtnis viel damit zu tun hat.

Wissenschaftler, die sich mit der Rolle des Arbeitsgedächtnisses beim Sport befassen, haben herausgefunden, dass Sie dem Druck des Wettkampfs eher erliegen, wenn Sie einen Sport oder eine neue Technik erlernen und dazu den motorischen Arbeitsgedächtnis-Lernschaltkreis nutzen. Dies entdeckte Richard Masters, der Leiter des Institute of Human Performance an der University of Hong Kong, als er mit einer Serie von Experimenten die Funktion des Arbeitsgedächtnisses für sportliche Leistungen untersuchte.

In einer Studie wies er die Teilnehmer zwei Gruppen zu, die das Einlochen von Golfbällen lernen sollten. Einer Gruppe gab er auf der Grundlage anerkannter Trainingsmethoden sehr detaillierte Anweisungen zum Putten. Diese Gruppe musste den motorischen Arbeitsgedächtnis-Lernschaltkreis aktivieren, um sich die Anweisungen ins Gedächtnis zu rufen und die erforderlichen körperlichen Aktionen darauf abzustimmen.

Der zweiten Gruppe gab Masters beim Üben überhaupt keine Anweisungen. Vielmehr sollten die Probanden aufs Geratewohl Buchstaben nennen, wenn sie einen Metronomton hörten. Damit erzeugte Masters eine »Ablenkung« für ihr Arbeitsgedächtnis, so dass sie es nicht für das Puttenlernen nutzen konnten.

Beide Gruppen mussten an fünf aufeinander folgenden Tagen je 100 Mal putten. Am letzten Tag kam Leistungsdruck hinzu: Masters erklärte den Teilnehmern, sie könnten Geld erhalten, wenn sie gut einlochten, und ein erfahrener Golfer, ein Teilnehmer an den British Open, würde ihre Leistung beurteilen. Um sicher zu stellen, dass diese »Anreize« Stress erzeugten, überwachte Masters den Puls der Probanden, legte ihnen einen Angstfragebogen vor und registrierte, wie viel zusätzliche Zeit sie für das Einlochen brauchten. Wie erwartet hatten die Anreize die gewünschte Wirkung, und die Teilnehmer zeigten am letzten Tag erhebliche Versagensängste. Zwar galt das für beide Gruppen, doch nur in der Gruppe, welche das Putten unter Nutzung des motorischen Arbeitsgedächtnis-Lernschaltkreises erlernt hatte, sank die Leistung ab. Da sie beim Erlernen der Bewegungen gedacht hatten, stand ihr Dirigent nicht dafür zur Verfügung, ihre Nervosität zu beherrschen. Dagegen schnitt die

Gruppe, die ohne Einsatz des Arbeitsgedächtnisses putten gelernt hatte, unter Druck nicht schlechter ab, weil ihr Arbeitsgedächtnis frei war für die Stressbewältigung.

Wenn Sie dazu neigen, in Momenten, in denen es wirklich drauf ankommt, eine suboptimale Leistung abzuliefern, dann dürfen Sie die Schuld getrost dem motorischen Arbeitsgedächtnis-Lernschaltkreis zuschieben.

Das Arbeitsgedächtnis aus der Trainingsmannschaft werfen

»Übung macht den Meister« ist eines der meistzitierten Sprichwörter im Sport. Doch es trifft nicht 100-prozentig zu. Wie wir gezeigt haben, kann es die Leistung schmälern, wenn man im Geist eine Checkliste abhakt. Deshalb würden wir diesen Spruch gerne in: »Übung *ohne das Arbeitsgedächtnis* macht den Meister« abändern. Wie soll das gehen? Es folgen zwei arbeitsgedächtnisfreie Trainingsmethoden, in unserem Sprachgebrauch der Erschöpfungs- und der Grundlagen(E&G)-Faktor.

Sie halten es vielleicht für kontraproduktiv, eine neue Sportart grade dann lernen zu wollen, wenn Sie völlig ausgelaugt sind, zu müde, um sich etwas zu merken? Tja, da irren Sie sich. Neue motorische Fertigkeiten zu erwerben, wenn Sie fix und foxi sind, ist sogar eine der besten Methoden, diese Bewegungen in Ihrem Gehirn zu verankern.

Wenn Sie je einen organisierten Wettkampfsport betrieben haben, dann haben Sie vielleicht schon etwas mitgemacht, das man gemeinhin als »Höllenwoche« bezeichnet: Die Trainer versuchen die Spieler über ihre körperlichen Grenzen hinaus anzutreiben und lassen sie bis zur völligen Erschöpfung trainieren. Bei den Schul- und Hochschulringern herrscht immer Höllenwoche. Zwar dauern Ringkämpfe nicht länger als sieben Minuten, das Training jedoch kann Stunden in Anspruch nehmen und Hanteltraining, Schnellkrafttraining, schweißtreibende Sprints und dynamische Gleichgewichtsübungen umfassen. Warum? Es geht nicht darum, die Sportler zu quälen. Die Trainer wissen, dass die Athleten dann, wenn sie schweißtriefend nach Luft schnappen, neue Bewegungen weit besser lernen. Die Gründe dafür sind folgende:

Wenn Sie erschöpft sind, läuft Ihr Arbeitsgedächtnis auf Sparflamme. Das entdeckten Terry McMorris und seine Mitarbeiter vom University College Chichester in Großbritannien, als sie die Auswirkungen von Erschöpfung auf das Arbeitsgedächtnis an einer Sportlergruppe untersuchten. Die Forscher führten einen Erschöpfungszustand herbei, indem sie die Sportler zwei Stunden lang hohen Temperaturen und hoher Luftfeuchtigkeit aussetzten. Unmittelbar im Anschluss mussten die Probanden eine Reihe körperlicher und kognitiver Tests absolvieren. Wie sich zeigte, fiel die Leistung des Arbeitsgedächtnisses im Zustand der Erschöpfung stark ab.

Das bedeutet, dass Sie, wenn Sie hundemüde sind, direkt auf die C-MC-Schleife zugreifen können. Und das ist prima, wenn Sie eine völlig neue motorische Fertigkeit lernen möchten, etwa Inline-Skaten, Reiten oder Tangotanzen. Effektiv ist es auch, wenn Sie Ihre Fähigkeiten in einem bereits ausgeübten Sport durch eine neue Bewegung erweitern möchten, etwa rückwärts skaten, wenn Sie schon vorwärts fahren können, über Hindernisse springen, wenn Sie schon gut im Sattel sitzen, oder Hip-Hop tanzen, wenn Sie schon Walzer können.

Nun zum »Grundlagen«-Teil des E&G-Faktors. Wenn Sie das Wort *Grundlagen* hören, ist der erste Sport, der Ihnen einfällt, wahrscheinlich nicht das Skateboardfahren. Schließlich ist das ein Sport, den man gemeinhin mit aufsässigen Jugendlichen assoziiert. Doch die Kunst des Skateboardens auf hohem Niveau läuft letztlich auf eines hinaus: die Grundlagen zu üben. Fragen Sie nur Rodney Mullen. Da ihm der Ruf des prägendsten und bedeutendsten Skateboarders vorauseilt, waren wir begeistert, als er einwilligte, mit uns darüber zu reden, wie wichtig das Trainieren der Grundlagen ist.

Mullen hat die meistgezeigten Skateboardtricks erfunden, auch den Ollie, bei dem der Skater aus dem Stand oder aus der Bewegung heraus mit dem Board in die Luft springt. Zwar mag ein Ollie einfach aussehen, doch er ist überraschend kompliziert und lässt sich in eine Reihe von Teilbewegungen aufgliedern, wie Mullen uns erläuterte: in die Hocke gehen, das Brett hinten herunterdrücken, so dass es vorn hochkippt, springen, den vorderen Fuß vor zur »Nase« des Brettes schieben und den hinteren Fuß heben, dabei aber Kontakt mit dem Brett halten. Würde er diesen Trick zum ersten Mal in Angriff nehmen, ginge er nicht so vor, dass er sich die Abfolge der Schritte vorsagte. Mit weniger als einer Sekunde Dauer ist der Trick dafür einfach zu schnell. Vielmehr würde er jedes Element einzeln üben und sich einprägen, wie es sich anfühlt.

Das ist eine Übungsmethode, die Larry Vandervert wissenschaftlich untersucht hat. Seinen Befunden zufolge bläut das bewusste Trainieren dem motorischen Cortex einzelne Bewegungen regelrecht ein. Dann lernt das Kleinhirn durch wiederholte Episoden die Abläufe, und dies führt zu Schichten von Lernerfahrungen. Diese Schichten lagern sich mit der Zeit übereinander ab. Das Ergebnis ist eine zunehmende Automatisierung und Effizienz der Bewegung, was bedeutet, dass Sie nicht mehr auf Ihr Arbeitsgedächtnis zurückgreifen müssen, um sie auszuführen.

In verblüffender Parallele zu Vandervert bezeichnet Mullen sein Verfahren als *blanketing* (von *blanket*, Decke); jede Teilbewegung wird wie eine Decke über andere geschichtet. Mullen arbeitet Stunde um Stunde an der Vervollkommnung jeder Decke, bevor er sie ablegt – er übt Hunderte Hocken, bevor er ein Aufrichten hinzufügt, um dann einen Sprung hinzuzufügen und so weiter. Stellen Sie sich vor, was passiert wäre, hätte Mullen einen Ollie versucht, bevor er jede der zugehörigen Teilbewegungen beherrschte. Wahrscheinlich wäre er am Boden geblieben wie eine flügellahme Ente.

Das ist das Entscheidende, wenn Sie Ihr eigenes Training vervollkommnen möchten. Wir alle neigen dazu, die Grundlagen möglichst rasch hinter uns zu bringen und das Spektakuläre ins Visier zu nehmen. Doch Sie teilen besser die Bewegungen Ihrer Sportart auf und üben jede Teilbewegung getrennt, bevor Sie sie miteinander verbinden. Ja, es kann langweilig sein, das Annehmen eines Passes im Basketball zu üben und den Ball nicht in den Korb zu legen oder einen Tennisball in die Luft zu werfen und nicht zu schlagen. Aber haben sich diese Bewegungen erst einmal Ihrem Gehirn eingeprägt, ist Ihr Arbeitsgedächtnis frei dafür, in den Augenblicken des größten Drucks, wenn es drauf ankommt, die spektakulärsten und effektivsten Spielzüge zu berechnen und auszuführen.

Das Arbeitsgedächtnis von der Ersatzbank und ins Spiel holen

Mit der größte Nutzen der C-MC-Schleife liegt darin, dass das Arbeitsgedächtnis, wenn Sie die grundlegenden Fertigkeiten Ihres Sports beherrschen, sich wieder in einen Vorteil verwandelt und Ihnen hilft, kreativ auf unerwartete Situationen zu reagieren. Sie können üben, üben, üben, doch wenn Sie auf dem Spielfeld, der Strecke, dem Platz oder dem Hang stehen, dann werden Sie in Situationen kommen, auf die Sie nicht gefasst waren, auf die Sie sich nicht vorbereiten konnten, mit denen die C-MC-Schleife nicht vertraut ist. Dann brauchen Sie das Arbeitsgedächtnis; es muss aufs Spielfeld kommen und sich dem Team wieder anschließen.

Wenn Sie jemals im Fernsehen eine Golfrunde im schottischen St. Andrews mit dem böigen Wind und dem waagrecht peitschenden Regen mitverfolgt haben, dann wissen Sie, dass selbst die erfahrensten Spieler hier völlig aus dem Konzept kommen können. Dennoch kann das Unerwartete auch das Beste in einem Spieler zum Vorschein bringen und ihn zu einer überwältigenden Platzrunde führen. Das trifft auch für gewöhnliche Sterbliche zu.

Ross spielte in der Highschool Basketball. Bei einem Spiel wies ihn der Trainer an, außerhalb des Wurfkreises in der hinteren Angriffsreihe zu spielen. Doch plötzlich erblickte Ross eine winzige Lücke zwischen den Verteidigern in der Zone. Dort durchzustoßen erforderte eine Abfolge von Bewegungen, die er noch nie zuvor miteinander verknüpft hatte. Mit einer Schulter schuf er mehr Raum zwischen den Verteidigern, drehte sich unter dem Korb herum und versenkte den Ball mit dem Rücken zum Korb.

Damals hatte er keine Ahnung, wie in aller Welt er das zustande gebracht hatte, denn er hatte es nie zuvor geübt. Heute jedoch weiß er, dass sein Arbeitsgedächtnis das bewerkstelligt hatte. Er hatte alle Einzelbewegungen getrennt einstudiert, und sein Dirigent berechnete die Abfolge und übermittelte sie seinem Kleinhirn, das sie wiederum an seinen motorischen Cortex weiterleitete.

Dass Ross seinen Korbleger zu improvisieren vermochte, lag an dem von Larry Vandervert so genannten *Prädiktormodell*. Dieses Modell geht zurück auf Forschungen der amerikanischen Neurowissenschaftlerin Patricia Goldman-Rakic und von Per Roland vom Karolinska Institutet in Dänemark. Das Prädiktormodell besagt Folgendes: Wenn wir mit dem Unerwarteten konfrontiert werden, was im Sport sehr häufig geschieht – ob nun ein anderer Spieler einen Wurf antäuscht oder ob eine Abfahrt unerwartet vereiste Stellen aufweist –, dann tritt das Arbeitsgedächtnis in Aktion, um die beste Vorgehensweise zu planen und die erforderlichen Bewegungen zu eruieren. Der PFC, der Sitz des Arbeitsgedächtnisses, schickt dann den Befehl an das Kleinhirn und den motorischen Cortex, die Bewegung mit der nötigen Kraft und Dauer auszuführen. Er bestimmt also, wie kräftig Sie schlagen oder wie hoch Sie springen. Das Prädiktormodell besagt, dass Ihnen Ihr Arbeitsgedächtnis auf diese Weise hilft, die Anforderungen eines schnellen Tennisspiels zu meistern oder eine starke Basketball-Abwehr zu durchbrechen. Bei extremeren sportlichen Herausforderungen kann es Ihnen sogar das Leben retten.

Nehmen wir als Beispiel Alex Honnold, einen Weltrekord-Solo-Freikletterer. Solo-Freiklettern ist Klettern mit Konsequenzen. Man klettert ohne Seil, Haken oder sonstige Aufstiegshilfen. Klettert man gut, dann gibt es nur die eigene Person und den Fels, macht man jedoch einen Fehler, dann gibt es vielleicht nur die eigene Person und den Boden. Honnold ist bekannt dafür, dass er extrem schwierige Routen auf glattem Fels klettert, und er gehört zu den wenigen Freeclimbern, die die Granitwand des Half Dome im Yosemite-Nationalpark allein bewältigt haben. Honnold ist so gut, dass seine C-MC-Schleife meist ununterbrochen läuft, wenn er solche Strecken klettert.

Wir unterhielten uns mit Honnold, um herauszufinden, wie und wann er auf seinen Klettertouren sein Arbeitsgedächtnis nutzt. Seinen Angaben zufolge läuft sein Gehirn die meiste Zeit auf Tempomat. Sämtliche notwendigen Bewegungen sind in sein Kleinhirn eingeprägt, und er muss dabei gewöhnlich nicht bewusst denken. In besonders anspruchsvollen Abschnitten jedoch muss er sein Arbeitsgedächtnis zu Hilfe nehmen.

Beim Klettern gibt es etwas, das als *Beta* bekannt ist. Darunter versteht man eine Vorinformation anderer Kletterer über die Route, eine erprobte Abfolge von Bewegungen, die sich als beste Möglichkeit erwiesen hat, schwierige Abschnitte zu durchklettern. Für Honnold ist das Problem bei Betas, dass sie im Allgemeinen für Leute, die mit Seil klettern, konzipiert sind, und weil diese an der Wand gesichert sind, sind sie auch risikobereiter. Ohne Seilsicherung am Fels muss Honnold Betas häufig verwerfen und vor Ort Probleme lösen. Genau dies widerfuhr ihm in einer 300 Meter hohen Wand in Nevada. Honnolds Schilderung zufolge war er den Großteil der Strecke auf Autopilot geklettert, doch kurz vor dem Gipfel trat ein Problem auf.

»Ich war schon hoch oben in Gipfelnähe, und es lag eigentlich auf der Hand, was ich tun sollte«, berichtete uns Honnold. »Ich konnte die Kreideabdrücke früherer Kletterer sehen, und dann erblickte ich das riesige Loch in der Felswand, zu dem sie gesprungen waren. Ich musste zu diesem Loch kommen, aber weil ich allein war, konnte ich nicht springen. Das stand völlig außer Frage.« Honnold musste sich eine neue Lösung ausdenken. »Ich suchte die Kante immer wieder ab und dachte, es müsse doch einen anderen Weg geben, und fand einen winzig kleinen Spalt und dann, nach ein paar Versuchen, eine neue Abfolge, wie ich meine Füße setzen und hinauf zu dem Spalt langen konnte.«

Honnold verdankt es seinem Arbeitsgedächtnis, dass es in die Bresche sprang und ihm den neuen Pfad zum Gipfel zu bahnen half.

Arbeitsgedächtnis und Angst: den Schalter umlegen

Entscheidend für Spitzenleistungen ist die Fähigkeit, das Arbeitsgedächtnis ein- und auszuschalten. Manchmal kann dies sogar eine Sache auf Leben und Tod sein. Wenn Sie etwas sehr Gefährliches tun – etwa Wildwasserfahren in einem Klasse-VI-Gewässer, Downhillfahren auf tückisch steilem Gelände oder Surfen auf einer 20-Meter-Monsterwelle –, dann kann ein aktives Arbeitsgedächtnis die Gefahr noch vergrößern oder sich sogar als tödlich erweisen. Warum? Aus demselben Grund, weshalb uns auch der motorische Lernschaltkreis des Arbeitsgedächtnisses ein Bein stellen kann. Der Big-Wave-Surfer Laird Hamilton bringt das in seinem Buch *Force of Nature* treffend auf den Punkt: Denken »kommt deinem Körper in die Quere«.

Es ist also gut, dass unser Arbeitsgedächtnis in Angstsituationen von Natur aus heruntergefahren wird. Betrachten wir, was im Gehirn abläuft, wenn wir uns einer Gefahr gegenübersehen. Was wir subjektiv als Angst erleben, ist auf der Ebene der Gehirnchemie die Aktivität der Amygdala: Sie nimmt eine Bedrohung wahr – etwa einen 670 Kilo schweren Grizzly, der auf Sie zuläuft – und befiehlt die Ausschüttung zweier aktivierender Hormone, Adrenalin (auch als Epinephrin bekannt) und Cortisol (das Stresshormon). Diese beiden Hormone bereiten Körper und Gehirn auf »Angriff oder Flucht« vor. Adrenalin lässt Ihr Herz schneller schlagen, erweitert Ihre Atemwege und verstärkt die Durchblutung der Muskeln; Cortisol erhöht den Blutzuckerspiegel. Adrenalin macht Ihren Körper stärker; Cortisol versorgt ihn mit Supertreibstoff.

Wenn diese Hormone Sie in Superman oder Superwoman verwandeln, schieben Sie auch den Dimmer Ihres Arbeitsgedächtnisses nach unten. Wie zahlreiche Studien nachgewiesen haben, geht Ihr Arbeitsgedächtnis umso mehr auf Sparflamme, je mehr Cortisol und Adrenalin in Ihrem Blut kreisen. Wissenschaftler haben Menschen allen möglichen Belastungssituationen ausgesetzt und festgestellt, dass sie umso weniger denken, je mehr Angst sie haben. Und das ist gut so. Bei heruntergefahrenem Arbeitsgedächtnis greifen Sie auf die C-MC-Schleife zu, so dass Ihr Cerebellum direkt mit Ihrem motorischen Cortex kommuniziert und ihm befiehlt, zu springen, zuzuschlagen, sich zu ducken oder zu rennen, und all das viel schneller, als wenn Sie bewusst hätten denken müssen.

Doch trotzdem ist das Arbeitsgedächtnis in Sportarten, in denen Angst eine große Rolle spielt, absolut entscheidend. Nehmen wir als Beispiel das Big-Wave-Surfen, auch als »Tow«- oder »Schlepp-Surfen« bezeichnet, weil die Wellenreiter sich von einem Jetboot in die Wellen schleppen lassen. Das Surfen auf Monsterwellen, wie es Laird Hamilton betreibt, verläuft in drei Abschnitten: das Schleppseil des Jetboots loslassen, auf der Vorderseite der Welle einsteigen und unten wenden, um aus der Welle herauszukommen. Bevor Hamilton einsteigt, arbeitet sein Arbeitsgedächtnis wahrscheinlich auf vollen Touren. Um das Seil loszulassen, muss er *beschließen* loszulassen. Dafür wiederum muss er den genauen Moment berechnen und beurteilen, ob es überhaupt möglich ist einzusteigen.

Angesichts des oben dargestellten Zusammenhangs zwischen Angst und Arbeitsgedächtnis denken Sie vielleicht, das eines Surfers sei in dieser Situation beeinträchtigt. Wer empfände schließlich keine Angst, um nicht zu sagen blankes Entsetzen angesichts der Gefahr, wenn er das Seil nun im falschen Augenblick losließe? Eine faszinierende Studie hat jedoch gezeigt, dass die Amygdala in diesem Stadium der Antizipation die Aktionshormone nicht losschickt. In ihrer Arbeit von 2008 unterzogen Sarita Robinson und ihre Mitarbeiter von der University of Central Lancashire zehn Männer einem extremen Training: der Befreiung aus einem Hubschrauber unter Wasser. Diese höchst belastende Übung simuliert die Situation, kopfüber in einem versinkenden Helikopter zu liegen, und es gilt, einen Weg aus dem Fluggerät heraus zu finden und zur Oberfläche zu schwimmen. Wie sich zeigte, erhöhten sich in diesem Experiment die Cortisolspiegel der Männer vor dem belastenden Ereignis nicht signifikant, wohl aber danach. Das spricht dafür, dass das Arbeitsgedächtnis noch mit voller Kraft läuft, während es ein gefährliches Erlebnis vorwegnimmt.

Wenn Hamilton auf der Welle reitet, schaltet seine Amygdala wahrscheinlich in den Turbobetrieb und versetzt sein Arbeitsgedächtnis in den Standby-Modus. Jetzt übernimmt die C-MC-Schleife, damit schnelle, unbewusste Reaktionen auf die Bewegungsvariablen der Welle erfolgen können. Wenn alles reibungslos läuft, taucht Hamilton unversehrt wieder aus der Welle auf, und sein Arbeitsgedächtnis wird solange nicht gebraucht, bis er die nächste in Angriff nimmt. Doch geschieht etwas Unerwartetes, ist beispielsweise die Welle größer als vorhergesehen, dann muss Hamilton sein Arbeitsgedächtnis in Anspruch nehmen, um zu überleben.

Wenn wir unser Wissen über das Arbeitsgedächtnis im Sport anwenden, bekommen wir eine einzigartige Aufnahme von einem der bislang einschneidendsten Erlebnisse Hamiltons, das Susan Casey in grauenerregenden Details in ihrem Buch *Monsterwellen* beschreibt. Am 3. Dezember 2007 donnerte vor Maui eine Brandung mit 15 bis 30 Meter hohen Wasserwänden. Als Hamilton in eine Welle einstieg, erkannte er sofort, dass sie sich zu schnell brechen und auf ihn hinabstürzen würde. Hamilton musste schleunigst aus dem Hormonhigh herauskommen und sein Arbeitsgedächtnis reaktivieren; er beschloss, auf dem halben Weg hinunter abzubrechen.

Doch wie? Er konnte nicht zurück über den Kamm, weil die Welle sich bereits drohend über seinem Kopf schloss. Er entschied, durch die Welle hindurchzustoßen und auf ihrer Rückseite wieder herauszukommen. Der Plan funktionierte, doch dann fand er sich direkt vor einem weiteren 24-Meter-Brecher wieder. Sein Jetboot-Partner Brett Lickle schnappte ihn grade noch rechtzeitig und gab Vollgas. Doch sie schafften es nicht, der Welle davonzufahren; sie riss sie unter Wasser. Woge auf

Woge donnerte über die beiden hinweg. In den tobenden Wassermassen schlitzte die Finne von Hamiltons Brett Lickles Bein bis auf den Knochen auf, und sein Blut färbte das Meer rot. Lickle brauchte sofort einen Druckverband oder er würde sterben. Doch alles Material befand sich im Hunderte Meter entfernt treibenden Jetboot. Hamilton musste wieder den Schalter umlegen und sein Arbeitsgedächtnis aktivieren, um das Problem zu lösen. Er musste sich wahrscheinlich mit mindestens fünf Informationen auseinandersetzen: den unablässig heranrollenden Monsterwellen, seiner eigenen Qual und Erschöpfung, der Not seines Freundes, der Unerlässlichkeit eines Druckverbandes und der Frage, wie er ohne Hilfsmittel einen improvisieren sollte. Sein Arbeitsgedächtnis-Dirigent ordnete die Informationen nach Priorität und setzte die beiden letzten Punkte umgehend an die Spitze der Liste. Hamilton erkannte, dass sein dehnbarer Neoprenanzug sich zum Abbinden eignete. Er zog ihn aus und band ihn oberhalb der Wunde um Lickles Bein. Er hatte etwas Zeit gewonnen, doch jetzt musste er seinen Freund aus der Brandung bringen.

Er erkannte, dass er unter diesen Bedingungen das Ufer unmöglich schwimmend erreichen konnte, also machte er sich auf den Weg zum Jetboot. Als er das geschafft hatte, merkte er jedoch, dass ihm der Zündschlüssel fehlte, um den Motor zu starten. Lickle hatte die Leine mit dem Schlüssel in den Brechern verloren. Wieder musste Hamilton auf sein Arbeitsgedächtnis zurückgreifen, um das zu nutzen, was er hatte, doch das war alles andere als einfach. Er schaute ins Batteriefach und fand iPod-Ohrhörer. Damit gelang es ihm, den Motor kurzzuschließen – der zum Glück sofort ansprang.

Wie schaffte es Hamilton in dieser lebensbedrohlichen Situation, den Schalter umzulegen und sein Arbeitsgedächtnis zu reaktivieren? Warum wurde er nicht gelähmt von der Angst, wie es wohl den meisten von uns passiert wäre? Einen Hinweis liefert möglicherweise eine Arbeit von Mustafa al'Absi und Mitarbeitern von der University of Minnesota. Eine Gruppe gesunder Erwachsener erklärte sich bereit, sich für al'Absis Studie einer eigens auf die Erhöhung ihrer Cortisolspiegel angelegten Stresssituation auszusetzen: Die Teilnehmer sollten eine Reihe öffentlicher Reden vorbereiten und halten. In diesem gestressten Zustand sollten sie dann einen Arbeitsgedächtnistest absolvieren.

Als al'Absis Team den Freiwilligen Blutproben entnahm, zeigte sich, dass manche Teilnehmer unter Stress nicht so viel Cortisol ausschütteten wie andere. Das interessanteste Ergebnis dieser Studie ist in unseren Augen, dass die Probanden mit niedrigeren Cortisolspiegeln im Arbeitsgedächtnistest besser abschnitten als ihre stärker gestressten Pendants. Dies spricht dafür, dass Menschen, die in angsterregenden Situationen weniger Cortisol ausschütten, ihr Arbeitsgedächtnis besser zur Problemlösung nutzen können als solche, die von dem Stresshormon überflutet werden. Natürlich haben wir Hamiltons Blut nicht analysiert, doch wir wagen zu vermuten, dass er zu den Menschen gehört, die eher wenig von dem arbeitsgedächtnisdämpfenden Hormon produzieren.

Ob jemand also sein Arbeitsgedächtnis so mühelos ein- und ausschalten kann wie Laird Hamilton, könnte in gewissem Maße an seiner Biologie liegen. Aber eines immerhin ist klar: Wir alle können uns sportlich verbessern, wenn wir so trainieren, dass wir das Arbeitsgedächtnis umgehen und uns die Bewegungen so gründlich einprägen, dass wir nicht mehr darüber nachzudenken brauchen. Das befreit unser Arbeitsgedächtnis; es wird aufmerksamer und kann uns besser darauf vorbereiten, mit den unerwarteten Überraschungen fertig zu werden, die uns jeder Sport bereitet.

Wenn Sport dem Arbeitsgedächtnis eine Grube gräbt

Als Wissenschaftler, die seit Jahren Trainingsinstrumente für das Arbeitsgedächtnis entwickeln, sind wir ständig auf der Suche nach Möglichkeiten, um die geistige Leistung anzukurbeln. Umgekehrt versuchen wir auch Verhaltensweisen und Tätigkeiten zu finden, die das Arbeitsgedächtnis gefährden. Leider fallen einige Sportarten in diese Kategorie; insbesondere Kontaktsportarten wie Football, Boxen und Eishockey können Ihrem Arbeitsgedächtnis Schaden zufügen. Die Ironie ist, dass diese Sportarten zwar das Arbeitsgedächtnis oft intensiv beanspruchen, es zugleich aber auch schädigen können.

Sicher, wir alle schauen gerne zu, wenn es im Boxen hart zur Sache geht. Doch so unterhaltsam das Spektakel auch sein mag, es mehren sich die Hinweise, dass viele Sportler, junge wie alte, einen hohen Preis dafür zahlen. Je länger Sie einen Kontaktsport wie Football, Boxen (denken Sie an Muhammad Ali), Lacrosse, Eishockey und sogar Fußball ausüben – ja, das Köpfen eines Balles gilt als »Kontakt« –, desto größer wird die Wahrscheinlichkeit einer Gehirnerschütterung. Und Gehirnerschütterungen können sich tiefgreifend auf das Arbeitsgedächtnis auswirken, was wiederum impulsives Verhalten, Depression und Demenz nach sich ziehen kann. Auch wenn Sie die Auswirkungen nicht sofort spüren, könnten Sie es auf lange Sicht mit gravierenden kognitiven Problemen zu tun bekommen.

Zu den unmittelbaren Symptomen einer Gehirnerschütterung gehören Benommenheit, Verwirrung, Desorientierung und Kopfschmerzen. Diese Symptome gehen häufig auf einen letztlich chemischen Schaden zurück. Arbeitet das Gehirn ordnungsgemäß, ist es eine perfekte chemische Maschine, schlagen Sie sich jedoch den Kopf heftig an, dann stört der Aufprall das fein austarierte Gleichgewicht zwischen Neurotransmittern, Kaliumionen, Kalzium und Glukose.

Eine Gehirnerschütterung ist so, als gäben Sie Ihr Gehirn in einen Mixer: Alles wird gründlich durchgemischt. Die Neurotransmitter strömen aus den Zellen heraus, wodurch enorme Mengen von Kaliumionen freigesetzt werden. Diese Ionen sind elektrisch geladen und der nun außerhalb der Zellen bestehende Überschuss verursacht eine Polaritätsumkehr, was die Gehirnfunktion beeinträchtigt. Um das Gleichgewicht wieder herzustellen, laufen die Zellen auf Hochtouren, um die Kaliumionen mit speziellen Pumpen wieder aufzusaugen. Dies erfordert jedoch mehr Energie in Form von Glukose, als dem Gehirn ohne weiteres zur Verfügung steht. Infolgedessen fällt der Glukosespiegel im Gehirn dramatisch ab. Erleidet es eine zweite Gehirnerschütterung, bevor es sich ganz erholt hat, kann sich der Schaden noch vergrößern, weil dem Gehirn die Energie fehlt, das chemische Gleichgewicht wiederherzustellen.

Sie glauben vielleicht, dass Sie es doch merken würden, wenn das Gehirn grade im Mixer war, doch die Forschung zeigt, dass Sie womöglich nicht einmal mitkriegen, wenn Ihr Gehirn Schaden genommen hat. Und auch ein Arzt oder Mannschaftsbetreuer merkt es vielleicht nicht. Thomas Talavage und seine Mitarbeiter von der Purdue University gelangten zu dem Schluss, dass ein Mensch eine Gehirnerschütterung erleiden kann, ohne auch nur eines der typischen Anzeichen aufzuweisen – keine Kopfschmerzen, keine Benommenheit, keine Desorientierung.

Für seine Studie befestigte das Team um Talavage eine Saison lang Sensoren an den Helmen von Highschool-Footballspielern. Wie sich herausstellte, spürten viele der Spieler nach einem Treffer mit gehirnerschütternder Kraft keinerlei Symptome. Überdies stellten ihre Mannschaftsärzte keine entsprechende Diagnose. Aus fMRI-Aufnahmen gingen jedoch klare Anzeichen eines Traumas hervor.

Das Arbeitsgedächtnis erlitt erheblichen Schaden. Die Forscher prüften das Arbeitsgedächtnis der Spieler vor Saisonbeginn und nochmals nach Saisonende. Bei allen Spielern hatte sich das Arbeitsgedächtnis verschlechtert und musste mehr arbeiten, um dieselben Aufgaben zu bewältigen, die es zu Beginn der Saison mühelos gelöst hatte.

Die Auswirkungen halten nicht nur kurzzeitig an. Wiederholte Hirntraumata können das Arbeitsgedächtnis eines Sportlers auf lange Sicht zugrunde richten. Forschungen der Medical School der Boston University zufolge verursachen mehrfache Gehirnerschütterungen die Entstehung einer abnormen Proteinform namens Tau im PFC. Dieses Protein bildet *Neurofibrillen* – Ansammlungen verdrehter Fasern im Innern von Nervenzellen. Wenn Sie je versucht haben, eine verknäulte Weihnachtslichterkette auseinander zu dröseln, dann können Sie sich ungefähr vorstellen, wie Tau-Proteinverklumpungen aussehen. Ein verheerendes Leiden namens frontotemporale Demenz oder Pick-Krankheit hängt mit solchen Verklumpungen zusammen, geht einher mit dem Verlust des Urteilsvermögens und mit Enthemmung, zwanghaftem Verhalten, dem Verlust der Appetitkontrolle und der Unfähigkeit, Gedanken zu Ende zu führen.

Um Ihr Arbeitsgedächtnis tipptopp in Form zu halten, sollten Sie Kontaktsportarten sein lassen oder warten, bis die Gefahr von Gehirnerschütterungen dabei gebannt ist. Doch nehmen Sie das nicht als Ausrede, um zum Sesselhocker zu werden. Die wissenschaftlichen Nachweise mehren sich, dass Untätigkeit das Gehirn schwächt. Körperliche Aktivität, die nicht mit Schlägen ins Gesicht oder K.O. verbunden ist, kann Ihr Arbeitsgedächtnis stärken. Unsere eigene Forschung verweist insbesondere auf eine Aktivität, die Ihr Hirnschmalz vermehren kann.

Laufen Sie um Ihr (Arbeitsgedächtnis-)Leben

Als Bruce Springsteen sang: »Baby, we were born to run«, meinte er das keineswegs scherzhaft. Christopher McDougalls Buch *Born to Run* machte die Vorstellung allgemein bekannt, dass Laufen, insbesondere Langstreckenlaufen das ist, wofür die Evolution den menschlichen Körper geschaffen hat. Und ausdauernd laufen können wir besser als jedes andere Säugetier auf der Erde. Diese besondere menschliche Stärke bedeutet, dass Sie im Prinzip dazu fähig sind, einen Hirsch in Grund und Boden zu laufen (wenn Sie das ernsthaft wollten).

Sie sind eine Ausdauerlaufmaschine: Ihr großer Gesäßmuskel (Glutaeus maximus) streckt Ihr Hüftgelenk und bewegt damit Ihre Beine; Ihre Füße arbeiten wie Federn, welche die Energie aus jedem Schritt aufnehmen und sie in den nächsten einspeisen; Ihr Rumpf rotiert gegenläufig zu Ihren sich drehenden Hüften; Ihre schwingenden Arme wirken wie Schwingungsdämpfer und helfen Ihnen, die Stabilität aufrechtzuerhalten. Vielleicht am wichtigsten ist, dass Sie die beim Laufen entstehende Wärme gut abführen können, weil Sie kein Fell besitzen, dafür aber zahlreiche Schweißdrüsen. Vierfüßler wie Hirsche oder Antilopen kühlen sich durch Hecheln, doch Sie können nicht gleichzeitig hecheln und laufen; wenn Sie also zu lange rennen, werden Sie *hyperthermisch*, Sie überhitzen.

Laut Daniel Liberman von der Harvard University erlaubten diese physiologischen Unterschiede in ihrer Gesamtheit unseren Vorfahren, Beutetiere über weite Strecken zu verfolgen, so dass diese überhitzten und schließlich leicht zur Strecke gebracht werden konnten. Liberman vermutet, dass die Fähigkeit, auf diese Weise Fleisch zu erbeuten, entscheidend dazu beitrug, den Kalorienbedarf unseres großen Gehirns zu befriedigen: Wir liefen – teilweise –, um zu denken. Zwar brauchen die meisten von uns ihrem Essen nicht mehr hinterherzurennen, doch unser Gehirn gewinnt durch Laufen. Die Forschung hat nachgewiesen, dass Laufen die Depressionsneigung verringert, neue Gehirnzellen entstehen lässt, einen wunderbaren Endorphincocktail freisetzt und uns hilft, mit Stresssituationen fertig zu werden.

Laufen verbessert auch das Arbeitsgedächtnis, wie eine Studie an der University of Illinois ergab. Die dortigen Forscher wollten herausfinden, ob Bewegung das Arbeitsgedächtnis fördert, und falls ja, welche Art am meisten. Das Team verglich die Wirkungen von Laufen und Gewichtheben, und seine Erkenntnisse könnten viele Bodybuilder zum Überdenken ihres Trainings veranlassen. Gewichtheben bewirkte keine messbare Verbesserung des Arbeitsgedächtnisses, während Laufen der geistigen Leistung einen deutlichen Schub gab. Der größte Nutzen trat augenscheinlich unmittelbar nach dem Laufen ein; dann erreichen die Arbeitsgedächtnisfunktionen einen Gipfel. Doch auch eine halbe Stunde nach dem Lauf war das Arbeitsgedächtnis immer noch besser als davor.

Einer der Gründe für diese förderliche Wirkung des Laufens auf das Arbeitsgedächtnis liegt darin, dass es den PFC aktiviert. Japanische Wissenschaftler wie Mitsui Suzuki von der Nihon Fukushi University verwendeten optische Bildgebung, um die Wirkung des Laufens auf den PFC sichtbar zu machen. Suzuki setzte seinen Probanden eine mit Laserdioden und Lichtsensoren bestückte Kappe auf. Die Laser senden Licht aus, und die Sensoren bestimmen die Absorption dieses Lichts durch das Gehirn. Daran lässt sich ermessen, wie viel Hämoglobin (roter Blutfarbstoff zum Sauerstofftransport) sich in einem bestimmten Areal befindet. Je höher die Hämoglobinkonzentration, desto höher die Aktivierung.

Die Freiwilligen trainierten auf einem Laufband in langsamem Spaziergangtempo (etwa 3 km/h), in schnellem Spaziergangtempo (knapp 5 km/h) und in mittlerem Lauftempo (etwas weniger als 9 km/h, was knapp sieben Minuten für einen Kilometer entspricht). Suzuki stellte fest, dass langsames oder schnelles Gehen die Hämoglobinkonzentration im PFC nicht erhöhte. Laufen jedoch steigerte sie signifikant. Mit anderen Worten, Laufen trainiert Ihren PFC. Suzukis Überlegungen zufolge könnte das daran liegen, dass oft nicht vorhersehbar ist, was beim Laufen geschieht, und dass es gezielte Aufmerksamkeit für Veränderungen von Gang und Tempo verlangt – eine Arbeitsgedächtnisfunktion, die dem PFC Dampf macht.

Wenn die beim Laufen erforderliche gezielte Aufmerksamkeit beim Arbeitsgedächtnis liegt, verbessert dann Laufen mit einem höheren Maß an Aufmerksamkeit das Arbeitsgedächtnis? Um diese Frage zu beantworten, fingen wir ganz von vorne an: Wir zogen unsere Schuhe aus und testeten die Wirkung des Barfußlaufens. Der Harvard-Wissenschaftler Lieberman steht an vorderster Front der Forschung, die belegt, dass Barfußlaufen die Laufmechanik beträchtlich verbessert.

Fast zwei Millionen Jahre vor Nike und Co. war der ursprüngliche und natürliche Laufschuh der bloße Fuß. Das ausgeprägte Fersenpolster moderner Laufschuhe verleitet Ihren Fuß dazu, mit der Ferse zuerst auf dem Boden aufzusetzen. Das erzeugt eine Erschütterung, die sich durch die Beingelenke fortpflanzt. Im Gegensatz zu beschuhten Läufern setzen Barfußläufer oft zuerst mit dem Mittel- oder Vorderfuß auf; erfolgt das Aufsetzen korrekt, ist die Erschütterung vergleichsweise geringer und bedingt so weniger Verletzungen.

Da die meisten Läufer vom Schuhetragen zum Barfußlaufen kommen, müssen sie an ihrer Technik arbeiten. Die Füße landen weit entfernt vom Schwerpunkt und prallen zu hart auf, und die Hüften drehen sich nicht wie sie sollten. Die Korrektur erfordert eine gesteigerte Propriozeption (Wahrnehmung der Stellung und Bewegung des Körpers im Raum) von mehreren Dingen gleichzeitig. Landen meine Füße unter meinen Hüften? Laufe ich sanft? Setzen meine Füße in einer Geraden oder im Zickzack auf?

Wenn Sie das alles intus haben, kommt die Exterozeption (Außenwahrnehmung) ins Spiel. Sie müssen auf visuelle Reize (sichtbare Dinge) achten und – noch etwas, das beschuhte Läufer für selbstverständlich halten – auf taktile Reize (Dinge, die Sie mit den Füßen spüren). Sie müssen schauen und fühlen, wo Sie landen, denn wenn Sie das nicht tun, tut es weh. Auf Glasscherben, einen scharfkantigen Stein oder sogar einen Zweig zu treten kann für Füße, die es gewohnt sind, mit Schuhen über alles wegzutrampeln, sehr schmerzhaft ausgehen. Barfußläufer bezeichnen ihre Läufe meist danach, wie sie sich für ihre Füße anfühlen: rau, weich, glitschig, kalt oder warm.

Wir führten eine Studie durch – die erste dieser Art –, um herauszufinden, ob der kognitive Input durch Barfußlaufen sich in einen kognitiven Nutzen überträgt. Wir ließen je eine Gruppe von Barfuß- und von Schuhläufern einen Online-Fragebogen ausfüllen und eine Reihe von Arbeitsgedächtnistests absolvieren. Der Fragebogen enthielt Fragen etwa nach der Art des Untergrunds, auf dem sie liefen, und was sie, wenn überhaupt, an ihren Füßen trugen.

Bei der Datenauswertung gelangten wir zu einem faszinierenden Ergebnis. Wie sich herausstellte, ist es für Ihr Arbeitsgedächtnis sehr wichtig, was Sie beim Laufen an den Füßen tragen. Die Barfußläufer erzielten höhere Arbeitsgedächtniswerte als die Schuhläufer. Das ergibt Sinn.

Uns hat es immer Freude gemacht, am Wochenende mit der ganzen Familie stundenlang barfuß auf schmalen Wanderwegen die schottischen Highlands zu durchstreifen; wir hüpften durch

Moos, sprangen über Bäche, balancierten vorsichtig über kantige Steine und umgingen die von Schafen verstreuten Häufchen rezyklierten Grases. Obwohl wir einen Riesenspaß dabei hatten, lernten wir schnell, dass wir, wenn wir nicht aufpassten, einen Hügel runterkollerten oder ausrutschten und auf dem Hintern landeten.

Zwar kann Ihnen das immer passieren, ob Sie nun mit oder ohne Schuhe laufen, doch Barfußläufer können obendrein die Berührungsreize nutzen. Ein potentieller Vorteil dieser zusätzlichen Sinnesinformationen ist ein geschärftes Bewusstsein für die Umgebung. Unserer Meinung nach liegt das daran, dass Sie als Läufer mit Schuhen auswählen können, worauf Sie Ihr Augenmerk richten, und nicht auf Steinchen und krumme Wurzeln achten müssen. Barfußläufer jedoch spüren praktisch alle Dinge unter ihren Füßen – für sie gibt es kaum belanglose Information, da sie jeden Zentimeter Boden wahrnehmen müssen, um schmerzhafte Fehltritte zu vermeiden. Sie haben also eine größere Menge von Reizen zu verarbeiten, und das könnte erklären, warum Barfußläufer über ein besseres Arbeitsgedächtnis verfügen.

Die Beweise dafür, dass Laufen und insbesondere Barfußlaufen die Leistungsfähigkeit des Arbeitsgedächtnisses steigert, sind aufregend, legen sie doch nahe, dass es möglich ist, unsere geistigen Fähigkeiten zu verbessern. Wenn wir unseren Körper trainieren, trainieren wir auch unser Gehirn.

Arbeitsgedächtnisübungen

Die Strategien 1 bis 6 sollen es Ihnen erleichtern, eine neue Fertigkeit zu erlernen oder Ihre Bewegungen zu verbessern. Mit ihrer Hilfe halten Sie das Arbeitsgedächtnis im »Aus«-Modus, damit Sie direkt auf die C-MC-Schleife zugreifen können. Auch in Ihrer Eigenschaft als Trainer, Dozent und Eltern haben wir für Sie ein paar Tipps, damit Sie Ihre Lehrmethoden verbessern und möglichst viel aus Ihren Spielern herausholen können.

1. Lernen Sie von den Besten

Sie können Ihr Kleinhirn mit den richtigen Bewegungen füttern oder mit den mittelmäßigen. Was Sie in den Anfängen lernen, das steht Ihnen dann im Wettkampf zur Verfügung. Wählen Sie also einen Trainer mit nachgewiesener Erfolgsbilanz, was die perfekte Technik angeht.

Kleiner Tipp für Trainer: Wählen Sie die besten Nachahmer aus. Wenn Sie entscheiden, wer einen Platz in der Mannschaft erhält, sollten Sie Sportlern mit rascher Auffassungsgabe und Nachahmungstalent den Vorzug geben, nicht unbedingt denjenigen mit der größten Spielerfahrung.

2. Entscheiden Sie sich für Einzelunterricht

Wenn Sie die Grundlagen eines Sports erlernen, dann bleiben Sie weg von Gruppenunterricht und nehmen Sie Privatstunden. Diese mögen zwar anfangs teurer sein, kommen Sie jedoch auf lange Sicht günstiger – sowohl finanziell als auch frustmäßig. Privatstunden stellen sicher, dass die volle Aufmerksamkeit des Trainers Ihnen gilt, weshalb Sie neue Fertigkeiten schneller und korrekter lernen und daher insgesamt weniger Stunden benötigen.

Kleiner Tipp für Trainer: Wenn ein Spieler (oder eine Spielerin) auf dem Feld keine Leistung bringt, dann könnte es daran liegen, dass er/sie die nötigen Fertigkeiten nie richtig gelernt hat. Helfen Sie ihm/ihr mit einer Einzelstunde, in der Sie seine/ihre Bewegungsabläufe Schritt für Schritt analysieren und ihm/ihr zeigen, wie die Bewegungen korrekt auszuführen sind.

3. Schweigen Sie und konzentrieren Sie sich auf das Fühlen

Wenn Sie eine neue Fertigkeit lernen wollen, suchen Sie sich Trainer, die nicht viele Anweisungen geben und nicht übermäßig gesprächig sind. Zu viel Reden heißt zu viel Arbeitsgedächtnis, und das kommt der C-MC-Schleife in die Quere. Die besten Trainer vermitteln Ihnen das Gefühl für die Bewegung und wissen, wann sie den Mund zu halten haben. Mit das Beste, was Sie tun können, ist, keine Fragen mehr zu stellen und möglichst nur nachzuahmen. Fragen bedeuten Arbeitsgedächtnis. Nachmachen bedeutet spüren.

Kleiner Tipp für Trainer: Lernen Sie, still zu sein. Malen Sie sich aus, wie Sie unterrichten würden, wenn man Ihnen den Mund zugeklebt hätte. Probieren Sie das dann aus.

4. Machen Sie sich selber Angst

Wenn Sie sich sportlich verbessern möchten, kann Angst Ihr Freund sein. Angst setzt Cortisol und Adrenalin frei, schränkt Ihr rationales Überlegen ein und lässt Sie eher automatisch reagieren. Das heißt nicht, dass Sie ohne Seil eine Felswand hochklettern oder sich eine Monsterwelle hinunterstürzen sollten, in dem Glauben, dass Sie die nötigen Fertigkeiten währenddessen schon lernen werden. Ein solches Verhalten wäre Ihr Todesurteil. Nutzen Sie Angst auf eine unbedenklichere, kontrolliertere Weise: Gehen Sie immer nur einen winzigen Schritt über die Grenze hinaus, bis zu der Sie sich sicher fühlen. Wenn Sie sich auf einer Ein-Meter-Welle sicher fühlen, dann legen Sie die Latte ein wenig höher und reiten Sie eine Welle von 1,30 Meter. Wenn Sie sich solche Wellen zutrauen, dann nehmen Sie eine von 1,50 Meter in Angriff und so weiter. Wenn Sie immer gegen dieselbe Person Tennis spielen, dann stellen Sie sich einem geringfügig besseren Spieler. Wenn Sie sich niemals aus Ihrem Wohlfühlbereich herauswagen, werden Sie niemals den Nutzen von Cortisol und Adrenalin erleben.

Kleiner Tipp für Trainer: Simulieren Sie beim Training Drucksituationen, um ein gesundes Maß von Angst zu erzeugen.

5. Nutzen Sie den Erschöpfungsfaktor

Erschöpfung eignet sich hervorragend dazu, das Arbeitsgedächtnis herunterzufahren. Wenn Sie zu müde zum Denken sind, kann sich Ihr Kleinhirn leichter einprägen, wie sich sportliche Bewegungen anfühlen. Wenn Sie das nächste Mal an Ihrer Golftechnik arbeiten möchten, dann begeben Sie sich nicht direkt zur Driving Range. Machen Sie vorher einen Waldlauf, Liegestütze oder Hampelmänner, bis Ihnen die Zunge zum Hals heraushängt.

Kleiner Tipp für Trainer: Wenn Sie eine neue Technik vermitteln wollen, dann wenden Sie an diesem Tag mehr Zeit als üblich für das »Aufwärmen« auf und machen die Spieler damit schon mal etwas müde.

6. Aufteilen, eintrichtern, dann zusammenfügen

Jede Bewegung im Sport – vom Ollie beim Skateboarden bis zur Vorhand im Tennis, zum Schmettern im Volleyball, zu einem Sprung oder einem Sprint – setzt sich aus vielfältigen Teilbewegungen zusammen, und wenn man nur eine davon falsch macht, ist womöglich die ganze Bewegung ruiniert. Bläuen Sie sich jede Teilbewegung einzeln ein, um sie fest in der C-MC-Schleife zu verankern. Wenn Sie anschließend alle zusammenfügen, laufen sie automatisch ab, ohne dass Sie noch einen Gedanken daran zu verschwenden brauchen.

Kleiner Tipp für Trainer: Machen Sie sich bewusst, dass es für Ihren Schützling sehr langweilig sein kann, immer wieder dieselben Teilbewegungen zu üben. An einem Tag, an dem Sie daran arbeiten, sollten Sie das Training zusätzlich mit etwas auflockern, das Spaß macht.

7. Schalten Sie bei Bedarf das Arbeitsgedächtnis ein

Ist die korrekte und automatische Ausführung der Bewegungen in der C-MC-Schleife verankert, dann ist es Zeit, das Arbeitsgedächtnis wieder mitspielen zu lassen. Wir empfehlen, dies in zwei Schritten zu tun. Stellen Sie sicher, dass Sie die Übungen von Stufe 1 beherrschen, bevor Sie sich an Stufe 2 versuchen.

Stufe 1: Führen Sie die folgenden einfachen Aufgaben aus. Dabei müssen Sie während Ihres Trainings Ihr Arbeitsgedächtnis in Anspruch nehmen. Wenn dann der Zeitpunkt des großen Wettkampfs naht, ist Ihr Arbeitsgedächtnis frei und kann Strategien planen, kontern oder hohen Druck bewältigen.

- Zählen Sie beim Trainieren in Dreierschritten von 1000 ab rückwärts: 1000, 997, 994, 991 …
- Sagen Sie beim Trainieren das Alphabet rückwärts auf: z, y, x …

Stufe 2: Lassen Sie im Geist eine Abfolge von Bewegungen ablaufen, die sich von denen, die Sie gerade real vollziehen, unterscheiden. Spielen Sie beispielsweise gerade Fußball und dribbeln mit dem Ball auf das gegnerische Tor zu, dann stellen Sie sich vor, einen Elfmeter zu schießen. Stellen Sie sich beim Tennisspielen den perfekten Aufschlag vor, während Sie retournieren. Das ist enorm anspruchsvoll, und anfangs werden Sie mit Sicherheit völlig verkorkste Leistungen zeigen. Probieren Sie das also nicht an einem Wettkampftag. Sparen Sie es sich für das Training auf. Wenn Sie dann den Dreh raus haben, wird Ihnen Ihr Arbeitsgedächtnis bessere Dienste dabei leisten, außerhalb ausgefahrener Gleise zu denken und einfallsreicher zu sein.

Kleiner Tipp für Trainer: Spielen Sie das Gegenteilsspiel.

Stufe 1: Drillen Sie Ihre Spieler wiederholt in einer bestimmten Bewegung, etwa Springen oder Sprinten. Während sie die Bewegung ausführen, rufen Sie laut deren Bezeichnung, beispielsweise: »Springen!« oder: »Sprinten!«. Das bereitet sie darauf vor, die Bewegung auf Zuruf auszuführen.

Stufe 2: Verlangen Sie jetzt von Ihren Spielern eine andere Bewegung, etwa Liegestütze, wenn Sie »Springen« rufen. Das zwingt die Spieler dazu, ihr Arbeitsgedächtnis zu nutzen, um eine eintrainierte Reaktion zu unterdrücken und Liegestütze zu machen.

Stufe 3: Fügen Sie immer mehr Bewegungen mit paradoxen Anweisungen hinzu. »Springen« = Liegestütze, »Liegestütze« = Sprinten und so fort. Müssen die Spieler zur Umsetzung ihr Arbeitsgedächtnis nutzen, sind sie besser darauf vorbereitet, während des Wettkampfs einfallsreiche Lösungen zu finden.

8. Schnüren Sie Ihre Laufschuhe
(oder auch nicht) und laufen Sie los

Laufen ist eine tolle Methode, um Ihr Arbeitsgedächtnis zu trainieren. Möchten Sie von den zusätzlichen Verarbeitungsanforderungen durch die Anpassung an den Boden unter Ihren Füßen profitieren, dann laufen Sie barfuß. Mit etwas Übung ist es möglich, auf nahezu allen Untergründen zu laufen – sogar Eis und Schnee. Ross schaffte früher nur anderthalb Kilometer pro Woche, bis er seine Schuhe auszog und sich *langsam* bis zu einem 53-Kilometer-Barfußlauf in den schottischen Highlands hocharbeitete. Lust auf einen Versuch? Im Web wimmelt es von Seiten mit tollen Ratschlägen zum Barfußlaufen, doch wir geben Ihnen hier ein paar Tipps für den Anfang:

- Beginnen Sie zu Hause und laufen Sie barfuß in Ihrer Wohnung herum.
- Laufen Sie draußen auf dem Bürgersteig, auf Gras und Asphalt.

  Wenn Ihr Selbstvertrauen wächst, dann joggen Sie mal eine Strecke von 30 Metern.

  Laufen Sie jedes Mal ein bisschen weiter.

  Achten Sie immer auf Ihre Grenzen und hören Sie im Zweifel auf.
- Worin Ihr Ziel auch besteht, nähern Sie sich ihm so langsam wie möglich. Wenn Sie übertrieben barfuß laufen, riskieren Sie Verletzungen. Wenn Sie es langsam angehen lassen, ist alles möglich.

Teil II

Das Arbeitsgedächtnis fördern und verbessern

7
Das Arbeitsgedächtnis über die Lebensspanne

Die vorigen Kapitel haben gezeigt, dass das Arbeitsgedächtnis in vielerlei Hinsicht für uns im Leben von Vorteil ist. Jetzt ist es an der Zeit, der Frage nachzugehen, wie sich das Arbeitsgedächtnis im Lauf unseres Lebens entwickelt und wie wir es uns im Alter bewahren können. In diesem Teil des Buches betrachten wir verschiedene Gehirntrainingsübungen wie Sudoku und prüfen, ob sie dem Arbeitsgedächtnis nützen. Zudem schauen wir uns an, ob das Arbeitsgedächtnis gefördert wird, wenn man sich auf eine bestimmte Weise ernährt und sich einige einfache Handlungen zur täglichen Gewohnheit macht.

In welcher Weise entwickelt sich das Arbeitsgedächtnis? Wann erreicht es seinen Höhepunkt? Wie verändert es sich mit dem Alter? Wir beschlossen, einer Antwort auf diese wichtigen Fragen mit einer groß angelegten Studie zur Entwicklung und Veränderung der Arbeitsgedächtniskapazität über die Lebensspanne näher zu kommen. In dieser Studie untersuchten wir das Arbeitsgedächtnis von fünfjährigen Kindern, Teenagern und bis zu 80 Jahren alten Erwachsenen unterschiedlicher demographischer Herkunft. Unsere Ergebnisse brachten viele der anerkannten Vorstellungen über das Arbeitsgedächtnis ins Wanken. In diesem Kapitel erläutern wir diese Ergebnisse und gehen auch auf Studienresultate anderer Forscher ein. Wir nehmen Sie dabei mit auf eine Reise durch die verschiedenen Stationen unseres Arbeitsgedächtnisses. Es beginnt als winziger Funken im Mutterleib, wächst im Erwachsenenalter heran zu einer lodernden Flamme und verblasst allmählich im Alter. Die gute Nachricht lautet, dass zwar unser Arbeitsgedächtnis im Herbst unseres

Lebens mit an Sicherheit grenzender Wahrscheinlichkeit nachlässt, dass wir jedoch vieles unternehmen können, um es zu bewahren und sogar die schlimmsten Beeinträchtigungen, etwa durch Demenz, in Grenzen zu halten.

Die Geburt des Arbeitsgedächtnisses

Die ersten Anlagen des Arbeitsgedächtnisses keimen, während der Fötus im Mutterleib heranreift. Wie der Körper wächst und sich entwickelt, so auch der PFC. Schon früh legen Neuronen die strukturellen Fundamente für das spätere komplexe Kontrollzentrum mit seinen zahlreichen Verbindungen, aus dem das Arbeitsgedächtnis hervorgehen wird. Zum Zeitpunkt der Entbindung verfügt der PFC eines Babys über die höchste Neuronenzahl, die er je besitzen wird. Danach sterben Neuronen durch Verschleiß ab, bis sich ihre Zahl im Alter von etwa 16 Jahren stabilisiert. Schon in einer frühen Lebensphase können zu viele Neuronen nachteilig sein. Beispielsweise entdeckten Eric Courchesne und Mitarbeiter 2011 bei Kindern mit Autismus einen Neuronenüberschuss von 67 Prozent im PFC. Da die Neuronenmenge eines gesunden PFC gestutzt wird, bilden die verbleibenden rasch Verbindungen aus; nach der Geburt wächst deren Zahl exponentiell.

Das Arbeitsgedächtnis erwächst offenbar sehr schnell aus diesen miteinander verknüpften Neuronen. Als Eltern fiel uns dies selbst auf, als unser zweiter Sohn ein Baby war und ausschließlich neue Geschichten hören wollte. Ein vertrautes Buch warf er auf den Boden. Psychologen beobachten schon lange, dass Säuglinge Neues Altem vorziehen. Geben Sie einem Baby einen bunten Schlüsselring, und es wird ihn aufmerksam fixieren, bis Sie mit einem orangefarbenen Plüschball vor seiner Nase herumwedeln. Dann beachtet es den Schlüsselring nicht mehr und fasst den leuchtenden Ball ins Auge. Zeigen Sie ihm dann einen schwarzweißen Plüschpinguin, ist der orangefarbene Ball vergessen. Die Psychologen bezeichnen dieses Verhalten als *Neuigkeitspräferenz*.

Da Säuglinge mit Zahlen oder Buchstaben noch nichts anzufangen wissen, muss man sich etwas einfallen lassen, will man ihr Arbeitsgedächtnis testen. Lisa Oakes von der University of Iowa tat eben dies und schlug aus dem Interesse von Kleinkindern an Neuem Kapital. Sie setzte die Kinder vor zwei Bildschirme mit je einem Quadrat. Auf dem einen Bildschirm hatte dieses immer dieselbe Farbe, auf dem anderen dagegen wechselte es die Farbe. Vier bis sechs Monate alte Säuglinge wandten aufgrund ihrer Neuigkeitspräferenz ihre Aufmerksamkeit durchgängig dem Bildschirm mit dem sich verändernden Quadrat zu. Das bedeutet, dass sie ihren Arbeitsgedächtnis-Dirigenten dazu nutzen konnten, sich die frühere Farbe des Quadrats zu merken und zu erkennen, dass die neue Farbe anders war. Als jedoch Oakes auf jedem Bildschirm ein weiteres Quadrat hinzufügte, zeigten die Säuglinge keine Präferenz für irgendeinen Monitor mehr. Ihr Dirigent war überlastet: Sie konnten nicht alle Quadrate im Kopf behalten.

Am spannendsten an Oakes' Studie finden wir nicht nur, dass schon sehr kleine Babys Anzeichen eines Arbeitsgedächtnisses zeigen, sondern auch, dass sich diese Fähigkeit binnen kurzer Zeit erweitert. Während das Arbeitsgedächtnis von vier- bis sechsmonatigen Kindern mit mehr als einem Wechselquadrat überlastet war, konnten zehn bis 13 Monate alte Kinder bis zu drei Farben speichern und vergleichen. Oakes' Vermutung zufolge erwächst der Unterschied zwischen der Arbeitsgedächtniskapazität der beiden Gruppen unmittelbar aus der raschen Entwicklung des PFC zwischen sechs und zehn Monaten.

Genau wie uns Experimente mit Erwachsenen in diesem Buch gezeigt haben, aktiviert eine Arbeitsgedächtnisaufgabe auch bei Babys den vorderen Teil des Gehirns. Bei Erwachsenen verwenden die Forscher gewöhnlich funktionelle Magnetresonanz-Tomographie (fMRT) oder Positronen-Emissionstomographie (PET), um die Gehirnaktivität sichtbar zu machen, doch es versteht sich von selbst, dass man Babys nicht dem starken Magnetfeld eines Kernspin-Tomographen aussetzen oder ihnen die für die PET nötigen radioaktiven Marker spritzen kann.

Glücklicherweise erfand Martha Bell vom Virginia Polytechnic Institute ein nichtinvasives Verfahren, mit dessen Hilfe wir die Vorgänge im Gehirn eines Babys verstehen können. Sie verwendete die Elektroenzephalographie (EEG), welche mittels auf der Kopfhaut platzierter Sensoren die elektrische Aktivität im Gehirn erfasst. Bell stellte den Babys eine Arbeitsgedächtnisaufgabe – sie sollten ein Plüschtier finden – und zeichnete dabei das EEG auf. Gelang es den Kindern, das Stofftier aufzuspüren, zeigte sich in der frontalen Gehirnregion ein viel stärkeres elektrisches Signal, als wenn sie es vergebens suchten.

Dies ist ein weiterer Beleg dafür, dass sich das Arbeitsgedächtnis bei Säuglingen in raschem Tempo entwickelt.

Als Eltern haben wir mit großem Interesse beobachtet, wie sich das Arbeitsgedächtnis bei unseren eigenen Kindern herausbildete. Beispielsweise war unser jüngerer Sohn ab etwa sechs Monaten verrückt nach Enten. Immer wenn wir »Quak, quak« sagten, strahlte er über das ganze Gesicht, und wenn wir ihm ein bestimmtes Buch vorlasen, wurde er ganz aufgeregt, wenn wir zu der Seite mit den Entenbildern kamen. Doch als er 13 Monate alt wurde, veränderte sich etwas. Er griff sich das Buch und blätterte sofort vor zu der Seite mit den Enten. Damit zeigte er uns, dass sein Arbeitsgedächtnis einen großen Schritt vorwärts gemacht hatte – es konnte jetzt mehrere Informationselemente verarbeiten. In diesem konkreten Fall verarbeitete sein Dirigent seine Vorliebe für Enten, den Umstand, dass das Buch Bilder von Enten enthielt, und den Ort dieser Bilder in dem Buch. Solche Ereignisfolgen bleiben oft unbemerkt, doch sie stellen bedeutsame Sprünge in der Entwicklung des Arbeitsgedächtnisses dar.

Ich denke, also bin ich und bist du

Eine der faszinierendsten Erkenntnisse im Zusammenhang mit der Entwicklung des Arbeitsgedächtnisses lautet, dass es eine notwendige Voraussetzung dessen ist, was die Psychologen

Theory of Mind (ToM, auch native Theorie; so etwas wie eine intuitive Psychologie) nennen. ToM bedeutet, dass man sich des eigenen Ich bewusst ist, dass man weiß, dass andere die Welt vielleicht anders wahrnehmen als man selbst, und dass einem klar ist, dass man möglicherweise Aspekte des eigenen Selbst anpassen muss, um sich in seine Umwelt einzufügen. Laut Philip Zelazo von der University of Toronto hängt die Entwicklung des Arbeitsgedächtnisses bei Kindern eng mit der Entstehung des Ichbewusstseins zusammen, und Stephanie Carlson zeigte mit einer Reihe von Experimenten, dass das Arbeitsgedächtnis eine entscheidende Rolle dabei spielt, ob und wie Kinder die Motive und Wünsche anderer erfassen.

Der Arbeitsgedächtnis-Dirigent ist entscheidend für das Ichbewusstsein, denn er macht es uns möglich, dem Umstand Aufmerksamkeit zu widmen, dass jeder von uns eine Einheit ist und über sich selbst verfügt. Er hilft uns, uns selbst im Kopf zu behalten, zu erkennen, dass wir wir und nicht jemand anderes sind und dass sie nicht wir sind. Nach Ansicht des angesehenen Neurowissenschaftlers Joaquin Fuster ist das Arbeitsgedächtnis der am engsten mit dem Ichbewusstsein verknüpfte kognitive Prozess. Das Ichbewusstsein, das im Allgemeinen im Alter von etwa zwei Jahren auftritt, ist die erste Phase der sich entwickelnden ToM eines Kindes. Die nächste ist das Bewusstsein von anderen, das Gewahrsein, dass andere die Welt möglicherweise anders wahrnehmen als es selbst. Dieses Bewusstsein – die Fähigkeit, sich in die Perspektive anderer hineinzuversetzen – tritt mit vier bis fünf Jahren in Erscheinung. Der Forschung zufolge vermag ein Kind umso besser zu verstehen, dass andere ihren eigenen Kopf haben und die Dinge anders sehen können, je leistungsfähiger sein Arbeitsgedächtnis ist.

Diese intuitive Psychologie lässt sich bis in die antike und frühmoderne Philosophie zurückverfolgen. Wenn Sie noch irgendetwas aus Ihrem Philosophieeinführungskurs behalten haben, dann wahrscheinlich zwei Sätze: »Gnoti seauton« (erkenne dich selbst) und: »Cogito ergo sum« (ich denke, also bin ich). Sowohl Sokrates (der die erste Aussage oft wiederholte) als auch

Descartes (der für die zweite verantwortlich ist) sahen im Ichbewusstsein den Ausgangspunkt jedes Wissens. Wir können nichts über andere oder die Welt um uns herum wissen, wenn wir uns selbst nicht kennen. Die Psychologen sind sich einig, dass die ToM demselben Entwicklungsgang folgt: *Zuerst* sind wir uns unserer selbst bewusst, und *dann* werden wir uns des Blickwinkels anderer außerhalb unserer selbst bewusst. Der Arbeitsgedächtnis-Dirigent ist so wichtig für diese Entwicklung, weil er uns erlaubt, uns unsere eigene Perspektive und zudem die vermutlich davon abweichende Perspektive anderer geistig präsent zu halten.

Ein Beispiel dafür, wie das Bewusstsein eines Kindes seiner selbst und anderer ineinander greifen können, steht uns noch lebhaft vor Augen. Als unser ältester Sohn fünf Jahre alt war, brauchte er einmal dringend einen Haarschnitt. Seine braunen Fransen hingen im seit Wochen in die Augen, doch er weigerte sich standhaft, uns an seinen Schopf zu lassen. Nach zähen Verhandlungen konnten wir ihn schließlich dazu bewegen, sich seinen Pony ein kleines bisschen kürzen zu lassen. Diese heikle Operation fiel Ross zu, und er machte winzige Schnitte – ein bisschen hier, ein wenig da –, damit mögliche Fehler korrigierbar blieben. Bei jedem Schnitt maulte unser Sprössling: »Meine Haare sind nicht zu lang, ich will das nicht«, und verweigerte schließlich mit über den Kopf gelegten Armen weiteres Nachschneiden. »Was ist los, Kumpel? Du siehst viel besser aus mit geschnittenen Haaren«, sagte Ross in einem verzweifelten Appell an seine Eitelkeit. Unser Sohn erwiderte schneidend: »Ich mag dein Gutaussehen nicht. Da sehe ich nicht mehr aus wie ich.«

Dank einer gut entwickelten ToM, möglich gemacht von einem Dirigenten, der es ihm erlaubte, seine Aufmerksamkeit auf Elemente seiner selbst zu richten, war unserem Sohn bewusst, dass sein Haar zu den Dingen gehörte, die seine Person ausmachten. Zudem verarbeitete er in seiner Kritik an Ross' Schönheitsbegriff bewusst die Wahrnehmung seiner selbst durch einen anderen.

Wir prüften das aufkeimende Ichbewusstsein unseres Sohnes erstmals einige Monate vor seinem zweiten Geburtstag mit dem, was Psychologen als Rouge-Test bezeichnen. Mit diesem überaus einfachen und eleganten Verfahren lässt sich feststellen, ob ein Kind sich seiner selbst bewusst ist, und Sie können es sogar mit Ihrem eigenen Kind ausprobieren. Nehmen Sie einfach einen roten Lippenstift (oder eine andere Farbe, die von der Haut Ihres Kindes absticht) und malen ihm unbemerkt einen Punkt auf die Nase. Lassen Sie das Kind dann in einen Spiegel schauen. Wenn es sich an die eigene Nase fasst wie unser Sohn, erkennt es, dass es selbst die Person im Spiegel ist. Berührt es seine Nase nicht, erkennt es sich selbst nicht. Im Hinblick auf das Arbeitsgedächtnis bedeutet das Berühren der Nase, dass das Kind zwei Informationselemente miteinander zu verknüpfen weiß: das Bild im Spiegel und das Bild, das es von sich selbst im Kopf hat.

Ein einfacher Weg zu prüfen, ob sich ein Kind der anderen Perspektive anderer bewusst ist, ist die False-Belief-Aufgabe. Sie zeigt an, ob das Kind weiß, dass andere Menschen andere, von seinen eigenen abweichende Überzeugungen hegen können, was wiederum seine Handlungen entsprechend beeinflusst. Die Aufgabe funktioniert so: Man zeigt einem kleinen Kind eine Tüte M&Ms und fragt es nach deren Inhalt. In aller Regel antwortet es: »M&Ms.«

Dann öffnet der Versuchsleiter die Packung und zeigt dem Kind, dass sich darin ein Bleistift befindet. Nun fragt er das Kind, welchen Inhalt seine Freundin erraten würde, würde man ihr die Packung zeigen. Die meisten Dreijährigen antworten: »Einen Bleistift«. Um das fünfte Lebensjahr herum jedoch können sie berücksichtigen, dass andere Menschen nicht wissen, dass der Versuchsleiter die M&Ms durch einen Bleistift ersetzt hat, und vermuten deshalb: »M&Ms«.

Dass das Arbeitsgedächtnis für die Entwicklung der Fähigkeit, sich in eine Fremdperspektive zu versetzen, eine Rolle spielt, bestätigten Mark Alcorn und seine Mitarbeiter von der University of North Colorado. Sie stellten drei- bis fünfjährigen Kindern die M&Ms-Aufgabe und fanden heraus, dass die Kinder mit besserem Arbeitsgedächtnis häufiger erkannten, dass andere Kinder auf M&Ms tippen würden. Einem weiteren Ergebnis zufolge ist das Arbeitsgedächtnis nötig, um den Impuls zur Antwort »Bleistift« zu unterdrücken und zudem im Kopf zu behalten, dass die andere Person nicht über dasselbe Wissen verfügt wie man selbst. Einem kleinen Kind, dessen Arbeitsgedächtnisfunktionen noch nicht voll entwickelt sind, fällt diese False-Belief-Aufgabe sehr schwer.

Wenn das Arbeitsgedächtnis Ihres Kindes und sein Vermögen, mit den Augen anderer zu sehen, heranreifen, erreicht es den nächsten Meilenstein der ToM: die Fähigkeit zu raffinierten Lügen. Eine Analyse von fast 20 Bildgebungsstudien des Gehirns aus dem Jahr 2009 kam zu dem Ergebnis, dass die ausgedehnteste aktivierte Region im PFC lag, dem Areal, das mit dem Arbeitsgedächtnis zu tun hat. Die Studie untersuchte sowohl einfaches Leugnen als auch gewieftes Täuschen. Unter Ersterem versteht man einfaches nein oder ja sagen. Raffinierte Lügen berücksichtigen ein komplexes Bündel von Variablen, vor allem die Perspektive des Zuhörers, um der Täuschung den Anstrich von Wahrheit zu geben. Wie unsere unten dargestellte Studie zeigt, arbeitet das Arbeitsgedächtnis eines Kindes umso effektiver, je besser es zu lügen weiß. Die meisten Kinder sind mit drei oder vier Jahren zu simplem Leugnen fähig. Den folgenden Wortwechsel dürften alle Eltern schon einmal erlebt haben:

»Hast du die Kekse aufgegessen?«
»Nein.«
»Stimmt das auch wirklich?«
»Ja!«
»Warum sind dann Krümel auf deinem T-Shirt?«
»Ich weiß nicht.«

Natürlich sind die Antworten offensichtlich falsch, und das Arbeitsgedächtnis des kleinen Sünders kann nicht abstreiten, dass er die Kekse verdrückt hat, und gleichzeitig eine plausible Erklärung für die Krümel auf seinem T-Shirt erfinden. Mit etwa sechs Jahren jedoch macht sein sich entwickelndes Arbeitsgedächtnis eine ToM möglich, mit deren Hilfe ihm eine ausgefuchste Schwindelei gelingt, die mit den Ängsten und Gefühlen der Eltern spielt.

Eine Freundin von uns, Fiona, erinnerte sich an eine raffinierte Lüge, die sie selbst einmal aufgetischt hatte. Mit sechs Jahren beschloss sie eines Tages, ihre Haare selbst nachzuschneiden. Als sie ihren Murks dann erblickte, dachte sie: »Oh weh, ich werde großen Ärger kriegen.« Einige Minuten später kam ihre Mutter und fragte, was passiert sei. Um einer Strafe zu entgehen, erklärte Fiona ihrer Mutter, ein Mann habe ihr Zimmerfenster geöffnet, sei hereingekommen, habe ihre Haare abgesäbelt und sei dann durch das Fenster abgehauen.

Wenn Kinder raffinierte Lügen erzählen, stützen sie sich in hohem Maße auf ihr Arbeitsgedächtnis, denn um eine für die zuhörende Person passende Lüge zu fabrizieren, müssen sie sich vorstellen, wie diese tickt (eine Mutter sorgt sich um die Sicherheit ihres Kindes), und eine Erklärung stricken, die dazu passt (ein Mann brach ein und schnitt mir mein Haar ab). In Fionas Fall funktionierte es. Ihre Mutter stürzte aus dem Haus und vergewisserte sich, dass niemand in der Nähe herumschlich. Als ihre Mutter zurückkehrte, tat Fiona verängstigt und bekam eine tröstliche Umarmung statt der Schelte, die sie ursprünglich befürchtet hatte.

Um zu verstehen, was das Arbeitsgedächtnis mit Fionas Fähigkeit zu raffiniertem Lügen zu tun hat, führten wir eine Studie mit Sechs- bis Siebenjährigen durch. Zuerst prüften wir das Arbeitsgedächtnis der Kinder. Dann spielten wir ein Spiel, bei dem sie Fragen zu beantworten hatten und einen Preis gewinnen konnten. Die Frage stand jewils auf einer Seite einer Karte, auf der Rückseite die Antwort dazu. Diese war in einer anderen Farbe geschrieben als die Frage und mit einem Tierbild versehen. Hatten die Kinder eine Frage beantwortet, zeigten wir ihnen die Antwort auf der Kartenrückseite.

Die letzte Frage bezog sich auf eine nicht existierende Trickfilmfigur: »Wie heißt der Junge in dem Trickfilm *Spaceboy*?« Bevor die Kinder antworteten, sollten sie im Raum kurz allein bleiben und nicht auf die Rückseite der Karte schauen. Dort stand als Antwort: »Jim«. Da es keinen Film mit dem Titel *Spaceboy* gibt, konnten die Kinder diese Antwort nur geben, wenn sie auf die Kartenrückseite geschaut hatten; der Name stand dort grün geschrieben und war mit der Zeichnung eines Affen versehen.

Eine Videokamera hielt fest, was geschah, während die Kinder allein blieben. Als wir sie dann zu antworten baten, sagten diejenigen, die geguckt hatten, ganz folgerichtig: »Jim«. Auf die Frage, ob sie geguckt hätten, sagten alle: »Nein«. Das ist einfaches Leugnen, zu dem alle Kinder fähig sind. Um ausgefuchsten Lügen auf die Spur zu kommen, mussten wir der Täuschung gründlicher nachgehen. Also stellten wir zwei Fangfragen: »In welcher Farbe war die Antwort geschrieben?« und: »Welches Bild ist auf der Rückseite?« Das Arbeitsgedächtnis vieler Kinder war der eigentlichen Aufgabe nicht gewachsen; es erkannte nicht, dass das Kind sich zum Zweck der Täuschung in den Versuchsleiter hineinversetzen musste. So antworteten sie korrekt und verrieten dabei unabsichtlich, dass sie die Rückseite gesehen hatten. Einige Kinder jedoch verfügten bereits über ein Arbeitsgedächtnis, das sowohl alle Elemente ihrer Lüge unter einen Hut zu bringen als auch die Sichtweise des Versuchsleiters im Kopf zu behalten vermochte. Ihnen war klar, dass sie, wenn sie wie behauptet nicht gespitzelt hatten, die Antworten auf die Fangfragen nicht wissen konnten. Also gaben sie falsche Antworten wie »rot« und »Eidechse« statt »grün« und »Affe«. Beim Vergleich des Erfolgs ihrer Lüge mit ihrem Arbeitsgedächtnis fanden wir die höchsten Arbeitsgedächtniswerte bei den Kindern, welche die Fangfragen umschifft hatten.

Die gute Nachricht für Eltern lautet, dass sie Täuschungsversuche um des Arbeitsgedächtnisses des Kindes willen nicht lange dulden müssen. Sobald es in die Schule kommt, lässt das Lügen deutlich nach, wie die Forschung Kang Lees von der University of Toronto ergab. Lügen die Kinder auf dem Spielplatz weiter, merken sie rasch, dass niemand mit ihnen spielen will. Doch statt die Fähigkeit des raffinierten Lügens aufzugeben, setzen sie sie nun dazu ein, sich in dem komplexen sozialen Milieu, in das sie so jäh geraten sind, zurechtzufinden.

Bei der Diskussion über ToM hören Psychologen oft beim Lügen auf. Wir schlagen jedoch eine weitere Stufe der nativen Theorie vor, die alle vorigen Fähigkeiten in sich schließt und aufeinander abstimmt. Wir nennen diese Endstufe *Neuerfindungsbewusstsein*. Kinder und Jugendliche stellen sich jetzt mit Hilfe ihres Arbeitsgedächtnis-Dirigenten die Perspektiven ihrer Altersgenossen vor und gestalten persönliche Eigenschaften entsprechend ihrem sozialen Umfeld um oder stellen sie unter Beweis. Das Neuerfindungsbewusstsein fügt zudem die Variable der Modifikation des eigenen Verhaltens und Selbstbilds hinzu; die jungen Leute verwandeln sich im wahrsten Sinn des Wortes selbst, um dazuzugehören. Wir vermuten, dass diese Verwandlung das Arbeitsgedächtnis stark beansprucht und die Unterdrückung und bewusste Änderung eingefahrener Verhaltensweisen erfordert. So kann eine Jugendliche dienstags behaupten, sie verabscheue eine Popgruppe, die sie montags noch heiß und innig geliebt hat.

Während der Kindheit und Adoleszenz kann sich das Neuerfindungsbewusstsein in Übereinstimmung mit einer Jugendkultur ausdrücken, die Eltern vor den Kopf stoßen mag – absichtlich Jeans mit Löchern tragen, sich die neuesten Irrungen und Wirrungen einer Jungpromibeziehung zu Herzen nehmen oder einer Kardashian nacheifern. Doch wie albern solches Tun Eltern auch vorkommen mag, es ist kein Witz. Es bietet eine wichtige Gelegenheit, die Fähigkeit zur Neuerfindung zu entwickeln und den Weg zu einem weit praktischeren Zweck der ToM im Alltag zu bahnen. Beispielsweise kann das Neuerfindungsbewusstsein einer Jugendlichen helfen, Streit mit ihrer besten Freundin zu vermeiden, weil es ihr hilft, deren Standpunkt zu verstehen und entsprechend anders mit dieser Person umzugehen. Das Neuerfindungsbewusstsein kann ihr helfen, Probleme in der Schule zu vermeiden, weil es ihr hilft, die nonverbalen Signale ihrer Lehrkraft zu deuten und ihr Verhalten im Unterricht entsprechend zu ändern. Das Neuerfindungsbewusstsein kann ihr helfen, sich an einer neuen Schule zurechtzufinden, weil es ihr herauszufinden hilft, wie man sich in einer unbekannten Umgebung benimmt.

Eines der bei Teenagern beliebtesten Experimentierfelder für ihre neuerworbenen Fertigkeiten ist Facebook. Ein Grund für die enorme Nutzerzahl dieses sozialen Netzwerks könnte sein, dass es Neuerfindungsbewusstsein in Reinkultur ist. Wären die meisten Nutzer ehrlich, würden sie zugeben, dass das, was sie in Facebook posten, von Bildern bis zu Aktualisierungen, nicht ganz genau die Wahrheit ist, sondern eher eine Version davon. Das Facebook-Profil eines Teenagers entspricht in hohem Maße einem neuerfundenen Selbst, der Idealperson, die er der ganzen Welt vorzeigen möchte. Wir wollten wissen, ob das in Facebook geübte Neuerfindungsbewusstsein dem Arbeitsgedächtnis einen Nutzen bringt. An der 2012 in der Fachzeitschrift *Computers & Education* veröffentlichten Studie nahmen mehr als 100 Jugendliche von 15 bis 18 Jahren teil. Wir wählten Teenager, weil wir wissen wollten, ob Facebook das Arbeitsgedächtnis zu einem Zeitpunkt beeinflusst, an dem junge Menschen in dieses entscheidende Stadium der ToM eintreten. Wie sich herausstellte, war das Arbeitsgedächtnis umso besser, je länger die Mitgliedschaft bei Facebook bereits andauerte. Jugendliche, die länger als ein Jahr bei Facebook waren, erzielten bessere Testwerte als ihre Altersgenossen, die weniger als ein Jahr dabei waren.

Wir glauben, dies könnte mit der Beanspruchung des Arbeitsgedächtnisses durch das soziale Netzwerk zusammenhängen. Angemessen auf den Eintrag eines Freundes über eine neue Beziehung zu antworten, die emotionalen Hinweise in einem Foto zu deuten, belanglose Information (etwa was ein Freund zu Mittag gegessen hat) zu übergehen oder dem, was die Freunde über eine neue Boygroup wissen, etwas hinzuzufügen ist eine kognitiv anspruchsvolle Aufgabe. Facebook ist für Teenager ein wunderbarer Ort, um ihr Neuerfindungsbewusstsein und auch ihr Arbeitsgedächtnis zu üben. In Kapitel 10 werden wir untersuchen, welchen Nutzen Facebook dem Arbeitsgedächtnis Erwachsener bieten kann.

Beim Heranreifen entwickelt sich unser Neuerfindungsbewusstsein in bemerkenswertem Maße und kann uns im Leben große Vorteile verschaffen, weil es uns dazu bringt, uns selbst zu

Leistung anzuspornen und sogar an einer anspruchsvollen Arbeit Freude zu haben, in einem Streit unsere automatischen Reaktionen um einer besseren Partnerbeziehung willen zu ändern oder unsere Konsumgewohnheiten an veränderte finanzielle Umstände anzupassen. Aus dem Neuerfindungsbewusstsein sollten wir niemals herauswachsen, und wenn wir es doch tun, verpassen wir eine wertvolle Gelegenheit, unseren Dirigenten zu üben. Wie wir weiter unten in diesem Kapitel sehen werden, setzt bei unserem Arbeitsgedächtnis Abbau ein, wenn wir in den Ruhestand treten und uns nicht mehr in dem Maße wie zuvor anpassen müssen.

Das Arbeitsgedächtnis wird erwachsen

Erst im Erwachsenenalter erlangt das Arbeitsgedächtnis die volle Reife. Auch die Myelinisierung, ein für die gesunde Gehirnentwicklung entscheidender Vorgang, ist um diese Zeit abgeschlossen. Sämtliche Gehirnzellen sind nun von einer weißen, schützenden Markscheide, dem Myelin, umschlossen. Myelin, auch bekannt als weiße Substanz, beschleunigt die Weiterleitung elektrischer Signale. Die Myelinisierung beginnt auf der Hinterseite des Gehirns und setzt sich langsam nach vorne fort. Der PFC, der Sitz des Arbeitsgedächtnisses, wird als letzte Region mit diesem Myelin verstärkt, und mit dessen Erscheinen schaltet das Arbeitsgedächtnis auf Hochtouren. Unsere eigene Forschung zeigt, dass das Arbeitsgedächtnis sich im dritten und sogar bis in unser viertes Lebensjahrzehnt hinein verbessert, wo es schließlich den Gipfelpunkt seiner Leistungsfähigkeit erreicht.

Unsere Ergebnisse werden gestützt von einer ausgezeichneten Studie von Silvia Bunge und Samantha Wright von der University of California im Jahr 2007. Mittels fMRT untersuchten sie altersabhängige Unterschiede der PFC-Aktivierung. Die Studie nahm drei Altersgruppen in den Blick: Kinder in der mittleren Kindheit (acht bis zwölf Jahre), Jugendliche (13 bis 17 Jahre) und junge Erwachsene (18 bis 25 Jahre). Jede Gruppe musste im Hirnscanner eine Arbeitsgedächtnisaufgabe lösen. Die Forscherinnen stellten fest, dass der PFC, der Sitz des Arbeitsgedächtnisses, bei den Teenagern und den Erwachsenen Schwerstarbeit leistete, bei den Kindern jedoch bemerkenswert inaktiv blieb.

Der Aktivierungsgrad des PFC stieg mit dem Alter der Testteilnehmer. Diesen Befund stützt unsere eigene Studie zum Arbeitsgedächtnis über die Lebensspanne, derzufolge das Arbeitsgedächtnis Erwachsener in den Zwanzigern und Dreißigern sechs Informationselemente verarbeiten kann, das von Kindern dagegen in aller Regel nur zwei bis drei. Diese Leistungssteigerung fällt passenderweise mit der in Kapitel 2 besprochenen Notwendigkeit zusammen, das mit dem Erwachsenenalter einhergehende Multitasking und Fällen von Entscheidungen zu bewältigen. Stellen Sie sich das vor wie den Aufstieg vom Großraumbüro zu einem eigenen, großen Büroraum, in dem ein ausladender Schreibtisch mit genügend Platz für all Ihre wichtigen Akten auf Sie wartet.

Die Vierziger markieren einen beginnenden Abstieg des Arbeitsgedächtnisses, und infolgedessen können wir uns weniger Informationselemente merken und bearbeiten. Die Verringerung der Informationsmenge, mit der unser Dirigent fertig wird, trägt zu dem Phänomen bei, das gemeinhin als Gedächtnisverlust in der Lebensmitte bekannt ist. Sie wissen schon – Sie vergessen, wo Sie Ihre Schlüssel hingelegt haben, Sie versäumen die wöchentliche Marketingbesprechung im Büro, Ihnen fällt plötzlich der Name Ihrer Nachbarin nicht mehr ein, wenn Sie ihr zufällig im Supermarkt begegnen. Schuld an diesem Niedergang trägt möglicherweise ein fortschreitender Verlust von weißer Substanz im Gehirn, der in der Lebensmitte einsetzt. Die weiße Substanz spielt bekanntermaßen eine wichtige Rolle für die Leistung des Arbeitsgedächtnisses, deshalb ist es plausibel, dass Verluste bei diesem Hirngewebe das Arbeitsgedächtnis beeinträchtigen könnten. Wo auch immer der Grund liegt, der Abbau scheint ganz allmählich vonstatten zu gehen. In unserer bereits zitierten Studie vermochten Probanden in den Vierzigern durchschnittlich fünf Informationselemente zu verarbeiten, gerade mal eines weniger als in den Dreißigern.

Der Rückgang von sechs auf fünf Informationselemente mag nicht gerade gravierend erscheinen, doch relativ zu der Informationsmenge, die Ihr Arbeitsgedächtnis bewältigen kann, entspricht er einer Abnahme von 20 Prozent. In der Schule kommt das dem Abrutschen von einer Eins auf eine Drei oder dem Wechsel vom Schreibtisch des Geschäftsführers zurück ins beengte Großraumbüro gleich. Und leider wird zwar Ihr Arbeitsgedächtnis schwächer, die Anforderungen daran aber nicht. Ihre Pflichten können sogar wachsen, wenn Sie in das mittlere Alter eintreten: *Sie* werden verantwortlich gemacht, wenn die Zahlen Ihrer Abteilung zu wünschen übrig lassen, *Sie* müssen Ihre Teenager nun, da ihre Entscheidungen größere Konsequenzen in sich bergen, umsichtiger führen und leiten, *Ihre* Finanzen fordern größere Aufmerksamkeit als zu der Zeit, wo Sie auf der Gehaltsleiter ganz unten standen.

Um all diese Dinge zu schaffen, muss Ihr Dirigent die Oberhand behalten. Er muss Sie beispielsweise daran erinnern, dass Sie die Bilanzsitzung gegen 13 Uhr 30 abschließen müssen, damit Sie Ihren Sohn zu einem Studienberater bringen und danach mit Ihrem Vermögensberater über Änderungen Ihrer Altersvorsorge sprechen können. Doch Ihr Dirigent kann nur eine bestimmte Menge Information dirigieren, bevor ihm die Kontrolle entgleitet und Dinge verschüttgehen: Schlüssel, Namen und eben diese Marketingbesprechungen.

Doch das ist keine Katastrophe. Zwar lässt Ihr Arbeitsgedächtnis nach, doch trifft es Ausgleichsmaßnahmen, um ein ähnliches Leistungsniveau wie in jüngeren Jahren zu halten. Natasha Rajah und Mark D'Esposito zeigen das in einem Überblick über die vorliegenden Bildgebungsstudien zum Arbeitsgedächtnis mit fortschreitendem Alter. In einer Studie zeigten ältere Erwachsene während einer Arbeitsgedächtnisaufgabe eine gesteigerte Aktivierung in der linken Seite des PFC, ein Muster, das mit einem effizienteren Abruf gespeicherter Information zusammenhängt. Am Arbeitsplatz bedeutet dies, dass jüngere Mitarbeiter zwar imstande sein mögen, mehr Informationen zu bearbeiten, dass aber ältere Arbeitnehmer ihre Erfahrung besser nutzen können, um die Aufgabe zu erledigen. Im Familienleben schafft Ihr Arbeitsgedächtnis Ausgleich durch verbesserten Zugang zu Ihrem beträchtlichen Wissen, damit Sie mit Ihrem zunehmend aufgeweckteren Teenager mithalten können.

Doch was ist in späteren Lebensphasen? Müssen wir uns damit abfinden, dass unser Arbeitsgedächtnis mit jedem Jahr, das ins Land geht, schwächer wird? Kann das Arbeitsgedächtnis die Folgen des Alterns wettmachen? Können wir irgendetwas tun, um weiter von einem Vorteil zu profitieren?

Die Abenddämmerung des Arbeitsgedächtnisses

Wir wollten ergründen, was mit dem Arbeitsgedächtnis geschieht, wenn wir ins Rentenalter und darüber hinaus kommen. Dazu sichteten wir die Forschung und forschten selbst. Ein Großteil der Arbeiten zum alternden Gehirn befasst sich nicht speziell mit dem Arbeitsgedächtnis, doch da sie die Veränderung unserer allgemeinen kognitiven Fähigkeiten beim Altern beleuchten, werfen sie ein wichtiges Schlaglicht auf das Ausmaß unseres Arbeitsgedächtnisabbaus und auch auf Möglichkeiten, es möglichst gut in Form zu halten.

Dank moderner bildgebender Verfahren können die Forscher sehen, was sich im Gehirn abspielt, wenn wir altern, und es dürfte Sie freuen zu erfahren, dass immer mehr Bildgebungsstudien nachweisen, dass unsere Neuronen im Alter nicht zwangsläufig absterben. Es scheint, dass die altersbezogenen Hirnveränderungen sich eher unterschwellig vollziehen. Und was noch besser ist, ältere Gehirne können offenbar Kompensationsstrategien nutzen, um einen bereits eingetretenen Abbau wettzumachen. So haben einschlägige Studien festgestellt, dass das Gehirn älterer Menschen bei kognitiven Aufgaben mehr Regionen aktiviert als das jüngerer Menschen und dass die Aktivierung dieser Areale stärker ist. Das bedeutet, dass ältere Gehirne diese Aufgaben immer noch auszuführen vermögen; sie müssen nur schwerer arbeiten und mehr Areale einspannen.

Doch wenn das altersabhängige Nachlassen des Gedächtnisses nichts Unausweichliches ist, wie lassen sich dann die geistigen Pannen erklären, die offenbar so vielen Menschen im Ruhestand zu schaffen machen? Bedenkt man, dass die geburtenstarken Jahrgänge nun auf ihren 65. Geburtstag zugehen, dann ist es Zeit, nach Antworten zu suchen. Wir glauben, sie liegen möglicherweise in einigen der Lebensereignisse begründet, die mit den Jahren einzutreten pflegen.

Neu über den Ruhestand nachdenken

An jedem Wochentag, 44 Jahre seines Lebens lang, weckte Larry der laute, schrille Klang des Weckers. Er kämpfte den Drang nieder, auf die Snooze-Taste zu hauen, und stöhnte, wenn er seine warmen, nackten Füße auf den kalten Boden setzte. Er trottete zur Dusche und drehte das heiße Wasser auf, das anscheinend niemals schnell genug wirklich warm kam. Er würgte eine Scheibe trockenen Toast hinunter und trank Kaffee, um die Energie für Konten- und Personalführung und den ganzen Papierkrieg aufzubringen. Jetzt, mehr als 10 000 Arbeitstage später, sagt er der Plackerei endlich Ade und dem warmen Sand Hallo. Die Hypothek ist abbezahlt und die Zusatzrentenversicherung bringt ein hübsches Sümmchen, und deshalb setzt er sich jetzt in Florida zur Ruhe, um die Tage benebelt von Piña Coladas, Sonne und Nachmittagsschläfchen zu verträumen.

Seine Kollegin Kimberley ist im selben Alter und hat genauso lange gearbeitet wie Larry. Doch anders als er liebt sie ihre Arbeit, tauscht sich gerne mit ihren Kollegen und Kolleginnen aus und zieht sogar so etwas wie eine tiefe Befriedigung aus dem Ausfüllen umständlicher Formulare. Auch sie hat genug Geld auf der hohen Kante, um in Rente zu gehen, doch sie zieht es vor, weiter zu arbeiten. »Armes Schaf«, murmelt Larry vor sich hin. Doch wer ist hier wirklich das Schaf?

Wenn Sie so denken wie die überwältigende Mehrheit der Menschen, dann identifizieren Sie sich wahrscheinlich mit Larry. Sie malen sich aus, dass Sie, sobald Sie das Rentenalter erreicht haben, von diesem verrückten Karussell abspringen und das süße Leben genießen, sich entspannen, ein Bier in der Hand und Sand zwischen den Zehen. Und wer wollte Ihnen das schon verübeln? Selbst wenn Sie Ihren Job gerne machen, welchen Sinn soll es haben dabeizubleiben, wenn Sie es sich leisten können aufzuhören?

Vor 100 Jahren hätte Larry nie aufhören können zu arbeiten. Der Ruhestand für (fast) alle ist eine ganz neue Erfindung. Jahrtausendelang spielte das Alter keine Rolle; man arbeitete, bis man nicht mehr konnte. Erst seit etwa 100 Jahren geht eine Vielzahl von Menschen in den Ruhestand. Alicia Munnell, die Leiterin des Center for Retirement Research am Boston College, wies nach, dass sich der Ruhestand für die Mehrheit der Bevölkerung über 65 Jahren im 20. Jahrhundert durchsetzte. Wer in den 1800er Jahren 65 war (und ein Mann), arbeitete sehr wahrscheinlich. Wir wissen nichts über die kognitiven Fähigkeiten, ausgedrückt als IQ oder Arbeitsgedächtniswert, arbeitender älterer Menschen in früheren Jahrhunderten, doch dass sie immer

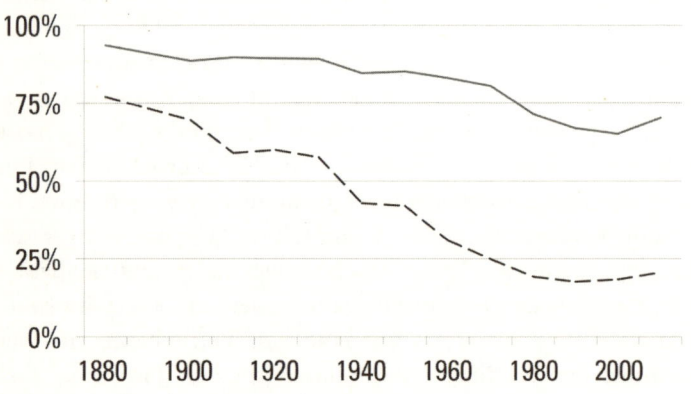

Anteil von Männern über 65 Jahren (untere Kurve) an der Erwerbsbevölkerung (obere Kurve), USA, 1880–2009.
Mit freundlicher Genehmigung von Alicia Munnell und Steven Ruggles.

noch erwerbstätig waren, spricht dafür, dass sie nicht an Demenz litten. Arbeit war möglicherweise sogar das Geheimnis ihrer langlebigen Intelligenz.

Neuere Befunde sprechen für einen erschreckenden Umstand: Ruhestand kann dumm machen. 2010 analysierten Susann Rohwedder und Robert Willis die Daten Tausender Ruheständler aus Amerika und zwölf europäischen Ländern und stellten fest, dass der Ruhestand kognitive Nachteile mit sich bringt. Der Ruhestand bedeutet nicht nur eine Verringerung der Arbeit, sondern auch eine Verringerung der geistigen Tätigkeit, was die Autoren »geistigen Ruhestand« nennen. Ihre Begründung: »Berufstätige bekommen mehr geistige Übung, weil das Arbeitsumfeld mehr kognitiv anspruchsvolle und anregende Umwelten bietet als Nicht-Arbeitsumfelder.«

Wenn Sie selbst Ruheständler sind oder schon einmal einen ausgedehnten Urlaub gemacht haben, dann wissen Sie wahrscheinlich, dass das stimmt. Sie müssen keine potentiellen Kunden beeindrucken, keine Berichte abliefern oder neue Ertragsquellen aus dem Hut zaubern, und deshalb können Sie abschalten und sich entspannen. Entspannung ist an und für sich nichts Schlechtes, doch wenn die Erwartungen an die eigene Leistung sinken, wenn es weniger Herausforderungen, bei denen schnelles Denken gefragt ist und andere sich auf Sie verlassen, zu bewältigen gilt, wenn seltener Gelegenheit besteht, über Jahre im Beruf angesammeltes Wissen anzuwenden, wenn Sie Ihren Grips nicht auf die Büroklüngeleien verwenden und sich nicht anstrengen müssen, um die Karriereleiter zu erklimmen, dann nagt all dies an Ihrem langfristigen Wissen und Ihrem kritischen Denken.

Rohwedder und Willis bestimmten den kognitiven Abbau mit einem Test, der unter anderem das Erinnern von Wortlisten umfasste. Dafür benötigt man das Arbeitsgedächtnis.

Die Ergebnisse? Je früher man in den Ruhestand geht, desto früher setzt der kognitive Abbau ein. Rohwedder und Willis schauten sich die kognitiven Fähigkeiten der Probanden in den Fünfzigern an und verglichen sie mit denen der über 60-Jährigen. Dann untersuchten sie, wie viele von diesen im Vergleich mit den zehn Jahre Jüngeren in Rente waren. Fazit: Je höher der Anteil der Ruheständler in der Gruppe über 60, desto schlechter waren deren kognitive Fähigkeiten verglichen mit der jüngeren Gruppe.

Auch der Unterschied zwischen verschiedenen Ländern ist faszinierend. Frankreich beispielsweise war wegen seines frühen Renteneintrittsalters von 60 Jahren lange das Neidobjekt der Malocher der westlichen Welt. Doch dieser mutmaßliche Vorteil geht einher mit dem stärksten kognitiven Abbau unter den über 60-Jährigen aller Länder: 20 Prozent! Das bedeutet, dass französische Ruheständler 20 Prozent weniger intelligent sind als ihre zehn Jahre jüngeren Pendants.

Diese bahnbrechende Forschung belegt, dass Sie umso schlauer bleiben, je später Sie in Rente gehen. In den Vereinigten Staaten, wo das später geschieht als im Großteil der westlichen Welt, zeigte der kognitive Abbau das geringste Ausmaß: nur fünf Prozent. Ob Sie sie nun lieben oder hassen, die amerikanische Arbeitsethik verschafft uns einen kognitiven Vorteil. Bei jedem Vergleich, den Rohwedder und Willis anstellen, zählen die Vereinigten Staaten zu den Gewinnern, was die kognitiven Fähigkeiten der Menschen nahe dem Rentenalter betrifft.

Die Wissenschaft spricht ein klare Sprache: Je länger sich der Ruhestand hinauszögert, desto besser bekommt das Ihren geistigen Fähigkeiten. Dazu passt die erstaunliche Geschichte von Dr. Fred Goldman. Mit 100 Jahren war er der älteste noch praktizierende Arzt im US-Bundesstaat Ohio. Goldman stellte seit 1935 Diagnosen und verschrieb Medikamente. Obwohl er vor seinem Tod 2012 auf eine Drei-Tage-Woche reduziert hatte, liebte er seinen Beruf nach wie vor. Einer Zeitung gegenüber sagte er: »Arbeit ist Leben. Ich arbeite nach Bedarf. Wenn es nicht viel Bedarf gibt, gibt es nicht viel Arbeit. Glücklicherweise besteht der Bedarf. Ich glaube, ich kann den Menschen immer noch dienlich sein. Und ich kann die Arbeit immer noch machen. Es hat also keinen Sinn, an den Ruhestand zu denken.«

Dem können wir nur zustimmen.

Wenn Familien- und Freundeskreis schwinden

Ein weiteres Merkmal des Lebens der späten Jahre, welches das Arbeitsgedächtnis beeinträchtigen kann, ist die Verringerung unserer sozialen Kontakte. Joseph Coughlin, der Leiter des Age-Lab am MIT, erklärte der *New York Times*: »Eine der größten Herausforderungen oder Verluste, mit denen wir als ältere Erwachsene konfrontiert sind, hat ehrlich gesagt nichts mit der Gesundheit zu tun, sondern damit, dass unser soziales Netzwerk ausdünnt, weil unsere Freunde krank werden, unser Partner stirbt, Freunde sterben oder wir umziehen.« Coughlin trifft den Nagel auf den Kopf: Je älter wir werden, desto weniger Angehörige und Freunde bleiben uns. In kognitiver Hinsicht ist dies ein schwerer Schlag. Genau wie der Ruhestand einen kognitiven Abbau markiert, tut dies auch ein schrumpfender sozialer Kreis.

Beziehungen sind arbeitsgedächtnisintensiv. Auf jeden Fall erfordern sie ein gesundes Maß sowohl der Fähigkeit, sich in andere zu versetzen, als auch von Neuerfindungsbewusstsein. Sind Sie mit einem Partner (oder einer Partnerin) zusammen, muss Ihr Arbeitsgedächtnis dessen (oder deren) Wünsche, Meinungen und Gefühle ständig im Kopf behalten. Und jedem Freund (Freundin) oder Bekanntenkreis gegenüber müssen Sie eine etwas andere Fassade zeigen und angemessene Gesprächsthemen wählen. Mit Ihrem Leseclub beispielsweise reden Sie über den neuesten Roman und vergleichen ihn mit dem Buch, das Sie vorigen Monat gelesen haben. Wenn Sie sich mit Ihren Fußballkumpeln treffen, betrachten Sie Spielstrategien und diskutieren die Stärken und Schwächen jedes Spielers. Mit Ihren Reisegefährtinnen erleben Sie neue Sprachen, neue Kulturen und neue Speisen. All diese unterschiedlichen sozialen Zusammenhänge geben Ihrem Dirigenten Gelegenheit, eine andere Melodie zu spielen.

Je weniger Beziehungen Sie pflegen, desto weniger Gelegenheit bekommen Sie, Ihr Arbeitsgedächtnis auf Trab zu bringen. Da Ihr Dirigent weniger beansprucht wird als früher, kann er schließlich völlig vergessen, wie man Musik macht. Nehmen wir an, Sie hätten einen Golfkumpel namens Bob gehabt, der gerne Hochseeangeltouren unternahm. Während Sie Ihre 18 Löcher spielten, erzählte er Ihnen von den Marlins, die ihm entwischten, und von den heroischen Kämpfen zwischen Mann und Fisch. Sie haben eigentlich kaum Ahnung vom Angeln, doch jedes Mal, wenn Sie sich mit Bob unterhielten, konnten Sie erahnen, in welchen Bahnen das Gespräch verlaufen würde, und mit Hilfe Ihres Arbeitsgedächtnisses entsprechend antworten. Nun lebt Bob in einem Pflegeheim, und wenn Sie ihn besuchen, ist das Gespräch nie so lebhaft wie früher auf dem Golfplatz. Schließlich stellen Sie die Besuche bei Bob ein, doch als unerwartete Folge haben Sie nicht nur einen Kumpel verloren, sondern auch eine Gelegenheit, Ihr Arbeitsgedächtnis zu gebrauchen.

Immer mehr Forschungsergebnisse erhärten, dass ein kognitiver Abbau umso wahrscheinlicher wird, je weniger soziale Kontakte Sie nach Erreichen des Renteneintrittsalters haben. 2008 fanden Karen Ertel und ihre Mitarbeiter von der Harvard School of Public Health heraus, dass sich durch die schrumpfende Zahl sozialer Kontakte nach dem Renteneintritt unsere Fähigkeit verschlechtert, auf unser Gedächtnis zuzugreifen. Ihre Studie beruhte auf der Health and Retirement Survey, einer Umfrage unter 50-Jährigen und älteren US-Amerikanern. Diese Untersuchung hat Gewicht, denn sie umfasste eine große Zahl von Teilnehmern – mehr als 16 000 Erwachsene –, die überdies repräsentativ für die Bevölkerung insgesamt waren, was die Studie sehr zuverlässig macht.

Die Studienteilnehmer absolvierten am Telefon einen verzögerten Gedächtnistest. Sie hörten zehn bekannte Substantive und sollten danach eine Reihe von Fragen ohne Bezug zu diesen Wörtern beantworten. Nach fünf Minuten baten die Forscher die Erwachsenen, möglichst viele der Wörter wiederzugeben. Diese Aufgabe war zwar kein ausgesprochener Arbeitsgedächtnistest, doch sie forderte das Arbeitsgedächtnis der Probanden, weil sie die Substantive frisch im Gedächtnis behalten und sich trotzdem auf die korrekte Beantwortung der Fragen konzentrieren mussten. Aus den Reaktionen errechneten die Forscher einen kombinierten Gedächtniswert und wiederholten den Test im Verlauf von sechs Jahren vier Mal. Bei der Datenerhebung nutzten sie zudem die Gelegenheit, um auch die Qualität der Sozialkontakte der Teilnehmer zu beurteilen. Dazu stellten sie Fragen der folgenden Art:

- Sind Sie verheiratet?
- Sind Sie ehrenamtlich tätig?
- Reden Sie mit Ihren Nachbarn?
- Halten Sie Kontakt zu Ihren Kindern?
- Reden Sie mit Ihren Eltern?

Ertel und Mitarbeiter verglichen die Ergebnisse der kognitiven Tests mit denen der Sozialbefragung. Ihre Resultate dürften diejenigen Leser ermutigen, die Wert darauf legen, die Beziehungen zu Angehörigen und Freunden zu pflegen. Die oberen 25 Prozent der Erwachsenen mit den höchsten Werten für soziale Integration schnitten bei den kognitiven Tests über die Zeit viel besser ab als ihre Pendants mit niedrigen sozialen Werten.

Interessanterweise starteten beide Gruppen zu Beginn der Studie mit ähnlichen kognitiven Werten, gegen Ende jedoch schlugen sich die Unterschiede bei den Sozialkontakten in ihren kognitiven Fähigkeiten nieder. Allein lebende, isolierte Teilnehmer litten häufiger unter Anzeichen eines Gedächtnisabbaus, wie er mit Demenz einhergeht. Diese Forschung erteilt uns also unter anderem folgende Lektion: Wenn wir unser Denkvermögen einschließlich unseres Arbeitsgedächtnisses im Alter in Form halten möchten, dann sollten wir unsere sozialen Netzwerke pflegen und uns zahlreichen sozialen Aktivitäten widmen.

Es gibt noch viele weitere Dinge, die ebenfalls dazu beitragen können, den Arbeitsgedächtnisabbau aufzuhalten. Wenn Sie Ihr Arbeitsgedächtnis trainieren und die in den vorigen

Kapiteln vorgestellten Übungen zum Arbeitsgedächtnisaufbau machen, dann poliert das Ihre kognitiven Fähigkeiten auf. Vielleicht überrascht es Sie, aber auch die Ernährung kann dazu beitragen. Diesem Thema widmen wir uns ausführlicher in Kapitel 10. Zuerst jedoch präsentieren wir einige vorläufige, aber wichtige Forschungsergebnisse, die darauf hindeuten, dass ein gut in Form gehaltenes Arbeitsgedächtnis uns helfen kann, mit einer der Plagen des Alters fertigzuwerden: Schmerzen.

Schmerzbewältigung

Stellen Sie sich vor, Sie würden nach einem Leben voll harter Arbeit nicht mehr Ihre eigene Firma leiten, aber im Vorstand eines größeren Unternehmens sitzen. Heute steht die Entscheidung an, für oder gegen den Erwerb eines vielversprechenden Start-up-Unternehmens zu stimmen, bevor Ihr Hauptkonkurrent zuschlägt und es sich schnappt. Vor der Abstimmung müssen Sie die Finanzen des Kandidaten gründlich studieren. Doch Sie erwachen mit höllischen Zahnschmerzen, quälenden Rückenschmerzen oder einem unablässig pochenden kaputten Knie. Wie wird es wohl um Ihre Konzentration stehen, wenn Sie sich die Gewinn- und Verlustrechnungen des Unternehmens anschauen? Werden die Schmerzen Sie aus der Bahn werfen?

Schmerzen beeinträchtigen das Arbeitsgedächtnis, wie Bruce Dick und Saifudin Rashiq von der kanadischen University of Alberta vermuten. Sie legten 25 chronischen Schmerzpatienten den *Test of Everyday Attention* (TEA) vor. Dieser zeigt an, wie sehr der Schmerz die Konzentrationsfähigkeit beeinträchtigt. Bei einer der Aufgaben sollten die Probanden auf ein bestimmtes Bild tippen, wenn sie ein bestimmtes Geräusch hörten. Je nach ihrem Abschneiden relativ zu den Normwerten einer schmerzfreien Population wurden die Teilnehmer anschließend einer von drei Gruppen zugewiesen:

- Personen, deren Aufmerksamkeit nicht von Schmerzen beeinträchtigt war
- Personen, deren Aufmerksamkeit leicht von Schmerzen beeinträchtigt war
- Personen, deren Aufmerksamkeit stark von Schmerzen beeinträchtigt war

Dann legten Dick und Rashiq allen chronischen Schmerzpatienten einen Test des räumlichen Arbeitsgedächtnisses vor. Die Analyse der Resultate ergab, dass diejenigen, die der Schmerz beim Aufmerksamkeitstest am stärksten beeinträchtigt hatte, auch diejenigen mit dem leistungsschwächsten Arbeitsgedächtnis waren. Die Autoren sehen darin einen Beweis für einen Zusammenhang zwischen Schmerz und Arbeitsgedächtnis. Doch die Studienteilnehmer litten alle an chronischen Schmerzen. Statt also nachzuweisen, dass Schmerz das Arbeitsgedächtnis beeinträchtigt, hatten die Autoren eigentlich nur gezeigt, dass Menschen mit Aufmerksamkeitsproblemen auch bei einem Arbeitsgedächtnistest schlecht abschneiden. Der Schmerz hätte nur ein Zufallsfaktor sein können.

Will man wissen, ob Schmerz für Unterschiede im Gebrauch des Arbeitsgedächtnisses sorgt, müsste man diese Fähigkeit einer Person jeweils dann testen, wenn sie gerade Schmerzen empfindet und wenn sie schmerzfrei ist. Genau dies tat Christopher Sanchez von der Arizona State University in einer 2011 veröffentlichten Studie. Eines der Probleme, vor denen Sanchez stand, hat vielen Schmerzforschern über die Jahre zugesetzt: Wie fügt man Menschen Schmerz zu und erhält trotzdem grünes Licht vom Ethikkomitee?

Es lag auf der Hand, dass Sanchez nicht austeilen konnte wie ein Großinquisitor – kein Waterboarding, kein Feuer unter den Fußsohlen, keine Schläge mit einem dünnen Rohrstock. Er musste etwas finden, das Unbehagen auslöste, aber nicht zu viel. Stellen Sie sich seine Überraschung vor, als er während seiner Morgentoilette im Bad über die Lösung stolperte. Sanchez erzählte es uns persönlich: »Eines Morgens, nachdem ich Mundwasser verwendet hatte, fiel es mir wie ich merkte schwer ... die empfohlenen etwa 30 Sekunden Einwirkzeit zu zählen.« Der Schmerz durch das Mundwasser erschwerte die Konzentration. Heureka! Lass' sie den Mund mit Mundwasser spülen!

Sanchez legte 40 College-Studenten einen Arbeitsgedächtnistest vor und behielt diejenigen mit den höchsten und den niedrigsten Werten. Als Nächstes musste er dafür sorgen, dass das Mundwasser Schmerz verursachte. Er forderte die Studenten auf, den Mund 45 Sekunden damit zu spülen und dann ihren Schmerz auf einer Skala von 1 bis 10 zu bewerten. 1 entsprach der Situation, gemütlich im Sessel zu sitzen und sich seine Lieblingssendung im Fernsehen anzuschauen, 10, sich die Hand an einer heißen Pfanne zu verbrennen. Sanchez' Befunden zufolge nahmen beide Gruppen (hohe und niedrige Arbeitsgedächtniswerte) dasselbe Ausmaß von Schmerz wahr – etwa 4.

Um sicherzustellen, dass das Mundwasser und nicht das Spülen den Schmerz auslöste, ließ Sanchez die Studenten außerdem 45 Sekunden lang mit normalem Wasser spülen und den Schmerz beurteilen. Die Probanden stuften ihn auf der Schmerzskala bei 1 ein. Sanchez hatte schließlich eine ethisch zulässige Methode gefunden, um das Arbeitsgedächtnis mit und ohne Schmerzen zu testen: Die schmerzfreie Kapazitätsprüfung fand während des Spülens mit Wasser statt und die schmerzhafte mit Mundwasser.

Während des 45 Sekunden dauernden Spülens mussten sich die Studenten eine Liste mit 20 Wörtern einprägen, bei einer anderen Gelegenheit in derselben Zeitspanne möglichst viele einfache Algebraaufgaben lösen. Währenddessen mussten sie entweder mit dem Schmerz erzeugenden Mundwasser spülen oder mit Wasser. Wie Sanchez feststellte, beeinträchtigte der Schmerz die Leistung der Probanden mit besserem Arbeitsgedächtnis kaum, und sie schnitten fast genauso gut ab wie beim Spülen mit Wasser. Den Probanden mit dem schlechteren Arbeitsgedächtnis hingegen machte der Schmerz weit mehr zu schaffen: Ihre kognitiven Werte verschlechterten sich um 37 Prozent. Wenn die Versuchspersonen bei Schmerzfreiheit eine Eins erzielten, bekamen sie mit Schmerz eine Vier. Sanchez bewies also, dass ein gutes Arbeitsgedächtnis Ihnen hilft, am Schmerz vorbei zu arbeiten, und ein schlechtes Arbeitsgedächtnis bedeutet, dass Sie sich innerlich nicht darüber hinwegsetzen können.

Doch das Arbeitsgedächtnis kann mehr als Ihnen zu helfen, Schmerz mit einem Grinsen zu ertragen; es kann Ihnen sogar helfen, Schmerz zu ignorieren. Sollten Sie jemals durch die nebligen Straßen der belgischen Stadt Gent schlendern und dem sanftmütigen Psychologen Valéry Legrain über den Weg laufen, der Sie um die Teilnahme an einem Experiment bittet, dann machen Sie bloß, dass Sie wegkommen! 2011 wollte Legrain seinen Verdacht prüfen, dass Arbeitsgedächtnisaufgaben von Schmerzempfindungen ablenken könnten.

Er stellte seinen Teilnehmern zwei Aufgaben. Die erste war eine reine Aufmerksamkeitsaufgabe; die Probanden sollten auf einen Knopf drücken, wenn sie eine bestimmte Farbe, etwa blau, auf einem Bildschirm erblickten. Die zweite Aufgabe wandelte die erste in Richtung Arbeitsgedächtnis ab; die Probanden sollten den Knopf drücken, wenn sie eine Farbe sahen, die zuvor schon auf dem Bildschirm erschienen war. Unmittelbar vor dem Aufleuchten der Farben erhielten die Versuchspersonen einen leichten elektrischen Schlag oder einen Laserimpuls auf den Handrücken. Ersterer erzeugt die Empfindung, mit einem Finger am Arm berührt zu werden, letzterer simuliert einen Nadelstich und ruft geringfügigen Schmerz hervor. In 80 Prozent der Durchgänge erhielten die Probanden den leichten Schlag und in den restlichen 20 Prozent den schmerzhaften Impuls.

Bei der Analyse der Ergebnisse entdeckte Legrain, dass die Teilnehmer bei dem leichten Schlag beide Aufgaben relativ leicht bewältigen konnten; eine Berührung des Arms störte weder die Aufmerksamkeit noch das Arbeitsgedächtnis. Bei dem schmerzhaften Laserimpuls jedoch schnitten sie bei der Aufmerksamkeitsaufgabe schlechter ab als bei der Arbeitsgedächtnisaufgabe. Schmerz kann also Ihre Aufmerksamkeit stören, doch das Arbeitsgedächtnis kann Sie von dem Schmerz ablenken. Legrains Experiment zufolge widmen Sie Schmerzen größere

Aufmerksamkeit, wenn Ihr Arbeitsgedächtnis nichts zu tun hat. Nutzen Sie es jedoch aktiv, wie die Versuchspersonen für die zweite Aufgabe, dann beachten Sie den Schmerz nicht.

Die Experimente von Sanchez und Legrain kranken aber an einer Schwierigkeit: Aus ethischen Gründen konnten sie nicht an der Schmerzskala drehen. Können Sie sich den Sturm der Entrüstung vorstellen, wenn Legrain den Laser auf 10 hochgestellt hätte? Das ist ja auch gut so, aber was wir wirklich wissen wollen und was uns die Experimente nicht sagen können, ist, ob das Arbeitsgedächtnis auch bei stärkeren Schmerzen helfen kann. Wir vermuten, dass dem so ist, aber eine endgültige Antwort müssen weitere Forschungen liefern. Vorerst sprechen die vorhandenen Daten dafür, dass Ihr Dirigent dem Schmerz keine Aufmerksamkeit widmet, wenn er den Taktstock schwingt.

Die größte Angst überhaupt: den Verstand zu verlieren

Eine der größten Sorgen mit fortschreitendem Alter ist das Damoklesschwert der Demenz. Wird Ihr Denkvermögen Sie im Stich lassen, Sie Ihrer Erinnerungen, Ihrer Persönlichkeit und schließlich Ihres Lebens berauben? Heute leben weltweit etwa 29 Millionen Menschen mit Alzheimer-Krankheit (in Deutschland etwa 1,3 Millionen), der häufigsten Form von Demenz, und Schätzungen zufolge werden 2050 nicht weniger als 106 Millionen (2,6 Millionen) daran erkrankt sein. Je älter Sie werden, desto größer wird die Erkrankungswahrscheinlichkeit: Fast die Hälfte aller Menschen über 85 Jahre ist betroffen. Einige spannende Forschungsarbeiten haben erbracht, dass ein leistungsfähiges Arbeitsgedächtnis das Einsetzen von Alzheimer verhindern könnte, und obwohl diese Ergebnisse vorläufig sind und der Zusammenhang näher erforscht werden muss, halten wir sie für so vielversprechend und wichtig, dass wir sie hier vorstellen.

Neueren Forschungen zufolge zeigt das Gehirn mancher Menschen schon früh im Leben Anzeichen von Alzheimer. Die

Alzheimer-Krankheit beginnt in Schlüsselarealen des Gehirns. Diese schrumpfen mit der Zeit und beeinträchtigen die kognitiven Funktionen immer stärker. Eines der von Schrumpfung betroffenen Areale ist der für das Langzeitgedächtnis zuständige Hippocampus. Im Gehirn von Alzheimer-Patienten finden sich zudem weniger Synapsen sowie mehr Plaques (Ablagerungen zwischen den Nervenzellen) und Neurofibrillen (Proteinverklumpungen in den Nervenzellen) als in einem gesunden Gehirn.

Eine der größten unbeantworteten Fragen hinsichtlich Alzheimer lautet: Warum hat, wenn fast die Hälfte der 85-Jährigen betroffen ist, die andere Hälfte die Krankheit nicht? Warum fallen manche von uns der Krankheit zum Opfer, während andere verschont bleiben? Die Forscher denken bislang hauptsächlich in zwei Richtungen.

1. *Kognitive Reserve:* Dieser Theorie zufolge schafft eine gute Bildung einen kognitiven Puffer gegen die Krankheitssymptome. Stellen Sie sich das vor wie eine Altersvorsorge. Je mehr Geld Sie auf der hohen Kante haben, desto geringer ist die Wahrscheinlichkeit, dass Sie im Ruhestand finanziell zu kämpfen haben (nicht dass Sie ihn antreten sollten, natürlich).

2. *Lebensstil:* Diese Theorie besagt, dass Ihre Ernährung, Ihr Arbeitsplatz, Ihre Familienbeziehungen und Ihre sonstigen alltäglichen Gewohnheiten die Wahrscheinlichkeit beeinflussen, dass Sie erkranken oder gesund bleiben.

Zwar haben beide Erklärungen viel für sich, doch sie überzeugen nicht gänzlich, weil sie nicht direkt in den Blick nehmen, was wir für ein Schlüsselmerkmal von Alzheimer halten: ein schlechtes Arbeitsgedächtnis. Die Alzheimer-Krankheit ist im Grunde ein Gedächtnisproblem. Den Betroffenen fällt der Zugriff auf verschiedene Arten des Langzeitgedächtnisses schwer, darunter die folgenden:

- Episodisches Gedächtnis: Ereignisse, etwa ein tolles Essen oder ein schöner Urlaub
- Semantisches Gedächtnis: Fakten, etwa dass Paris die Hauptstadt von Frankreich ist
- Prozedurales (oder implizites) Gedächtnis: Tätigkeiten, etwa wie man einen Löffel benutzt, um Müsli zu essen

Einer der Gründe dafür, dass der Zugang zu diesen Erinnerungen blockiert ist, liegt darin, dass das Arbeitsgedächtnis stark geschwächt ist. Normalerweise durchsucht es das Langzeitgedächtnis nach Informationen, die für die gerade anstehende Aufgabe bedeutsam sind (etwa wo die Socken aufbewahrt werden oder wie Familienangehörige heißen). Die Beziehung zwischen Arbeits- und Langzeitgedächtnis ähnelt der zwischen einem Bibliothekar und einer Bibliothek. Wie ein Bibliothekar verschafft Ihnen das Arbeitsgedächtnis Zugang zu den in der Bibliothek gesammelten Büchern – oder Informationen – für die Lösung einer bestimmten Aufgabe.

Bei Alzheimer sind beide Elemente angegriffen: Der Bibliothekar hat Mühe, die Regale zu durchsuchen, und an den Büchern nagen die Würmer. Ein schrumpfendes Arbeitsgedächtnis wirkt sich nachteilig auf Ihre Fähigkeit aus, auf die Bücher zuzugreifen, die Bibliothek zu durchsuchen und das Benötigte zu finden und anzuwenden. Und wenn sich der Zustand der Bücher verschlechtert, lassen sich die Reste viel schwerer entziffern. Doch wie wir noch sehen werden, ist das Arbeitsgedächtnis ein derart dynamisches und anpassungsfähiges Instrument, dass es, wenn es stark bleibt und selbst wenn die Alzheimer-Krankheit Ihre Neuronen zerfrisst, tatsächlich verhindern kann, dass Sie die mit der Krankheit verbundenen kognitiven Symptome erfahren.

1986 wiesen Alan Baddeley und sein Team nach, dass bei Demenz- und Alzheimer-Patienten insbesondere das Arbeitsgedächtnis beeinträchtigt war. Dieser Meilenstein hätte eine Ära der wissenschaftlichen Erforschung des Zusammenhangs von Arbeitsgedächtnis und Alzheimer einleiten sollen, doch aus unbekannten Gründen führten relativ wenige Wissenschaftler diese Arbeit fort.

Elizabeth Kensinger und ihre Mitarbeiter vom MIT belebten Baddeleys Arbeit neu und untersuchten, ob bei Alzheimer-Patienten auch Anzeichen eines Arbeitsgedächtnisverlusts auftraten. Für ihre Studie gewann sie 22 Patienten, die 18 Monate zuvor die Diagnose »Alzheimer« erhalten hatten. Wie auch dieses Buch immer wieder zeigt, kann sich ein breites Spektrum von Faktoren auf das Arbeitsgedächtnis auswirken, und um sicherzustellen, dass die Ergebnisse der Patienten bei den Arbeitsgedächtnistests nicht von anderen gesundheitlichen Problemen beeinflusst wurden, untersuchten die Forscher alle Teilnehmer, um Alkoholismus, Herzkrankheiten, Krebs und andere neurologische Probleme in der Vorgeschichte auszuschließen.

Kensingers Forschungsgruppe bezog zudem mehr als 100 Erwachsene desselben Alters ohne Alzheimer-Symptome in ihre Studie ein. So stellte sie sicher, dass die Ergebnisse der Alzheimer-Patienten eine Folge ihrer Krankheit waren. Die Forscher gaben sich viel Mühe, um zu gewährleisten, dass sich die Gruppen nach Alter, Bildung und IQ nicht unterschieden.

Nun konnten sie beiden Gruppen eine Arbeitsgedächtnisaufgabe stellen. Sie verwendeten eine Lesekapazitätsaufgabe: Auf einem Bildschirm erschien ein Satz wie: »Der Junge aß vier Hamburger zu Mittag.« Die Teilnehmer lasen den Satz laut vor und sollten dann eine einfache Verständnisfrage beantworten. »Was aß der Junge?« Diese Prozedur durchliefen sie mit mehreren Sätzen hintereinander. Dann sollten sie das letzte Wort jedes Satzes wiedergeben. Wie sich zeigte, bewältigten die Alzheimer-Patienten diese Aufgabe weitaus schlechter als die gesunden Erwachsenen.

Kensingers Arbeit entzieht der Theorie der kognitiven Reserve den Boden, denn wenn sich die Patienten in Alter, IQ und Bildungsniveau glichen, hätten sie wahrscheinlich über annähernd dieselbe kognitive Reserve verfügen müssen. Doch trotz gleicher IQ-Werte bewältigt die eine Gruppe ihre Aufgaben in der Welt, und die andere kann sich nicht an den Namen der

Katze erinnern, die seit zwölf Jahren ihr Haustier ist. Eine mögliche Erklärung geht dahin, dass ihr schlechtes Arbeitsgedächtnis es ihnen erschwerte, auf die Sprache und das Wissen zuzugreifen, die sie für eine gute Leistung bei den kognitiven Tests benötigten.

Doch wie verhält es sich mit der Rolle des Lebensstils? Erklären alltägliche Gewohnheiten und Verhaltensweisen, warum manche Menschen den verheerenden Auswirkungen der Alzheimer-Krankheit zum Opfer fallen und andere sich ihre geistige Stärke bis in die Achtziger, Neunziger und darüber hinaus bewahren? Wir haben gezeigt, dass Ruhestand, Schmerz und Isolation sich negativ auf das Arbeitsgedächtnis auswirken können. Die Theorie einer direkten Verbindung zwischen Lebensstil und Alzheimer lässt sich jedoch viel schwerer überprüfen.

Es muss für Kensinger schon eine Herausforderung gewesen sein, eine Gruppe von Alzheimer-Patienten und Nichtbetroffenen, die sich in Bildung, IQ und allgemeinem Gesundheitszustand ähnelten, zusammenzubringen. Noch schwieriger ist es, eine ähnliche Gruppe mit exakt demselben Lebensstil aufzutreiben. Dazu muss man Menschen finden, die von ihrer Jugend bis ins hohe Alter unter praktisch denselben Bedingungen gelebt haben. Hört sich unmöglich an, nicht wahr?

Zum Glück für die Alzheimer-Forschung gibt es eine solche Gruppe: den katholischen Lehrerinnen-Orden der Armen Schulschwestern von Unserer Lieben Frau (School Sisters of Notre Dame). Diese Nonnen waren Versuchspersonen eines der berühmtesten und lang andauerndsten jemals durchgeführten wissenschaftlichen Forschungsprojektes. Die bahnbrechende »Nonnenstudie« zu Altern und Alzheimer ist eine Datenfundgrube, die Wissenschaftlern derzeit zu einem besseren Verständnis der Auswirkungen des Lebensstils auf das Alzheimer-Risiko verhilft.

Die Nonnenstudie ist zweifelsohne eine der meistzitierten Untersuchungen. Medien, Alzheimer-Organisationen und andere Forscher durchkämmen ihre Daten nach Aufschlüssen über die Krankheit. Auch uns hat die Studie gefesselt, doch wir haben eine spezielle Auffassung davon, was sie über das Alzheimer-Risiko offenbart. Bevor wir sie Ihnen darlegen, möchten wir erläutern, was uns diese bemerkenswerte Studie über den Lebensstil und die Möglichkeit, den Verstand zu verlieren, mitteilt.

Federführend bei der Nonnenstudie war der Wissenschaftler David Snowdon. 1986 gewann er dafür mehr als 600 Nonnen, alle vor 1917 geboren. Der Forscher betonte: »Die Schwestern in unserer Studie wiesen dieselbe Reproduktionsvorgeschichte und denselben Familienstand, ähnliche soziale Betätigungen und Unterstützung auf, sie rauchten nicht und tranken nicht übermäßig, hatten ähnliche Berufe, ähnliches Einkommen und ähnlichen sozioökonomischen Status, lebten in denselben Häusern, verzehrten in denselben Küchen zubereitete Mahlzeiten und hatten gleichen Zugang zu medizinischer Prävention und Versorgung.«

Falls der Lebensstil einen Unterschied ausmacht, hätten die Nonnen in relativ einheitlicher Weise an Alzheimer erkranken oder verschont bleiben müssen. Doch das war nicht der Fall. Einige von ihnen machten einen verheerenden Gedächtnisverlust durch, während andere sich ihre Geisteskräfte bis über das Alter von 100 Jahren hinaus bewahrten. Bei der Suche nach Hinweisen auf die Gründe dafür schauten Snowdon und sein Team in die Tagebücher, welche die Nonnen seit ihrem Eintritt ins Kloster gewissenhaft geführt hatten – mit deren Erlaubnis natürlich. Diese Tagebücher eröffneten einen faszinierenden Blick in den kognitiven Zustand der Nonnen, als sie gerade die 20 überschritten hatten.

Jede Nonne verfasste bei ihrem Eintritt ins Kloster eine Autobiographie. Gemeinsam mit seiner Kollegin Susan Kemper von der University of Kansas analysierte Snowdon diese Dokumente auf grammatische Komplexität der Sätze und Gedankendichte. Dann baten sie dieselben Nonnen, 58 Jahre später erneut eine Lebensbeschreibung zu verfassen; sie waren nun zwischen 75 und 87 Jahre alt. Aufgrund dieser Texte, ihrer grammatischen Komplexität und Gedankendichte teilten die Forscher die Nonnen in eine »hohe« und eine »niedrige« Gruppe ein. Es folgt ein Beispiel für die unterschiedlichen Schreibstile:

Niedrig: »Ich ziehe das Musikunterrichten jedem anderen Beruf vor.«
Hoch: »Nun wandele ich einher auf dem Pfad der Taube und warte darauf, obgleich nur noch drei Wochen, in die Fußstapfen meines Gemahls zu treten, an ihn gebunden durch die heiligen Gelübde von Armut, Keuschheit und Gehorsam.«

Diese sprachlichen Fähigkeiten lassen auf die Arbeitsgedächtniskompetenz schließen: je komplexer die Gedanken, desto größer die Verarbeitungskapazität. Vor allem Kemper sieht im Arbeitsgedächtnis eine wichtige kognitive Fähigkeit, die unabdingbar ist für das Schreiben. Ihrer Forschung zufolge beschränkt ein schlechtes Arbeitsgedächtnis bei gesunden Erwachsenen deren Fähigkeit, komplexe grammatische Konstruktionen zu entwickeln und zu gebrauchen, was im späteren Leben zu einem Niedergang der Sprachkompetenz führen kann. Bei einem der Tests, den die Nonnen absolvierten, ging es um die aufgeschobene Wiedergabe von Wörtern. Als Snowdon und Kemper die Nonnen nach Schreibstilgruppen getrennt betrachteten, zeigte sich, dass in der niedrigen Gruppe die Wahrscheinlichkeit für eine schlechte Leistung bei der Wortwiedergabe bis zu 15-fach höher war.

Doch damit endet die Geschichte nicht. Einige der Nonnen vermachten testamentarisch ihr Gehirn der Wissenschaft. Diese erstaunlich großzügige Tat verschaffte dem Team Einblick in die Neuropathologie der Alzheimer-Krankheit. Mehrere Nonnengehirne wiesen eine erhöhte Neurofibrillenmenge im Neocortex und im Hippocampus auf, die typischen Kennzeichen von Alzheimer. Als Snowdon und Kemper sich die Sprachpunktwerte aufgrund der frühen Tagebücher der Nonnen näher ansahen, stellten sie fest, dass diese allesamt ihre Gedanken einfacher ausgedrückt hatten als die Schwestern, in deren Gehirn sich keine so ausgeprägten Plaques und Proteinverklumpungen fanden.

Da nach Kempers Befunden das Arbeitsgedächtnis bei gesunden Erwachsenen mit der Sprachkompetenz zusammenhängt, vermuten wir, dass ein schlechtes Arbeitsgedächtnis bei den Nonnen das Alzheimer-Risiko steigerte. Andererseits zeigen neue bahnbrechende Forschungen, dass ein leistungsfähiges Arbeitsgedächtnis Sie vor den Symptomen schützen kann. Viele Jahre lang hielt man Alzheimer für ein kognitives Todesurteil. Wenn man die Krankheit bekommt, so die Überlegung, dann ist sie irreversibel und endet unausweichlich in Senilität. Doch die Nonnenstudie spricht dafür, dass nicht jeder Betroffene dazu verdammt ist, diesen Weg zu gehen.

Juan Troncoso, Leiter des Brain Resource Center an der School of Medicine der Johns Hopkins University, gelangte 2009 zu einer dramatischen neuen Wendung. Er filterte zunächst die Nonnen heraus, die ein Jahr vor ihrem Tod eine kognitive Testbatterie vollständig absolviert hatten. Zudem schloss er Nonnen mit mehrfachen Gehirnerkrankungen aus. Dann trennte er die Nonnen, in deren Testergebnissen sich die kognitiven Symptome von Alzheimer ausdrückten, von denen mit unauffälligen Testergebnissen.

Im nächsten Schritt sezierte er die Gehirne der Nonnen. Bei denjenigen mit Alzheimer-verdächtigen Testwerten fand er wie erwartet Proteinverklumpungen und Läsionen im Gehirngewebe. Als er jedoch die Gehirne der Nonnen mit normalen Testwerten unter die Lupe nahm, fiel ihm etwas sofort ins Auge: Fast die Hälfte wies die für Alzheimer typischen Läsionen auf. Das ist so, als hätte man einen gebrochenen Oberschenkel, könnte aber laufen – ein bemerkenswertes Ergebnis bei einer normalerweise so verheerenden Krankheit. Troncoso bezeichnet diesen Zustand als asymptomatische Alzheimer-Krankheit (ASYMAD, nach der englischen Bezeichnung), also wörtlich Alzheimer ohne deren kognitive Symptome, denn obwohl der Zustand des Gehirns der Betroffenen auf eine Demenz hindeutet, sind sie ihr irgendwie entgangen. Troncosos Entdeckung bedeutet, dass einige Erkrankte geistig dennoch so funktionieren, als wären die Fibrillen bei ihnen nicht vorhanden.

Troncoso wollte wissen, wie dies möglich war. Also ging er mit dem Mikroskop zu Werke und verglich die Gehirnzellen von ASYMAD-Nonnen mit denen von manifest an Alzheimer erkrankten. Wie sich zeigte, waren die Neuronen im Hippocampus der ASYMAD-Nonnen bis zu dreimal größer als diejenigen in Gehirnen ohne Alzheimer-Anzeichen. Troncoso vermutet in dieser Vergrößerung einen möglichen Hinweis darauf, dass die Nervenzellen sich selbst zu reparieren versuchen, etwa neue Schaltkreise bilden, um den Ausfall von Alzheimer-geschädigten Zellen wettzumachen. Es könnte sein, dass die Neuronen die kognitiven Funktionen durch Größenwachstum aufrecht zu erhalten vermögen, obwohl ein Großteil des Gehirns geschädigt ist.

Doch was bewirkt, dass einige Gehirne in dieser Weise reagieren und andere der Alzheimer-Krankheit gänzlich zum Opfer fallen? Eine aufregende Erklärungsmöglichkeit setzt am Arbeitsgedächtnis an: Je leistungsfähiger dieses ist, desto besser kann eine Person den kognitiven Verheerungen der Krankheit standhalten. Troncoso stützt sich auf Forschungen, wonach das Lernen neuer Inhalte – eine stark vom Arbeitsgedächtnis abhängige Fähigkeit – die Größe von Nervenzellen steigern kann. Die Nonnen, die bei der kognitiven Testbatterie gut abschnitten, müssen dazu mit Sicherheit ein gutes Arbeitsgedächtnis gehabt haben.

Als Troncoso die Tagebücher der ASYMAD-Nonnen in den Zwanzigern auswertete, fand er einen höheren Punktwert für die Gedankendichte: Die Verfasserinnen wussten mehr geistige Inhalte in einen kurzen Satz zu packen und ihn zugleich interessant zu gestalten. Dies spricht dafür, dass ein ausgezeichnetes Arbeitsgedächtnis dazu beitragen kann, den kognitiven Alzheimer-Symptomen in der späten Lebensphase zu entgehen. Troncosos Fazit dürfte für jeden, der sich vor Demenz fürchtet, ein Trost sein: Offenbar kommt diese Reaktion viel häufiger vor als zuvor angenommen. Allem Anschein nach können viele Menschen mit ASYMAD ein normales Leben führen, ohne auch nur zu ahnen, dass sich diese potentiell verheerenden Neurofibrillen in ihrem Gehirn ausgebreitet haben oder dass sie die Demenz durch kognitiv anspruchsvolle Betätigung abwehren.

Darüber hinaus vergrößerten sich die Neuronen der ASYMAD-Nonnen bis weit über die 90 hinaus, bei manchen sogar noch, als sie die 100 erreichten. Das zeigt, dass das Gehirn sogar in diesem hohen Alter noch positiv auf die gestellten Anforderungen anzusprechen vermag.

Diese Forschungen liefern zwar nur Hinweise, und es muss noch viel getan werden, um aufzuklären, wie das Arbeitsgedächtnis dazu beitragen könnte, die Symptome von Alzheimer hinauszuzögern, doch wir sind zuversichtlich, dass sich diese Erkenntnis bestätigen wird: Menschen mit einem leistungsfähigen Arbeitsgedächtnis können die von den Alzheimer-Neurofibrillen angerichteten Schäden ausgleichen. Dank Tracys *Alloway Working Memory Assessment*, das Wissenschaftlern einen standardisierten Arbeitsgedächtnistest bietet, ist es nur eine Frage der Zeit, bis die Zusammenhänge zwischen dem Arbeitsgedächtnis und der Alzheimer-Krankheit aufgedeckt werden.

In diesem Kapitel haben wir gesehen, wie sich das Arbeitsgedächtnis im Lauf des Lebens entwickelt und verändert, in den Dreißigern seinen Gipfelpunkt erreicht und sich dann fast unmerklich verschlechtert. Wir haben seine Rolle in unserer Entwicklung nachgezeichnet: von der Selbstbezogenheit des Kindes und Jugendlichen über die Entwicklung des Vermögens, sich in andere hineinzuversetzen, bis hin zum Neuerfindungsbewusstsein als Erwachsene und schließlich den Rückzug von Beruf und sozialen Anforderungen beim Renteneintritt. Wir haben gezeigt, dass ein gutes Arbeitsgedächtnis uns helfen kann, die mit dem Alter einhergehenden Probleme zu bewältigen, und dass es uns vor geistigem Verfall und vielleicht sogar den verheerenden Auswirkungen von Demenz bewahren kann. Als Nächstes werden wir die besten Forschungsergebnisse zum Nutzen von Arbeitsgedächtnistraining vorstellen. Zusätzlich führen wir wichtige Erkenntnisse darüber an, wie unsere Ernährung sich auf unsere

Geisteskraft auswirkt, und nennen die sieben entscheidenden Gewohnheiten, mit denen wir unser Arbeitsgedächtnis am besten auf Zack bringen können.

Arbeitsgedächtnisübungen

1. Probieren Sie den Rouge-Test aus
(für zweijährige Kinder)

Halten Sie Ihr Kind für diesen Test mit dem Gesicht Ihnen zugewandt und putzen Sie ihm mit einem Tuch die Nase. Tragen Sie dabei ein wenig roten Lippenstift (oder Rouge) auf seine Nase auf. Stellen Sie dann einen Spiegel vor das Kind und beobachten Sie, was es tut. Wenn es in dem Spiegelbild sich selbst erkennt, wird es versuchen, den roten Fleck von seiner Nase zu wischen.*

Was das Arbeitsgedächtnis angeht, so folgt aus der Berührung der eigenen Nase, dass es fähig ist, mit zwei Informationselementen zu arbeiten: dem Spiegelbild und dem Bild, das es von sich selbst im Kopf hat.

2. Prüfen Sie die Fähigkeit, sich in andere hineinzuversetzen,
mit der M&Ms-Aufgabe (für fünfjährige Kinder)

Mit diesem Test können Sie herausfinden, in welchem Umfang ein fünfjähriges Kind sich dessen bewusst ist, was andere denken:

1. Öffnen Sie in Abwesenheit Ihres Kindes vorsichtig eine große Packung M&Ms und tauschen Sie diese gegen einen Bleistift aus. Verschließen Sie die Tüte mit doppelseitigem Klebeband, so dass sie wie neu aussieht.

---

* Jens Asendorf von der Berliner Humboldt-Universität wandelte den Rouge-Test etwas ab. Er wollte sicherstellen, dass das Kind den roten Punkt auch wirklich wegwischen will. Also gab er ihm eine Puppe und bat es, ihm dabei zu helfen, einen roten Fleck unter deren Auge wegzuputzen. Wenn das Kind verstanden hatte, was es tun sollte, brachte Asendorf den roten Fleck in dessen Gesicht an und setzte die Puppe vor den Spiegel.

2. Zeigen Sie dem Kind die Packung und fragen Sie, was darin ist. Wahrscheinlich sagt es: »M&Ms.«

3. Öffnen Sie die Packung und zeigen Sie dem Kind, dass Sie einen Bleistift hineingesteckt haben. Um sicherzustellen, dass es sich merkt, was Sie ihm gezeigt haben, fragen Sie es, was Sie in die Tüte getan haben.

4. Fragen Sie jetzt das Kind, was sein Freund oder seine Freundin raten würde, würde man ihm oder ihr die Packung zeigen.

Antwortet das Kind »M&Ms«, vermag es sein Arbeitsgedächtnis zu nutzen und den Drang, »Bleistift« zu sagen, zu unterdrücken sowie sich die Perspektive seines Freundes oder seiner Freundin vor Augen zu halten. Antwortet das Kind »Bleistift«, hat es den Entwicklungsstand, auf dem es sich in die Lage eines anderen versetzen kann, noch nicht erreicht.

3. Feste Auszeiten nehmen (für berufstätige Erwachsene)

Schalten Sie Ihren Blackberry aus, wenn Sie Ihre Produktivität einschalten wollen. So lautet die Botschaft von Leslie Perlow von der Harvard Business School. Perlow wandte sich an die Boston Consulting Group, eine Unternehmensberatung der Spitzenklasse, und bat einen Teil der Mitarbeiter, an einem Abend pro Woche ihren Blackberry auszuschalten. Sie sollten unerreichbar sein.

Zuerst wurde diese feste Auszeit (FA) misstrauisch beäugt, doch bald sahen alle die Vorteile: Die Arbeitszufriedenheit der Mitarbeiter wuchs und, noch wichtiger für das Unternehmen, die Produktivität ebenfalls. Wir wissen, warum das so ist: Das ständige Bombardement mit Nachrichten kann das Arbeitsgedächtnis aushöhlen wie steter Tropfen den Stein, weil es ununterbrochen gefordert ist. Wenn Sie ihm gelegentlich eine wohlverdiente Pause gönnen, kann es sich regenerieren und sich für wichtigere Dinge neu aufladen.

FA-Regeln

- Schalten Sie mindestens einmal in der Woche abends Ihr Telefon aus; je öfter, desto besser.
- Teilen Sie anderen mit, dass Sie dann nicht erreichbar sind. Andernfalls machen Sie sich auf aufgebrachte Kollegen und Kunden gefasst!
- Entspannen Sie sich. Nutzen Sie die Gelegenheit, um den Stecker zu ziehen, das heißt, bleiben Sie weg vom Computer! Gehen Sie laufen, balgen Sie sich mit Ihrem Sohn oder lesen Sie Ihrer Tochter eine Geschichte vor.

4. Lassen Sie sich vom Rhythmus mitreißen
(für Erwachsene jeden Alters)

Schlagzeuger mögen nicht die einprägsamsten Mitglieder einer Band sein, aber sie sind möglicherweise die schlauesten. Rhythmus kommt den Arbeitsgedächtnisfunktionen entgegen, wie der japanische Psychologe Saturo Saito entdeckt hat. Als er Erwachsenen eine Zahlenliste gab, die sie sich einprägen und verarbeiten sollten, hing ihre Leistung bei dieser Arbeitsgedächtnisaufgabe eng damit zusammen, wie gut sie sich eine rhythmische Tonfolge zu merken vermochten. Wenn Sie Ihr Arbeitsgedächtnis fördern möchten:

- Lernen Sie, ein Instrument wie Schlagzeug zu spielen.
- Wenn Sie ein Lied hören, achten Sie auf den Takt und versuchen Sie, ob Sie ihn mit Löffeln auf Ihrem Oberschenkel oder Stiften auf einem Tisch oder den Zeigefingern auf Ihrem Schreibtisch mitspielen können.

5. Lernen Sie eine Fremdsprache
(für Erwachsene jeden Alters)

Wenn Sie Ihr *memoria del trabajo*, *mémoire de travail* oder *working memory* (Arbeitsgedächtnis) verbessern möchten, dann lernen Sie eine Fremdsprache. Der Forschung zufolge schneiden zweisprachige Menschen aller Altersgruppen bei einem ganzen Spektrum kognitiver Aufgaben, einschließlich des Arbeitsgedächtnisses, besser ab als einsprachige. Noch besser, Zweisprachigkeit schafft eine Art kognitiver Reserve, die Demenzsymptome abpuffern kann. Eine Studie von 2012 ergab, dass die kognitiven Funktionen zweisprachiger Erwachsener in den Frühstadien von Alzheimer länger erhalten blieben als die von Schicksalsgenossen, die nur eine Sprache beherrschten.

- Melden Sie sich zu einem Sprachkurs der Volkshochschule an.
- Entleihen Sie Fremdsprachen-CDs aus Ihrer Stadtbibliothek.
- Nutzen Sie das Internet, um fremdsprachige Artikel zu lesen. Eine unserer zweisprachigen Freundinnen bekommt Facebook-Meldungen von *Paris Match*, um ihr Französisch zu üben.

6. Gehen Sie nicht in Rente (für ältere Erwachsene)

Aufhören zu arbeiten = aufhören zu denken. Sie hören das vielleicht nicht gerne, aber es ist unabwendbar. Je früher Sie in den Ruhestand gehen, desto früher werden Sie Probleme kriegen, zwei und zwei zusammenzuzählen, desto früher landet Ihr Schlüsselbund im Eiswürfelbehälter, und desto früher setzen Sie sich dem Demenzrisiko aus. Bleiben Sie hingegen in reiferen Jahren produktiv, so trägt dies entscheidend dazu bei, Ihr Arbeitsgedächtnis in Topform zu halten. Die Anforderungen eines Berufs oder Ehrenamts zu erfüllen hält Ihr Arbeitsgedächtnis auf Trab, und das gibt Ihnen die Chance, Ihre Enkelkinder länger zu verwöhnen, als wenn Sie ganz und gar in den Ruhestand treten:

- Wenn Ihnen Ihre Arbeit Spaß macht, dann arbeiten Sie trotz Erreichen der Altersgrenze weiter.
- Wenn Sie es kaum erwarten können, den Hammer fallen zu lassen, dann gehen Sie, aber suchen Sie sich eine andere Betätigung, die Ihnen Freude macht.

- Gehen Sie regelmäßig einer ehrenamtlichen Tätigkeit nach.
- Betätigen Sie sich auf Ihrem früheren Arbeitsgebiet als Mentor junger Leute.
- Engagieren Sie sich in Ihrer Gemeinde.

8
Arbeitsgedächtnistraining Grundkurs

Das Aufregendste an unserem Arbeitsgedächtnis ist – wie bahnbrechende Forschungen von uns selbst und anderen belegen –, dass es sich verbessern lässt. In den folgenden Kapiteln werden wir verschiedene Ansätze, wie Sie Ihrem Arbeitsgedächtnis auf die Sprünge helfen können, unter die Lupe nehmen: Training, bestimmte alltägliche Gewohnheiten und Strategien sowie Tipps und Tricks von »Übermenschen« mit einem außergewöhnlichen leistungsfähigen Arbeitsgedächtnis. In diesem Kapitel befassen wir uns mit der aktuellen Schwemme von Gehirntrainingsbüchern, -programmen und -Websites, die eine Vielzahl von Methoden zur Schärfung der Geisteskraft propagieren, darunter Kreuzworträtsel, Wort- und Silbenrätsel, logische Probleme, Sudoku, Videospiele und computergestützte Denksport-Spiele.

All diese Gehirntrainingsmethoden mögen zwar irgendeine Form von kognitivem Nutzen bringen, doch sie fördern nicht unbedingt das Arbeitsgedächtnis. Deshalb werfen wir einen Blick auf die empirischen Daten zu ihren Wirkungen und untersuchen, ob sie speziell beim Arbeitsgedächtnis Verbesserungen bringen. Einige dieser Produkte und Methoden zielen auf eine spezielle kognitive Fähigkeit, andere suchen die Gesundheit des Gehirns insgesamt zu stärken, und eine neue Kategorie widmet sich speziell der Stärkung des Arbeitsgedächtnisses. Bei der Bewertung ihrer Wirkungen auf das Arbeitsgedächtnis, wenn sie denn welche haben, ließen wir uns von zwei Kriterien leiten:

- Welche Fähigkeiten verbessern sich?
- Wie lange hält die Verbesserung an?

Welche Fähigkeiten verbessern sich?

Wenn wir untersuchen wollen, welche Fähigkeiten im Einzelnen verbessert werden, müssen wir etwas berücksichtigen, was die Psychologen als »Transfereffekt« bezeichnen. Verbessert ein Gehirntrainingsspiel nur Ihre Leistungen in diesem Spiel oder erlernen Sie Fähigkeiten, die sich auf andere Lebensbereiche übertragen? Man unterscheidet zwei Arten von Transfer: *Nahtransfer* und *Ferntransfer*.

- *Nahtransfer* bedeutet, dass Sie durch die Verbesserung bestimmter Fertigkeiten in einem Spiel auch Verbesserungen in eng benachbarten Bereichen erzielen. Stellen Sie sich das so vor: Wenn Sie zwei Monate lang Beinheben üben und die Kraft in Ihren Beinen steigern, werden Sie Kniebeugen mit höheren Gewichten machen können. Wenn Sie ein Spiel zum Training des Arbeitsgedächtnisses spielen, werden Sie in einem Arbeitsgedächtnistest besser abschneiden.
- *Ferntransfer* bedeutet, dass Sie sich durch das Training spezieller Fähigkeiten auch in anderen Bereichen verbessern, die weit von der trainierten Fähigkeit entfernt sind. Wenn Sie beispielsweise Beinheben trainieren, schaffen Sie auch viel schnellere Sprints. Wenn ein Arbeitsgedächtnistrainingsprogramm wie *Jungle Memory* Ihre Noten verbessert, dann nennt man das Ferntransfer.

In diesem Kapitel befassen wir uns mit den möglichen Nah- oder Ferntransfereffekten einiger Trainingsprogramme.

Das andere Schlüsselkriterium bezieht sich darauf, ob erzielte Verbesserungen kurzlebig sind oder lange anhalten. In manchen Fällen gehen Verbesserungen schlicht und einfach darauf zurück, dass das Programm etwas Neues ist, und halten nicht an; andere Übungsprogramme jedoch zeitigen offenbar langfristige Verbesserungen. Behalten wir diese Punkte im Hinterkopf und werfen nun einen Blick auf die verschiedenen Trainingsmethoden.

Spitzen Sie den Bleistift für die Rätselseite

Kreuzworträtsel, Logikaufgaben, Worträtsel und Sudoku mögen nicht das Allermodernste auf dem Gebiet des Gehirntrainings sein, doch all das hält Sie erwiesenermaßen geistig fit – und das ist immer gut. Insbesondere Sudoku macht diesbezüglich Schlagzeilen. Wissenschaftler ergründen jetzt das Ausmaß seines Nutzens, und die Antwort sieht für Sudokuverlage sehr gut aus. Jeremy Grabbe von der State University von New York unterzog diese Vermutung 2012 einem Test. Er suchte sich zwei Gruppen Freiwilliger – eine in den Zwanzigern und eine andere in den Sechzigern – und ließ sie Sudokus und Arbeitsgedächtnisaufgaben lösen, etwa Zahlen in umgekehrter Reihenfolge wiedergeben.

Nach Grabbes Feststellungen erzielten die Probanden, die bei den Sudokus besser waren, 50 Prozent höhere Arbeitsgedächtniswerte als diejenigen, denen die Sudokus schwerfielen. Dieser Zusammenhang trat sowohl in der jüngeren als auch in der älteren Gruppe zutage. Doch wir können nicht sagen, ob nun Menschen mit gutem Arbeitsgedächtnis bei Sudoku einfach besser abschneiden oder ob Sudoku das Arbeitsgedächtnis verbessert, weil Grabbe nicht direkt untersuchte, ob das Lösen von Sudokus mit der Zeit zu Verbesserungen des Arbeitsgedächtnisses führt. Dennoch spricht der Umstand, dass ein Zusammenhang zwischen beidem besteht, dafür, dass Sudoku möglicherweise als nützliches Instrument des Arbeitsgedächtnistrainings dienen könnte.

Können Videospiele dem Arbeitsgedächtnis wirklich etwas bringen?

Das Meiste, was wir über Videospiele hören, ist schlichtweg niederschmetternd. Manche Jugendliche und Erwachsene vergeuden Stunden an der Spielekonsole, offenbar zum Schaden ihrer Beziehungen, ihrer Arbeit oder ihrer Schulaufgaben und ihres emotionalen Wohlbefindens. Doch Videospiele sind nicht durch und durch schlecht. Forscher haben herausgefunden, dass sie einen gewissen Nutzen für Ihr Gehirn haben, obwohl es keine überzeugenden Beweise dafür gibt, dass sie Ihr Arbeitsgedächtnis verbessern. Die Wissenschaftler unterscheiden bei diesen Spielen gewöhnlich drei Kategorien:

- Einfache Spiele wie *Tetris* und *Donkey Kong*
- Spiele zum allgemeinen Gehirntraining
- Strategiespiele, die strategisches Denken, Planen, Problemlösen und Konzentration in einer komplexen virtuellen Umgebung erfordern, wie *Rise of Nations* oder *Medal of Honor*, ein für die Wahrnehmung anspruchsvolles Spiel, zu dem es gehört, vielfältige Bedrohungen zu erkennen, Nachschub ausfindig zu machen und sich in Feindesland zurechtzufinden.

Einfache Spiele

Manche einfachen Spiele bieten Nahtransfereffekte – sie verbessern auch eng damit zusammenhängende Fähigkeiten. Wenn Sie beispielsweise *Tetris* spielen, bei dem Sie Bausteine verschieben und drehen müssen, um sie zusammenzufügen, verbessern Sie sich auch bei Aufgaben, bei denen Sie einen Gegenstand im Geist drehen müssen. Klingt plausibel, nicht wahr? In dem Mario-Brothers-Spiel *Donkey Kong* muss der Spieler schnell reagieren, um seine Figur über Löcher springen und Fallgruben vermeiden zu lassen. Dieses schnelle Denken im Spiel zieht Verbesserungen in Reaktionszeittests nach sich. Es ist zwar toll, dass diese einfachen, unterhaltsamen Spiele einen gewissen kognitiven Nutzen haben, doch die bislang vorliegenden Daten sprechen dafür, dass es sich dabei vorwiegend um Nahtransfereffekte handelt.

Allgemeine Gehirntrainingsspiele

Allgemeine Gehirntrainingsspiele sind recht umfassend wissenschaftlich untersucht worden. Mit diesen Programmen können Sie am Computer spielerisch verschiedene Aufgaben lösen, etwa in Form von Gedächtnisspielen, Mathematikproblemen, Logikrätseln, Silbenrätseln und visuellen Wahrnehmungsspielen. Doch fördern solche Online-Spiele die kognitiven Fähigkeiten, insbesondere das Arbeitsgedächtnis? Das ist die Frage, die sich verschiedene Forscher in den Vereinigten Staaten wie in Europa stellten.

Um sie im Hinblick auf Kinder zu beantworten, verglich der französische Psychologe Alain Lieury den Nutzen eines Gehirntrainingprogramms von Nintendo mit den guten alten Papier- und-Bleistift-Ratespielen, etwa der Entschlüsselung codierter Botschaften, dem Vergleich identischer Figuren oder der Suche nach Unterschieden zwischen zwei Bildern. Bei einer großen Gruppe Zehnjähriger fand Lieury keinen größeren Nutzen des computergestützten Programms für das Arbeitsgedächtnis gegenüber den Papier-und-Bleistift-Spielen. In einer Folgestudie 2010 stellte er fest, dass sich die Arbeitsgedächtniswerte von Erst- und Zweitklässlern nach sechswöchigem Training mit dem Programm nicht verbessert hatten. Es trat kein Ferntransfereffekt in Bezug auf das Arbeitsgedächtnis auf.

Der amerikanische Psychologe Phillip Ackerman gewann 2010 Erwachsene zwischen 50 und 71 Jahren für eine Studie und ließ sie vier Wochen lang mit dem Gehirntrainingsprogramm von Nintendo üben. Er testete zwar bei seinen Versuchspersonen nicht eigens das Arbeitsgedächtnis, fand jedoch trotz dieses intensiven Trainings keine Verbesserungen in verschiedenen kognitiven Tests wie Sätze ergänzen, verbale Analogien oder Aufgaben mit Zeitbegrenzung.

Kürzlich ließ der japanische Forscher Rui Nouchi Erwachsene im siebten und achten Lebensjahrzehnt vier Wochen lang fünfmal wöchentlich mit einem Gehirntrainingsprogramm von Nintendo üben. Seiner 2012 erschienenen Studie zufolge verbesserten sich die Probanden leicht in kognitiven Tests wie der Koordination motorischer Fertigkeiten, doch in Arbeitsgedächtnistests trat kein Zuwachs auf; er prüfte das, indem er die Versuchspersonen Zahlen in umgekehrter Reihenfolge wiedergeben ließ. Insgesamt gesehen mögen Sie an den verschiedenen allgemeinen Gehirntrainingsprogrammen zwar Vergnügen finden und vielleicht sogar immer besser darin werden, doch den vorliegenden Daten zufolge verbessert sich das Arbeitsgedächtnis durch das Üben mit diesen Programmen nicht.

Strategiespiele

Strategische Videospiele erfordern Planung, Konzentration und Problemlösen in hohem Maße, und erste Forschungen deuten darauf hin, dass sie die kognitiven Fähigkeiten sowohl jüngerer als auch älterer Erwachsener verbessern können. Eine Studie ergab, dass geübte *Medal-of-Honor-* oder *Rise-of-Nations*-Spieler über bessere Aufmerksamkeit verfügten, schneller auf bewegte Objekte reagierten und Objekte im Geist schneller zu drehen vermochten als Nichtspieler. Falls Sie sich je einem kognitiven Test unterzogen haben, kennen Sie vielleicht diese Aufgaben, bei denen Sie einen Buchstaben oder eine Form erblicken, sie in Ihrer Vorstellung um ihre Achse drehen sollen und beurteilen müssen, ob der Buchstabe oder die Form daneben damit identisch ist oder nicht.

Mentaler Rotationstest: Im ersten Beispiel sind die Bilder des Buchstabens F nach der Drehung gleich, im zweiten Beispiel ist das nicht so.

In einem Experiment von 2012 sollten ältere Erwachsene *World of Warcraft* spielen. Bei diesem Onlinespiel schlüpfen die Teilnehmer in die Rolle einer Phantasiefigur und tun sich mit anderen Spielern zusammen, um sich in einer virtuellen Welt auf Schatzsuche zu begeben, heroische Schlachten zu schlagen und Ungeheuer zu besiegen. Die Forscher wählten dieses Spiel, weil es kognitiv anspruchsvoll ist: Die Spieler müssen im Rahmen der speziellen Fähigkeiten ihrer Phantasiefigur handeln, mittels Textbeschreibungen und visueller Karten an neue Orte in der virtuellen Welt gelangen, schnell auf sich ständig ändernde Bildschirmanzeigen reagieren, die Gesundheit ihrer Figur berücksichtigen und selektiv Informationen auf dem Bildschirm ignorieren, die sie vom Erreichen ihres Ziels abhalten könnten.

(Es ist nicht ohne Ironie, die Studienteilnehmer ausgerechnet *World of Warcraft* spielen zu lassen, bedenkt man sein in Kapitel 4 angesprochenes Suchtpotential.) Die Trainingsgruppe spielte es mehrere Wochen lang täglich je eine Stunde, die Kontrollgruppe spielte nicht. Leider prüften die Forscher nicht direkt das Arbeitsgedächtnis, weshalb wir keine Schlüsse hinsichtlich der Wirkung des Spiels darauf ziehen können. Aufschlussreich ist jedoch, dass die Spieler bessere Werte beim Stroop-Test erzielten, der mit dem Arbeitsgedächtnis zusammenhängt. Bei diesem Test liegt eine Farbbezeichnung, etwa das Wort *blau*, in einer anderen Farbe, die von der in der Bezeichnung genannten abweicht, also etwa rot gedruckt vor. Die Probanden sollen diese Farbe nennen – in unserem Fall wäre »rot« die richtige Antwort – statt das Wort *blau* zu lesen. Diese Aufgabe erfordert den Einsatz des Arbeitsgedächtnis-Dirigenten, um die Anweisung im Kopf zu behalten und die Farbe statt des Wortes wiederzugeben. Das Studienergebnis spricht auch für positive Auswirkungen auf das Arbeitsgedächtnis, und es wäre wertvoll, das einmal speziell zu überprüfen.

Was bedeutet nun all das? Im Allgemeinen können manche Videospiele oder ein allgemeines Gehirntrainingsprogramm einige kognitive Fähigkeiten wie Reaktionszeit und mentale Rotation fördern. Es gibt aber keine Beweise für eine direkte Verbesserung des Arbeitsgedächtnisses.

Arbeitsgedächtnistraining

Im Gegensatz zu den gerade betrachteten Methoden beruhen die Übungen und Empfehlungen in unserem Buch auf unseren Forschungen und den allgemeineren Erkenntnissen über das

Arbeitsgedächtnis, und sie wurden eigens zu dem Zweck entworfen, die Leistungsfähigkeit Ihres Arbeitsgedächtnisses zu steigern.

Ross gründete ein Unternehmen zur Vermarktung von *Jungle Memory*, einem Trainingsprogramm für Kinder und Jugendliche. Dieses computergestützte Programm stärkt den Dirigenten in vielfältiger, spielerischer Weise, etwa durch:

- Ein Spiel, das die räumlichen Fähigkeiten trainiert
- Mentale Verarbeitungsspiele mit Wörtern und Buchstaben
- Ein Spiel, bei dem es um das Lösen mathematischer Probleme geht
- Spiele, bei denen es darauf ankommt, aufmerksam zu sein

Der Schwierigkeitsgrad der Spiele nimmt zu, je weiter die Schüler in dem Programm vorankommen, sodass ihr Arbeitsgedächtnis in zunehmendem Maße gefordert wird. Klinische Versuche weisen für *Jungle Memory* sowohl Nah- als auch Ferntransfereffekte nach. Wie wir noch genauer beschreiben werden, traten bei Schülern, die regelmäßig mit *Jungle Memory* übten, deutliche Verbesserungen des Arbeitsgedächtnisses auf (Nahtransfer). Und das ist noch nicht alles: Ihre Punktwerte bei Wissenstests, etwa in Sprachen oder Mathe, verbesserten sich ebenfalls (Ferntransfer). Eine Lehrerin, die *Jungle Memory* bei ihren Schülern eingesetzt hatte, teilte uns mit, dass ein Schüler, der seit Jahren Probleme mit dem Lesen hatte, sich nach dem Training um drei Stufen verbesserte.

Das ist kein Einzelfall. Viele Lehrer, Eltern und Schulpsychologen berichteten, dass Kinder nach dem Üben mit dem Programm in vielerlei Hinsicht Fortschritte zeigten. Eine Lehrerin war begeistert, weil ihre Schüler nicht nur bessere Noten erzielten, sondern auch im Unterricht besser aufpassten. Eine Mutter gab an, ihr Kind könne sich Dinge, die sie mehrere Tage zuvor geäußert habe, jetzt besser merken. Einem anderen Lehrer fiel ein deutlicher Unterschied in der Konzentrationsfähigkeit und Aufgabenbewältigung der Schüler auf. Und viele bemerkten eine allgemeine Zunahme des Selbstvertrauens und der Lernmotivation von Jugendlichen.

Die Trainingsfortschritte durch *Jungle Memory* scheinen überdies von Dauer zu sein. Klinische Tests ergaben bislang, dass diese Verbesserungen über einen längeren Zeitraum bestehen bleiben – für mindestens acht Monate. Am Ende dieses Kapitels erfahren Sie, wie Sie eine kostenlose Probeversion von *Jungle Memory* bekommen, damit Ihr Kind es ausprobieren kann.

Tracy hat die Wirkungen von *Jungle Memory* in mehreren klinischen Tests geprüft. Eines der aufregendsten Resultate war, dass das Training offenbar Ferntransfereffekte bewirkt. Tracy testete *Jungle Memory* in einer Gruppe von Schülern mit Lernschwierigkeiten. Um sicherzustellen, dass Verbesserungen des Arbeitsgedächtnisses und der Noten auf das Training zurückgingen, nahmen wir auch eine Kontrollgruppe hinzu. Sie erhielt Nachhilfeunterricht in Englisch und Mathematik, der sie dazu motivierte, ihr Bestes zu geben. Beide Gruppen wurden vor und nach dem Training getestet.

Als Tracy das Arbeitsgedächtnis, den IQ und die Schulleistungen beider Gruppen vor dem jeweiligen Training ermittelte, lagen diese gleichauf. Dieser Nachweis war wichtig, denn er lieferte eine solide Grundlage dafür, mögliche Verbesserungen der Testwerte der Schüler auf das Training zurückzuführen und nicht auf unterschiedliche Ausgangsniveaus.

Nach achtwöchigem Training mit *Jungle Memory* in der einen Gruppe und Nachhilfeunterricht in der anderen testete Tracy sie erneut. Die Unterschiede zwischen den beiden Gruppen waren dramatisch. Die *Jungle Memory*-Gruppe zeigte einen sprunghaften Anstieg ihrer Arbeitsgedächtnisleistung von fast zehn Prozent, die Nachhilfegruppe dagegen überhaupt keinen. Die Verbesserung des Arbeitsgedächtnisses gilt als Nahtransfereffekt, da *Jungle Memory* das Arbeitsgedächtnis trainieren soll.

Doch wie steht es mit dem Ferntransfer? Verbesserte *Jungle Memory* mehr als nur das Arbeitsgedächtnis? Ja. Die *Jungle Memory*-Gruppe verbesserte sich auch in ihren sprachlichen und rechnerischen Fähigkeiten. Beispielsweise stieg ihre Buchstabierleistung um fast zehn Standardpunkte, was der Verbesserung von Drei auf Zwei oder von Zwei auf Eins entspricht. Dagegen schnitt die Nachhilfegruppe nach acht Wochen nicht wesentlich besser ab.

Um zu ermessen, wie dramatisch die Verbesserung durch das *Jungle Memory*-Training ausfiel – fast zehn Punkte in Wissenstests –, muss man sie mit der vieldiskutierten Steigerung der IQ-Werte in den vergangenen 50 Jahren in Relation setzen. Der nachgewiesene Anstieg beträgt aber lediglich etwa drei Punkte pro Jahrzehnt. Man vergleiche das mit der dramatischen Steigerung der Arbeitsgedächtnisleistung nach nur acht Wochen Training mit *Jungle Memory*.

Tracy hat diese Arbeit seither durch eine Folgestudie ergänzt und untersucht, ob ein *Jungle Memory*-Training auch das Arbeitsgedächtnis von Schülern mit Dyslexie und Autismus verbessern kann. Auch hier gelangte sie zu aufregenden Ergebnissen: Schüler, die regelmäßig mit *Jungle Memory* übten, verbesserten ihr Arbeitsgedächtnis fünfmal mehr als solche, die nur einmal pro Woche trainierten. Ihre sprachlichen und mathematischen Leistungen verbesserten sich ebenfalls: Sie schnitten sowohl bei einem Buchstabier- als auch bei einem Mathetest viermal besser ab als ihre Kameraden, die nur einmal pro Woche geübt hatten.

Das allerspannendste Resultat aber erhielt Tracy acht Monate später beim erneuten Testen derselben Schüler. Sämtliche Verbesserungen, die sie erreicht hatten, waren erhalten geblieben – obwohl sie in der Zwischenzeit nicht trainiert hatten. Dieser Erhaltungseffekt legt nahe, dass die Schüler langfristige Vorteile für ihr Arbeitsgedächtnis erzielt hatten.

Eine wichtige Frage für die weitere Erforschung der Trainingswirkungen lautet, wie vorteilhaft ein Training für Erwachsene ist. Wie wir in Kapitel 7 beschrieben haben, durchläuft das Gehirn zwischen Kindheit und Erwachsenenalter viele Stadien, weshalb die Trainingszuwächse bei Erwachsenen anders ausfallen könnten. Bislang bezog sich ein Großteil der Forschung zur

Wirksamkeit von Arbeitsgedächtnistraining entweder auf Schulkinder oder auf ältere Erwachsene. Dies geschah aus dem Grund, dass Arbeitsgedächtnistraining bislang weitgehend auf Personen mit dringenden kognitiven Bedürfnissen zielte, etwa Schüler mit Lernbehinderungen oder ältere Erwachsene mit kognitiven Leistungseinbußen. Doch es gibt eine wichtige Studie, die auch bei Erwachsenen vielversprechende Anzeichen einer Wirksamkeit des Trainings fand.

2008 veröffentlichte Susanne Jaeggi von der University of Michigan einen Artikel, in dem sie nachwies, dass ein Arbeitsgedächtnistraining bei Erwachsenen die Werte sowohl in einem Arbeitsgedächtnistest als auch einem allgemeinen Intelligenztest verbessern konnte. Die Über-20-Jährigen in diesem Versuch übten sich in der sogenannten »dual-n-back«-Aufgabe, bei der zwei unterschiedliche Reizvorlagen auf einmal zu verarbeiten sind: An mehreren möglichen Stellen eines Bildschirms werden Quadrate gezeigt, und gleichzeitig sollen Buchstaben laut gelesen werden. Die Teilnehmer müssen sich bestimmte Orte und Buchstaben nach ihrem Platz in der Abfolge rasch einprägen und erkennen (also etwa visuelle und auditive [»dual«] Elemente, die »n Plätze zurück« gezeigt wurden). Das beansprucht das Arbeitsgedächtnis, weil sie zwei getrennte Arten von Information behalten und damit arbeiten müssen. Die Aufgabe ist das kognitive Gegenstück zu beidhändigem Arbeiten in der Küche: Mit der einen Hand wenden Sie einen Pfannkuchen und mit der anderen verrühren Sie Eier zu einem Omelett – Multitasking auf Steroiden.

Die Probanden übten die »n-zurück«-Aufgabe acht, zwölf, 17 oder 19 Tage lang. Je besser sie wurden, desto schwierigere Variationen der Aufgabe mussten sie in Angriff nehmen. Ihr Arbeitsgedächtnis wurde also ständig gefordert. Alle vier Teilnehmergruppen verbesserten sich nach dem Training im Test des logischen Denkens. Die Studie wies sogar einen Effekt der Trainingsdauer nach: Die Probanden, die am längsten geübt hatten, zeigten die größten Verbesserungen. Jaeggis Arbeit spricht überdies dafür, dass das Training nicht nur einen Nahtransfer, sondern auch einen Ferntransfer bewirkte. Die Trainingsaufgabe hatte keinerlei Ähnlichkeit mit dem Test des logischen Denkens, doch sie steigerte die Leistungen der Versuchspersonen auch in diesem.

Man muss jedoch erwähnen, dass nicht einhellig Optimismus hinsichtlich des Nutzens von Arbeitsgedächtnistraining herrscht. So wenden Zach Shipstead und seine Mitarbeiter Thomas Redick und Randall Engle ein, dass eine Reihe methodischer Probleme den behaupteten Nutzen von Arbeitsgedächtnistraining in Frage stellt: Meist sind keine Kontrollgruppen ins Training einbezogen, es gibt kaum objektive Maße für die Verbesserungen, die verwendeten Arbeitsgedächtnistests sind nicht zuverlässig, und die Nutzeffekte ließen sich nicht reproduzieren. Jedoch trägt Jaeggi diesen Einwänden in ihren Nachfolgestudien Rechnung und unterzieht ihre Kontrollgruppen einem nicht auf das Arbeitsgedächtnis bezogenen Training (damit sich jeder mögliche Nutzen unmittelbar dem Arbeitsgedächtnistraining zuschreiben lässt). Zudem verwendete sie objektive Maße der Verbesserung wie standardisierte Tests. Obwohl sie die Kritik berücksichtigte, konnte sie ihren Erfolg mit dem Arbeitsgedächtnistraining erneut wiederholen.

Tracy verwendete in ihren veröffentlichten Studien mit *Jungle Memory* Kontrollgruppen und eine Reihe objektiver und standardisierter Tests zur Messung der Arbeitsgedächtnisleistung sowie Schulnoten. Darüber hinaus gelang es ihr, die Verbesserungen durch das *Jungle-Memory*-Training in zwei getrennten klinischen Studien zu reproduzieren.

Die wachsende Menge empirischer Daten, einschließlich unserer eigenen, zeigt unseres Erachtens, dass die Vorteile eines Arbeitsgedächtnistrainings auf der Hand liegen. Weitere Forschungen untersuchen gegenwärtig die möglichen Vorteile für andere Gruppen, etwa Menschen mit Sprachschwierigkeiten oder Down-Syndrom. An manchen Schulen wird *Jungle Memory* im Unterricht eingesetzt, und die Schüler profitieren enorm davon. So stellte eine Förderschule für dyslektische Kinder in Großbritannien eigene interne Versuche mit *Jungle Memory* an. Die

Schüler zeigten deutliche Verbesserungen in objektiven Lesetests.

Die Forschung zum Arbeitsgedächtnistraining ist in vollem Gang, und mit ihrer Hilfe könnte sich ermessen lassen, wie umfassend und dauerhaft dessen Nutzen ist. Doch die bisher vorliegenden Daten stimmen uns zuversichtlich, dass Arbeitsgedächtnistraining eindeutig sinnvoll ist und dass *Jungle Memory* den Hattrick des Gehirntrainings bietet: Nahtransfereffekte, Ferntransfereffekte und Verbesserungen auf Dauer. Wenn Sie glauben, dass Ihr Kind von Arbeitsgedächtnistraining profitieren könnte, finden Sie auf www.junglememory.com eine kostenlose Probe. Tippen Sie dazu das Wort *book* in das Werbefeld auf der Anmeldeseite.

Wie wir zu Beginn dieses Kapitels erwähnten, ist aktives Trainieren Ihres Arbeitsgedächtnisses nicht der einzige Weg, diesem einen Vorteil zu verschaffen. Viele routinemäßige Gewohnheiten und Strategien können seiner Leistungsfähigkeit ebenfalls Auftrieb geben, und wir werden sie später näher betrachten. Doch zunächst stellen wir Ihnen im folgenden Kapitel einige grandiose Arbeitsgedächtniskünstler vor und enthüllen die Geheimnisse ihrer phänomenalen Geisteskräfte, damit Sie von ihnen lernen können, um Ihr eigenes Arbeitsgedächtnis zu stärken.

9
Geheimnisse von Arbeitsgedächtnisspezialisten

Manche geistigen Aufgaben wirken so komplex und erfordern so viel Arbeitsgedächtniskapazität, dass sie auf den ersten Blick unmöglich zu bewältigen scheinen. Früher herrschte allgemein die Meinung, dass Menschen, die zu solchen geistigen Meisterleistungen imstande waren, eben als Genies geboren würden. Dem müssen wir widersprechen. Nachdem wir mehrere solche vermeintliche Übermenschen des Geistes interviewt haben und die neuesten Forschungsarbeiten zu ihren enormen Verstandesleistungen durchgegangen sind, neigen wir zu der Ansicht, dass hinter den Geheimnissen dieser Arbeitsgedächtnisspezialisten nicht unbedingt ihre genetische Ausstattung steckt, sondern viel eher ihre Fähigkeit, ihren Arbeitsgedächtnis-Dirigenten in intelligenterer Weise zu nutzen – und das können auch Sie lernen.

In diesem Kapitel stellen wir Ihnen drei leistungsfähige Techniken vor: »Codeknacker«, »Bootstrapping« und »Chunking«. Sie alle können Ihr Arbeitsgedächtnis ein großes Stück voranbringen.

- *Codeknacker:* Diese Technik sieht einen Schritt-für-Schritt-Plan oder Algorithmus vor, der dann in Ihr Langzeitgedächtnis übertragen wird. Ist der Algorithmus dort verstaut, hat es Ihr Arbeitsgedächtnis-Dirigent mit weniger Elementen zu tun; deshalb können Sie den Codeknacker blitzschnell anwenden und zum menschlichen Computer werden.

- *Bootstrapping:* Das ist der Vorgang, verbale und visuelle Information miteinander zu verbinden oder zu vereinen, wozu man das Arbeitsgedächtnis und das Langzeitgedächtnis nutzt. Bootstrapping kann Ihnen helfen, Namen, Gesprächsargumente und nützliche Einzelheiten, die Sie sich merken müssen, zu verarbeiten.

- *Chunking:* Diese manchmal auch »Bündelung« genannte Memorierungsstrategie sieht vor, dass Information in Teilstücke oder »Blöcke« (Chunks) unterteilt und dann ins Langzeitgedächtnis übertragen wird. Sind die Informationsblöcke im Langzeitgedächtnis gespeichert, kann Ihr Arbeitsgedächtnis-Dirigent sie nach Wichtigkeit ordnen und Daten effizienter verwalten.

Auf den folgenden Seiten stellen wir Ihnen Arbeitsgedächtnisspezialisten vor, die diese Grundstrategien nutzen und damit erstaunliche geistige Leistungen vollbringen. Uns allen können dieselben Verfahren im Alltag helfen, Kapazitäten unseres Arbeitsgedächtnis-Dirigenten freizusetzen, wenn er unter einer ungeheuren Menge komplexer Informationen leidet. Wenn wir diese Methoden üben, können wir unserem Arbeitsgedächtnis dieselben Vorteile verschaffen wie diese Experten.

Codeknacker: Eine wirksame Formel finden

Ratespiel! Was ist 6 x 7? Leicht, oder? Antwort: 42. Was ist mit 12 x 13? Hmm, das ist nicht mehr ganz so einfach. Lösung: 156. Wie steht's mit 67 x 82? Taschenrechner benutzen gilt nicht! 5494. Wenn Sie das Einmaleins noch auswendig wissen, haben Sie die erste Frage wohl richtig beantwortet und vielleicht sogar die zweite. Wenn Sie bei der dritten Rechenaufgabe daneben lagen, nehmen Sie's nicht tragisch. Hier sind die meisten überfragt. Nicht so Rüdiger Gamm. »Deutschlands Superhirn« besitzt ein herausragendes Kopfrechenvermögen. Gamms Fähigkeit beruht auf den von uns so genannten »Codeknackern«. Das sind einfache Algorithmen oder Schritt-für-Schritt-Verfahren, mit denen die Lösung eines Problems berechnet wird. Codeknacker sind im Langzeitgedächtnis gespeichert, und das Arbeitsgedächtnis setzt sie zur Lösung von Problemen ein.

Sie können Gamm ein Datum nennen, beispielsweise den 23. Oktober 1957, und er berechnet mit Hilfe seiner Algorithmen im Handumdrehen den Wochentag, auf den es fiel (es war übrigens ein Mittwoch). In einer australischen Radiosendung sollte er Potenzen von 83 berechnen. Er schaffte das angefangen von der Zweierpotenz (83^2 oder 83 x 83 = 6889) durchgängig bis zur Neunerpotenz (83^9 oder 83 x 83 x 83 x 83 x 83 x 83 x 83 x 83 x 83 = 186 940 255 267 540 400) ohne einen einzigen Fehler. Verblüffenderweise ist Gamm kein Rain Man; seine außergewöhnlichen Leistungen gehen nicht zu Lasten seiner sozialen Fähigkeiten. Er ist ein Mensch wie Sie und ich.

Das Aufschlussreichste und Ermutigendste am Beispiel Gamms ist für uns, dass er in der Schule in Mathematik keine Leuchte war und auch wenig Interesse dafür aufbrachte. Nach der Schule jedoch weckte ein Algorithmus, mit dessen Hilfe er den Wochentag für jedes Datum blitzschnell im Kopf berechnen konnte, seine Neugier. Beispielsweise wusste er im Nu, dass der 13. Januar 1980 auf einen Sonntag fiel. Da erkannte er, dass er in sich selbst den Keim zu einem menschlichen Computer trug. Mit der Zeit trug er eine Reihe von Codeknackern zusammen und speicherte sie in seinem Langzeitgedächtnis. Und sein Arbeitsgedächtnis machte es ihm möglich, sie auf schwierige Probleme anzuwenden.

Gamms Codeknacker sind einfache, aber leistungsfähige Instrumente, um die Belastung des Arbeitsgedächtnisses zu verringern. Er verwendet sie dazu, das Problem in einzelne überschaubare Schritte aufzuteilen, und nutzt dann sein Arbeitsgedächtnis, um sich nur einige wenige Elemente präsent zu halten. Einer seiner einfachen Codeknacker ist ein Von-links-nach-rechts-Algorithmus: von der Zahl ganz links zur Zahl ganz rechts gehen und die Zwischenresultate addieren. Das hört sich kompliziert an, ist es aber nicht. Betrachten Sie die Schritte, mit denen er das folgende Problem lösen würde: 57 x 6 = ?

1. Multipliziere 50 mit 6 (300).

2. Behalte diese Lösung im Arbeitsgedächtnis.

3. Multipliziere 7 mit 6 (42).

4. Addiere beide Zahlen (300 + 42 = 342).

Vergleichen Sie das mit der Methode, die überwiegend gelehrt wird, nämlich die Zahlen nebeneinander zu schreiben und die Teilergebnisse untereinander:

$$490 \times 142 =$$

Wenn Sie auf Papier arbeiten, ist das eine gute Rechenmethode, weil Sie Ihre Teillösungen hinschreiben und nur einfache einstellige Multiplikationen und Additionen durchführen. Versuchen Sie dies jedoch im Kopf, müssen Sie nicht nur Zahlen behalten, sondern am Ende sämtliche Zahlen im Kopf zusammenzählen – eine sehr anspruchsvolle Aufgabe für das Arbeitsgedächtnis. Gamms Codeknacker ist viel einfacher. Sie brauchen nur drei Dinge im Kopf zu behalten: die Zahlen in dem Problem (490 x 142), die Stelle des Lösungswegs, an der Sie gerade sind (ich habe bereits 400 mit 100 multipliziert, also muss ich jetzt 400 mit 40 malnehmen und so weiter), und die Gesamtsumme aller vorangegangenen Schritte.

Gamm nutzt hocheffizient, was wir die Arbeitsgedächtnis-Langzeitgedächtnis-Schleife (AG-LZG-Schleife) nennen. In der AG-LZG-Schleife arbeitet Ihr Arbeitsgedächtnis mit der in Ihrem Langzeitgedächtnis gespeicherten Information. Um sein Langzeitgedächtnis für Mathematik aufzubauen, übte Gamm vier Stunden täglich immer wieder Berechnungen, bis er in seinem Langzeitgedächtnis eine enorme Menge von Lösungen sowie eine Reihe von Codeknackern – Abkürzungen zur Lösung längerer Probleme – gespeichert hatte. Sein Verfahren ähnelte dem Auswendiglernen des Einmaleins, jedoch in weit größerem Maßstab. Weil Sie wissen, dass 6 x 6 = 36, brauchen Sie nicht Ihr Arbeitsgedächtnis zu bemühen, um 6 + 6 + 6 + 6 + 6 + 6 = 36 zusammenzuzählen. Gamm geht es ähnlich; da er über einen größeren Fundus von automatischen Antworten und Codeknackern verfügt, muss sich sein Arbeitsgedächtnis-Dirigent mit weniger Elementen gleichzeitig befassen. Nimmt Gamm ein Problem in Angriff, durchkämmt er immer sein Langzeitgedächtnis nach Antworten, die er vielleicht schon weiß, sowie nach den wirksamsten Codeknackern, die es seinem Arbeitsgedächtnis erlauben, die Zwischenlösungen zu behalten.

Arbeitsgedächtnis-Langzeitgedächtnis-Schleife
(AG-LZG-Schleife)

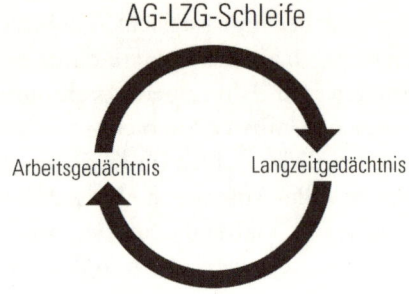

Eine faszinierende Studie von Mauro Pesenti von der Université Catholique de Louvain in Belgien enthüllte die Vorgänge im Gehirn, die Gamms Berechnungsmethoden so viel effektiver machen als die Art und Weise, wie die meisten von uns an die Aufgabe herangehen würden. Mittels PET entdeckte Pesenti Unterschiede zwischen den Berechnungen nicht spezialisierter Probanden und Gamms Vorgehen. Als Pesenti Gamm seine Berechnungen im Tomographen durchführen ließ, zeigten die Aufnahmen deutlich, dass Gamm auf sein Langzeitgedächtnis zurückgriff. Der rechte Gyrus parahippocampalis in seinem Gehirn leuchtete auf, und dieses Areal hat mit dem episodischen Gedächtnis oder Langzeitgedächtnis für Erfahrungen zu tun. Doch was entscheidend war, Gamm aktivierte auch seinen PFC, womit bewiesen war, dass Codeknacker alleine zur Lösung des Problems nicht ausreichten. Er musste sein Arbeitsgedächtnis nutzen, um den passenden Codeknacker zu finden und anzuwenden.

Auch von Nichtexperten fertigte Pesenti PET-Scans an, während sie verschiedene Berechnungen durchführten; deren Bandbreite reichte von einfachen Aufgaben, die auf dem auswendiggelernten Einmaleins beruhen, bis zu schwierigeren, die das Arbeitsgedächtnis in Anspruch nehmen. Bei einfachen Multiplikationsaufgaben wie 3 x 8, 2 x 6 oder 5 x 6 nutzten die Probanden den linken Scheitellappen und den prämotorischen Schaltkreis, Hirnareale, die mit rechnerischem Wissen zu tun haben. Mit anderen Worten, sie hatten die Antworten auswendig gelernt und griffen einfach auf sie zu. Das Arbeitsgedächtnis war dazu nicht nötig. Mit steigendem Schwierigkeitsgrad der Aufgabe – etwa 32 x 14 – zogen die Nichtspezialisten nach und nach das Arbeitsgedächtnis zur Berechnung der Lösungen heran, denn diese wussten sie nicht auswendig. Die Probanden mussten nun das Problem in mehrstufige Berechnungen aufteilen und daher ihren Arbeitsgedächtnis-Dirigenten aktivieren, um den Überblick zu behalten.

Bis zu einem gewissen Punkt konnten sie diese Probleme mit einer recht ansehnlichen Erfolgsquote um die 82 Prozent lösen, doch mit zunehmender Größe der Faktoren, etwa 76 x 68, benötigten sie einen Codeknacker, hatten jedoch keinen zur Hand. Die Berechnung wurde so schwierig, dass sie die ganze Zeit mit deren Zwischenstufen beschäftigt waren. Dazu nutzten sie ihren Sulcus intraparietalis, das Rechenzentrum des Gehirns, aber selten ihr Arbeitsgedächtnis. Wahrscheinlich hatten sie so sehr mit der Rechnerei zu kämpfen, dass sie gar nicht erst zu Zwischenergebnissen gelangten, die sie in ihrem Arbeitsgedächtnis hätten speichern können. Wie jedoch Gamms Beispiel zeigt, können möglicherweise auch Nichtspezialisten mit entsprechender Übung und den richtigen Codeknackern ihre Ergebnisse dramatisch verbessern.

Natürlich gehen Laien nicht so weit wie Gamm, weil ihr Alltag nicht von ihnen verlangt, 83^9 im Kopf auszurechnen. Doch jeder kann von einem Codeknacker profitieren – einer vertrauten Schritt-für-Schritt-Methode zur Lösung einer Rechenaufgabe.

Mit dem Aufkommen aller möglichen Rechengeräte haben wir offenbar die Fähigkeit zu schnellem Kopfrechnen verloren. Dieses mentale Mathedefizit kann sich in vielerlei Hinsicht als

Nachteil erweisen. Wollen Sie beispielsweise ein Auto kaufen, eine Hypothek umfinanzieren oder bei einer Vorstandssitzung eine Meinung zu den Prognosen äußern, ist es nicht immer zweckmäßig oder passend, den Rechner Ihres Smartphones zu Rate zu ziehen. Infolgedessen fallen häufig schlechte finanzielle Entscheidungen. Wenn Sie es wagen, den Rechner stecken zu lassen und zu einem Codeknacker zu greifen, können Sie ein Rechenmeister werden und vielleicht Ihre Lebensumstände verbessern.

Nehmen wir Mary und Mark, zwei schlecht bezahlte Praktikanten in einem Medienunternehmen. Ihr Chef möchte, dass sie Mehrarbeit leisten, will diese aber nicht bezahlen. Mary verfügt über Codeknacker; Mark hat ein Smartphone. Mary nutzt rasch einen davon und berechnet auf der Stelle, dass der Chef von ihr verlangt, 35 Prozent mehr zu arbeiten als gegenwärtig. Sie verlangt eine höhere Bezahlung. Und so läuft die Verhandlung ab:

Mary: »Wenn Sie wollen, dass ich 35 Prozent mehr arbeite, dann zahlen Sie mir auch 35 Prozent mehr.«
Chef: »Was halten Sie von 15 Prozent?«
Mary: »Ich kann das nicht für weniger als 20 Prozent machen.«

Sie einigen sich auf 20 Prozent, und jetzt hat Mary nicht nur ein bisschen mehr Geld, sondern der Chef hat sie auch als clevere Mitarbeiterin auf dem Radar. Als Mark gefragt wird, ob er nicht mehr arbeiten würde, stimmt er einfach widerspruchslos zu. Er möchte seinen Job behalten und nicht dabei erwischt werden, wie er einen Taschenrechner hervorholt, um herauszufinden, wie viel mehr er arbeiten soll. An wessen Stelle möchten Sie sein? Falls Sie mehr über die Vorteile von Codeknackern für das Kopfrechnen wissen möchten, gibt es verschiedene Bücher zu diesem Thema, etwa *Kopfrechnen, schnell und richtig* von Rudolf Goldschmidt oder *Train your brain: Die Erfolgsgeheimnisse eines Rechenkünstlers* von Rüdiger Gamm und Alexandra Ehlert.

Bootstrapping oder die Kunst, sich alles Mögliche zu merken

2002 fand Dominic O'Brien Eingang in das Guiness-Buch der Rekorde: Er konnte sich eine Zufallsfolge von 54 Spielkartenstapeln merken, damals Weltrekord. Die Regeln für den Titel waren einfach: O'Brien durfte sich jede Karte – insgesamt 2808 – einmal anschauen und musste dann alle in der vorgelegten Reihenfolge wiedergeben. Diese Meisterleistung gelang ihm mit Hilfe einer ganz einfachen Arbeitsgedächtnisstrategie, welche Psychologen als »Bootstrapping« bezeichnen. Sie verstehen darunter den Vorgang, verbale und visuelle Information miteinander zu verknüpfen oder zu vereinen und dazu das Arbeitsgedächtnis und das Langzeitgedächtnis zu nutzen. Das Bootstrapping machte aus O'Brien, dessen Schullehrer ihm einst bescheinigt hatte, er werde »es nicht weit bringen«, einen Gedächtnisweltmeister.

Als O'Brien uns seine Schulzeit schilderte, erklärte er, er habe sich oft von visueller Information ablenken lassen, so dass es ihm schwer fiel, sich auf die Ausführungen des Lehrers zu konzentrieren. Damals lernte er wenig, doch seine Vorliebe für visuelle Information sollte schließlich den Eckpfeiler seiner bemerkenswerten Gedächtniskunststücke bilden. Erst als er sich den Dreißigern näherte, beschloss er, sich ganz dem Training seiner Bootstrapping-Fähigkeiten zu widmen. Dies ist ein weiterer Beweis dafür, dass Übermenschen des Geistes nicht schon als solche zur Welt kommen.

Vor einigen Jahren bot sich Tracy die Gelegenheit, mit O'Brien zusammenzuarbeiten. Gemeinsam wollten sie Realschülern die Vorteile des Bootstrapping erschließen, damit sie erfolgreich an dem Gedächtnissportturnier U.K. Schools Memory Championships teilnehmen konnten. Tracy erlebte aus erster Hand mit, wie O'Brien das Bootstrapping anwendet: Er erfindet in seinem Arbeitsgedächtnis eine Geschichte, die vertraute Figuren mit einem vertrauten Reiseweg verknüpft. O'Briens Bootstrapping-Strategie, die er als »Journey Method« (Reisemethode) bezeichnet, ist eine moderne Version der antiken römischen Loci-Methode (von lateinisch *loci*, Orte), die angeblich auf einen realen Unglücksfall im antiken Griechenland zurückgeht. Der Dichter Simonides von Keos trat aus einem Festsaal, in dem er gerade ein Gedicht rezitiert hatte, als dieser hinter ihm zusammenstürzte. Alle Menschen darin wurden verschüttet und ihre Leichname waren nicht mehr identifizierbar, doch Simonides konnte sich erinnern, welcher Gast wo gesessen hatte, und sie so zuordnen. Ähnlich verbindet O'Brien vertraute Figuren mit einem vertrauten Reiseweg und kann auf diese Weise die Kraft der AG-LZG-Schleife nutzen, um enorme Informationsmengen abzurufen.

Er tut dies in zwei Schritten:

1. Er denkt sich einen Satz vertrauter Figuren aus, die für jede Karte in einem Spiel stehen. Beispielsweise assoziiert O'Brien die Herz 7 mit James Bond. Der Kreuzkönig ist Jack Nicklaus, der König des Golf (»club« bedeutet im Englischen sowohl Kreuz als auch Golfschläger).

2. Er verbindet die genaue Abfolge der Karten/Figuren mit einer Reise, die er kennt: Er schreitet seinen Lieblingsgolfkurs ab.

An beiden Schritten ist das Arbeitsgedächtnis beteiligt, weil sie zwei Informationselemente miteinander verknüpfen. Sind diese vereint, überträgt O'Brien sie in sein Langzeitgedächtnis. Erblickt er nun in einem Gedächtnisturnier die Herz 7, gefolgt vom Kreuzkönig, stellt er sich James Bond vor (Sie erinnern sich, die Herz 7), der Unterricht bei Jack Nicklaus (der Kreuzkönig) nimmt. Dann überträgt er diese Geschichte in sein Langzeitgedächtnis. Nachdem er das mit einem vollständigen Kartenspiel gemacht hat, geht er die Reise nochmals durch, bis er schließlich nach sechs Kartenstapeln die gesamte Reise mit allen sechs Spielen nochmals Revue passieren lässt.

Eine faszinierende Studie von Eleanor Maguire brachte Licht in die Vorgänge, die während dieses Prozesses in O'Briens Gehirn ablaufen. Die Forscherin bat ihn und mehrere andere Gedächtniskünstler, sich Abfolgen von Zahlen, Gesichtern und Schneeflocken zu merken; dabei verfolgte sie die Gehirnaktivität der Probanden mit fMRT. Die Hirnscans zeigten eine Aktivierung im oberen Parietalcortex, der mit dem Bearbeiten und Organisieren von Information im Arbeitsgedächtnis zu tun hat. Sie deuteten auch darauf hin, dass zwei für das Langzeitwissen wichtige Hirnareale aktiviert wurden: der Hippocampus und der retrospleniale Cortex. Beide Regionen haben mit dem Gedächtnis für bekannte Wege – etwa unseren üblichen Arbeitsweg – und der Orientierungsfähigkeit zu tun. Diese Ergebnisse bestätigen, dass O'Brien mit seiner Methode auf die AG-LZG-Schleife zugreift.

Als er sich die 54 Kartenspiele für den Guiness Weltrekord einprägte, erfand er 54 getrennte Reisen. Er bekam die Reihenfolge der Karten nur einmal zu Gesicht und hatte zwölf Stunden Zeit, die Karten in der richtigen Abfolge durchzugehen und sich einzuprägen. Von den 2808 Karten konnte er alle bis auf vier korrekt wiedergeben. O'Brien in Aktion zu erleben ist beeindruckend, doch noch verblüffter waren wir, als wir entdeckten, dass er die Karten ohne vorheriges Üben noch zwei Wochen später zu 95 Prozent in der richtigen Abfolge wiedergeben konnte.

Ein weiterer Pluspunkt dieser Methode, Information vom Arbeitsgedächtnis ins Langzeitgedächtnis zu verlagern, ist ihr großer Nutzen bei der Bewältigung von Ablenkungen durch einlaufende Information. Denken Sie nur an die Ablenkungen durch unablässige E-Mails in der Arbeit. Wir müssen sie mit Hilfe unseres Dirigenten ausblenden, und das erschwert die Verarbeitung der Information, der unsere Aufmerksamkeit eigentlich gelten sollte. Wenn Psychologen die Filterfunktion des Arbeitsgedächtnisses beurteilen wollen, stellen sie ihren Probanden eine Arbeitsgedächtnisaufgabe und eine Ablenkungsaufgabe zur gleichen Zeit. Bei ersterer geben die Teilnehmer eine Zahlenfolge in umgekehrter Reihenfolge wieder (handelt es sich um 1, 2, 3, müssen sie 3, 2 ,1 sagen). Zugleich wiederholen sie eine zufällige Folge von Buchstaben wie JCDBZA als Ablenkungsaufgabe. Während die meisten Erwachsenen gewöhnlich fünf Zahlen rückwärts wiedergeben können, erinnern sie während der Ablenkungsaufgabe nur zwei oder drei Zahlen.

O'Briens Bootstrapping macht es ihm möglich, mit Ablenkungen fertig zu werden. Einmal trat er live in einer Fernsehshow auf und sollte sich in 45 Minuten sechs Kartenstapel einprägen. In dieser Zeit musste O'Brien nicht nur die Hitze der Scheinwerfer, das Filmteam und die Kameras ertragen, sondern auch Live-Auftritte von Tänzerinnen und Interviews in seiner unmittelbaren Nähe. Doch es gelang ihm, konzentriert zu bleiben, und er fesselte die Fernsehzuschauer mit stets richtigen Antworten.

Wie können Sie O'Briens Bootstrapping-Technik in der realen Welt zu Ihrem Vorteil anwenden? Wenn Sie Ihr Arbeitsgedächtnis dazu nutzen, verbale und visuelle Informationen zu verknüpfen, kann diese Technik Ihnen helfen, Namen, Gesprächsthemen und nützliche Details zu verarbeiten. Im Geschäftsleben kann das überaus hilfreich sein. Nehmen wir beispielsweise an, Sie säßen in einer geschäftlichen Besprechung und ein potentieller Kunde namens Jim Block erzählt Ihnen, seine Firma stelle gerade ihr Logo von dem charakteristischen Rot auf Gelb um. Sie müssen daran denken, diese Information an Ihr eigenes Verkaufsteam weiterzugeben, damit es in seiner Powerpoint-Präsentation mit Jim nächste Woche auf jeden Fall Gelb statt Rot verwendet. Sie sind ein eingefleischter Schreibblockbenutzer, und mit Hilfe Ihres Arbeitsgedächtnisses verknüpfen Sie »Block« mit Ihrem gelben Schreibblock. Block ist jetzt »gelber Schreibblock« und Sie denken daran, das Verkaufsteam zu informieren.

Halten Sie sich beim Bootstrapping vor Augen, dass visuelle Information vieles einschließen kann: das Aussehen einer Person, ihre Kleidung oder sogar ihre emotionale Mimik während eines Gesprächs. Wenn Sie diese zahlreichen verbalen und visuellen Aspekte registrieren, dann nutzen Sie Ihren Arbeitsgedächtnis-Dirigenten dazu, die Information mit etwas Vertrautem aus Ihrem Langzeitgedächtnis zu verbinden. Ob Sie sich nun Gesichter oder Namen besser merken können, denken Sie immer daran, diese Informationen zu bootstrappen.

Chunking: Beziehungen erkennen und die schlaue Idee, rückwärts zu arbeiten

Die dritte Strategie von Arbeitsgedächtnisspezialisten ist das »Chunking«, die Bündelung zu Blöcken oder Chunks, und in der Welt des Schachs verschafften sich manche damit enorme Vorteile. Der verstorbene Computerwissenschaftler und Psychologe Herbert Simon von der Carnegie Mellon University veröffentlichte ab den 1950er Jahren Studien über Schach. In einer bedeutenden Arbeit von 1973 untersuchte er, ob sich Schachexperten und Anfänger in ihrer Wahrnehmung des Schachbretts unterscheiden. Simon legte erfahrenen und unerfahrenen Spielern ein Schachbrett mit Spielfiguren in aus regulären Spielen übernommenen Positionen vor. Die Teilnehmer hatten fünf Sekunden, um sie sich einzuprägen, und sollten dann die Positionen wiedergeben.

Wie erwartet konnten das die Experten weitaus besser als die

Anfänger. Ordnete Simon jedoch die Figuren willkürlich auf dem Brett an, erinnerten beide Gruppen ihre Positionen etwa im selben Maß. Diese Studie wies nach, dass für die Gedächtnisleistung der erfahrenen Spieler entscheidend war, dass sie Muster aus Spielpositionen als Chunks in ihrem Langzeitgedächtnis abspeichern.

In Zusammenarbeit mit dem Schweizer Psychologen und Schachmeister Fernand Gobet suchte Simon weiteren Aufschluss darüber zu gewinnen, wie Schachspieler sich diesen Chunking-Prozess zunutze machen. Ihrer Ansicht nach merken sich erfahrene Schachspieler Figurenkonstellationen und fassen dann drei oder vier davon zu einem Chunk zusammen. Ein typischer Schachgroßmeister mit mindestens zehn Jahren Erfahrung hat Hunderttausende solcher Blöcke angesammelt. Es deutet vieles darauf hin, dass das Arbeitsgedächtnis ihm erlaubt, mit diesen Chunks geschickt umzugehen. Eine Bildgebungsstudie mit Schachspielern spricht dafür, dass erfahrene Spieler auf die Leistungsfähigkeit der AG-LZG-Schleife bauen.

Der Neurowissenschaftler Ognjen Amidzic aus der Schweiz spielt seit mehr als 15 Jahren professionell Schach und befasst sich wissenschaftlich mit der Frage, wie das Gehirn von Experten, etwa Schachgroßmeistern funktioniert. Als er die Gehirnaktivität von Amateuren und Profischachspielern während Partien gegen einen Computer verglich, stellte er fest, dass Erstere den Temporallappen nutzen, der für die Analyse von Regeln und ungewöhnlichen Zügen während des Spiels zuständig ist. Die Schachexperten jedoch wiesen mehr Aktivität im frontalen und parietalen Cortex auf; diese Regionen enthalten auch den PFC und haben mit den Arbeitsgedächtnisfunktionen zu tun. Während die Amateure oft vor dem Muster standen wie der sprichwörtliche Ochs vorm Berg, waren diese den Großmeistern so vertraut, dass sie die relevanten Schach-Chunks rasch aus ihrem Langzeitgedächtnis abrufen und ihre Züge planen konnten. Die Amateure waren nicht hinreichend vertraut mit den Schachblöcken, als dass ihr Arbeitsgedächtnis damit hätte umgehen können wie das eines Großmeisters.

Weitere Einsichten vermittelte uns die Großmeisterin Susan Polgar. Diesen Rang zu erlangen stellt keine geringe Leistung dar, und Frauen findet man hier extrem selten. 2012 waren nur 27 der 1367 Großmeister weltweit weiblich, das sind etwa zwei Prozent. Polgar kam 2005 mit der größten Anzahl Simultanpartien in das Guiness Buch der Rekorde. Während 17 Stunden spielte sie 326 Partien gleichzeitig gegen ganz unterschiedliche Spieler von Anfängern bis zu erfahrenen Spielern einschließlich Schachmeistern. Sie ging an einer Phalanx von Schachbrettern auf und ab, machte jeden ihrer Züge in weniger als zehn Sekunden und stellte einen Rekord auf, indem sie 97 Prozent der Partien gewann. Sie können sich unsere Aufregung vorstellen, als sie sich bereit erklärte, mit uns darüber zu reden, wie sie solche Meisterleistungen vollbringt.

Die bemerkenswerten Leistungen Polgars gehen wie die von Rüdiger Gamm und Dominic O'Brien auf harte Arbeit zurück und nicht auf die Gene. Ihr Vater, ein ungarischer Psychologe namens Laszlo, glaubte felsenfest daran, dass Genies gemacht und nicht geboren würden. Er schrieb sogar ein Buch mit dem Titel *Bring Up Genius* darüber und wollte seine Theorie an seinen drei Töchtern erproben. Deshalb unterrichtete er sie zu Hause intensiv in Schach. Die Räume waren voller Schaubilder von Spielen, Zügen und Brettern. Eine ihrer ersten öffentlichen Partien spielte Polgar mit gerade mal vier Jahren in einem Budapester Schachclub. Ein Stammbesucher lachte, als sie ihn herausforderte, aber das Lachen verging ihm, als sie ihn vernichtend schlug. Das Rest ist Geschichte. Einer von Polgars Vorteilen ist ihre charakteristische Herangehensweise an das Schachspiel. Sie beweist, dass manche Chunks besser sind als andere. Während viele Experten und sogar Großmeister die *Positionen* von Figuren auf dem Brett als Chunks abspeichern, hat sich Polgar auf Chunks als *Beziehungen* zwischen Schachfiguren trainiert. Um eine einfache Erklärung zu liefern, beschreibt sie eine als *Gabel* bekannte Konstellation. Dabei greift eine einzelne Figur mehrere gegnerische Figuren auf einmal an. Beispielsweise kann ein Springer König, Königin und Turm zugleich attackieren.

Wird der König angegriffen, steht er im »Schach« und muss immer wegziehen. Doch das lässt die Königin oder den Turm ungeschützt.

Gabel: Der Springer bewegt sich L-förmig und greift alle drei Figuren gleichzeitig an.

Viele Schachspieler gehen anders vor. Statt nach einer Gabelbeziehung zwischen Figuren zu suchen, sehen sie vier getrennte Figuren an verschiedenen Positionen auf dem Brett. Versuchen sie sich nun die genauen Stellungen dieser Figuren in einer Vielzahl von Spielsituationen einzuprägen, erzeugen sie damit einen unnötig großen Bestand an Chunks. Bilden die Figuren auch noch Konstellationen, welche die Spieler nicht wiedererkennen, sind sie aufgeschmissen. Durch die Konzentration auf die Gabelbeziehung jedoch braucht sich Polgar nicht die genaue Position von vier Figuren zu merken, sondern muss sich nur an die zugrunde liegende Beziehung erinnern. Dadurch kann sie mit ihren Chunks mehr anfangen als andere, die sich Positionen merken.

Da Polgar die Beziehung kennt, kann sie sie auf eine enorme Bandbreite von Situationen anwenden, auch wenn die genauen Standorte der Figuren keiner bereits gespielten Situation entsprechen. Natürlich ist eine Gabel eine relativ einfache Beziehung, und Susans Gewinn-Chunks sind komplexer, umfassen zahlreiche Figuren und Zugfolgen, doch die Schönheit ihrer Beziehungsbündelung liegt darin, dass sich das, was bei einem Großmeister funktioniert, auf Anfängerniveau herunterbrechen lässt.

Zum anderen zeichnet sich Polgars Spielweise ihren Angaben zufolge dadurch aus, dass sie bei dem gewünschten Ergebnis – Schachmatt – beginnt und sich rückwärts bis zum gegenwärtigen Spielstand vorarbeitet. Auf diese Weise zurückzugehen erfordert den Einsatz des Arbeitsgedächtnisses, doch wie Polgar vermutet, muss der Arbeitsgedächtnis-Dirigent dadurch eine geringere Zahl möglicher Züge abwägen.

Chunking, Teil 2: Halte es einfach und beginne am Ende

Ein weiterer Arbeitsgedächtnisspezialist, mit dem wir sprachen und der die Bündelungsmethode verwendet, ist Feross Aboukhadijeh. Er mag wie ein ganz normaler Student der Computerwissenschaften in Stanford wirken, doch das *New York Magazine* sieht in diesem Superprogrammierer bereits einen der Steve Jobs und Mark Zuckerbergs der Zukunft. Seinen Anspruch auf Ruhm begründete kürzlich YouTube Instant (ytinstant.com), eine Website, die in dem Augenblick, in dem man Buchstaben in das Suchfeld eintippt, Videos abspielt. Er wettete mit seinem Zimmergenossen, dass er in weniger als einer Stunde eine Echtzeitsuchmaschine für YouTube-Videos basteln könne. Er irrte sich. Er brauchte drei Stunden, wahrscheinlich weil er sich gleichzeitig einen Film ansah.

Am selben Abend postete er einen Link zu seiner neuen Seite auf Facebook und ging zu Bett. Als er erwachte, hatte er 14 entgangene Anrufe, zehn SMS auf seinem Telefon und eine Interviewanfrage der *Washington Post*. 14 Stunden nach seinem Posting bot ihm Chad Hurley, der CEO von YouTube eine Stelle an, die er ablehnte. Millionen Benutzer später, während seines Studiums in Stanford, hat Feross diverse Stellenangebote als Programmierer von Spitzenunternehmen höflich ausgeschlagen – mit Ausnahme von einem, Facebook, für das er als Praktikant Seite an Seite mit Mark Zuckerberg Code geschrieben hat. Wie er uns mitteilte, will er sein eigener CEO werden.

Feross ist ein wunderbares Beispiel dafür, dass die scheinbar esoterischen Fähigkeiten der in diesem Kapitel aufgeführten Spezialisten uns helfen können, unser Arbeitsgedächtnis in der realen Welt zu unserem Vorteil zu nutzen. Als Kind programmierte er die Kindersicherung der Mikrowelle so um, dass seine Mutter sie nicht benutzen konnte. Seine erste Website programmierte er mit elf Jahren. Noch auf der Highschool ging er in eine Buchhandlung, kaufte sich ein Buch über das Erstellen von Websites und brachte sich ohne jede weitere Anleitung selbst bei, wie man eine Website ins Netz stellt. Das Ergebnis, freetheflash.com, war ein Videoportal, vom Prinzip her ein Vorläufer von YouTube. Der zugrundeliegende Code war nicht schön, aber er funktionierte und verbreitete sich rasch; die Seite zog 600 000 Besucher an und wurde drei Millionen Mal aufgerufen. Wie brachte er all das fertig? Mit seinen eigenen Worten: »Üben, üben, üben«. Bei all dem Programmierenüben hat Feross gelernt, intelligenter zu arbeiten, und wie sich herausstellte, nutzt er dazu unter anderem das Chunking.

Schauen wir uns genauer an, wie er es macht. Alles beginnt mit einem Computerprogramm – im Grunde eine Idee, zum Leben erweckt durch Code-Chunks: Befehle, die den Rechner anweisen, bestimmte Dinge zu tun. Zwar ist jedes Programm anders, doch alle entstehen durch die Kombination von Code-Chunks. In zahlreichen Programmen kommen viele gleiche Blöcke vor. Die kombinierten Code-Blöcke für ein bestimmtes Programm können sich auf Tausende von Zeilen belaufen, und ein größeres Programm wie Microsoft Word umfasst Millionen Zeilen. Es ist schlichtweg unmöglich, diese Unmenge von Zeilen im Langzeitgedächtnis zu speichern.

Wie also macht Feross das? Statt sich ganze Programme oder auch nur Abschnitte davon merken zu wollen, bearbeitet und kombiniert er für ein neues Programm die vertrauten Code-Chunks, so wie ein Schachspieler Schach-Chunks kombiniert, um eine Partie zu gewinnen. Nehmen wir an, Feross will ein Passwortprogramm für E-Mails schreiben. Ein Chunk gleicht das eingegebene Passwort mit dem hinterlegten ab. Ein weiterer Chunk gibt den Zugang zu Ihrer E-Mail frei, wenn Sie das korrekte Passwort eingegeben haben, und ein anderer sperrt ihn im gegenteiligen Fall. Gemeinsam bilden diese Blöcke ein Passwortsystem. Wird es nicht richtig assembliert, könnte es Sie aussperren, wenn Sie das korrekte Passwort eingeben, und Sie reinlassen, wenn Sie das falsche eintippen. Sind Sie jedoch vertraut mit den einzelnen Chunks, bekommen Sie ein sicheres Passwortprogramm.

Darüber hinaus sind einige Programm-Chunks – wie Polgars Schach-Chunks – besser als andere. Feross konnte ytinstant.com so schnell programmieren, weil er durch seine Chunks das Gesamtbild im Auge behalten konnte und sich so nicht in Details verlor. Vielleicht erinnern Sie sich, dass Polgars Schach-Blöcke sich aus den *Beziehungen* zwischen Figuren zusammensetzen – Chunks, die viel einfacher zu merken sind als diejenigen, welche auf den genauen Positionen der Figuren auf dem Brett beruhen. Ähnlich geht es bei Feross' Programm-Chunks darum, »Komplexität zu managen«, wie er es nennt. Das bedeutet, er entscheidet sich wann immer möglich für Einfachheit.

Zur Verdeutlichung unterscheidet er zwei Ebenen beim Programmieren: eine hohe und eine niedrige. Programmieren auf hoher Ebene lässt sich vergleichen mit einem leicht lesbaren Artikel, in dem der Programmierer gewissermaßen wie ein Schriftsteller darlegt, was das Programm tut. Manchmal könnten Autoren tiefer ins Detail gehen, müssen es sich jedoch verkneifen, weil das den Fluss des Artikels stören würde. Sie lösen dieses Problem mittels Fuß- oder Endnoten, welche die nötigen Einzelheiten am Ende der Seite oder des Artikels darlegen. Begnadete Programmierer wie Feross managen Komplexität, indem sie auf niedrigere Programmierebenen gehen, ähnlich wie Autoren Fußnoten schreiben. Wollen sie also eine »Fußnote« einfügen, um eine Zahl zu quadrieren, brauchen sie nicht die gesamte Operation ($x^2=x*x$) auf der höheren Ebene zu spezifizieren, sondern schreiben einfach *q* (für Quadrat) und definieren die Bedeutung von *q* auf der niedrigeren Ebene des Programms.

Wie wir schon wissen, wächst die Überlastung Ihres Dirigenten mit der Informationsmenge. Feross verwendet einfache

Chunks wie *q* und arbeitet die »Fußnoten« aus, wenn das Grundgerüst des Programms steht. So sorgt er dafür, dass sein Dirigent die Sache in der Hand und das Ziel im Blick behält. Feross erkennt die Qualität eines Programmierers unweigerlich an der Einfachheit seiner Chunks. Weniger gute Programmierer neigen dazu, Fußnotenmaterial im Haupttext unterzubringen. Siedeln sie einen hohen Anteil dessen, was sich auf der niedrigeren Ebene befinden sollte, auf der höheren Ebene an, dann bedeutet das, dass ihr Komplexitätsmanagement nicht gut ist und sie sich infolgedessen in Details verlieren. Hätte Feross beim Schreiben von ytinstant alle Fußnoten im Auge zu behalten versucht, hätte er wesentlich länger gebraucht als drei Stunden. Durch Vereinfachen konnte sich sein Arbeitsgedächtnis jedoch seine Programm-Chunks voll zunutze und ihn zum Superprogrammierer machen.

Vereinfachen ist nur ein Teil dessen, was Feross zu einer so sparsamen, spitzenmäßigen Codemaschine macht. Ein weiteres seiner »Superprogrammier«geheimnisse besteht in dem Kniff, am Ende anzufangen, den uns auch Polgar beschrieb. Genau wie sie bei Schachmatt beginnt und sich zurückarbeitet, setzt Feross am gewünschten Ergebnis an, geht dann Schritt für Schritt rückwärts und findet so heraus, wie er dorthin kommt. Er beschreibt sein Verfahren als das eines Häuslebauers, der in umgekehrter Reihenfolge vorgeht, also mit dem Dach anfängt und dem Fundament aufhört.

Am Beispiel eines Rechtschreibprogramms erläutert er, wie es funktioniert. Für Feross ist das »Dach«, mit dem er beginnt, das Endresultat eines guten Rechtschreibprogramms: Falsch geschriebene Wörter werden hervorgehoben. Um dorthin zu kommen, benötigt er Balken, die das Dach stützen: einen Code, der jedes Wort in dem Dokument durchgeht und jedes falsch geschriebene erkennt. Als nächstes braucht er Wände, um die Balken zu stützen: eine Liste korrekt geschriebener Wörter. Als Letztes legt er das Fundament: einen Satz Regeln, die bestimmen, wann Wörter als inkorrekt gelten. Jetzt kennt er den Bauplan des Hauses und kann beginnen, den Code für die Kennzeichnung orthographisch falscher Wörter zu schreiben. Wenn er damit fertig ist, geht er zum nächsten Schritt eine Stufe darunter über. Indem er sein Haus vom Ende her baut, beschränkt er die Möglichkeiten, die sein Arbeitsgedächtnis berücksichtigen muss, und weiß, wie er den für jeden Schritt notwendigen Code schreiben muss. Sein Arbeitsgedächtnis stellt sicher, dass das Haus solide gebaut ist.

Was können wir von Arbeitsgedächtnisspezialisten wie Gamm, O'Brien, Polgar und Feross lernen? Wir alle können von den von ihnen verwendeten Verfahren – Codeknacker, Bootstrapping und Chunking – in unserem Alltag profitieren, um mit der endlosen Flut auf uns hereinstürzender Informationen fertig zu werden. Beispielsweise nützen Ihnen Gamms Techniken, wenn Sie Zahlen rasch multiplizieren müssen und keinen Rechner zur Hand haben. O'Briens Bootstrapping-Methode bietet sich an, wenn Sie sich eine große Informationsmenge merken müssen. Und wenn Sie einen Plan erstellen müssen, um einen Termin einzuhalten, ein neues Produkt zu erfinden oder ein berufliches Ziel zu erreichen, können Sie wie Polgar und Feross am Ende anfangen und sich rückwärts vorarbeiten.

Was wir an diesen Techniken so aufregend finden, ist, dass sie nicht schwer zu lernen sind. Sie brauchen sie nur zu üben. Wenden Sie diese Verfahren täglich an, und Sie werden feststellen, dass Ihr Arbeitsgedächtnis stärker wird und die Informationsflut Sie nicht mehr überrollt. Im Anschluss folgen einige Übungen, damit Ihnen Codeknacker, Bootstrapping und Chunking bald zur zweiten Natur werden.

Arbeitsgedächtnisübungen

1. Werden Sie eine menschliche Multiplikationsmaschine
Rüdiger Gamms Algorithmus oder Regel für die Multiplikation sieht vor, quer über die Zahlen, von links nach rechts, zu multiplizieren und die Zwischenergebnisse zu addieren.

> **Beispiel 1: Multiplikation einer zweistelligen mit einer einstelligen Zahl**
>
> Mit Gamms Technik lösen Sie 53 x 6 folgendermaßen:
>
> $$50 \times 6 = 300$$
> $$3 \times 6 = 18$$
> $$300 + 18 = 318$$

Bei derartigen Kopfrechnungen aktivieren Sie Ihr Arbeitsgedächtnis; Sie behalten die Stelle des Problems, an der Sie gerade sind, sowie die Zwischenlösungen im Kopf und addieren diese dann.

Übung 1

Wiederholen Sie die obigen Schritte, um folgende Aufgaben zu lösen (Lösungen am Ende des Kapitels):

$$78 \times 4 = ?$$
$$33 \times 5 = ?$$
$$25 \times 8 = ?$$
$$45 \times 3 = ?$$

> **Beispiel 2: Multiplikation zweier zweistelliger Zahlen**
>
> Bei zwei zweistelligen Zahlen besteht der Trick darin, nur die aufgelaufene Summe im Kopf zu behalten statt sämtliche Resultate der vorangegangenen Multiplikationen. Das verschafft Ihrem Arbeitsgedächtnis-Dirigenten freie Kapazität, um darauf zu achten, an welcher Stelle des Problems Sie sich gerade befinden; dies wird zunehmend wichtig, wenn Sie mehr Zahlen multiplizieren müssen.
>
> Mit Gamms Technik lösen Sie 35 x 56 folgendermaßen:

```
30 x 50     = 1500
30 x 6      = 180
1500 + 180  = 1680 (behalte nur 1680 im Sinn)
5 x 50      = 250
1680 + 250  = 1930 (behalte nur 1930 im Sinn)
5 x 6       = 30
1930 + 30   = 1960
```

Übung 2
Wiederholen Sie die obigen Schritte, um folgende Aufgaben zu lösen (Lösungen am Ende des Kapitels):

23 x 34 = ?
12 x 24 = ?
17 x 55 = ?
64 x 70 = ?

Unternehmen Sie eine Reise im Kopf,
wenn Sie sich eine Folge von Dingen merken müssen
Die Fähigkeiten des Gedächtnisweltmeisters Dominic O'Brien gehen zurück auf das antike Verfahren der Loci-Methode. Damit können Sie sich eine Liste verschiedener Dinge einprägen:

Schritt 1: Verknüpfen Sie unzusammenhängende Informationen mit etwas für Sie Bedeutungshaltigem. Nehmen wir an, Sie seien neu bei einem Hersteller von Metallgewichten für Fitnessgeräte und müssten sich die Produktnummern 11, 62, 95, 13, 30 und 25 in dieser Reihenfolge merken. Gebrauchen Sie Ihr Arbeitsgedächtnis, um diese willkürlichen Zahlen mit bedeutungsvollen, in Ihrem Hippocampus gespeicherten Informationen zu verknüpfen – beispielsweise:

– 11 ist Miroslav Kloses alte Rückennummer bei der Nationalmannschaft, also wird diese Zahl zu Miroslav Klose.

- 62 erinnert Sie an das Alter Ihres Freundes Paul – er ist 62 –, also wird die 62 zu Paul.
- 95 ist ein sehr hohes Alter, die 95 wird also zu einem Greis.
- 13 erinnert Sie an den Horrorfilm *Freitag der 13.*, also wird die 13 zu Jason.
- 30 klingt wie *Heinrich*; so hieß der Hund eines Freundes, mit dem Sie immer gespielt haben, also wird die 30 zu Heinrich.
- 25 erinnert Sie an einen Vierteldollar, also wird 25 zu einem 25-Cent-Stück.

Schritt 2: Versetzen Sie Ihre Figuren an einen vertrauten Ort. Wählen Sie eine vertraute Gegend oder Strecke, etwa einen Lieblingswanderweg, wo Sie jede Biegung kennen, Ihren Weg zur Arbeit oder auch die Räume Ihres Hauses. Wenn wir dabei bleiben, dann setzen Sie:

Miroslav auf die Veranda
Paul hinter die Tür
Den Greis in die Küche
Jason ins Bad
Heinrich in den Garten
Den Vierteldollar zwischen die Sofakissen

Schritt 3: Erfinden Sie eine Geschichte. Fügen Sie mit Hilfe Ihres Arbeitsgedächtnisses die Informationselemente zu einer bizarren und einprägsamen Erzählung zusammen.

Beispielsweise:

Miroslav klopft an die Tür.
Paul bittet ihn herein.
Sie gehen in die Küche, wo ein Greis eine Tasse Tee zubereitet.
Ein Kerl mit einer Torwartmaske springt aus dem Bad und fuchtelt mit einem Messer herum.

Heinrich bellt im Garten und verjagt ihn.
Sie sind so dankbar, dass Sie einen Vierteldollar aus den Kissen angeln.

Oder anders gesagt 11, 62, 95, 13, 30, 25.

Vereinfachen, Schlaumeier!

Wie der Superprogrammierer Feross Aboukhadijeh berichtet, setzt Vereinfachen, wo immer er kann, seine geistige Kreativität frei. In Bezug auf das Arbeitsgedächtnis heißt das, dass Einfachheit es Ihrem Dirigenten erlaubt, sich auf das wirklich Wichtige zu konzentrieren. Im Endergebnis werden Sie schneller und setzen Ihre Zeit und Mühe effektiver und produktiver ein.

Die meisten weltverändernden Technologien begannen als Ideen, umrissen von wenigen, wenn auch phantasievollen Wörtern – Google: unbegrenzte Suche im Web; iPod: unbegrenztes Musikhören; Gutenberg-(Drucker)Presse: unbegrenzte Worte; Motorwagen: pferdelose Kutsche.

Denken Sie an ein Ziel, das Sie erreichen wollen, ein Produkt, das Sie erfinden, oder eine Idee, die Sie weiterentwickeln möchten – und erfassen Sie sie in nur zwei, drei Wörtern. Tun Sie das regelmäßig; so trainieren Sie Ihr Gehirn darauf, sich auf eine präzise, prägnante und punktgenaue Vorstellung zu konzentrieren. Das muss keine neue Technologie sein. Es kann sich um etwas Persönlicheres handeln, etwas mit Bezug zur Karriere (»Leiter des Marketings«), zum Wohnen (»weniger Möbel«) oder zur eigenen Gesundheit (»Abnehmen«).

4. Fangen Sie am Ende an

Wie Polgar, die ihr Spiel von Schachmatt aus plant und sich rückwärts zum Sieg vorarbeitet, und Feross, der sich das Endprodukt vorstellt, bevor er auch nur eine Zeile Code schreibt, tun auch Sie gut daran, mit Ihrem Endziel vor Augen zu beginnen und sich rückwärts vorzuarbeiten. Nehmen wir an, Sie bekommen eine Einsteigerstelle in einem Technologieunternehmen, das freie Stellen zuerst intern ausschreibt. Nun erfahren Sie zum erstenmal von freien Positionen, und zwei davon wecken Ihr Interesse. Doch sollen Sie sich für die Stelle im Verkauf oder im Marketing bewerben? Das ist ganz einfach. Beginnen Sie dort, wo Sie hinkommen möchten. Wollen Sie in den Vorstand, dann finden Sie heraus, welcher Weg dorthin führt. Steigt in Ihrer Firma traditionell der Verkaufsleiter in den Vorstand auf, ist die Entscheidung also leicht. Bewerben Sie sich um den Verkaufsjob und nicht um die Marketingposition.

Notieren Sie Ihr Ziel auf einem Blatt Papier. Schreiben Sie dann nieder, welche Schritte Sie dorthin bringen, und zwar von oben nach unten. In unserem Beispiel würden Sie schreiben:

Vorstand
Verkaufsleiter
Verkäufer
Einsteigerjob

5. Knüpfen Sie dauerhafte Verbindungen

Das Arbeitsgedächtnis verankert Informationen dauerhaft im Gedächtnis. Sorgen Sie bei der Vorstellung oder wenn Sie Anweisungen erteilen dafür, dass neue Kontaktpersonen ihr Arbeitsgedächtnis so nutzen, dass Sie ihnen in Erinnerung bleiben.

Wie heißen Sie?

Ein einfacher Kniff, um Ihren Namen im Gedächtnis Ihres Gegenübers zu verankern, besteht darin, ihn auf Ihrem Namensschild rückwärts zu schreiben. Oder Sie nehmen es ab und stellen sich selbst vor, indem Sie Ihren Namen rückwärts buchstabieren. Beispielsweise: »Rückwärts buchstabiert lautet mein Name y-c-a-r-t« (Tracy).

Wenn Sie eine Konferenz ausrichten und möchten, dass sich jeder Teilnehmer möglichst gut an jeden erinnert, dann probieren Sie es mit einer Begrüßungsrunde oder Kaffeepause, in der die Teilnehmer ihre Namen durch den Buchstaben des Alphabets entsprechende Zahlen, Symbole oder Bilder (oder sonst etwas Passendes) ersetzen. »Hallo, ich heiße 18–15–19–19« (oder Ross). Dieses besondere Beispiel funktioniert wahrscheinlich besser bei Mathematikern und Buchhaltern, doch die Grundidee ist, die Leute dazu zu bringen, jemandes Name zu »codeknacken«. Die Anforderungen an das Arbeitsgedächtnis stellen sicher, dass das Verfahren für alle Beteiligten ergiebig ist.

Was machen Sie beruflich?
Bei der Beantwortung dieser Frage spricht man das Arbeitsgedächtnis eines Gesprächspartners am einfachsten dadurch an, dass man ihn auffordert, es zu erraten. Ein Beispiel dafür, das im Internet kursiert, ist folgendes:

Ich grabe kleine Höhlen und lagere Gold und Silber darin.
Ich baue auch Brücken aus Silber und mache Kronen aus Gold. Sie sind die kleinsten, die Sie sich vorstellen können.
Früher oder später braucht jeder meine Hilfe, doch viele haben Angst davor, sie in Anspruch zu nehmen.
Was bin ich?
Zahnarzt.

Wenn Sie Menschen dazu bringen, sich mit Hilfe ihres Arbeitsgedächtnisses an Sie zu erinnern, stellen Sie sicher, dass man Sie nie vergisst.

6. Merken Sie sich die Namen anderer Leute

Bevor Sie die folgenden Methoden ausprobieren, denken Sie darüber nach, ob es Ihnen leichter fällt, visuelle oder verbale Informationen zu verarbeiten. Nutzen Sie, womit Sie besser umgehen können, und bahnen Sie damit eine Verbindung zu Ihrem Langzeitgedächtnis an (»bootstrappen«). Entscheidend ist, die Information bewusst zu verarbeiten und sie mit etwas zu verknüpfen, das Sie bereits wissen.

Für visuelle Verarbeiter: Wenn Sie eine Person kennenlernen, dann konzentrieren Sie sich auf ihre Kleidung, ihr Aussehen oder ihre Frisur. Verknüpfen Sie dann dieses Bild mit einem bereits bekanntem Wissenselement. Nehmen wir an, Sie treffen einen Mann namens Robert und er trägt eine rote Krawatte; also denken Sie »roter Robert«. Oder Sie begegnen Maureen und sie trägt eine grüne Halskette *Grün* reimt sich auf *Maureen*; also sagen Sie sich »grün – Maureen«.

Für verbale Verarbeiter: Achten Sie auf das Gespräch und suchen Sie Verbindungen zu persönlichen Ereignissen oder Erinnerungen. Es folgen einige Beispiele. Jemand geht gerne angeln, und in Ihrem Büro steht ein Aquarium. Jemand erzählte einen Witz mit einer Ente, und Sie haben gerade eine neue Daunendecke gekauft. Sie treffen jemanden und merken sich, dass einer Ihrer Schulfreunde genauso hieß.

Lösungen der Rechenaufgaben

```
78 x  8 =  312
33 x  5 =  165
25 x  8 =  200
45 x  3 =  135
23 x 34 =  782
12 x 24 =  288
17 x 55 =  935
64 x 70 = 4480
```

10
Nervennahrung – Treibstoff für Ihr Arbeitsgedächtnis

Arbeitsgedächtnistraining ist vielleicht eine sehr gute Methode, Ihr Arbeitsgedächtnis auf Trab zu bringen, aber mit Sicherheit nicht die einzige. Einige der wirksamsten Instrumente zur Förderung sind womöglich Messer, Gabel und Löffel. Ganz recht – was Sie essen, kann sich tiefgreifend auf Ihr Arbeitsgedächtnis auswirken. Ihre Essgewohnheiten können es entweder beflügeln oder lähmen. Und wie groß ist der Einfluss der Ernährung? Fragen Sie die Eltern von Elliot.

Wie sie der BBC berichteten, hatte ihr neunjähriger Sohn Schwierigkeiten in der Schule. Er las sehr ungern und verbrachte Stunden auf der Couch vor dem Fernseher statt Hausaufgaben zu machen. Die Vorzeichen deuteten keineswegs auf eine steile schulische Karriere hin. Doch das änderte sich grundlegend, als Elliot an einer wissenschaftlichen Studie teilnahm. Als Proband sollte er eine einfache Veränderung in seiner Ernährung vornehmen: Er sollte täglich ein bestimmtes Nahrungsergänzungsmittel schlucken.

Bei Abschluss des Versuchs war Eliot wie ausgewechselt. Statt den Fernseher ein- und sein Hirn auszuschalten, verschlang er nun Harry-Potter-Bücher und fing sogar an, nach der Schule zur Bibliothek zu gehen. Seine Eltern konnten es kaum fassen, wie grundlegend sich ihr Sohn verändert hatte. Jedenfalls hatte ein einfaches Nahrungsergänzungsmittel (wir sagen Ihnen gleich welches) Elliot aufmerksamer und konzentrierter gemacht – Zeichen eines verbesserten Arbeitsgedächtnisses.

Was kann die Ernährung für Ihr Arbeitsgedächtnis tun? Viel. In diesem Kapitel werden Sie Nahrungsmittel kennenlernen, die das Arbeitsgedächtnis stärken, Essgewohnheiten, die Ihre kognitiven Fähigkeiten fördern, und vieles mehr. Guten Appetit!

Achten Sie auf Nahrungsmittel, die das Arbeitsgedächtnis stärken

Ihr Arbeitsgedächtnis ist eine Funktion Ihres Gehirns, und wenn Ihr Gehirn nicht in Bestform ist, dann ist es Ihr Arbeitsgedächtnis auch nicht. Die Nahrung liefert die Bausteine für Ihr Gehirn; wie Sie also Ihr Gehirn ernähren, so ernähren Sie auch Ihr Arbeitsgedächtnis. In den letzten Jahren gab es eine Flut von Medienberichten über Nahrungsmittel, welche die allgemeine Gehirngesundheit unterstützen. Wir wollten jedoch tiefer bohren und die Nahrungsmittel ausfindig zu machen, die speziell das Arbeitsgedächtnis stärken. Wir haben die gesamte neuere Forschung durchkämmt und uns auf die wichtigsten Bausteine für das Arbeitsgedächtnis konzentriert. Diese unterteilen wir nach ihrer Wirkung in drei Kategorien:

- *Erhaltend:* Diese Nahrungsmittel verhindern, dass sich Ihr Arbeitsgedächtnis verschlechtert.

- *Stärkend und schützend:* Diese Nahrungsmittel regen das Neuronenwachstum an und steigern die Durchblutung des Gehirns, was das Arbeitsgedächtnis stärkt. Sie schützen zudem die Nervenzellen vor Entzündung und Alterung. Diese Prozesse spielen eine Rolle beim kognitivem Abbau.

- *Leitungsfördernd:* Diese Nahrungsmittel erleichtern den Austausch von elektrischen Signalen zwischen den Neuronen. Je schneller ein Signal unbehindert von einem Neuron zum nächsten gelangt, desto präziser und besser funktioniert Ihr Arbeitsgedächtnis.

Wenn Sie Ihr Arbeitsgedächtnis stärken möchten, dann decken Sie sich mit den folgenden erhaltenden, stärkenden und schützenden sowie leitungsfördernden Nahrungsmitteln ein.

Erhaltende Nahrungsmittel

Milchprodukte

Wir alle haben gehört, dass Milch dem Körper gut tut, und der neuesten Forschung zufolge sieht es so aus, als tue sie auch Ihrem Arbeitsgedächtnis gut. Mehrere Studien belegen, dass ein kognitiver Abbau umso wahrscheinlicher eintritt, je geringer der Anteil von Milchprodukten an der Ernährung ist. 2012 untersuchte ein internationales Forscherteam aus Maine und Australien die Wirkung des Verzehrs von Milchprodukten (Milch, Joghurt, Käse und sogar Eiscreme) auf das Denken. Sie unterzogen mehr als 900 Personen von 23 bis 98 Jahren einer Reihe kognitiver Tests, unter anderem einem Arbeitsgedächtnistest. Die Probanden, die täglich mindestens ein Glas Milch tranken, besaßen ein besseres Arbeitsgedächtnis als diejenigen, die nicht täglich Milch zu sich nahmen.

Die höchsten Werte in jedem der acht kognitiven Tests erzielten die Teilnehmer mit dem täglich höchsten Anteil von Milchprodukten. Zu beachten ist, dass die Studie eher die Häufigkeit des Verzehrs als die genauen Mengen erfasste (beispielsweise zwei Gläser statt 240 ml). Deshalb liefert sie keine klaren Richtlinien, wie viel Milchprodukte man nun täglich zu sich nehmen sollte.

Was ist mit fettarmen und vollfetten Milchprodukten? Macht das einen Unterschied für Ihr Arbeitsgedächtnis? Hier ist das letzte Wort noch nicht gesprochen. In der obigen Studie wies der Konsum von vollfetten Milchprodukten keinen Zusammenhang mit schlechten kognitiven Leistungen auf. Eine 2012 in der Zeitschrift *Appetite* veröffentlichte Studie von einem der australischen Forscher prüfte eigens die Wirkung des Verzehrs fettarmer Milchprodukte auf die kognitive Leistung und stellte fest, dass eine Ernährung mit einem hohen Anteil fettarmer Milchprodukte das Arbeitsgedächtnis verbessern könnte.

Die Frage vollfett oder fettarm stiftet Verwirrung, weil viele Studien belegen, dass ein hoher Anteil gesättigter Fette in der Ernährung mit Gedächtnisverlust und kognitivem Abbau zusammenhängt. Und vollfette Milch, Sahne, Eiscreme und vollfetter Joghurt enthalten mehr gesättigtes Fett als die fettarmen Varianten. Dies veranlasste viele Fachleute, vollfette Milchprodukte als Hirnzellenräuber zu verteufeln. Doch diese Schlussfolgerung überzeugt uns nicht unbedingt. Bei einem Blick auf die Nährwerthinweise auf Milchkartons sind die Unterschiede in der Menge gesättigten Fetts zwischen Vollmilch und fettarmer Milch schließlich nicht so gravierend, insbesondere wenn Sie nur ein Glas trinken.

Milchsorte	Gesättigtes Fett pro Glas (250 ml)
Vollmilch (3,8 %)	6,3 g
Fettarme Milch (1,5 %)	2,5 g

Bei sorgfältiger Durchsicht der Daten fiel uns auf, dass die Schlüsselwörter in den meisten Studien zu gesättigten Fetten und schlechter kognitiver Leistung *hohe Aufnahme* lauten. Die Studien besagen nicht, dass gesättigte Fette als solche nachteilig für die Geistesschärfe seien, sondern nur zuviel davon. Während eine kleine Kugel Eiscreme Ihrem Arbeitsgedächtnis auf die Sprünge helfen könnte, dürfte eine ganze Packung ihm schaden. Machen Sie sich also nicht allzu viel Sorgen wegen des Fettgehalts von Milchprodukten, sondern achten Sie darauf, sie in Maßen zu verzehren, etwa als Schuss Sahne im Kaffee oder als Käseportionen.

Rotes Fleisch
Rotes Fleisch ist in den letzten Jahren stark in Verruf geraten, doch dem Arbeitsgedächtnis nützt es nachgewiesenermaßen. In rotem Fleisch kommen zwei arbeitsgedächtnisfreundliche Inhaltsstoffe vor: Carnitin und Vitamin B12. Carnitin hilft Ihrem Körper, Fett zu verbrennen, und scheint auch mit einer beschleunigten Signalübermittlung zwischen Nervenzellen zusammenzuhängen. Der menschliche Körper erzeugt von Natur aus Carnitin in der Leber und den Nieren, doch es gibt Hinweise darauf, dass

Sie mit zunehmendem Alter von einer Zufuhr von außen profitieren könnten.

In einer Studie mit Ratten verbesserte Carnitin die Leistung bei Aufgaben, die den Einsatz des Arbeitsgedächtnisses erforderten. Mediziner untersuchten den Nutzen von Carnitin für Hundertjährige und fanden heraus, dass es deren geistige Erschöpfung verringerte. Vitamin B12 ist ebenfalls wichtig, denn bei einem Mangel schrumpft Ihr Gehirn – ein Symptom von Krankheiten wie Alzheimer, die bekanntlich das Arbeitsgedächtnis beeinträchtigen.

Das Problem ist, dass Ihnen, wenn Sie *rotes Fleisch* hören, wahrscheinlich als erstes Rindfleisch einfällt, das bei weitem beliebteste rote Fleisch. Doch viele Stücke vom Rind sind marmoriert, durchzogen von gesättigtem Fett. Wie kommen Sie an das Carnitin und Vitamin B12, ohne zu viel Fett aufzunehmen? Sie sollten magere Stücke wählen, etwa Filetspitzen, Entrecôte und Ober- und Unterschale. Achten Sie auch auf die Portionen. Bei unseren Reisen in alle Welt haben wir die Erfahrung gemacht, dass man in Paris, Singapur oder Guatemala eine etwa handtellergroße Portion bekommt, wenn man ein Steak bestellt. In Amerika, so scheint es, liegt das ganze Tier außer Hörnern und Hufen auf dem Teller. Wie bei den vollfetten Milchprodukten ist weniger mehr.

Ein anderes rotes Fleisch sollte erwähnt werden, weil es viel Carnitin und mehr Vitamin B12 enthält als Rindfleisch, aber extrem fettarm ist: Wild oder Fleisch vom Reh und Hirsch. Manchmal ist es nicht ganz einfach, Wild aufzutreiben. Man bekommt es gewöhnlich nur in speziellen Metzgereien oder Feinkostgeschäften; in Ihrem Supermarkt werden Sie es vielleicht nicht finden. Wenn Sie in Ihrer Gegend kein Wild aufspüren können, dann versuchen Sie es bei Online-Händlern oder schließen Sie Freundschaft mit einem Jäger, damit Sie an frisches, nicht gezüchtetes, hormonfreies, steroidfreies, antibiotikafreies Fleisch gelangen.

Stärkende und schützende Nahrungsmittel

Stärkende und schützende Nahrungsmittel sind vorwiegend pflanzlich – unter anderem Obst und Gemüse – und reich an Flavonoiden, Farbstoffen mit stark antioxidativer Wirkung. Es gibt Tausende Flavonoide, und sie verleihen Gemüsen und Früchten einen Großteil ihrer Farbe – sie sind beispielsweise verantwortlich für das Blau von Blaubeeren und das Rot von Weintrauben.

In einem 2009 erschienenen Überblick über Studien zum Nutzen von Flavonoiden stellten die Forscher fest, dass diese Substanzen das Arbeitsgedächtnis verbessern können und auch vor Gedächtnisschwächen schützen, die mit dem normalen Alternsprozess einhergehen. Was macht diese Stoffe so segensreich für das Arbeitsgedächtnis?

- Sie überwinden die Blut-Hirn-Schranke, die Ihr Gehirn vor Infektionen schützt, indem sie es gegen die Bösen, etwa gefährliche Keime abriegelt. Flavonoide jedoch vermögen diese Schranke zu durchdringen. Denkt man sich die Blut-Hirn-Schranke als Motorhaube, dann entsprechen Flavonoide den Mechanikern, welche die Haube öffnen, drunterschauen und den Motor reparieren können.

- Einer dieser Reparaturmechanismen ist die Verbesserung der Durchblutung des Gehirns, etwa wenn Sie eine komplizierte geistige Aufgabe ausführen. Wären Sie ein Sportler und Ihre Muskeln würden nicht ausreichend mit Blut versorgt, würden Sie sich nicht lange auf dem Sportplatz halten. Ähnlich benötigt Ihr Gehirn Blut, wenn es denkt, und Flavonoide tragen dazu bei, es durch Ihr Gehirn zu befördern.

- Sie vermindern oxidativen Stress. Dieser lässt Sie vorzeitig altern und kann sogar Neuronen absterben lassen. Der Tod von Nervenzellen ist ein Hauptfaktor für die Entstehung von Demenz.

- Sie dämpfen Entzündungen von Nervenzellen, eine natürliche Reaktion auf Hirnverletzungen und -erkrankungen, die ohne Gegenmaßnahmen zu einer fortschreitenden Schädigung der Neuronen führen können. Flavonoide können die Entzündung zurückfahren, bevor sie außer Kontrolle gerät.

- Sie regen die Nervenzellregeneration selbst noch im Erwachsenenalter an. Ihr Gehirn besteht aus Nervenzellen, und wenn zu viele davon geschädigt sind oder sterben, dann beeinträchtigt dies Ihr Arbeitsgedächtnis. Da Flavonoide die Bildung neuer Nervenzellen anregen, helfen sie Ihrem Gehirn als ganzem, seine Fähigkeiten zu entfalten, darunter natürlich auch Ihr Arbeitsgedächtnis.

Es folgt eine Liste flavonoidreicher Nahrungsmittel:

- Beeren: Holunderbeeren (ihr Flavonoidgehalt sprengt die Skala), Blaubeeren, Brombeeren, Cranberrys, schwarze Johannisbeeren (den höchsten Flavonoidgehalt haben frische, nicht gefrorene Beeren)
- Kräuter und Gewürze: Kapern, Dill, Petersilie, Salbei, Thymian
- Dunkle Schokolade mit mindestens 70 % Kakao (schmeckt auch toll)
- Gemüse: Blattkohl, Grünkohl, Spinat
- Schwarzaugenbohnen
- Grüntee, Schwarztee
- Zwetschgen (ungekocht)
- Rotwein (Cabernet und Syrah enthalten sehr viel Flavonoide), Dessertweine. Sie können auch Blaubeer-, Brombeer- und Cranberrywein versuchen.

Leitungsfördernde Nahrungsmittel

Leitungsfördernde Nahrungsmittel erleichtern die Übertragung elektrischer Signale zwischen den Neuronen. Je schneller ein Signal ungehindert von einem Neuron zum nächsten gelangt, desto klarer und besser funktioniert Ihr Arbeitsgedächtnis. Um sich von Nervenzelle zu Nervenzelle zu bewegen, muss das Signal die Zellwände jedes Neurons passieren, und die Membranen lassen diese Übertragung zu, indem sie kleine Kanäle in der Zellwand öffnen oder schließen. Diese Membranen bestehen aus Fetten, und je flexibler diese sind, desto leichter können sich die Zellwände nach Bedarf öffnen und schließen.

Die flexibelsten Fette für das Gehirn sind die Omega-3-Fettsäuren DHA und EPA. Ist das Gehirn reichlich damit versorgt, schließen und öffnen sich die Kanäle reibungslos, und die Signale können zwischen den Neuronen hin- und hersausen wie in der Busspur. Für Ihr Arbeitsgedächtnis bedeutet das gesteigerte Leistung.

Erinnern Sie sich noch an Elliot, den Neunjährigen, der das Sofa gegen die Bibliothek und die Computerspiele gegen Wälzer eintauschte? Ein Nahrungsergänzungsmittel mit Omega-3-Fettsäuren führte diesen Unterschied herbei. Die empirischen Daten sprechen dafür, dass Omega-3-Fettsäuren das Arbeitsgedächtnis stärken. Selbst wenn Sie ein gesunder, junger Springinsfeld und ein helles Köpfchen sind, profitiert Ihr Arbeitsgedächtnis von Omega-3-Fettsäuren. Eine Studie von 2012 verabreichte gesunden jungen Erwachsenen (18 bis 25 Jahre) sechs Monate lang Omega-3-Fettsäuren. Das Arbeitsgedächtnis der Probanden hatte sich danach signifikant verbessert. Dagegen kann ein Mangel an Omega-3-Fettsäuren Ihr Arbeitsgedächtnis beeinträchtigen. Beispielsweise zeigte sich 2012 in einer Studie von Forschern der UCLA mit 3000 Teilnehmern, dass Erwachsene mit geringeren DHA-Spiegeln bei arbeitsgedächtnisbezogenen Aufgaben schlechter abschnitten als solche mit höheren DHA-Spiegeln.

Unsere prähistorischen Vorfahren könnten ebenfalls enorm von den in fettem Fisch enthaltenen Omega-3-Fettsäuren profitiert haben. In Fossilien des ausgestorbenen Neandertalers finden sich im Knochenkollagen keine Spuren von Proteinen marinen Ursprungs. Die Überreste prähistorischer Menschen dagegen zeigen Anzeichen von Fischeiweiß in ihrem Kollagen: Bis zu 50 Prozent ihrer Nahrung bestand aus Meerestieren. Nach Ansicht mancher Forscher fällt der Beginn des Fischverzehrs mit dem Auftauchen von Kunst und Kultur prähistorischer Menschen zusammen, Aktivitäten, die stark auf das Arbeitsgedächtnis angewiesen sind (mehr dazu in Kapitel 13).

Einige der besten Quellen für DHA und EPA sind fette Fische wie Lachs, Thunfisch, Makrele und Sardinen. Diese Stoffe stecken auch in Wild und anderem magerem rotem Fleisch. Zu den pflanzlichen Quellen gehören Walnüsse, Leinsamen und grüne

Blattgemüse. DHA und EPA sind auch als Nahrungsergänzungsmittel und in Form von Ölen wie Lebertran und Leinöl leicht erhältlich. Beachten Sie jedoch, dass das Gehirn von Nahrungsmitteln und Nahrungsergänzungsmitteln auf tierischer Basis mehr profitiert als von solchen auf pflanzlicher.

DHA- oder EPA-haltige Nahrungsmittel:

- Fetter Fisch: Makrele, Lachs, Sardinen, Thunfisch
- Wild und mageres Fleisch

Machen Sie es sich zur Gewohnheit: Zaubern Sie Arbeitsgedächtnis-Gerichte

Ross ist ein echter Feinschmecker und spannt gern sein Arbeitsgedächtnis dafür ein, in der Küche zu erfinden und zu improvisieren, sehr zur Freude von Tracy und unseren beiden Söhnen. Hier verrät er zum ersten Mal die Rezepte von zweien seiner Lieblingsgerichte, welche einige der Nährstoffe enthalten, die das Arbeitsgedächtnis stärken, schützen und die Nervenleitung fördern. Sie sind jeweils für eine Portion berechnet. Nutzen Sie Ihr Arbeitsgedächtnis, um sie für beliebige Personenzahlen zu erweitern. Und beachten Sie, dass Ross gern mit einer Prise von diesem und einem Spritzer von jenem kocht; wenn Sie also diese Begriffe in den Rezepten lesen, dann geben Sie die Zutaten nach Geschmack hinzu – es gibt keine richtige oder falsche Menge.

Gericht 1: Wild mit Schwarzaugenbohnen

Wild hat in der Regel einen intensiven, typischen Geschmack. Sollte der Verzehr von Wild etwas Neues für Sie sein, dann wählen Sie Reh, das milder schmeckt. Der Kniff bei der Zubereitung liegt darin, es mit Dingen aus dem Wald zu würzen, in dem es ja heimisch ist.

Wild

- 1 Wildsteak oder mehrere Medaillons aus der Lende, aufgetaut (Portion insgesamt etwa handtellergroß)
- 2 Spritzer Olivenöl
- Prise Fleur de sel
- Prise gemahlener Pfeffer
- 6–7 Wacholderbeeren, mit einem Löffel zerdrückt oder gemörsert
- 5–6 Blaubeeren oder Brombeeren
- 1 Zehe Knoblauch
- 1 Zweig Thymian
- ein Klacks grober Senf (Maille schmeckt gut)
- 1–2 großzügige Schuss Portwein

1. Reiben Sie das Steak mit Olivenöl ein und würzen Sie es mit Salz, Pfeffer und zerdrückten Wacholderbeeren.

2. Legen Sie es beiseite und lassen Sie es ziehen.

3. Heizen Sie eine Pfanne (möglichst aus Eisen) etwa 5 Minuten bei geringer Hitze vor.

4. Gießen Sie Olivenöl in die Pfanne und legen Sie das marinierte Wild hinein.

5. Verteilen Sie Beeren, Knoblauch, Thymian und den Klacks Senf darum herum (nicht darunter).

6. Braten Sie das Fleisch etwa 3 Minuten, bis es unten braun ist, und wenden Sie es dann. Bewegen Sie währenddessen Beeren und Knoblauch, damit sie nicht anbrennen.

7. Lassen Sie das Fleisch weitere 3 Minuten braten oder bis es braun ist.

8. Nehmen Sie es aus der Pfanne und lassen Sie es ruhen.

9. Löschen Sie die Pfanne mit Portwein ab und lösen Sie Bratensatz, Beeren, Knoblauch, Senf und Thymian mit einem Holzlöffel. Rühren Sie gut, bis sich alles miteinander vermischt hat. Dies verleiht der Sauce mehr Geschmack.

10. Schneiden Sie das Fleisch dünn auf. Gießen Sie die Sauce durch ein Sieb auf das Fleisch und servieren Sie es.

Schwarzaugenbohnen

1 Spritzer Olivenöl
Nach Belieben: 2–3 kleine Würfel Schinkenspeck (machen tollen Geschmack, sie müssen nur klein sein)
½ Zwiebel
½ rote Paprika, gewürfelt
kleine Prise Fleur de sel
kleine Prise schwarzer Pfeffer
85 g Schwarzaugenbohnen, über Nacht eingeweicht und weichgekocht (Kochwasser aufbewahren)
Nach Belieben: 1 guter Schuss Portwein

1. Gießen Sie das Olivenöl in einen kleinen, vorgeheizten Topf.
2. Geben Sie die Speckwürfel dazu und lassen Sie sie bräunen.
3. Geben Sie Zwiebel, Paprika, Salz und Pfeffer hinzu und lassen Sie die Zwiebeln glasig werden.
4. Geben Sie die Bohnen mit etwas Kochflüssigkeit hinzu und vielleicht einen Schuss Portwein, wenn Sie mögen.
5. Reduzieren Sie die Flüssigkeit, bis die Bohnen glasiert sind, und servieren Sie sie.

Dessert
Käseauswahl, etwa alter Gouda, Greyerzer und Cheddar (jeweils ein kleines Stück)

Gericht 2: Lachs mit gedämpftem Kohl

Lachs
1 Stück Lachsfilet (120–150 g)
2 Spritzer Olivenöl
kleine Prise Fleur de Sel
kleine Prise gemahlener schwarzer Pfeffer
1 Essl. Dill, gehackt
1 Klacks grobkörniger Senf
½ Zitrone plus ¼ Zitrone
2 Handvoll Kohl, gehackt
1 Essl. Kapern

1. Heizen Sie die Pfanne bei geringer Hitze vor.

2. Beträufeln Sie den Lachs mit Olivenöl und reiben Sie ihn mit Salz, Pfeffer, Dill und Senf ein.

3. Legen Sie ihn in die vorgeheizte Pfanne und drücken Sie ½ Zitrone darüber aus. Decken Sie sie mit einem Teller oder einem großen Deckel ab.

4. Lassen Sie den Fisch auf jeder Seite einige Minuten garen.

5. Nehmen Sie ihn aus der Pfanne und drücken Sie ¼ Zitrone darüber aus.

6. Lassen Sie ihn einige Minuten abkühlen, damit er den Saft aufnimmt.

7. Währenddessen dämpfen Sie den gehackten Kohl einige Minuten in einem Topf; gießen Sie Olivenöl dazu.

8. Geben Sie Kapern auf den Lachs und servieren Sie ihn mit dem Kohl.

Dessert: Beeren mit dunkler Schokoladensauce
2 gehäufte Essl. frische Brombeeren
2 gehäufte Essl. frische Blaubeeren
2 gehäufte Essl. frische Himbeeren
   oder

4–6 gehäufte Essl. beliebiger Beeren
etwa 50 g dunkle Schokolade
2 Teel. Creme double

1. Geben Sie Sahne und Schokolade in einen Topf und lassen Sie sie bei geringer Hitze und unter ständigem Rühren schmelzen.
2. Gießen Sie die Sauce über die Beeren und servieren Sie sie.

Weinempfehlung: Wählen Sie zu beiden Gerichten einen Cabernet, Syrah, Blaubeer- oder Brombeerwein. Wenn Sie unbedingt einen Weißwein zum Fisch haben müssen, dann bitte, aber denken Sie nicht, dass er Ihrem Arbeitsgedächtnis irgendwie nützen würde!

2. Schränken Sie sich beim Essen ein und fasten Sie regelmäßig

Nicht nur was Sie essen, beeinflusst Ihr Arbeitsgedächtnis, sondern auch wie viel. Immer mehr empirische Daten belegen, dass Fettleibigkeit, eine häufige Folge übermäßigen Essens, mit Gedächtnisverlust, kognitiven Störungen und schlechtem Arbeitsgedächtnis einhergeht. Am entgegengesetzten Ende des Spektrums spricht vieles dafür, dass weniger Essen großen gesundheitlichen Nutzen haben kann, unter anderem ein verbessertes Arbeitsgedächtnis. Insbesondere zwei Strategien zeigen bemerkenswerte Ergebnisse:

- Kalorienbeschränkung (KB): bei einer ausgewogenen Ernährung weniger Kalorien aufnehmen
- Periodisches Fasten (PF): abwechseln zwischen Fastenperioden – nichts als Wasser zu sich nehmen – und Essen.

Die KB beruht auf Studien an Nagetieren, Mäusen und Rhesusaffen, die über Jahrzehnte hinweg immer wieder gezeigt haben, dass Tiere mit eingeschränkter Nahrungsaufnahme bei kognitiven Aufgaben besser abschneiden als ihre Artgenossen, die nach Belieben fressen durften. Allerdings ist noch umstritten, wie die Nahrungsbeschränkung die Arbeitsgedächtnisfunktion im Einzelnen schützt. Mark Mattson von der Johns Hopkins University vermutet, dass eine solche Ernährung eine Art Immunität gegen Gehirndegeneration erzeugt. Weniger zu essen ruft in unseren Gehirnneuronen eine leichte Stressreaktion hervor. In Reaktion auf diesen Stressfaktor entwickeln wir Widerstandskraft gegen gewichtigere, mit dem Altern verknüpfte Stressoren. Im Zusammenhang mit dieser Stressreaktion setzt der Körper ein wichtiges Protein frei, den *brain-derived neurotropic factor* (BDNF), der schützend auf die Neuronen wirkt und das Wachstum neuer Neuronen anregt. Einigen Studien zufolge gehen niedrigere BDNF-Spiegel im Gehirn mit einem schlechteren Arbeitsgedächtnis einher.

Mattson fand überdies, dass eine Einschränkung der Nahrung Sie vor den kognitiven Verheerungen einer Gehirnerkrankung bewahren könnte. In einer Studie rief der Forscher bei Ratten eine degenerative, mit Gedächtnisverlust verbundene Gehirnkrankheit hervor. Dann setzte er einige dieser Ratten auf PF, das heißt, sie bekamen nur jeden zweiten Tag zu fressen. Die anderen Ratten durften sich uneingeschränkt am Futter bedienen. Alle Tiere mussten über ihre Lebensspanne regelmäßig Arbeitsgedächtnistests absolvieren. Mit zunehmendem Alter zeigten die All-you-can-eat-Ratten allmählich Anzeichen kognitiver Störungen. Bei den KB-Ratten jedoch traten keine Zeichen eines beeinträchtigten Arbeitsgedächtnisses auf; sie konnten die geistigen Leistungseinbußen vermeiden.

Falls Sie glauben, Sie seien zu alt, um den Nutzen einer solchen Ernährung noch zu erleben, dann irren Sie sich. Ein Experiment mit älteren Ratten ergab im Anschluss an eine KB-Diät erkennbare Verbesserungen bei Arbeitsgedächtnisaufgaben. Das lässt uns hoffen, dass es nie zu spät ist, um Ihr Arbeitsgedächtnis zu Spitzenleistungen zu füttern – oder vielleicht *nicht* zu füttern.

Doch jetzt kommt die Frage, auf die jeder eine Antwort haben möchte. Es mag bei Ratten funktionieren, doch wie ist das bei Menschen? Wie sollen Sie merken, ob eine regelmäßige Einschränkung Ihrer Nahrungsaufnahme oder regelmäßiges Fasten sich positiv auf Ihr Denkvermögen auswirkt? Wissenschaftler ergründen derzeit mit menschlichen Probanden, ob die KB für Menschen vorteilhaft sein könnte. Eine Forschergruppe berichtete 2009 in einer Ausgabe der *Proceedings of the National Academy of Sciences*, dass sich bei älteren Teilnehmern, die ihre Kalorienaufnahme für drei Monate um 30 Prozent reduzierten, die verbalen Gedächtniswerte erhöhten. Hingegen zeigten Probanden, die sich nicht einschränkten, keine derartige Verbesserung.

CALERIE, die erste Langzeitstudie zur KB beim Menschen, durchgeführt von Forschern der Tufts University in Boston, beginnt gerade erst, Ergebnisse zu liefern. Bei diesem Versuch verringern die Probanden für sechs Monate ihre Kalorienaufnahme um 10 bis 30 Prozent. 2011 veröffentlichten die Forscher einige erste Resultate. Danach zog die KB positive Veränderungen bei einigen altersbezogenen Messwerten nach sich. Wir wissen nicht, ob CALERIE in künftigen Artikeln Arbeitsgedächtniswerte bestimmt, hoffen es aber auf jeden Fall. Die Forschung mit Ratten und Menschen liefert gute Gründe für die Annahme, dass eine Nahrungsbeschränkung Ihrem Denkvermögen nützt. Wir halten diese Forschung jedenfalls für so vielversprechend, dass wir bereit sind, uns zurückzuhalten, und jede Woche fasten.

Machen Sie es sich zur Gewohnheit: Essen Sie weniger.

Ganz gleich, ob Sie KB oder PF ausprobieren möchten: *Sprechen Sie mit Ihrem Arzt oder Ihrer Ärztin, bevor Sie eine kalorienreduzierte Diät machen oder fasten.*

Die wissenschaftliche Forschung zum PF bezieht sich überwiegend auf Fasten an jedem zweiten Tag, doch auch weniger häufiges Fasten könnte von Nutzen sein. Wir selbst halten es folgendermaßen: Ross fastet pro Woche bis zu 60 Stunden hintereinander und Tracy 36 Stunden (sie trinkt Wasser und gelegentlich einen Espresso). Vielleicht halten Sie das zuerst für unmöglich, aber glauben Sie uns, Sie gewöhnen sich daran und können Ihren täglichen Aktivitäten unbeeinträchtigt nachgehen. Wir laufen sogar täglich zehn Kilometer, wenn wir fasten, bemühen uns allerdings nicht um Bestzeiten. Der beste Tipp? Meiden Sie appetitliche Düfte. Das ist jedoch nicht immer möglich. Kürzlich verschworen sich die Umstände gegen Ross, und etwa 48 Stunden nach Beginn seiner Fastenperiode sah er sich einer zufriedenen Tracy gegenüber, die gerade ein Steak verdrückte. Ross brach sein Fasten mit einem Beeren-Smoothie, etwas Lachs und gedämpftem Kohl.

3. Nehmen Sie eine Nase Rosmarin oder Pfefferminze

Shakespeare war auf der richtigen Spur, als er Ophelia zu Laertes sagen ließ: »Ich bitte Euch, liebes Herz, gedenkt meiner! Und da ist Rosmarin, das ist für die Treue.« Schon die alten Griechen rühmten die gedächtnisstärkenden Eigenschaften von Rosmarin; Schüler trugen sogar Rosmarinkränze, um in Prüfungen ihr Gedächtnis zu stützen. Heute wissen wir dank des britischen Psychologen Mark Moss, dass Rosmarin nicht nur fürs Kochen, sondern auch für Ihr Arbeitsgedächtnis gut ist.

In einer Studie von 2003 teilte Moss seine erwachsenen Versuchspersonen nach dem Zufallsprinzip in drei Gruppen ein: eine Rosmaringruppe, eine Lavendelgruppe und eine Kontrollgruppe. Keiner der Probanden erfuhr, dass sie ätherische Öle zu riechen bekommen würden. Die Versuchspersonen der drei Gruppen saßen in Testkabinen und absolvierten eine Reihe kognitiver Tests, darunter auch Arbeitsgedächtnistests. Bei der Rosmarin- und der Lavendelgruppe wurden jeweils vier Tropfen des reinen ätherischen Öls in einen Duftspender gegeben. Dieser stand außer Sicht und wurde für fünf Minuten eingeschaltet, bevor der Teilnehmer die Testkabine betrat.

Bei der Arbeitsgedächtnisaufgabe sahen die Probanden fünf Zahlen, jeweils eine pro Sekunde. Dann sahen sie 30 andere

Zahlen und sollten mit »ja« oder »nein« angeben, ob diese zu den ursprünglichen Zahlen gehört hatten. Diesen Test absolvierten sie dreimal jeweils mit anderen Zahlen.

Moss fand in der Rosmaringruppe viel bessere Gedächtnisleistungen als in der Kontrollgruppe. Lavendel dagegen zeigte die gegenteilige Wirkung: Die Teilnehmer dieser Gruppe schnitten noch schlechter ab als die Kontrollgruppe. Moss Vermutung zufolge hat Rosmarin eine anregende, die Leistung des Arbeitsgedächtnisses verbessernde Wirkung, während Lavendel beruhigend wirkt.

Wie kann ein Duft Ihr Arbeitsgedächtnis verbessern? Möglicherweise werden wirksame Verbindungen der Duftstoffe über die Schleimhäute der Nase oder der Lungen aufgenommen. Und da diese Moleküle winzig sind, können sie die Blut-Hirn-Schranke überwinden und die Gehirnaktivität beeinflussen. Ein besonders wichtiger Neurotransmitter, das Acetylcholin, spielt eine zentrale Rolle für die Aufmerksamkeit. Moss' Mutmaßung zufolge verhindert das Einatmen von Rosmarintinktur den Abbau von Acetylcholin, und dieses hilft Ihnen, Ihre Aufmerksamkeit länger aufrecht zu erhalten.

Moss führte eine ähnliche Vergleichsstudie mit Ylang-Ylang und Pfefferminze durch und ging dabei nach demselben Muster vor wie oben. In diesem Versuch erzielten die Probanden, die eine Nase Pfefferminze genommen hatten, höhere Arbeitsgedächtniswerte als die Ylang-Ylang-Gruppe.

Wenn Sie also konzentriert bleiben müssen, aber müde sind oder langsam denken, dann tropfen Sie etwas Rosmarin- oder Pfefferminzöl auf ein Tuch (nicht direkt auf die Haut) und tragen Sie es bei sich.

4. Zugreifen oder sich's verkneifen?
Die Wahrheit über Koffein, Süßes und Cocktails

Es scheint, als würde uns täglich eine andere Ansicht über Koffein serviert. Koffein mag Sie vielleicht wach machen, es kann aber auch Ihren Cholesterinspiegel in die Höhe treiben. Dasselbe gilt für Alkohol – den einen Tag wird er für seinen gesundheitlichen Nutzen gepriesen, den anderen führt er Sie schnurstracks in die Demenz. Und Zucker? Zucker muss neuerdings ziemlich Prügel einstecken; manche bezeichnen ihn als Gift, das uns buchstäblich umbringt. Wie verhält es sich nun wirklich mit diesen Nahrungs- und Genussmitteln? Beeinflussen sie das Arbeitsgedächtnis und falls ja, wie?

Ein Tässchen in Ehren oder sich's lieber verwehren?
Kaffee – der braune Nektar hibbeliger Programmierer, der Treibstoff der Kaffeehauskultur des 18. Jahrhunderts und die Rettung zweier Autoren mit zwei kleinen Jungs, Vollzeitstellen und einem drohenden Abgabetermin für ein Buch über das Arbeitsgedächtnis. Wir lieben Kaffee. Ross ist so verrückt danach, dass er drauf und dran war, einen beträchtlichen Teil unseres Vorschusses für das Buch in eine 4000 Dollar teure Schweizer Präzisionsespressomaschine, bekannt als Cremina, zu investieren. Glücklicherweise setzte sich die Vernunft (Tracy) durch, und die magische Maschine wurde nicht angeschafft. Warum sind wir so versessen auf Kaffee? Abgesehen von seinem berauschenden Duft und seinem vollen Geschmack schadet es auch nicht, dass eine Tasse des Gebräus wach und munter macht und uns hilft, uns auf das Positive zu konzentrieren (Kapitel 3, »Übung 2«).
Trotz dessen und unserer eigenen Erfahrung sowie des überlieferten Wissens von Jahrhunderten wies eine neuere Studie nach, dass Koffein für das Arbeitsgedächtnis kein ungetrübter Segen ist. Erfordert eine Aufgabe nur eine geringe Beteiligung des Arbeitsgedächtnisses, kann Koffein die Leistung steigern. Muss sich das Arbeitsgedächtnis jedoch stark anstrengen, dann verhilft Ihnen Koffein nicht zu der erhofften Wachheit und kann Ihre Leistung sogar mindern. Starke Belastung des Arbeitsgedächtnisses bedeutet, dass Sie infolge von Nervosität oder Stress bereits übererregt sind. Kaffee intensiviert den Stress und die Anspannung nur und setzt Ihre Leistungsfähigkeit letztlich herab.

Zugreifen oder sich's verkneifen? Greifen Sie zu, aber reservieren Sie den Kaffee für die leichten Aufgaben.

Was bedeutet das für Otto Normalverbraucher, den es nach einem Tässchen gelüstet? Ist die vorliegende Aufgabe bekannt und muss die Information nur oberflächlich bearbeitet werden – wenn man etwa eine bereits erstellte Präsentation für eine neue Zuhörerschaft ein wenig abwandeln muss –, dann erleichtert Koffein die Arbeit. Stellen Sie jedoch neue Informationen für einen einmaligen, karriereentscheidenden Vortrag zusammen, dann verkneifen Sie sich das Tässchen, bis Sie fertig sind.

Absacker gefällig?

Die Frage, ob Alkoholkonsum das Arbeitsgedächtnis beeinflusst, ist nicht leicht zu beantworten. Forschungen, wonach häufiger, exzessiver Alkoholgenuss und Alkoholismus das Arbeitsgedächtnis beeinträchtigen, scheinen unwiderlegbar. Doch was mäßiges Trinken angeht, werden die Schlussfolgerungen weniger eindeutig. Manche Studien sprechen für eine schädliche Wirkung, während andere keinen Einfluss auf das Arbeitsgedächtnis nachweisen.

Scott Saults und Nelson Cowan von der University of Missouri wollten diesen uneinheitlichen Resultaten auf den Grund gehen. In ihre Studie bezogen sie gesunde Erwachsene ein, mäßige Geselligkeitstrinker, die nie wegen Missbrauchs psychotroper Substanzen behandelt worden oder alkoholbedingt mit dem Gesetz in Konflikt gekommen waren. Manchen Teilnehmern verabreichten die Forscher einen Wodka Tonic, anderen ein Placebo (stark verdünntes Tonicwasser). Dann stellten sie den Probanden zwei verschiedene Arbeitsgedächtnisaufgaben: In einer Version legten sie ihnen sämtliche Informationen auf einmal vor, in der anderen einzeln nacheinander.

Wie die Forscher feststellten, beeinträchtigte der Alkoholkonsum das Arbeitsgedächtnis dann, wenn die Information portionsweise aufgenommen wurde, nicht aber beim gesamten Informationspaket. Saults und Cowan vermuten, dass Alkohol eine Art Kurzsichtigkeit hervorruft und die Fähigkeit unseres

Arbeitsgedächtnisses zum Multitasking herabsetzt. Das heißt, uns fällt die Konzentration schwer, wenn wir unsere Aufmerksamkeit auf zwei oder mehr Dinge aufteilen müssen. Wenn uns also nicht sämtliche Informationen gleichzeitig zur Verfügung stehen und wir etwas im Kopf behalten müssen, um es einer neuen Information hinzuzufügen, dann ist ein Wodka Tonic nicht gerade hilfreich.

Zugreifen oder sich's verkneifen? Greifen Sie zu, aber wenn Sie mehrere Aufgaben auf einmal erledigen müssen, dann meiden Sie Alkohol. Den bislang vorliegenden Forschungsergebnissen zufolge scheint jedoch mäßiges Trinken Ihrem Arbeitsgedächtnis eher nicht zu schaden. Unseres Erachtens macht sein Flavonoidgehalt Wein aus roten, Brom- oder Blaubeeren zur besten Wahl, wenn Sie sich für Alkohol entscheiden. Halten Sie sich nur vor Augen, dass es auch zu viel des Guten gibt. Trinken Sie also nur wenig oder mäßig und lassen Sie auf jeden Fall das Auto stehen.

Ein Löffelchen voll Zucker oder ein Löffelchen voll Gift?
Zucker hat immer sehr schlechte Presse, doch ihn als »Gift« zu bezeichnen, dürfte ein wenig übertrieben sein. Ohne Zucker könnten Sie überhaupt nicht denken. Ihr Gehirn läuft mit Glukose (einer Zuckerart), und je mehr Sie denken, desto mehr benötigt es. Eine neuere Übersicht über Studien zur Wirkung von Glukose zeigte zudem, dass das Arbeitsgedächtnis angekurbelt wird, wenn Sie sich einen Zuckerstoß genehmigen. Wie der britische Psychologe Michael Smith berichtete, kann der Verzehr von Süßem (aber nicht von Zuckerersatz wie Aspartam) dem Arbeitsgedächtnis auf die Sprünge helfen. Das funktioniert jedoch nur bei schwierigen Aufgaben. Waren die Aufgaben einfach, verbesserte Glukose das Arbeitsgedächtnis nicht. Eine schwierige Aufgabe zehrt den Glukosevorrat des Gehirn rasch auf, noch mehr als eine einfache. Ein schneller Zuckerschub kann daher Ihr Arbeitsgedächtnis wieder auf Optimalniveau bringen.

Das bedeutet nicht, dass Sie möglichst viele Schokoriegel futtern sollten. Übermäßiger Zuckerkonsum kann sehr gesundheitsschädlich sein. Und in Süßkram wie Donuts stecken häufig andere Krankmacher wie Transfette.

Zugreifen oder sich's verkneifen? Greifen Sie zu, aber übertreiben Sie es nicht. Die meisten Menschen nehmen sowieso schon genügend Glukose zu sich, viele sogar viel zu viel (denken Sie an die Gefahr von Typ-II-Diabetes). Sie können sich Glukose auf verschiedene Weise zuführen, durch stärkehaltige Nahrungsmittel wie Kartoffeln, durch Obst wie Honig- oder Wassermelonen oder durch Glukosetabletten. Wenn Sie Ihre Glukose mit der Nahrung zu sich nehmen, benötigt Ihr Körper Zeit zur Verdauung, um dem Gehirn den Zucker in leicht verwertbarer Form zur Verfügung zu stellen. Fühlen Sie sich geistig träge, wählen Sie gesündere Formen von Zucker, etwa Trockenfrüchte wie Rosinen oder Blaubeeren, und übertreiben Sie es nicht.

11
Sieben Gewohnheiten, um das Arbeitsgedächtnis aufzuladen ... und ein paar, die Sie vermeiden sollten

Training und die richtige Ernährung sind prima für unser Arbeitsgedächtnis. Einige Gewohnheiten können Ihre Arbeitsgedächtnisfunktionen ebenfalls unterstützen. Wir empfehlen Ihnen dringend, sie in Ihren Tagesablauf einzubauen und zu prüfen, ob Sie Ihrem Arbeitsgedächtnis einen Vorteil verschaffen.

Gewohnheit 1: Ausreichend Schlaf

Während Sie selig die Nacht verschlafen, lädt sich Ihr Arbeitsgedächtnis wieder auf, ähnlich wie der Akku Ihres Handys, wenn es am Strom hängt. Und genau wie wenn Sie vergessen, den Akku zu laden, versagt es gerade dann den Dienst, wenn Sie es am dringendsten brauchen. Um sicherzugehen, dass sich Ihr Arbeitsgedächtnis einschaltet, wenn Sie es benötigen, müssen Sie ausreichend schlafen. Zahlreiche Studien zu Schlaf und Arbeitsgedächtnis haben gezeigt, dass Schlafmangel es Ihrem Dirigenten sehr erschwert, Musik zu machen – unabhängig von Ihrem Alter.

Wie viel Schlaf brauchen Sie?

Alter	Stunden
Kleinkinder (1–3)	12–14
Vorschulkinder (3–5)	11–13
Kinder (5–12)	10–11
Teenager	8,5–9,25
Erwachsene	7–9
Senioren	7–9

Kinder
Schlaf ist besonders wichtig für kleine Kinder; sie brauchen ihre Schläfchen für ihr sich entwickelndes Arbeitsgedächtnis. Man vermutet, dass sich ein Großteil der Gehirnreifung während des Schlafs vollzieht. Zudem ist wissenschaftlich nachgewiesen, dass bei Jugendlichen, die nicht den nötigen Schlaf bekommen, das Arbeitsgedächtnis den Preis zahlt; ihre Schulleistungen leiden.

Teenager
Besser als jüngere Kinder können Teenager Schlafmangel wettmachen, bevor er die Leistungsfähigkeit ihres Arbeitsgedächtnisses beeinträchtigt. So fand Mary Carskadon von der Brown University, dass Jugendliche nach nur vier Stunden Schlaf eine Arbeitsgedächtnisaufgabe erfolgreich zu lösen vermochten. Doch als die Messlatte mit schwierigeren Aufgaben erhöht wurde, litt ihre Leistung, insbesondere, wenn sie die ganze Nacht lang aufgeblieben waren.

Als Eltern von Jugendlichen wissen Sie selbst, wie schwer es sein kann, sie frühzeitig ins Bett zu kriegen, und was es für ein Kampf ist, sie morgens rechzeitig wieder rauszukriegen. Doch das bedeutet nicht, dass Ihr Jugendlicher faul oder bewusst aufsässig ist. Studien zufolge entwickeln Jugendliche mit Beginn der Pubertät ein verzögertes Schlafmuster, das heißt, dass sie aufgrund der sich wandelnden Bedürfnisse ihres Körpers abends später zu Bett gehen und morgens länger schlafen müssen. Sie benötigen immer noch dieselbe Menge Schlaf wie als Acht- bis Zwölfjährige, jedoch zu anderen Zeiten.

Nicht überzeugt, dass Ihr Teenager morgens nicht einfach nur das Murmeltier spielt? Dann bedenken Sie Folgendes: In einer neueren Studie verschoben Judith Owens und ihr Team vom Hasbro Children's Hospital in Rhode Island in Zusammenarbeit mit einer Highschool den Schulbeginn, damit die Schüler morgens länger schlafen konnten. Brachte das etwas? Und ob! Die Jugendlichen waren wacher und gaben an, tagsüber weniger gereizt zu sein. Auch ihre psychische Gesundheit verbesserte sich – weniger Schüler berichteten von Niedergeschlagenheit – und weniger Schüler schwänzten. Schule und Schüler betrachteten den Versuch als Erfolg, und der spätere Unterrichtsbeginn ist jetzt die Regel. Wenn Sie also das nächste Mal Schwierigkeiten haben, Ihre Teenager aus den Federn zu scheuchen, dann denken Sie daran, dass ihr Lange-aufbleiben-lange-schlafen-Muster ihr Arbeitsgedächtnis auflädt.

Erwachsene

Eine der wichtigsten Funktionen des Arbeitsgedächtnisses ist der schnelle Zugriff auf in Ihrem Hippocampus (der Bibliothek Ihres Gehirns) gespeicherte Information, und Schlaf ist ein entscheidendes Glied in der Kette zwischen Arbeitsgedächtnis und Hippocampus. Wenn Sie etwas in Ihren Hippocampus einmeißeln möchten, dann schlafen Sie drüber – wortwörtlich. Ein guter Nachtschlaf kann die Merkfähigkeit des Gehirns verbessern, wie Jessica Payne von der University of Notre Dame 2012 in einer Studie feststellte. Paynes Team ließ die Probanden entweder morgens oder abends Wortpaare auswendig lernen und testete sie zwölf Stunden später. Diejenigen, die sich die Wortpaare abends eingeprägt hatten, dann schliefen und morgens geprüft wurden, erinnerten sich besser daran als diejenigen, die morgens gelernt und abends den Test absolviert hatten. Noch aufschlussreicher war, dass 24 Stunden später, nachdem sämtliche Versuchspersonen geschlafen hatten und wieder aufgewacht waren, die Gedächtnisleistung der Abendlerner sich noch weiter verbessert hatte. Payne deutete das dahingehend, dass Schlaf die in unsere Erinnerungsspeicher übertragene Information verfestigt und dauerhafter macht.

Schlafmangel, insbesondere mehrere schlaflose Nächte hintereinander, tut Ihrem Arbeitsgedächtnis keinen Gefallen. Laut einer Übersicht der Zeitschrift *SLEEP* über Studien zu Schlafentzug und kognitiver Leistung führte langfristiger Schlafmangel zu Problemen selbst bei den einfachsten kognitiven Aufgaben.

Wenn Sie schon mal nach mehreren schlaflosen Nächten mit Ihren Autoschlüsseln an der Haustür herumgefummelt oder Ihr Hemd falsch zugeknöpft haben, dann wissen Sie, wovon wir reden. Doch überraschenderweise ergab derselbe Artikel, dass Menschen, denen die einfachsten Aufgaben schwer fielen, ihr Arbeitsgedächtnis immer noch zur Mitarbeit an komplexeren Aufgaben heranziehen konnten. Wie ist das möglich?

Bei Schlafmangel schaltet Ihr Gehirn in den Schongang und fährt einige der elementareren kognitiven Mechanismen herunter. Dem Schlafforscher Paul Whitney von der Washington University zufolge interveniert nun das Arbeitsgedächtnis und gleicht die mangelhafte Funktion dieser Basisprozesse aus. So hilft es uns, komplexere Aufgaben auszuführen, wenn wir müde sind.

Doch bevor Sie jetzt bis in die Puppen lernen, ohne an Ihr Arbeitsgedächtnis zu denken – es gibt einen Haken. 2010 entdeckten Lisa Chuah und eine Forschergruppe von der Duke-NUS Medical School in Singapur, dass die Kompensationsfähigkeit des Arbeitsgedächtnisses Grenzen hat. Sie stellten einer Gruppe Erwachsener eine Arbeitsgedächtnisaufgabe, die verlangte, sich bestimmte Fotos zu merken und andere, ablenkende Fotos mit negativem emotionalen Gehalt – etwa Menschen, die geschlagen oder beraubt wurden – zu ignorieren. Die Erwachsenen lösten die Aufgabe unter zwei Bedingungen: wenn sie gut ausgeruht waren und wenn sie zu wenig geschlafen hatten. Wie sich zeigte, konnten die Teilnehmer im ersten Fall ihr Arbeitsgedächtnis besser nutzen, um sich die richtigen Bilder zu merken und über die ablenkenden hinwegzusehen. Litten sie dagegen unter Schlafmangel, fiel ihnen die Aufgabe schwer. In der realen Welt bedeutet das, dass Ihr Dirigent Mühe hat, Ihnen die nötige Konzentration für Ihr Tun zu liefern, wenn Sie sich nicht lange genug ausruhen.

Während der Tests machten die Forscher Hirnscans der ausgeschlafenen und der unausgeschlafenen Teilnehmer. Bei Ersteren konnten die Wissenschaftler Hirnmuster von Personen mit normal funktionierendem Arbeitsgedächtnis sehen und diese dann mit denen ihrer müden Pendants vergleichen. Wenn die Erwachsenen mit Schlafmangel die negativen emotionalen Bilder erblickten, nahm die Hirnaktivität in der Amygdala zu und die im PFC ab. Auch interagierten diese beiden Hirnareale weniger miteinander, wenn sich die Probanden von den Bildern ablenken ließen. Dieses Muster spricht dafür, dass Schlafmangel uns nicht nur emotionaler reagieren lässt, sondern es unserem Dirigenten auch erschwert, unsere Gefühle im Zaum zu halten. Ist Ihnen nach einer Nacht am Schreibtisch in einer schwierigen oder emotional angespannten Situation schon mal der Kragen geplatzt, dann liegt das an diesem Gehirnmuster. Sollte es Ihnen schwerfallen, Herr Ihrer Gefühle zu bleiben, dann schalten Sie abends den Computer oder Fernseher aus und gönnen Sie Ihren angespannten Nerven den Balsam des Schlafs.

Ältere Erwachsene

Die Vorstellung, als älterer Mensch brauche man nicht mehr so viel Schlaf wie mit 30, 40 und 50, ist ein Märchen. Sie benötigen immer noch dieselben sieben bis neun Stunden, doch aufgrund von Ein- oder Durchschlafproblemen bekommen Sie sie vielleicht nicht. Die gute Nachricht lautet, dass einige Studien vorliegen, wonach Schlafmangel bei Älteren das Gehirn womöglich nicht so stark belastet. Eine vergleichende Studie prüfte die Auswirkungen von Schlafmangel auf das Arbeitsgedächtnis und kam zu dem Ergebnis, dass ältere Erwachsene sich viel besser davon erholen konnten als ihre jüngeren Pendants. Die Leistung einer Gruppe junger Erwachsener im Alter von 19 bis 38 Jahren bei arbeitsgedächtnisbezogenen Aufgaben verschlechterte sich infolge von Schlafmangel, 59-Jährige und Ältere dagegen schnitten sowohl ausgeschlafen als auch nach unzureichendem Schlaf gleich gut ab. Sean Drummond, der federführende Forscher, vermutet, dass gesunde Ältere widerstandsfähiger sind und Stressoren wie Schlafmangel besser wegstecken können.

Quantität oder Qualität?

Die Ratschläge hinsichtlich Schlaf und seiner Wirkung auf das Arbeitsgedächtnis kreisen meist um die Zahl der Stunden, doch für das Arbeitsgedächtnis spielt auch die Schlafqualität eine Rolle. Evva Aronen und ihre Mitarbeiter von der University of Helsinki untersuchten dieses Thema mit einer Gruppe Sechs- bis 13-jähriger über drei Tage. Die Forscher bestimmten sowohl die Menge als auch die Güte des Schlafes einschließlich Leicht- und Tiefschlafphasen.

Zur Messung der Schlafqualität wurden die Schüler mit Sensoren am Handgelenk versehen, welche minütlich ihre Bewegungen registrierten. Zusätzlich zur Aufzeichnung ihrer Schlafmuster absolvierten die Probanden verbale und visuelle Arbeitsgedächtnistests. Den Erkenntnissen von Aronens Team zufolge unterliefen denjenigen, die länger brauchten, um den Tiefschlaf zu erreichen, und am wenigsten Zeit in dieser Schlafphase verbrachten, mehr Fehler bei den Arbeitsgedächtnisaufgaben.

Machen Sie es sich zur Gewohnheit: Schlafen Sie schlauer

Mit einem Wort: Schlaf verschafft Ihrem Arbeitsgedächtnis einen größeren Vorteil, als die Kerze an zwei Enden anzuzünden. Räumen Sie Schlaf einen hohen Stellenwert ein und bemühen Sie sich um sieben bis neun Stunden ungestörten Nachtschlafs. Es folgen einige Tipps, wie Sie das schaffen.

- Erstellen Sie einen Schlafplan und halten Sie sich daran. Planen Sie Zeit für Schlafen ein, genau wie Sie einen Termin für eine Besprechung blockieren würden. Seien Sie pünktlich und vorbereitet: das heißt Schlafanzug angezogen, Gesicht gewaschen und Zähne geputzt.
- Schalten Sie den Fernseher eine Stunde vor dem Schlafengehen aus.
- Schalten Sie Computer, Handy, Tablet und Spielkonsole eine Stunde vor dem Schlafengehen aus.
- Ziehen Sie den Stecker aller Geräte mit einem Stand-by-Lämpchen in Ihrem Schlafzimmer.

- Lassen Sie Kaffee und Alkohol nach dem Abendessen weg. Kaffee stört den Schlaf und Alkohol kann verhindern, dass Sie den heilsamen Tiefschlaf bekommen, den Ihr Arbeitsgedächtnis braucht.

Gewohnheit 2: Räumen Sie auf – das beseitigt die Spinnweben in Ihrem Arbeitsgedächtnis

Als wir im schottischen Edinburgh wohnten, besaßen wir eine viktorianische Dreizimmerwohnung mit Panoramablick über die Stadt, einschließlich einer mittelalterlichen, abends großartig angestrahlten Burg. Manchmal spiegelte sich das goldene Licht eines Sonnenuntergangs in den Fenstern anderer Gebäude und verwandelte die ganze Stadt in El Dorado. Der Preis für diese überwältigende Aussicht war ein überwältigender Platzmangel. Allerlei Nippes rangelte um Regalfläche, eine ungeheure Menge spezieller Kochutensilien quoll aus den Küchenschubladen und Bücherberge drohten als Lawine niederzugehen. Unser berstender Schrank war so vollgestopft, dass immer das, was man gerade brauchte, am unzugänglichsten war. Einmal musste Ross in die Notaufnahme, weil der Verdacht bestand, dass er sich bei dem Versuch, einen Koffer auszugraben, einen Bruch gehoben hatte.

Noch schlimmer war, dass das Kuddelmuddel uns allen allmählich zusetzte. Unser größerer Sohn hatte in seinem Zimmer nicht viel Platz und das machte ihn ziemlich reizbar. Wir beide verloren in dem Durcheinander wichtige Dokumente, und natürlich war immer der andere schuld.

Wir wünschten uns sehnlichst eine größere Wohnung, doch der Makler schaute sich einmal um und erklärte uns, unsere viktorianische Wohnung wäre erst dann verkäuflich, wenn wir den Großteil des Krempels hinausbeförderten. Aus purer Notwendigkeit durften als einzige die Dinge bleiben, die wir ständig benutzten. Das hatte zwei Vorteile: 1. Wir hatten jetzt Platz zum Wohnen, und 2. wenn wir etwas brauchten, wussten wir genau, wo es war. Wir hatten geglaubt, wir würden den ganzen

Kram vermissen. Doch das Gegenteil geschah: Wir fühlten uns befreit. Wir waren viel zufriedener, und es gab viel weniger Reibereien. Weil wir uns das Gerümpel vom Hals geschafft hatten, kamen wir alle viel besser zurecht. Wie wir merkten, bedeutete der gewonnene Platz auch, dass wir jetzt unser Arbeitsgedächtnis viel effizienter nutzen konnten, etwa bei den Recherchen zu diesem Buch, beim Kochen, bei der Kontoführung und Reiseplanung.

Das brachte uns dazu, über die Beziehung zwischen Krempel und Arbeitsgedächtnis nachzudenken. Zu diesem Thema liegen praktisch keine gesicherten wissenschaftlichen Erkenntnisse vor, doch aus unserem Wissen über das Arbeitsgedächtnis und dem selbst erlebten, verblüffenden Vorher-nachher-Unterschied in unserem Wohngefühl erschlossen wir folgenden Zusammenhang: Je mehr Kram Ihren Wohn- und Arbeitsbereich zumüllt, desto größere Anforderungen stellt Ihre Wohnsituation an Ihr Arbeitsgedächtnis – in jedem Aspekt des Alltags. Ist Ihr Arbeitsgedächtnis vollauf damit beschäftigt, einfach nur ein wichtiges Papier zu finden, das Sie brauchen – »Liebling, wo hast du diesen Kontoauszug hingelegt?« »Ich weiß nicht. Hast du ihn nicht weggelegt?« –, dann steht Ihnen weniger Bandbreite für die eigentliche Aufgabe zur Verfügung.

Wenn Sie möglichst effektiv sein wollen, dann empfehlen wir Ihnen, sowohl Ihren physischen als auch Ihren mentalen Arbeitsplatz mit möglichst wenigen Büchern, Mappen, Stiften und Notizzetteln vollzupflastern. Das gilt auch für Ihren Computer. Wenn Ihre Dateien wahllos verstreut sind, finden Sie das, was Sie brauchen, viel schwerer wieder. Sie vergeuden zu viel Zeit damit, Dateien aufzuspüren. Und unweigerlich stoßen Sie bei der Suche nach einer bestimmten Datei auf andere, die Sie von der eigentlichen Aufgabe ablenken. Eine Stunde später merken Sie dann, dass Sie das, was Sie sich vorgenommen hatten, immer noch nicht erledigt haben.

Machen Sie es sich zur Gewohnheit: Im Zweifelsfall weg damit!
Um zu verhindern, dass das Gerümpel überhand nimmt, folgen Sie diesen Empfehlungen:

- Wenn Sie etwas Neues kaufen, müssen Sie eines Ihrer Besitztümer wegwerfen, verschenken oder sonstwie loswerden. Ein neues Paar Schuhe gekauft? Ein altes muss weg.

- Spielen Sie das Spiel »Spaß oder Sperrmüll«. Bewerten Sie einmal pro Woche oder Monat, je nach Ausmaß des bei Ihnen herrschenden Durcheinanders, zehn »Schätze« und fragen Sie sich, ob Sie wirklich Spaß daran haben. Wenn nicht, ab damit zum Sperrmüll. Probieren Sie eine andere Version, »Benutze es oder beseitige es«, mit praktischen Dingen aus. Wenn Sie etwas in den vergangenen 30 Tagen nicht benutzt haben, beseitigen Sie es.

- Planen Sie täglich ein paar Minuten – wirklich, länger dauert es nicht – zum Aufräumen ein. Räumen Sie auch in Ihrem Computer auf, schieben Sie E-Mails in Ordner oder in den Papierkorb und schaffen Sie Ordnung.

Aufräumen und »Organisieren« ist zu einem großen Geschäft geworden. Denken Sie nur an die großen Möbelmärkte mit allerlei Kisten und Kasten und Ordnungssystemen, die Ihnen helfen sollen, Ordnung zu schaffen. Eine rasche Google-Suche zum Thema »Entrümpeln« ergibt jede Menge Blogs (*entruempeln-blog.de, einfach-weniger.blogspot.de, derkrempeldenichrief.blogspot.de*), Bücher (*Entrümpeln Sie Ihr Leben, Die Wohnungsdiät, Aufgeräumt macht glücklich*) und Adressen.

Gewohnheit 3: Bewegen Sie sich, natürlich!

Wie Sie sich erinnern, ist Laufen – und insbesondere Barfußlaufen – eine hervorragende Möglichkeit, die Leistungsfähigkeit Ihres Arbeitsgedächtnisses zu steigern. Doch das ist sicherlich nicht die einzige körperliche Betätigung, auf die das zutrifft. Wir möchten Ihnen einen revolutionären Trainingsansatz vorstellen, bei dem sich Ihr Körper so bewegt, wie es von der Natur vorgesehen war: MovNat, auch Steinzeitfitness genannt.

Diese Methode bringt Sie ins Freie – als solches schon Auftrieb für das Arbeitsgedächtnis – und Ihren Körper auf natürliche, effiziente Weise in Bewegung. Es ist das ursprüngliche Training, das unsere prähistorischen Ahnen Tag für Tag absolvieren mussten, um zu überleben – springen, laufen, klettern, werfen, kriechen und balancieren in einer natürlichen Umgebung, wie sie eben kam.

Grundprinzip ist, in einer zufällig ausgewählten Umgebung zu gehen oder zu laufen – über Stock und Stein, unter Büschen durch, über Baumstämme und um Felsblöcke herum. Und es werden immer mehr Stimmen laut, dass diese Art der Bewegung segensreicher ist als jedes Studiotraining. Der Begründer dieser Methode, Erwan Le Corre, bezeichnet Fitnessstudios als Zoos – unnatürliche Umgebungen, völlig ungeeignet für die beherbergten Tiere. Ein Mensch in einem Studio ist wie ein Löwe im Käfig, ein Goldfisch im Glas, ein hungriger Bär, der über einen Wassergraben hinweg auf einen Hinz oder Kunz starrt, der eine Bratwurst verzehrt.

Wir wollten sehen, was das Arbeitsgedächtnis macht, wenn man das Tier im Menschen frei lässt. Deshalb schloss sich Ross einer Gruppe zum Training in einem Park an. Sieben Stunden lang übte er auf Geländern zu balancieren, zu gehen und zu schleichen wie eine Katze, auf allen Vieren zu kriechen, sich herumzurollen, schwere und sperrige Gegenstände zu tragen, sich um Stangen zu schwingen wie ein Turner und Masten hochzuklettern. Und er bekam sein Training. Sagen wir es mal so: Das letzte Mal, dass er einen solchen Muskelkater in den Füßen gehabt hatte, war er über 50 Kilometer am Stück gelaufen. Er hatte, um sich effizient zu bewegen, bei dem Training in jedem Augenblick auf seinen Körper achten und vorausberechnen müssen, wie er ihn einsetzte. Wenn er diese Achtsamkeit und Konzentration verlor, verlor er auch das Gleichgewicht.

Vor Beginn des Workshops unterzog Ross alle Teilnehmer einem Arbeitsgedächtnistest: Zahlen rückwärts wiedergeben. Die Teilnehmer im Alter von 18 bis 49 Jahren konnten durchschnittlich vier Zahlen in umgekehrter Reihenfolge korrekt erinnern. Im Lauf des Tages testete Ross sie erneut mit anderen Zahlen. Mittags erinnerten sie fünf Zahlen in umgekehrter Abfolge. Gegen Ende des Tages, obwohl sie nach diesem stundenlangen Training müde und schmutzig waren, konnten sie im Schnitt sechs Zahlen rückwärts aufsagen; das sind 50 Prozent mehr als morgens.

Machen Sie es sich zur Gewohnheit:
Lassen Sie das Tier frei

Als Erstes machte Ross die Erfahrung, dass sein Körper bereits wusste, was zu tun war. Es folgen einige Dinge, die Ross' Körper neu lernte:

Achtsamkeit: Das ist leicht. Achten Sie auf das, was Ihr Körper tut, und achten Sie darauf, wie Sie sich bewegen. Um ein Gefühl für den Unterschied zu bekommen, halten Sie sich nahe am Boden, schließen Sie die Augen und bewegen sich, wie Sie es sonst gewöhnlich nicht tun. Achten Sie auf die Unterschiede in Ihrem Körpergefühl.

Balance: Balance ist ein Prozess, und in einer Umgebung, die Sie nicht kontrollieren können, ist Balancieren der Akt, ständig das Gleichgewicht zu verlieren und wiederzugewinnen. Um zu balancieren, müssen Sie manchmal aus dem Gleichgewicht geraten. Aber seien Sie vorsichtig und gehen Sie hier nur in ganz kleinen Schritten vor. Beginnen Sie damit, auf einer Bordsteinkante zu gehen, und nehmen Sie sich dann nach und nach schwierigere Aufgaben vor, etwa auf einem Geländer zu balancieren.

Gehen: Das können Sie mit einem Schuss Gefahr machen. Verlassen Sie den Weg; steigen Sie über Baumstämme, gehen Sie in die Hocke, bewegen Sie sich seitwärts. Was auch immer Sie sich ausdenken, verlassen Sie dabei die ausgetretenen Pfade.

Sich auf allen Vieren fortbewegen: Gehen Sie runter und machen Sie sich schmutzig. Kriechen Sie auf dem Bauch, krabbeln Sie mit auf allen vieren.

All diese Fähigkeiten und andere mehr – Klettern, Rennen,

Springen, Werfen und Fangen – tragen zur Verbesserung Ihres Arbeitsgedächtnisses bei.

Gewohnheit 4: Werden Sie kreativ

Tracy nahm kürzlich im Rahmen einer Konferenz über das Arbeitsgedächtnis in Kopenhagen an einem Abendessen teil, und das Gespräch wandte sich der Frage zu, ob Kreativität das Arbeitsgedächtnis beansprucht. Eine Kunstlehrerin berichtete, sie habe ihren Schülern drei Malfarben – rot, grün und weiß – gegeben und sie aufgefordert, eine Küstenlandschaft zu malen. Es dauerte nicht lange, und eine intelligente Schülerin namens Taylor kam zu ihr und bat sie um blaue Farbe. »Ich kann das Meer nicht ohne blau malen«, erklärte sie. Die Lehrerin nickte verständnisvoll und erwiderte: »Schon, aber du hast ja drei Farben. Male damit.« Nachdem Taylor einige Male versucht hatte, der Lehrerin ihr Problem einsichtig zu machen, ging sie niedergeschlagen zurück auf ihren Platz. Doch binnen kurzem hatte sie ein prachtvolles Seestück mit einer erstaunlichen Kombination der drei Farben zustande gebracht. Diese Lehrerin wusste, dass sie ihre Schüler durch solche Beschränkungen zu höchster Kreativität anspornen konnte. Mit demselben Trick lässt sich Ihr Dirigent auch dazu anspornen, mit dem zu arbeiten, was vorhanden ist.

Wir wissen dies dank der Forschung von Andreas Fink von der österreichischen Universität Graz. Er machte Hirnscans seiner Probanden, während sie Probleme bearbeiteten, für die sie sich kreative Lösungen einfallen lassen mussten. Fink forderte sie beispielsweise auf, an einen Alltagsgegenstand zu denken und sich ungewöhnliche Verwendungsweisen dafür zu überlegen, etwa eine Blechdose als Spiegel zu verwenden. Wenn den Probanden etwas Kreatives einfiel, zeigten die Scans eine starke Aktivierung von Hirnarealen, die mit dem Arbeitsgedächtnis zu tun haben.

**Machen Sie es sich zur Gewohnheit:
Seien Sie MacGyver**

Erinnern Sie sich an MacGyver? Den Helden der gleichnamigen Fernsehserie, der aus Tafelsalz und Schokoriegeln eine Bombe basteln oder aus einem Korbsessel und einem BH einen Flugdrachen bauen konnte? Eine Möglichkeit, Ihr Arbeitsgedächtnis in Form zu halten, besteht darin, regelmäßig Ihren inneren MacGyver von der Leine zu lassen. Nehmen Sie einen Alltagsgegenstand und gebrauchen Sie Ihr Arbeitsgedächtnis, um sich mindestens drei unkonventionelle Verwendungen dafür auszudenken. Eine Gabel beispielsweise lässt sich in einen Angelhaken, einen Farbabkratzer oder einen Hebel zum Öffnen widerspenstiger Marmeladengläser umwandeln. Probieren Sie aus, was Ihnen für eine alte Weinflasche, ein Stück Schnur oder ein gewöhnliches Ding wie einen Tacker einfällt. Natürlich brauchen Sie sie nicht wirklich zu »macGyvern«; es genügt, sich das nur vorzustellen – das dürfte auch ungefährlicher sein. (Ross bastelte einmal mit einem Freund ein Kartoffelkatapult aus einem Stück Rohr, Wasserstoff und einem Milchkarton. Leider vergaßen sie, alles zusammenzukleben, und als sie das Ding in Gang setzten, explodierte es.)

Gewohnheit 5: Kritzeln Sie vor sich hin

Hat man Sie schon einmal dabei ertappt, dass Sie während des Unterrichts oder einer Konferenz Männchen gemalt haben? Keine Angst, das hat Ihnen vielleicht geholfen, besser zu verstehen. Immer wenn Sie neue Informationen, etwa Umsatzprognosen, zu verdauen bekommen, benötigen Sie Ihr Arbeitsgedächtnis, und das wirft das Problem auf, dass eine lange Unterrichtseinheit oder Besprechung, insbesondere wenn sie langweilig ist, das Arbeitsgedächtnis förmlich auslaugt, sogar wenn die Informationen wichtig sind. Irgendwann schalten Sie ab, und die Information geht an Ihnen vorbei. Neuere Forschungen zeigen jedoch, dass Kritzeln Ihnen helfen kann, sich Dinge einzuprägen. Dazu spannt es Ihr Arbeitsgedächtnis ein.

Die britische Psychologin Jackie Andrade bat Freiwillige, sich ein langweiliges Gespräch anzuhören, erklärte ihnen jedoch, sie müssten sich nichts davon merken. Die eine Hälfte der Teilnehmer sollte dabei kritzeln, die andere nicht. Am Ende der Tonaufzeichnung eröffnete Andrade den Probanden, sie seien getäuscht worden und müssten nicht nur die Namen der erwähnten Personen, sondern auch die Orte wiedergeben. Den Kritzlern fielen mehr Namen und Ortsbezeichnungen ein als der Kontrollgruppe.

Dieser »Kritzeleffekt« hält wahrscheinlich Ihr Arbeitsgedächtnis vom Abschweifen ab. Die Kritzeleien könnten es in einem minimalen »Erregungs«zustand halten, so dass Sie weiterhin aufmerksam bleiben statt tagzuträumen. Kritzeln ist auch deswegen prima, weil es nicht um Arbeitsgedächtnisressourcen konkurriert – es erfordert nicht viel Konzentration oder Anstrengung – und Sie demnach trotzdem bei der vorliegenden Aufgabe bleiben können.

Machen Sie es sich zur Gewohnheit: Kritzeln Sie bei der Arbeit
Wenn Sie möchten, dass die in Ihren Besprechungen vermittelte Information hängen bleibt, dann sorgen Sie dafür, dass alle Anwesenden Bleistift und Papier bekommen, und ermuntern Sie sie zu kritzeln, während andere sprechen. Das mag zwar unhöflich wirken, steigert aber die Produktivität und kostet nur einige Blatt Papier. Und wenn Sie sich selbst ertappen, dass Sie während einer Konferenz, Vorlesung oder Unterrichtsstunde dösen oder tagträumen, dann greifen Sie zu Papier und Bleistift und fangen Sie an zu kritzeln.

Gewohnheit 6: Geben Sie Facebook ein »Gefällt mir«

Facebook ist allgegenwärtig. Selbst wenn Sie keinen Facebook-Account haben (wie Ross), kennen Sie jemanden, der einen hat (wie Tracy). Wenn etwas groß und erfolgreich wird, melden sich unweigerlich Kritiker, und Facebook bildet da keine Ausnahme. Eine Studie vermutet, dass Facebook womöglich schwerer aufzugeben ist als das Rauchen. Das stimmt sicherlich, doch in Maßen kann Facebook wunderbar für Ihr Arbeitsgedächtnis sein.

In Kapitel 7 erwähnten wir, dass eine längere Facebook-Mitgliedschaft bei Jugendlichen mit höheren Arbeitsgedächtniswerten verknüpft ist. In einer anderen, 2012 veröffentlichen Studie befragten wir fast 300 Erwachsene, wie oft sie verschiedenen Aktivitäten auf Facebook nachgingen, etwa ihr Profil aktualisierten, die Profile ihrer Freunde anschauten und online chatteten. Wie wir feststellten, führte insbesondere eine Facebook-Aktivität zu höheren Arbeitsgedächtniswerten: das Überprüfen der Profilaktualisierungen von Freunden. Das ist einsichtig, denn wenn Sie das tun, benutzen Sie Ihr Arbeitsgedächtnis, um die frühere, in Ihrem Hippocampus gespeicherte Information zu löschen und sie durch neue zu ersetzen. Wenn Sie sich telefonisch bei Freunden melden, benutzen Sie Ihr Arbeitsgedächtnis in derselben Weise.

Machen Sie es sich zur Gewohnheit:
Bleiben Sie in Verbindung

Solange Sie sich nicht täglich stundenlang auf Facebook herumtreiben, sollten Sie regelmäßig nachschauen, was Ihre Freunde so vorhaben. Falls Sie keinen Account haben und auch keinen haben wollen, sollten Sie trotzdem darauf achten, dass Sie regelmäßig Kontakte pflegen.

Gewohnheit 7: Gehen Sie nach draußen

Wenn Sie sich träge fühlen, dann gehen Sie in die freie Natur. Nein, das bedeutet nicht, dass Sie das Auto beladen und Urlaub im nächsten Naturpark machen müssen. Gehen Sie einfach nach draußen und suchen Sie sich ein paar Bäume und Gras, denn

Zwiesprache mit der Natur zu halten lädt das Arbeitsgedächtnis wieder auf. Marc Berman und seine Mitarbeiter machten 2008 einen entsprechenden Test und gelangten zu positiven Resultaten. Sie baten 38 Erwachsene ins Labor und unterzogen sie mehr als eine halbe Stunde lang kognitiven Tests, darunter einem Arbeitsgedächtnistest: Zahlen rückwärts wiedergeben. Zudem prüften die Forscher auch die Stimmung der Probanden; dazu sollten diese angeben, in welchem Maße Adjektive wie *fröhlich*, *begeistert* und *verschämt* auf sie zutrafen. Nach der ganzen Testerei forderten die Forscher zwei Teilnehmergruppen zu einem einstündigen Spaziergang auf. Eine Gruppe durchstreifte einen Park, die andere die Stadt. Der Spazierweg im Park war gesäumt von Bäumen und abgeschieden von Verkehr und Gedränge. Dagegen verlief der Stadtbummel an vielbefahrenen Straßen mit Gebäuden rechts und links. Nach der Rückkehr von ihrem jeweiligen Ausflug absolvierten die Probanden den Arbeitsgedächtnistest erneut und füllten den Stimmungsfragebogen noch einmal aus. Sämtliche Teilnehmer kamen in der Woche darauf nochmals ins Labor und unterzogen sich derselben Test-Spaziergang-Test-Prozedur. Der einzige Unterschied war, dass sie diesmal den jeweils anderen Ort aufsuchten – die Parkspaziergänger bummelten durch die Stadt, die Stadtbummler spazierten durch den Park.

Wie sich zeigte, lagen die Arbeitsgedächtniswerte fast 20 Prozent höher, wenn die Personen durch den Park spazierten. Nach dem Stadtbummel verbesserten sie sich nur um fünf Prozent. Die Forscher vermuten, dass die Natur eine heilsame Wirkung auf das Arbeitsgedächtnis hat und sogar ein kurzer Aufenthalt einen Unterschied bewirken kann.

Machen Sie es sich zur Gewohnheit:
Gehen Sie hinaus in die Natur

Wenn Ihr Arbeitsgedächtnis eine sofortige Auffrischung braucht, dann gehen Sie nach draußen und machen Sie einen kurzen Spaziergang. Diesen Trick sollten Sie sich unbedingt merken, wenn

Ihnen ein großer Test, eine wichtige Präsentation oder ein kniffliges Problem in der Arbeit bevorsteht.

Sind schlechte Gewohnheiten schlecht für das Arbeitsgedächtnis?

Wir alle wissen Bescheid über die Gefahren des Rauchens und des Drogenkonsums. Doch wie wirken diese Gewohnheiten auf das Arbeitsgedächtnis?

Killt Nikotin Ihr Arbeitsgedächtnis?
2010 analysierten Stephen J. Heishman und eine Forschergruppe vom National Institute on Drug Abuse in Maryland eine Reihe von Studien, welche die Beziehung von Nikotin und Arbeitsgedächtnis untersucht hatten. Sie prüften fast 50 Artikel über die Wirkung von Nikotin auf die kognitiven Fähigkeiten. Diese zwischen 1994 und 2008 durchgeführten Studien verglichen die Leistungen von Nichtrauchern (Niemals-Rauchern und Ex-Rauchern) mit denen von Rauchern. Die Mehrzahl der Studien verwendete die n-zurück-Aufgabe zur Erfassung der Arbeitsgedächtniskapazität. Das resultierende Muster ließ keinen Zweifel: Erhielten Nichtraucher Nikotin in Form von Kaugummi, Pflaster oder Nasenspray, beeinträchtigte der Nikotinstoß ihre Arbeitsgedächtniswerte nicht. Wichtig zu erwähnen ist, dass Nikotin sie aber auch nicht verbesserte. Doch die Geschichte geht noch weiter.

Als die Forscher die Reaktionszeit der Probanden bei den Arbeitsgedächtnisaufgaben unter die Lupe nahmen, stellten sie fest, dass Raucher wie Nichtraucher nach einem Nikotinschub viel schneller antworteten. Und nicht nur mit Kaugummi, Pflaster und Spray klappte das. Auch das Rauchen einer Zigarette verbesserte ihre Reaktionszeit. Doch bevor Sie jetzt bei Ihrer örtlichen Schulbehörde beantragen, mit dem Mittagessen kostenlose Nicorette-Produkte zu verteilen, bedenken Sie die Schlussfolgerung der Forscher: Nikotin verbessert wahrscheinlich nicht

Ihr Arbeitsgedächtnis, sondern vielmehr Ihre motorischen Fähigkeiten. Mit anderen Worten, Sie reagieren schneller, weil sich Ihre Finger rascher bewegen, und nicht, weil Ihr Arbeitsgedächtnis besser funktioniert.

Die Wahrheit über Gras sprießen lassen
Carl Hart vom New York State Psychiatric Institute verschaffte den Anhängern von Gras Rückenwind, als er 2001 berichtete, freiwillige Studienteilnehmer, die im Mittel 24 Marihuana-Zigaretten pro Woche rauchten, zeigten keinerlei Beeinträchtigungen in Tests, die unter anderem das Arbeitsgedächtnis prüften. Doch backen Sie jetzt nicht gleich »Zauberplätzchen« – die Geschichte ist noch nicht zu Ende.
Alecia Schweinsburg von der University of California bezog in ihre Studie Teenager ein, die Marihuana und Alkohol missbrauchten, und verglich sie mit abstinenten Altersgenossen. Bei der Arbeitsgedächtnisaufgabe, die das Forscherteam den Schülern vorlegte, schnitten beide Gruppen sehr ähnlich ab, genau wie in der Studie von Hart. Doch die Forscher machten zusätzlich Aufnahmen des Gehirns, während die Probanden mit der Arbeitsgedächtnisaufgabe beschäftigt waren. Und diese Aufnahmen zeigten etwas sehr Interessantes: Die Marihuanaraucher mussten sich für dieselben Ergebnisse bei der Aufgabe stärker anstrengen. Ihr PFC musste richtig ranklotzen, damit sie genauso weit kamen wie ihre Altersgenossen. Darüber hinaus zeigte das für die Informationsüberwachung zuständige Hirnareal – das anteriore Cingulum – eine geringere Aktivierung als bei der Kontrollgruppe. Die Forscher nehmen an, dass die Jugendlichen ihren PFC auf Hochtouren bringen mussten, um die Anforderungen der Aufgabe zu meistern. Unserer Vermutung zufolge werden diese Schüler in einer Situation mit erhöhten Ansprüchen an ihre Aufmerksamkeit kaum mehr die kognitiven Ressourcen aufbringen können, um die Aufgabe effektiv zu bewältigen.

Opium: Bewusstseinserweiternd oder eine Katastrophe für das Arbeitsgedächtnis?

Vielerorts ist behauptet worden, dass der Opiumgenuss Samuel Taylor Coleridge zu seinen sprachmächtigen Gedichten wie »Kublai Khan« verholfen habe. Doch als eine Wissenschaftlergruppe der Harvard Medical School den Einfluss von Opiumkonsum auf das Gehirn untersuchte und das Gehirnvolumen langjähriger Opiatkonsumenten mit dem von Nichtkonsumenten verglich, zeigte sich, dass bei Ersteren die graue Substanz im PFC weniger dicht war.

Weiteres Licht in die kognitiven Auswirkungen des Opiatgebrauchs auf das Arbeitsgedächtnis brachten Forschungen von Wissenschaftlern der University of Cambridge. Sie unterzogen Opiatkonsumenten und Drogenabstinente einer Reihe von kognitiven Tests, die das Arbeitsgedächtnis beanspruchten. Erstere trafen impulsivere Entscheidungen und kamen schlecht mit Aufgaben zurecht, bei denen sie Strategien entwerfen und gegeneinander abwägen mussten. Diesen Forschern zufolge zeigten die Opiatkonsumenten eine »ausgeprägte neuropsychologische Beeinträchtigung«.

Soforthilfen für das Arbeitsgedächtnis

Viele der arbeitsgedächtnisfördernden Trainingsprogramme, Nahrungsmittel und Gewohnheiten, die wir bislang vorgestellt haben, stärken das Arbeitsgedächtnis auf lange Sicht. Doch was, wenn eine große Prüfung auf Sie zukommt – etwa vom Kaliber eines Schuleingangstests, des Abiturs, des Bachelorexamens oder der Zulassungsprüfung für Rechtsanwälte? Was können Sie tun, um Ihr Arbeitsgedächtnis dann zu stärken, wenn es drauf ankommt?

In den Wochen und am Abend vor der Prüfung

- Vermeiden Sie Transfette und essen Sie stattdessen Lachs mit viel Petersilie.
- Essen Sie am Vorabend der Prüfung keine Pizza.
- Schalten Sie in der Woche davor eine »Out-of-office«-Meldung auf Ihrem Smartphone, damit Sie sich aufs Lernen konzentrieren können.
- Sorgen Sie in der Woche vor der Prüfung für mindestens sieben bis neun Stunden Schlaf.
- Räumen Sie Ihre Tasche auf und legen Sie am Abend zuvor alles Nötige hinein, damit Sie genau wissen, was wo ist.

Am Tag der Prüfung

- Halten Sie sich eine Zeitlang im Freien auf.
- Machen Sie einen Barfußlauf.
- Schließen Sie die Augen und balancieren Sie auf einem Fuß.
- Trinken Sie eine Tasse grünen Tee (oder Kaffee).
- Essen Sie frische Blaubeeren und Trockenfrüchte.
- Schnuppern Sie an Rosmarin oder Pfefferminzöl.
- Wenn Ihnen eine Antwort nicht sofort einfällt oder Ihre Aufmerksamkeit nachlässt, kritzeln Sie oder klopfen Sie mit dem Fuß leise einen Rhythmus in Ihrem Kopf mit.

Teil III

Zukunft und Vergangenheit des Arbeitsgedächtnisses

12
Ein Utopia für das Arbeitsgedächtnis

Erst neulich fuhr Ross unseren Großen zur Schule und geriet in einen fürchterlichen Verkehrsstau. Ross fummelte am Navi herum und suchte nach einer Alternativstrecke, während er gleichzeitig versuchte, den ununterbrochenen Strom von Fragen seines Sohns auf dem Rücksitz zu überhören – *Warum ist der Himmel blau? Woher kommen die Wolken? Warum haben Hunde einen Schwanz und wir nicht?* –, und als er aufblickte, musste er voll in die Eisen steigen, um nicht auf das Auto vor ihm aufzufahren. Sein Dirigent hatte so viel auf einmal zu bewältigen, dass er die Information über den Abstand zum vorausfahrenden Wagen über Bord gehen ließ und ums Haar einen Unfall gebaut hätte. Als er zu Hause ankam, erzählte er Tracy: »Es müsste mal jemand ein Auto bauen, das sich mit der Stimme steuern lässt. Du sagst einfach ›wärmer‹ oder ›suche einen anderen Weg zur Schule‹ und es tut das selbst.« Das wäre eine wunderbare Möglichkeit, dem Dirigenten freie Kapazitäten zu verschaffen und Unfälle zu verhüten.

Fast täglich ertappen wir uns dabei, dass wir uns über Dinge beschweren, die den Dirigenten überlasten – die Steuererklärung machen, eine Krankenversicherung für die Familie wählen, das nervige Bürogeschwätz über den gestrigen *Tatort* ausblenden. Was wäre, wenn wir etwas gegen diese Ablenkungen unternehmen könnten?

Die Vorteile von kognitivem Design

Die Welt ist voll von Technik, Architektur und Transportsystemen, die es scheinbar darauf anlegen, unser Arbeitsgedächtnis durcheinander zu bringen, uns die zum Denken nötige Ruhe und Stille zu rauben und es uns zu erschweren, von A nach B zu gelangen. In diesem Kapitel malen wir uns aus, wie die Welt aussähe, wenn sie darauf angelegt wäre, unser Arbeitsgedächtnis zu unterstützen.

Dieses Kapitel zeichnet ein Bild dessen, was wir *kognitives Design* nennen – um dem Kind einen Namen zu geben. Feng Shui für das Gehirn. Kognitives Design dreht sich um das Grundprinzip, alle möglichen Strukturen, von der Makroebene – wie Flughäfen und Straßen – bis zur Mikroebene – wie Gebäude, Schulen und unsere Behausungen –, so zu konstruieren, dass sie vorteilhaft für unser Arbeitsgedächtnis sind. Die Kernfrage des kognitiven Designs lautet: »Ist es für unser Arbeitsgedächtnis eine Hilfe oder eine Behinderung?« Im Folgenden stellen wir uns vor, wie die Welt aussähe, wenn Bauingenieure, Stadtplaner, Architekten, Schulleiter, Lehrer und Hausbesitzer beim Bau von Straßen, Gebäuden, Klassenzimmern und Wohnungen stärker berücksichtigten, wie wir denken. Wir nennen diese Welt Gutopia (von Gedächtnis), und wir finden viel Vergnügen daran, uns auszudenken, wie es dort wohl zugeht.

Verbesserung der Verkehrsmittel

Nach einem hektischen Jahr, in dem wir in Sachen wissenschaftlicher Erforschung des Arbeitsgedächtnisses kreuz und quer durch Europa und Asien düsten, hatten wir das Reisen satt. Jeder Flughafen, jeder Bahnhof und jede U-Bahn war ein Mahnmal des Rätselns und der Verwirrung. Wir kamen uns vor, als bahnten wir uns einen Weg durch eine archäologische Stätte mit Schichten verschiedener Stadien schlechter Planung, immer eine über der anderen gelegen. So wie die heutigen öffentlichen Verkehrsmittel angelegt sind, überlasten sie das Arbeitsgedächtnis und erzeugen Stress.

Der Stress beim Reisen erwächst immer aus Entscheidungen über den Weg: *Wie komme ich zum Flugsteig? Soll ich die Straßenbahn nehmen? Wie finde ich Terminal 4?* Ihnen ist bewusst, dass Sie bei einer falschen Entscheidung möglicherweise Ihren Flug, Zug oder Bus verpassen, und das erzeugt Angst. All das macht Reisen zu einer enormen Mühsal für Ihr Arbeitsgedächtnis.

Dem Arbeitsgedächtnis zum Vorteil ...
Die gutopianischen Konstrukteure von Flughäfen, Bahnhöfen und U-Bahnnetzen minimieren die Zahl der zu treffenden Richtungsentscheidungen. Einfachheit und Klarheit sind hier die zentralen Merkmale. Je weniger Kurven und Ecken, Abzweigungen, Terminals und Gleise, desto besser. Stellen Sie sich vor, wie einfach es wäre, wenn Sie in jedem Flughafen in fast gerader Linie vom Parkhaus zum Check-in, durch die Sicherheitsschleuse und zu Ihrem Flugsteig kämen. Je gerader der Weg, desto weniger Entscheidungen. In Gutopia haben Flughäfen eine blumenartige Form; lang gestreckte Terminals gehen wie Blütenblätter fächerförmig von der oberen Hälfte einer Zentralscheibe aus. Als Blütenstängel schließt sich darunter ein rechteckiger Bereich für den Ticketverkauf und die Gepäckaufgabe an und ganz unten, wie ein Blumentopf, befindet sich ein Parkhaus.

Bei diesem Plan erfordert der Weg vom Einchecken zum Abflug nicht mehr als ein oder zwei Kurven und daher lediglich eine Entscheidung, wohin man gehen muss.

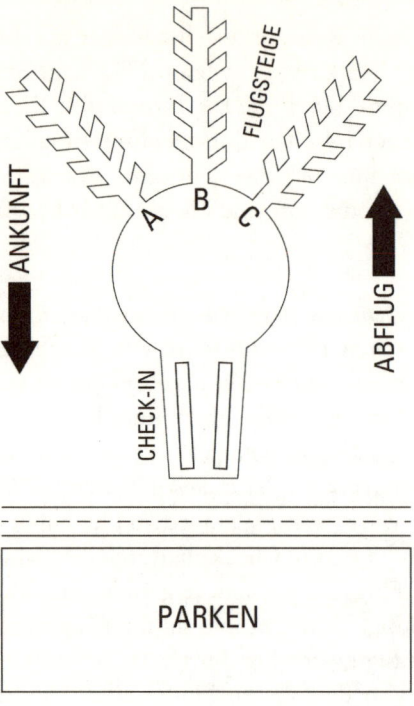

Stadtplanung

Ist es Ihnen schon passiert, dass Ihr Navi ausfiel, als Sie gerade ganz schnell zu irgendeiner Straßenkreuzung finden mussten? Uns schon. Erst neulich hatten wir uns mit Freunden in einem uns unbekannten Stadtteil zum Abendessen verabredet. Auf halber Strecke dorthin gab die Batterie unseres Navis den Geist auf, und wir hatten keine Ahnung, wie wir zur Ecke X-Straße/ Y-Straße finden sollten. Das Problem ist, dass Straßennamen in den meisten Städten völlig willkürlich sind und keiner erkennbaren Logik folgen. Obwohl wir wussten, dass wir uns beispielsweise auf der X-Straße befanden, wussten wir damit nicht, wie weit es noch zur Y-Straße war, ja nicht einmal, ob wir in die richtige Richtung fuhren. Erst als wir – zu spät – das gesuchte Straßenschild erblickten und es im Rückspiegel rasch kleiner wurde, merkten wir, dass wir sie gefunden hatten.

Dem Arbeitsgedächtnis zum Vorteil ...
Die gutopianischen Stadtplaner bezeichnen die Straßen rasterartig mit Zahlen oder Namen in alphabetischer Reihenfolge. In der Frühzeit der Stadtplanung war dieses System recht weit verbreitet, und große Teile einiger amerikanischer Gründerstädte wie Manhattan, Chicago und Washington, D.C., sind rasterförmig angelegt.

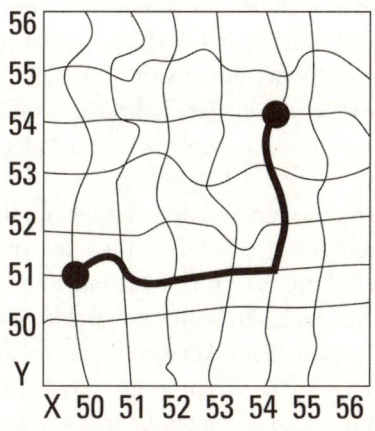

Gutopianische Straßenkarte

In Gutopia erhalten alle Straßen numerische Positionen auf einer X- und einer Y-Achse. Wenn Sie also Orientierung geben müssten, bräuchten Sie nur zwei Zahlen, nehmen wir an 6 und 3, um die Kreuzung anzugeben. Die erste Zahl bezieht sich immer auf die X-Achse, die zweite auf die Y-Achse. Wenn Sie sich also an der Ecke 50/51 befinden, wissen Sie, dass Sie, um zur Ecke 54/54 zu kommen, vier Straßen nach rechts und drei nach oben gehen müssen.

Neugestaltung von Klassenzimmern und Unterricht

In den meisten Klassenzimmern herrscht ein Chaos der visuellen Ablenkung: überquellende Kisten voller bunter Bücher, die Wände bepflastert mit leuchtenden Weltkarten, ein Alphabet mit 60 Zentimeter großen Buchstaben, Fahnen, Zahlenreihen, Feiertagsdekorationen und vieles mehr. Das Problem ist, dass viele kleine Kinder nicht mehr als zwei Informationselemente in ihrem Arbeitsgedächtnis bewältigen können. Ist das Klassenzimmer vollgestopft mit Hunderten Informationselementen und schenken die Kinder nur einem davon Aufmerksamkeit, haben sie die Kapazität ihres Dirigenten zur Hälfte ausgelastet.

Dem Arbeitsgedächtnis zum Vorteil ...
In Schulen, die das Prinzip des kognitiven Designs anwenden, gibt es möglichst wenige visuelle Ablenkungen. In Gutopia sind die Wände der Unterrichtsräume kahl. Denken Sie jedoch daran, dass Gutopia eine Idealwelt ist. Lehrkräfte in der realen Welt schränken den Raumschmuck vielleicht lieber ein als ihn ganz zu verbannen.

Manche Lehrmethoden würden sich ebenfalls ändern. Viele assoziieren Lernen durch Wiederholung, Auswendiglernen oder Pauken mit den Schulhäusern des 19. Jahrhunderts. Diese Methode ist zum Kennzeichen schlechten Unterrichts geworden. Pädagogen befürchten, dass Auswendiglernen die Lernlust von Kindern abtötet und ihre Kreativität erstickt. Doch wenn ein Kind nicht einmal die Grundlagen kennt, wie soll es dann kreativ werden? Mozart ist ein Paradebeispiel für Genie und Schöpferkraft, doch niemand spricht davon, dass er stundenlang Tonleitern übte und Komponieren lernte.

Auswendiglernen in den drei Grundfächern – Lesen, Schreiben und Rechnen – kann vorteilhaft sein. Unser Dirigent benötigt Rohmaterial, um daraus etwas Kreatives zu schaffen. Wenn Kinder beispielsweise das Alphabet lernen, indem sie auf einen Buchstaben blicken und nach Vorgabe der Lehrkraft »A, A, A, A«, »B, B, B, B« wiederholen, dann legen sie ein sprachliches

Fundament. Dasselbe gilt für Mathematik. Von 1 bis 100 zählen und die Ziffern schreiben zu können, bildet die Grundlage für die Lösung von Mathematikaufgaben.

Im gutopianischen muttersprachlichen Unterricht prägen sich die Vorschüler das ABC ein, und im Verlauf des Jahres kommen dann häufige Laute dazu, die sie sprechen und schreiben lernen. Dann können sie ihr Arbeitsgedächtnis dazu nutzen, Laute zu Wörtern zu verknüpfen. Beispielsweise lernen sie die Laute /sch/, /af/, /al/ und können auf dieser Grundlage auf Anhieb die Wörter Schaf oder Schal buchstabieren. Um die Bedeutung von Wörtern zu verstehen, lernen die Kinder eine Liste von Wortstämmen und gebrauchen ihr Arbeitsgedächtnis, um sich die Bedeutungen aus diesen Bausteinen zu erschließen.

Die Lehrmethoden in Mathematik gründen in diesen Schulen darauf, wie das Gehirn ein Problem löst. Das funktioniert so, dass das Problem zuerst im Arbeitsgedächtnis präsent gehalten wird. Dann erkennt das Langzeitgedächtnis für Zahlen die Zahlen in der Aufgabe. Diese werden im nächsten Schritt an den Sulcus intraparietalis weitergeleitet, der die Berechnung durchführt. Schließlich wird die Lösung zurück an das Arbeitsgedächtnis gesendet.

Einfache Addition

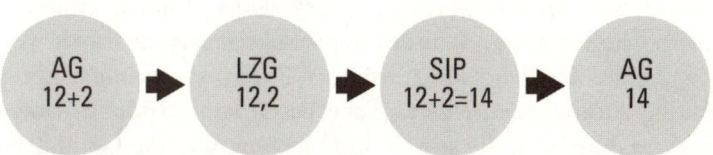

Damit den Vorschülern dieses Verfahren in Fleisch und Blut übergeht, lernen sie zunächst, sich zuerst die Zahlen einzuprägen und sie sicher im Langzeitgedächtnis zu verstauen. Irgendwann im Lauf des Jahres können sie dann ihr Arbeitsgedächtnis dazu nutzen, eine Aufgabe im Kopf zu behalten, die Zahlen zu erkennen (Langzeitgedächtnis) und im Geist die Zahlenreihe hinauf- und hinunterzugehen, um die richtige Lösung zu finden, sie im Kopf zu behalten (Arbeitsgedächtnis) und niederzuschreiben. Wenn die Schüler älter werden, lernen sie Codeknacker und speichern sie im Langzeitgedächtnis, was die Lösung komplexerer Probleme deutlich erleichtert.

Lesen, Schreiben, Rechnen, Sport

Der Sportunterricht ist genauso wichtig wie die drei Grundfächer. Zunehmend deuten empirische Daten darauf hin, dass körperliche Aktivität eine Fülle kognitiver Nutzeffekte und vielleicht eine Verbesserung der Schulleistungen nach sich zieht. Doch trotz dieser Belege beschneiden z. B. viele US-amerikanische Schulen den Sportunterricht zugunsten anderer Unterrichtsfächer. Den neuesten Zahlen des Center for Disease Control zufolge bieten weniger als vier Prozent der Grundschulen, weniger als acht Prozent der Mittelstufenschulen und nur knapp über zwei Prozent der Highschools täglichen Sportunterricht für alle Schüler. Das ist schlecht für das Arbeitsgedächtnis, denn das bedeutet, dass es kaum einmal pausieren kann. Letztlich werden die Schüler unproduktiver, obwohl sie die Schulbank länger drücken. Es ist wissenschaftlich nachgewiesen, dass das Arbeitsgedächtnis bei ein und derselben Aufgabe am besten in kurzen Schüben – nicht länger als jeweils 15 Minuten – funktioniert. Jenseits dessen kann es unproduktiv und ineffizient werden. Einer 2009 in der Zeitschrift *Pediatrics* veröffentlichten Studie zufolge kann eine tägliche Pause von 15 Minuten oder mehr das Lernen, die soziale Entwicklung und die Gesundheit verbessern. Und die American Academy of Pediatrics betont, dass freies, unstrukturiertes Spiel entscheidend ist für eine gesunde kognitive, emotionale und soziale Entwicklung.

Wenn die Kinder Pausen einlegen, sollten sie währenddessen das genaue Gegenteil des Lernens im Klassenzimmer tun, nämlich ihr Arbeitsgedächtnis durch Spielen im Freien aufladen. Das lehrt sie zudem, den Mittelpunkt ihrer Aufmerksamkeit rasch zu wechseln. Allerdings dringt diese Botschaft nicht durch. Seit

2001 haben 20 Prozent der Schulsysteme die Pausenzeit verringert und um durchschnittlich 50 Minuten pro Woche gekürzt.

Dem Arbeitsgedächtnis zum Vorteil ...
In Gutopia kommen die Kinder in den Genuss regelmäßiger Pausen, insbesondere Pausen zwecks körperlicher Betätigung oder Spielen im Freien.

Die Lehrkräfte bemühen sich, in jeder Stunde etwa 15 Minuten bei einem Thema zu bleiben, bevor sie zu einem anderen übergehen, und die Kinder bekommen regelmäßige, kurze Pausen im Freien. Die Schulen erhöhen die Zeit für den Sportunterricht, und die Grundschulen geben dem freien, unstrukturierten Spiel mehr Raum.

Das Büro auf Vordermann bringen

Man könnte meinen, das moderne Büro mache die Arbeit für die Beschäftigten zum Kinderspiel. Doch die Gestaltung vieler Büros, auch in einigen der größten Konzerne, kann Ihr Arbeitsgedächtnis in mehr oder weniger subtiler Weise belasten, und das beeinträchtigt die Produktivität, die Arbeitszufriedenheit und letztlich die Bilanz.

Betrachten wir die Konzeption von Büroflächen. Die meisten Firmen residieren in quadratischen oder rechteckigen Gebäuden mit riesigen Innenräumen voller Schreibtische und Trennwände. Ursprünglich geplant nach dem hehren Ideal der Förderung von Teamwork, Kommunikation und Gruppenarbeit bieten Großraumbüros stattdessen eine Fülle von Ablenkungen: klingelnde Telefone, nerviges Gerede, laute Tastaturen, geistesabwesendes Kuliknipsen und lärmende Fotokopierer. Alles in allem kann dieser Radau den Dirigenten ablenken, was unsere Produktivität beeinträchtigt.

Wir wagen zu behaupten, dass das Großraumbüro mehr zum Siegeszug von Bürotrödelei und geistlosem Geschwätz beigetragen hat als die neueste Ausgabe von DSDS. Es ist empirisch belegt, dass Beschäftige, die wenig Privatsphäre zu haben glauben, eine komplexe, Aufmerksamkeit und Ausblenden erfordernde Aufgabe nicht erfolgreich abschließen können. Wenn eine Umgebung voller Ablenkungen uns überreizt, dann fällt es unserem Dirigenten schwerer, irrelevante Information außer Acht zu lassen und sich auf die vorliegende Aufgabe zu konzentrieren.

Die Lösung liegt offenbar darin, jedem Mitarbeiter ein Einzelbüro zu geben. Doch wenn jeder isoliert in seinem Kabuff hockt, kann es sein, dass es in der Firma an eben der Zusammenarbeit fehlt, die oft die besten Ideen hervorbringt. Das Gleichgewicht zwischen Privatsphäre und Interaktion ist eine heikle Sache.

Die Raumaufteilung ist nicht das Einzige, was wir an heutigen Arbeitsplätzen auszusetzen haben. Wussten Sie, dass ein zu warmes Arbeitsumfeld eine Belastung für das Arbeitsgedächtnis darstellt? Oder dass die Verwendung vieler Akten Unordnung fördert, die Suche nach den benötigten Unterlagen erschwert und die effiziente Weitergabe von Information beeinträchtigt? Papier in einem Büro verstopft die Informationskanäle zwischen den Abteilungen. Natürlich gibt es auch ständig technische Scherereien wie aufgerüstete Software, die keiner mehr kapiert, weitergeschickte Dateien, die sich nicht öffnen lassen, und das E-Mail-Bombardement, ganz zu schweigen von telefonischen Unterbrechungen.

Pausen sollten das Arbeitsgedächtnis neu starten und aufladen, tun es aber nicht. Wenn die Mitarbeiter ihre Pausen vor dem Bildschirm verbringen und in Facebook nachschauen, Nachrichten lesen oder ihr schwer verdientes Geld mit ein bisschen Online-Shopping ausgeben, gönnen sie ihrem Arbeitsgedächtnis im Grunde nie eine Pause.

Dem Arbeitsgedächtnis zum Vorteil ...
Kognitive Architekten berücksichtigen stärker, wie Menschen denken, und gestalten Büros so, dass sie den Arbeitsgedächtnisfunktionen entgegenkommen. Das Hauptargument für das Großraumbüro lautet, es fördere den Kontakt der Mitarbeiter

untereinander, und daran mag auch etwas Wahres sein – vielleicht ist es eine gute Idee, einen offenen Raum zu haben, in dem Menschen gemeinsam an Projekten arbeiten. Doch es besteht auch ein Bedürfnis nach Privatsphäre. Unsere Lösung? Eine Mischung aus geschlossenen Räumen und offenen Besprechungsbereichen. Doch bitte weg mit den Trennwänden und her mit echten Wänden, damit nicht jeder in der Buchhaltung mitzuhören gezwungen ist, wie Bob mit seinen Wochenendabenteuern angibt.

Die Büroplaner widmen auch der leistungsförderlichsten Temperatur viel Aufmerksamkeit. Forschungen der Helsinki University of Technology zufolge ist eine Bürotemperatur von 22,2 °C mit der höchsten Produktivität verbunden. Die Leistung nimmt ab, wenn die Temperatur 23,9 °C überschreitet.

Zur Bürofläche gehört ein offener Bereich, in dem kleine Gruppen diskutieren und an Gemeinschaftsprojekten arbeiten können. Daran schließen sich Abteilungen mit Einzelbüros an, die sich durch Glasschiebetüren schließen lassen. In unserer Idealkonstruktion zweigen die Korridore von einem inneren Kreis ab und laufen zu anderen Kreisen, an die sich weitere »Knospen« mit Büros anschließen.

Dieses fraktale Gebäude bildet gewissermaßen die Funktion des Arbeitsgedächtnisses nach, welches als Dreh- und Angelpunkt verschiedene kognitive Fähigkeiten miteinander koordiniert.

Manche Unternehmen erkennen den Wert körperlicher Aktivität und stellen Trainingsgeräte in einem firmeneigenen Sportstudio zur Verfügung oder bieten auf dem Firmengelände Yogakurse an. Wir nehmen unser Gedankenspiel noch ein wenig ernster und sähen es sehr gerne, wenn Unternehmen ihre Mitarbeiter dazu anhielten, eine neue Sportart zu erlernen und sich körperlichen Herausforderungen zu stellen – also praktisch das Gegenteil von der Bildschirmhockerei tun. Dieser neue Ansatz wäre der Kreativität äußerst förderlich, denn die besten Ideen kommen einem oft beim Laufen oder Klettern.

Gutopianischer Bürocampus

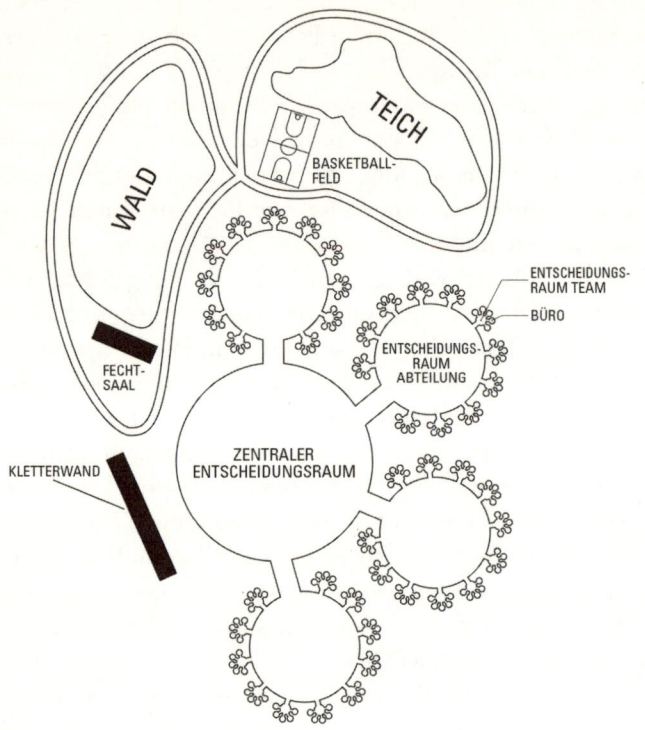

Das Wohnumfeld entrümpeln

Wir sind eine Sammlergesellschaft. Viele Garagen sind so vollgestopft mit den Zeugnissen unserer schlechten Kaufentscheidungen und unserer Unfähigkeit loszulassen, dass sie ihren eigentlichen Zweck als Abstellraum für ein Auto nicht mehr erfüllen können. Wir haben es schon in Kapitel 11 erwähnt: Je mehr Dinge um Sie herum sind, desto stärker müssen Sie Ihre Aufmerksamkeit aufteilen und desto eher handeln Sie sich Frustration ein. Wenn wir dieses Zeug nicht benutzen, warum fühlen wir uns dann gezwungen, es zu behalten?

Vielleicht werfen wir unnütze Dinge deshalb nicht gerne weg, weil wir uns dann eingestehen müssten, dass wir sie gar nicht erst hätten kaufen sollen. Wenn Ihre Behausung allmählich so aussieht, als ob sie für *Das Messie-Team – Start in ein neues Leben* in Frage käme, dann wird es Zeit, die Ärmel hochzukrempeln und dem Mist zu Leibe zu rücken. Ja, genau das haben wir gesagt, Mist. Das bedeutet:

1. Alles, was Sie nicht benutzen.

2. Fast alles, das sich in einem Stapel auf Ihrem Couch-, Schreib- oder Nachttisch befindet.

3. Die Kleider, die Ihre Frau zu tragen behauptet, wenn Sie sie auszusortieren versuchen.

4. Die Spielsachen, mit denen Ihre Kinder angeblich spielen, wenn Sie sie wegzuwerfen versuchen.

5. 99 Prozent dessen, was in Ihrer Garage herumsteht.

6. Absolut, definitiv *nicht* Ihre Bücher, die Sie mit viel Liebe in Antiquariaten gesammelt haben. Insbesondere fällt nicht unter Mist eine 1961er Ausgabe des *Deutschen Wörterbuchs* der Brüder Grimm, das Sie ausschließlich während der erbitterten Scrabble-Kämpfe mit Familienmitgliedern zu Rate ziehen, um die Berechtigung von obskuren Wörtern nachzuweisen.

Dem Arbeitsgedächtnis zum Vorteil ...

Sie möchten Ihre Wohnung nach kognitiven Prinzipien umgestalten, sie einfach, minimalistisch und vor allem ohne Krempel einrichten? Um ein gerümpelfreies Wohnen sicherzustellen, sollte der verfügbare Raum relativ klein sein. Das spornt uns dazu an, ihn effektiver zu nutzen. Effektivität ist ein Prinzip, das der aus Hongkong stammende Architekt Gary Chang sich zu Herzen genommen hat. Er unterteilte ein 32 Quadratmeter winziges Apartment in 24 Räume! Der Trick dabei ist ein System von Schiebewänden, mit deren Hilfe Sie sich zu jedem beliebigen Zeitpunkt auf eine einzige Raumfunktion beschränken können. Das Bett verschwindet in der Wand, die Küche befindet sich hinter dem Fernseher und das Gästebett über der Badewanne.

Effiziente Raumnutzung ist auch ein Prinzip des neuen Microhome-Trends, das heißt Minihäuser mit einem Bruchteil der üblichen Kosten (und des Raums): kleine, funktionale Küchen, Betten unter dem Dach, nur kleine Bereiche, die beheizt werden müssen. Darin können Sie nichts sammeln. Sie müssen sich entscheiden, was Sie behalten wollen.

Die gutopianische Wohnung ist nach ähnlichen Leitlinien konzipiert wie das Schiebetürsystem des Architekten Chang: Das, was Sie gerade tun, bildet den Mittelpunkt des Raums. Doch wir haben eine kleine Änderung an Changs Schiebetüren, die aus der hydraulischen Bühnentechnik kommen, vorgenommen: Sie wissen schon, die Hubplattformen, die sich aus dem Bühnenboden heben.

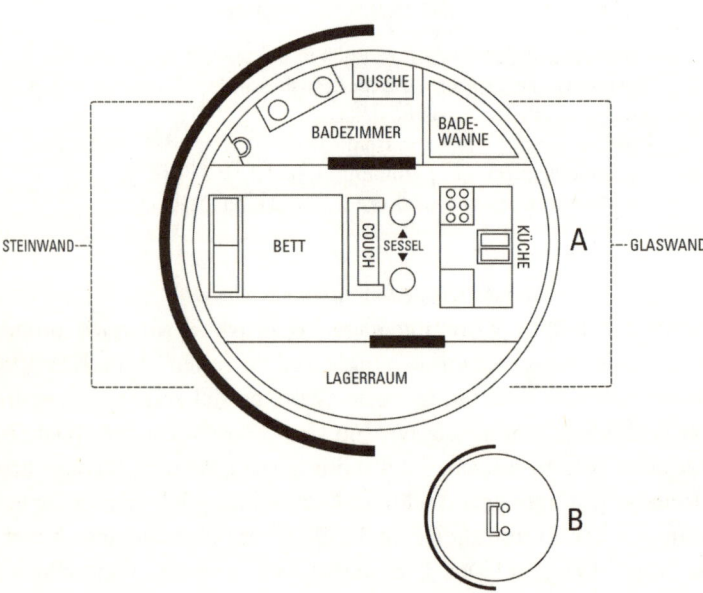

Plan A zeigt alle Einrichtungsobjekte in hochgefahrenem Zustand. In Plan B sind nur Couch und Sessel hochgefahren.

In Gutopia steigen Sofas aus dem Boden auf, fahren Betten nach unten, erscheinen Küchenarbeitsflächen und Herdplatten, wo zuvor nur Fußboden war. Infolgedessen ist die Tätigkeit, der Sie sich gerade widmen – eine Mahlzeit zubereiten, schlafen, ein Buch lesen, Büroarbeit erledigen – der einzige Konzentrationspunkt im Raum und der einzige Konzentrationspunkt Ihres Arbeitsgedächtnis-Dirigenten. Die Glasfront gewährt Ihnen eine tolle Aussicht, ob Sie nun hoch oben auf einem Berggipfel oder eingebettet in einen Garten wohnen. Die Abbildung auf Seite 304 stellt schematisch dar, wie eine solche Behausung aussehen könnte.

Von Gutopia zur Realität

Für uns ist Gutopia ein Ort der geistigen Erholung, der Kreativität, des Aufbaus. Doch bevor wir das, was wir dabei erleben (und etwas von dem, was wir uns ausdenken), nicht in die Außenwelt übertragen und ihm dort Leben einhauchen, wird diese Utopie kaum etwas bewirken. Ein wichtiges Motiv für dieses Buch lag darin, unser Wissen einem größeren Publikum zugänglich zu machen. Nun da Sie wissen, welche Vorteile das Arbeitsgedächtnis uns bringt, was werden Sie damit anfangen? Zunächst einmal können Sie einiges von dem Dargelegten auf Ihr persönliches Leben anwenden. Sie können für ausreichend Schlaf sorgen, mehr Beeren essen, Ihre Finanzen in den Griff kriegen und das Gerümpel entsorgen, das Ihren Kopf zumüllt. Wenn man Sie dann fragt, was nun so anders ist, dann haben Sie vielleicht etwas zu erzählen. Gutopia kann mehr sein als eine Idee.

13
Am Vorabend des Arbeitsgedächtnisses

Am Vorabend der Menschheit, die Anfangssequenz des Films *2001: Odyssee im Weltraum,* ist eine der beeindruckendsten der Filmgeschichte. Eine Gruppe Hominiden oder Affenmenschen, wenn Sie so wollen, fristet in grauer Vorzeit ein kümmerliches Dasein in einem gnadenlosen Land. Bei der Nahrungssuche wird einer von ihnen von einem Leoparden getötet und später vertreibt ein anderer Trupp sie von ihrem Wasserloch. Voller Angst vor der Nacht drängen sie sich zusammen, und als sie erwachen, steht vor ihnen ein fremdartiger schwarzer Monolith. Er verändert alles.

Zuerst fast panisch vor Angst lässt die Neugier sie schließlich ihre Furcht überwinden, und sie wagen ihn zu berühren. Kurz darauf greift sich einer von ihnen einen dicken Oberschenkelknochen von einem herumliegenden Gerippe, benutzt ihn als Werkzeug und zertrümmert einen ausgebleichten Schädel. Damit begreift er eine Technik, die ihm einen enormen Vorteil verschafft. Es gelingt ihm, damit einen Tapir zu erschlagen und der Gruppe Fleisch zu verschaffen. Deren Mitglieder lernen ihrerseits, die neue Technik zum Töten einzusetzen, und vertreiben ihre Konkurrenten von dem Wasserloch. Triumphierend wird die Knochenwaffe in die Luft geworfen, verfolgt von der Kamera. Schnitt zu einem die Erde umkreisenden Satelliten.

Diese rätselhafte, mehrdeutige Szene hat jahrzehntelange hitzige Debatten über ihre Bedeutung ausgelöst. Der Regisseur Stanley Kubrick hat bewusst eine eindeutige Erklärung verweigert, um den Zuschauern Raum für eigene Deutungen zu lassen.

Unsere Interpretation ist einfach: Der Monolith steht für die Freisetzung des Arbeitsgedächtnispotentials.

Das fehlende intellektuelle Glied

Eine völlig überraschende und tiefgreifende Verbesserung des Arbeitsgedächtnisses gab dem Schicksal von Kubricks Hominiden und unserer realen evolutionären Vorfahren eine neue Wendung. Vor der Freisetzung des Arbeitsgedächtnispotentials mag Kubricks Vormensch an einem Knochenhaufen nach dem anderen vorübergetrottet sein, ohne dass ihm eingefallen wäre, sie zu nutzen. Vor dem Erscheinen des Monolithen mag er vielleicht sogar einen Knochen aufgehoben und geworfen oder etwas damit zerschlagen haben. Doch erst nach dem Erscheinen des Monolithen ist er fähig, Dinge miteinander in Verbindung zu bringen: das Zertrümmern mit Hilfe des Knochens und das Zertrümmern des Tapirschädels, das Zertrümmern mit Hilfe des Knochens und das Vertreiben seiner Konkurrenten.

Diesen Vorgang bezeichnen Psychologen als »Konjunktion«. Dabei werden mindestens zwei, manchmal ungleichartige Informationselemente zu einem neuen Begriff verbunden.

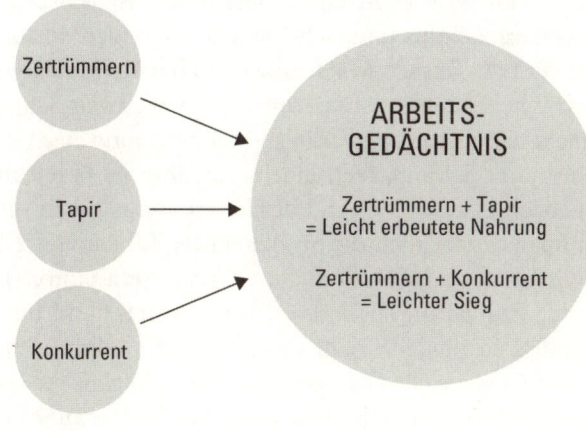

Konjunktion

Die Konjunktion, die uns die Fähigkeit zur Anpassung und zum Überleben verlieh, erfordert ein Arbeitsgedächtnis. Sie half uns bei der Sprache (Laut + Gegenstand = Wort), beim Kochen (Fleisch + Feuer = gegartes Fleisch), beim Jagen (Stock + Fleisch = Nahrung) und bei der Kleidung (Pelz + Hominide = warmer Hominide). Wäre es möglich, das Gehirn von Kubricks Hominiden vor der Berührung des Monolithen zu scannen, würden wir wahrscheinlich eine vorherrschende Aktivierung der Amygdala (Furcht) und des Hippocampus (Erinnerungen an Episoden aus seinem Leben, etwa Nahrung sammeln oder Wasser suchen oder Erinnerungen an Niederlagen durch andere Gruppen) feststellen. Könnten wir nach der Berührung und im Augenblick der Erkenntnis, dass er einen Tapir zu töten fähig war, in sein Gehirn blicken, sähen wir, wie das Wissen über den Tapir und das Zertrümmern des Schädels mit dem Knochen seinen Hippocampus aktiviert und wie sein PFC feuert, wenn er beides miteinander verknüpft. Zurück in der realen Welt können wir ermessen, in welchem Grad sich unser Arbeitsgedächtnis verbessert hat: Es vermag nun mit Leichtigkeit zahlreiche Informationselemente zu handhaben. Und dieses überlegene Arbeitsgedächtnis ist es, das uns einen evolutionären Vorteil gegenüber anderen Spezies verschafft.

Wir wollen nicht verschweigen, dass unsere Ansicht, ein besseres Arbeitsgedächtnis unterscheide uns von anderen Säugetieren, Kritiker hat. Tetsuro Matsuzawa von der Kyoto University gehört zu ihnen. In einem Experiment, das weltweit Schlagzeilen gemacht hat, unterzog er College-Studenten und eine Gruppe fünf Jahre alter Schimpansen einem von ihm so bezeichneten Arbeitsgedächtnistest. Während des Experiments sahen sowohl die Schimpansen als auch die Studierenden Zahlen von 1 bis 9 auf einem berührungsempfindlichen Computermonitor. Dann wurden die Zahlen durch leere Quadrate ersetzt und die Teilnehmer mussten für jede Zahl das richtige Quadrat antippen. Was glauben Sie, welche Gruppe besser abschnitt? Wenn Sie auf die Studierenden getippt haben, dann haben Sie aufs falsche Pferd gesetzt.

Wie in aller Welt konnten Schimpansen Jungakademiker ausstechen? Schimpansen verfügen über ein erstaunliches fotografisches Gedächtnis – die Fähigkeit, nach einem kurzen Blick auf eine Szene ein genaues Abbild davon zu behalten. In freier Wildbahn nutzen sie diese Fähigkeit zum schnellen Abschätzen potentieller Gefahren. Nun könnte man einwenden, Matsuzawas Affen hätten eher eine Kurzzeit- als eine Arbeitsgedächtnisaufgabe ausgeführt. Doch selbst wenn sie ihr Arbeitsgedächtnis zur Informationsverarbeitung einsetzten, erleichterte es ihnen ihr fotografisches Gedächtnis enorm, die Aufgabe auszuführen.

Menschen heben sich durch komplexere Verarbeitungsprozesse hervor, und in dieser Hinsicht haben wir gegenüber Schimpansen klar die Nase vorn. Denken Sie nur an unsere Fähigkeit, die Konjunktion in innovativen und unendlich nützlichen Bereichen einzusetzen. Schimpansen sind einfach nicht so erfindungsreich wie Menschen. Ein Experiment, mit dem sie das Arbeitsgedächtnis von Menschen prüfen, müssen sie erst noch erfinden.

Die Suche nach unserem Arbeitsgedächtnis-Monolithen

Es gab zwar keinen außerirdischen schwarzen Stein (das ist Science-Fiction), aber *irgendetwas* hat unser Arbeitsgedächtnis entfesselt. Die Feststellung, dass wir schlauer sind als uns ähnliche Spezies, gibt keine Antwort auf die eigentliche Frage: Was war *unser* »Monolith«? Was war der Zündfunke für unsere beispiellose Erfindungsgabe? Das sind Fragen, auf die einige der besten und klügsten Köpfe der Welt Antworten suchen. In Wissenschaftlerkreisen sind sie bekannt als Paläoneurologen und Paläogenetiker, doch wir stellen sie uns lieber als so etwas wie ein Team »CSI: Paläo« vor.

Malen Sie sich eine Situation vom CSI-Typ aus: Eine Kriminaltechnikerin findet an einem Tatort kurz nach einem Verbrechen Fußspuren und kann daraus Mutmaßungen über das Gewicht und die Größe des Täters, seine Bewegungsrichtung und so weiter ableiten. Doch was, wenn die Kriminaltechnik erst einen

Tag oder sogar einen Monat später am Tatort eintrifft? Regen hat jetzt die Spuren weggespült und andere Menschen sind über den Tatort getrampelt. Es wäre schwierig, noch hieb- und stichfeste Beweise zu finden, und der Fall verstaubt vielleicht ganz unten in der Akte mit den ungelösten, den »kalten« Fällen.

Da zwischen dem CSI: Paläo-Team und seinen Tätern eine große zeitliche Lücke liegt, untersucht es die kältesten aller »kalten« Fälle: das Rätsel der menschlichen Evolution und der Entwicklung unserer einzigartigen kognitiven Fähigkeiten. Manche Ermittler verweisen auf strukturelle Veränderungen im Gehirn als den möglichen Monolithen, während andere in unseren Genen nach Anhaltspunkten dafür suchen. Es folgt eine Gegenüberstellung mit den wichtigsten Monolith-Verdächtigen und den gnadenlosen CSI: Paläo-Ermittlern, die sie zur Strecke gebracht haben.

Monolith-Verdächtiger:
Strukturelle Veränderungen im Gehirn

Dürfen wir vorstellen – Emiliano Bruner, ein CSI: Paläo-Ermittler, der viele Jahre lang den strukturellen Veränderungen im prähistorischen Gehirn nachgespürt hat. Natürlich existiert die graue Substanz unserer höhlenbewohnenden Vettern nicht mehr. Deshalb versucht Bruner aus der Untersuchung von Schädeln abzuleiten, wie das Gehirn wohl ausgesehen hat. Seine faszinierende Arbeit untermauert die Vorstellung, dass das entwicklungsgeschichtliche Wachstum einer bestimmten Gehirnpartie es uns möglich gemacht hat, unser Arbeitsgedächtnis effizienter zu nutzen.

2010 stellten Bruner und seine Gruppe eine Reihe von vergleichenden Analysen des Verhältnisses von Gehirn und Körper von Neandertalern und modernen Menschen an. Überraschenderweise zeigte sich bei Letzteren ein bedeutendes Größenwachstum des Parietallappens. Dieser auch Scheitellappen genannte Hirnbereich hat mit der Informationsverarbeitung im Arbeitsgedächtnis zu tun. Bruner vermutet, dass die Erweiterung des Parietallappens dem begrifflichen Denken »Raum«

verschaffte. Könnten diese strukturellen Veränderungen im Gehirn der Monolith sein, der ein überlegenes Arbeitsgedächtnis freisetzte?

Monolith-Verdächtiger: FoxP2-Gen
Einer der genetischen Hauptverdächtigen im Rätsel des menschlichen Monolithen ist Forkhead box P2 (FoxP2), ein Gen, das mit Sprache zu tun hat, und Sprachfähigkeit setzt ein Arbeitsgedächtnis voraus.

FoxP2 wurde identifiziert von Anthony Monaco von der Oxford University. Er hatte eine Familie untersucht, in der schwere Sprach- und Sprechstörungen auftraten, darunter dyslektische Erscheinungen, Schwierigkeiten bei der Verarbeitung von Sätzen, schlechte Rechtschreib- und Grammatikleistungen – alles Probleme im Zusammenhang mit einem gestörten Arbeitsgedächtnis. Das Interessante an dieser Familie war, dass im Gegensatz zu den meisten Sprachstörungen, die auf eine komplizierte Wechselwirkung genetischer Faktoren zurückgehen, die Störung dieser Familie, die drei Generationen betraf, auf einem defekten FoxP2-Gen beruhte. Da das FoxP2-Gen der Familienmitglieder nicht ordnungsgemäß funktionierte, hatten sie Sprachprobleme, und das spricht dafür, das dieses Gen eine zentrale Funktion für die Sprache besitzt.

2002 mutmaßte der CSI: Paläo-Ermittler Svante Pääbo, ein Paläogenetiker, der sich mit dem Klonen der DNS einer ägyptischen Mumie die Sporen verdient hatte, das FoxP2-Gen könnte das Entscheidende sein, das der moderne Mensch seinem Neandertalervetter voraus hatte. In einem vielbeachteten Artikel in *Nature* berichtete Pääbo, FoxP2 sei eine »hochkonservierte« DNS-Sequenz. Das bedeutet, dass sich dieses Gen erhalten hat, weil es eine entscheidende Funktion erfüllt: Wenn es keine Rolle spielte, bliebe es nicht lange erhalten.

Pääbo und seine Mitarbeiter suchten nach Indizien für einen *selective sweep* im FoxP2-Gen, wie das in Paläogenetikerkreisen heißt. Darunter versteht man eine entwicklungsgeschichtlich erst vor kurzem fixierte Mutation, die ihre Träger fitter macht als diejenigen, in deren Genom sie nicht vorkommt. Mit anderen Worten, Pääbo suchte herauszufinden, ob bei den frühen Menschen eine nützliche Mutation dieses Gens stattgefunden hatte, also gewissermaßen ein Schalter umgelegt wurde, der einen unmittelbaren Vorteil mit sich brachte. Den Überlegungen der Forscher zufolge bewirkte FoxP2 einen doppelten Nutzen:

- Es verschaffte den Menschen den Vorteil der modernen Sprache.
- Es legte das Fundament für die Entwicklung der Kommunikation und der menschlichen Gesellschaft, wie wir sie kennen.

Pääbos Arbeit wurde untermauert durch die Erkenntnisse eines weiteren CSI: Paläo-Ermittlers, des Paläoanthropologen Richard Klein von der Stanford University. Auch er glaubte, dass das späte Auftreten des FoxP2-Gens die Grundlage für komplexe Sprache lieferte und Kennzeichen der Veränderung war, die es den modernen Menschen ermöglichte, sich nach Asien und Europa auszubreiten. Alle Anzeichen schienen darauf hinzudeuten, dass FoxP2 unser Monolith war.

Doch dann stellte Pääbo selbst in einer überraschenden Wendung der Ereignisse nur einige Jahre später die Vorstellung in Frage, dass FoxP2 dem modernen Menschen kognitive Überlegenheit verschafft habe. An Knochenmaterial aus einer Höhle in Nordspanien wies er nach, dass die Neandertaler eine ähnliche FoxP2-Variante besaßen wie moderne Menschen. Diese Erkenntnis wirbelt die Vorstellungen, die sich die Wissenschaftler zuvor von den Neandertalern gemacht haben, gehörig durcheinander.

Falls die Neandertaler zumindest eine der für Sprache bedeutsamen genetischen Schlüsselkomponenten besaßen, bedeutet das dann, dass sie sprechen konnten wie moderne Menschen? Nicht unbedingt. Wissenschaftler wie Sonja Vernes vom Max-Planck-Institut für Psycholinguistik in Nijmegen haben festgestellt, dass FoxP2 offenbar wie ein Schalter für andere sprachbezogene Gene wirkt. Nur weil die Neandertaler über einen wichtigen Schalter verfügten, bedeutet das nicht, dass auch all die Lichter da waren, die er einschalten konnte. FoxP2 ist ein guter potentieller Verdächtiger, aber wir müssen uns noch die restlichen ansehen.

Monolith-Verdächtige: ASPM- und Microcephalin-Gen
Bruce Lahn, ein Genetiker von der University of Chicago, dürfte als erster die Mutation zweier Gene – Microcephalin (MCPH1) und *abnormal spindle-like microcephaly associated* (ASPM) – sowie deren möglichen Beitrag zur kognitiven Evolution untersucht haben. Lahn zufolge steuert die Mutation dieser beiden Gene die Hirngröße. Aus dieser Vermutung ergab sich die Frage, ob diese Gene unser Gehirn größer und besser machen.

Der Zeitpunkt dieser Genomveränderungen fiel offenbar mit zentralen Ereignissen in der frühen menschlichen Kultur zusammen. Laut Lahn tauchte die MCPH1-Variante vor ungefähr 37 000 Jahren auf, etwa zur selben Zeit wie die ersten Zeugnisse von Kunst und symbolischem Denken in europäischen Höhlen. Die ASPM-Variante trat vor etwa 5800 Jahren auf, und dieser Zeitraum fiel einigen Forschern zufolge mit der starken Verbreitung von Städten und der Schrift zusammen. Die Aufregung unter den Paläo-Ermittlern wuchs, als die Hoffnung aufkeimte, die neuen Mutationen von ASPM und MCPH1 könnten den Monolith-Faktor erklären.

Doch wieder einmal versetzte der Umstand, dass es die Paläogenetik mit kalten Fällen zu tun hat, der Begeisterung einen Dämpfer, als Timothy Bates von der University of Edinburgh zu untersuchen beschloss, ob die neuen Mutationen etwas mit der Intelligenz zu tun hatten. Bates' Probanden unterzogen sich einem Gentest sowie Intelligenz- und Arbeitsgedächtnistests. Die Resultate zeigten keinen Zusammenhang zwischen den neuen Varianten von ASPM oder MCPH1 und irgendeinem der IQ- oder Arbeitsgedächtniswerte. Kurzum, ASPM und MCPH1 verliehen uns keine überlegene Intelligenz. Sie stellten nur eine weitere Sackgasse auf der Suche nach dem Monolithen dar.

Lahn selbst umreißt den Charakter der genetischen Forschung so: »Handelt es sich um wenige Mutationen in wenigen

Genen, viele Mutationen in wenigen Genen oder viele Mutationen in vielen Genen? Die Antwort lautet offenbar viele Mutationen in vielen Genen.«

Ungeachtet aller Schwierigkeiten bei dem Versuch, alte Gene aufzuspüren, machen die unerschrockenen CSI: Paläo-Ermittler weiter. 2010 beendete Pääbo die vorläufige Sequenzierung von mehr als 60 Prozent des Neandertalergenoms aus mehr als einer Milliarde DNS-Fragmenten aus Neandertalerknochen. 2013 entschlüsselte sein Team dann die gesamte DNS eines Neandertalers aus einem Zehenknochen und stellte das vollständige Genom zum kostenlosen Herunterladen ins Netz (http://cdna.eva.mpg.de/neandertal/altai/bam, falls es Sie interessiert). Wenn die genetische Ausstattung unserer entwicklungsgeschichtlichen Vettern klarer in den Brennpunkt rückt und wir Vergleiche mit ihnen anstellen können, entdecken wir vielleicht schließlich den Monolithen, der unser bemerkenswertes Arbeitsgedächtnis in Gang setzte.

Die Archäologie des Arbeitsgedächtnisses

Obwohl unser Monolith erst noch ins Visier rücken muss, sehen wir doch schon Anzeichen für einen qualitativen Sprung der Arbeitsgedächtnisfunktion in den archäologischen Funden aus Jahrzehntausenden. Um das zu veranschaulichen, reisen wir ein paar Jahrtausende in der Zeit zurück und beobachten zwei Neandertaler, Prat und seine Gefährtin Gurk. Prat und Gurk leben mit anderen Neandertalern in einer Höhle. Prat ist so etwas wie das heimliche Oberhaupt seiner Sippe, denn er kann bessere Speerspitzen fertigen als alle anderen. Er nutzt dazu ein seit langem angewandtes Verfahren, genannt Levalloistechnik.

Zuerst muss Prat einen Stein auftreiben, der eine bestimmte Größe und eine besondere Form hat. Findet er einen solchen Stein, einen Kern, grunzt er: »Burg!« Er nutzt ein rudimentäres Arbeitsgedächtnis, um eine Konjunktion zwischen einem Laut (»Burg«) und dem Gegenstand (einem Stein) vorzunehmen. Dann beginnt er den Stein mit großer Präzision zu behauen – man nennt das *Steinbearbeitung* –, bis dieser einem Schildkrötenpanzer ähnelt und sich mit einem harten Schlag ein großer Splitter abschlagen lässt. Dieser ist scharf und dünn und wenn man ihn an einem Speerschaft befestigt, eignet er sich hervorragend dazu, das Fleisch eines Tieres zu durchbohren.

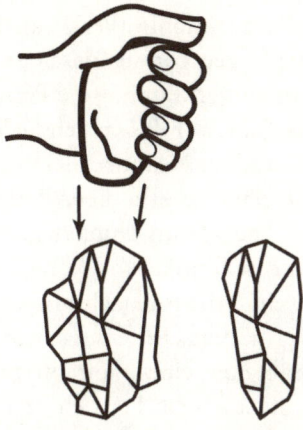

Steinbearbeitung: Das Bild links stellt dar, wie auf einen vorbereiteten Kern geschlagen wird, das Bild rechts zeigt das entstehende Werkzeug.

Prat beherrscht diese Technik so gut, dass er einmal neun Klingen aus einem einzigen Kern herausholte – so viele wie kein anderer jemals zuvor. Hätte es zu jener Zeit ein Guiness-Buch der prähistorischen Weltrekorde gegeben, hätte es Prats stolzes Gesicht mit seinen neun Klingen abgebildet. Das Verfahren verlangt eine ruhige Hand und ein gewisses Maß an Planung. Um es erfolgreich umzusetzen, muss der Anwender sich auf sein Arbeitsgedächtnis stützen und sich zwei Informationselemente präsent halten:

1. wie ein ideal vorbereiteter Kern aussieht.

2. eine Berechnung, wie er dahin gelangt, dass der Kern, an dem er arbeitet, diesem Ideal ähnlich wird.

Damit jeder weiß, dass Prat der geschickteste Werkzeugmacher der Gruppe ist, stellt Gurk einige Schmuckperlen aus Muschelschalen für ihn her. Nur die besten Speerspitzenhersteller dürfen sie tragen. Gurk ist in der Gruppe selbst zur Respektsperson geworden, weil sie ein weiteres lebendes Kind zur Welt gebracht hat. Ihre Brust schwillt vor Stolz, wenn die anderen sich mit dem Laut »Durg«, was kräftige Kinder bedeutet, an sie wenden. Sowohl die physischen Symbole (Perle) als auch die verbalen (gesprochenes Wort) setzen voraus, dass das Arbeitsgedächtnis zwei Dinge miteinander verknüpft – die Perlen und den Status, den Laut und das Objekt, auf das er sich bezieht.

Das Problem an unseren Neandertalerfreunden ist, dass fast nichts dafür spricht, dass sie es je über Perlen, einfache Speerspitzen und »Burg« und »Durg« hinaus gebracht hätten. Kein Neandertalerartefakt ist hinreichend komplex, um den Schluss zuzulassen, dass sie ein Arbeitsgedächtnis gebraucht hätten, das mehr als zwei Informationselemente bewältigen konnte – in etwa die Leistungsfähigkeit eines Fünfjährigen.

Hätte es eine prähistorische Fernsehsendung mit dem Titel *Sind Sie klüger als ein Neandertaler?* gegeben, hätte ein Kandidat der frühen modernen Menschen den Neandertaler jedes Mal um Längen geschlagen. Und hätte man einen heutigen Achtjährigen gegen den intelligentesten Neandertaler antreten lassen, hätte das Kind des 21. Jahrhunderts mühelos den Preis davongetragen.

Während der Gipfel der Neandertalertechnik ein scharfkantiger Stein war, schien die Technologie des frühen Menschen förmlich zu bersten vor unbegrenzten Möglichkeiten. Werfen wir jetzt einen Blick auf das Leben von zwei unserer eigenen frühen Ahnen, Fallenstellerin und Fischfänger (man beachte die größere verbale Komplexität ihrer Namen).

Im Jungpaläolithikum, dem letzten Abschnitt der Altsteinzeit, das vor 40 000 Jahren einsetzte, ziehen Fallenstellerin und Fischfänger als Nomaden umher, ständig auf der Suche nach besseren und effizienteren Arbeitsweisen. Auf dem Weg von einer europäischen Höhle zur nächsten führen sie eine große

Vielzahl präzise gearbeiteter Steinwerkzeuge mit, die offenbar ganz bestimmten Zwecken dienen – dünne Steinklingen vielleicht zum Haareschneiden, schwere, kantige Steine vielleicht zum Knochenspalten, um an das schmackhafte Mark zu gelangen, Klingen mit leicht nach oben gebogenen Schneiden, möglicherweise zum Filetieren von Fleisch, und Klingen mit nach unten gebogenen Schneiden, vielleicht für das Sammeln von essbaren Pflanzen.

Spezialisierung setzt eine ständige kognitive Beschäftigung mit der natürlichen Umgebung voraus; sie erfordert, sich mit Hilfe des Arbeitsgedächtnisses Materialien wie Stein, Holz und Knochen vorzustellen und gedanklich so damit zu spielen, dass ideale Formen für bestimmte Aufgaben daraus entstehen. Die Spezialisierung menschlicher Werkzeuge lässt zudem auf fortgeschrittenes Planen schließen. Denken Sie an ein Schweizer Offiziersmesser: Im Augenblick benötigen Sie vielleicht dessen Werkzeuge nicht, aber Sie nehmen es auf jeden Fall mit zum Camping, denn Sie könnten die kleine Säge, die Klinge, den Dosenöffner ja brauchen, wenn Sie auf dem Zeltplatz sind.

Bildgebungsstudien an Gehirnen moderner Menschen bestätigen, dass Vorausplanen die Aktivierung des PFC erfordert. Forscher von der Carnegie Mellon University bestätigten mittels fMRT, dass ihre Probanden für eine Planungsaufgabe ihren PFC benutzten.

Die in dieser Studie verwendete Planungsaufgabe ist bekannt als Turm von Hanoi. Sie besteht aus einem Gestell mit drei Stäben und übereinander gelegten farbigen Scheiben abnehmender Größe. Diesen Turm aus Scheiben gilt es vom einen Ende zum anderen umzuschichten. Doch es gibt ein paar Regeln: Man darf immer nur eine Scheibe bewegen und man darf keine größere Scheibe auf eine kleinere legen. Das hört sich zwar einfach an, doch die Aufgabe erfordert ein erhebliches Maß an Planung, um ohne Regelbruch von einem Ende zum anderen zu gelangen.

Fallenstellerin und Fischfänger wenden zum Jagen und Sammeln dieselbe Art Planung an: Einige spezielle Werkzeuge funktionieren dabei, andere nicht. Jeder nutzt sein Arbeitsgedächtnis, um seine Aufgabe in der Gegenwart zu planen. Die Fallenstellerin fragt sich: »Was werde ich heute sammeln? Beeren? Nüsse? Wurzeln? Es ist nicht die Jahreszeit für Beeren, und die Nüsse, die ich gestern gefunden habe, waren schlecht, also werde ich Wurzeln ausgraben und diese nach unten gebogene Klinge mitnehmen.«

Der Fischfänger fragt sich: »Was soll ich heute jagen? Lachs? Mammut? Fuchs? Steinbock? Eichhörnchen? Ich habe gestern in der Nähe ein paar Steinböcke gesehen, also nehme ich mir die vor.« Dann denkt er über die benötigten Werkzeuge nach. Dieser Denkprozess läuft etwa so ab: »Wenn ich Steinböcke jage, brauche ich keinen schweren Mammutspeer, sondern einen leichten Wurfspeer zum Erlegen, und ich brauche eine große Klinge zum Ausnehmen und Zerlegen und Zunder zum Garen.«

Die Fallenstellerin muss ebenfalls ihr Arbeitsgedächtnis nutzen, wollte sie Fallen stellen, um Beute zu machen. Um erfolgreich zu sein, müsste sie vier Informationselemente im Kopf behalten – doppelt so viele, wie die Neandertaler Prat und Gurk mit ihrem Arbeitsgedächtnis zu bewältigen vermochten:

1. Welchem Wild sie nachstellt, denn eine Fuchsfalle eignet sich nicht für Wildschweine.

2. Kenntnis des Geländes, um den besten Ort für die Fallen festzulegen.

3. Verständnis für Prozentsätze, um ihre Erfolgschancen und die Zahl der Fallen abzuschätzen.

4. Zeitberechung, um nach angemessener Zeit zu den aufgestellten Fallen zurückzukehren.

Mit einem Arbeitsgedächtnis, das weit mehr Information bewältigen konnte als das unserer Neandertalervettern, hatte der moderne Mensch die Nase vorn. Die einschlägige Pionierarbeit verdanken wir zwei Forschern: Thomas Wynn und Frederick L. Coolidge von der University of Colorado. Die meisten Wissenschaftler sind Spezialisten, doch einige wenige forschen interdisziplinär. Wie ein Indiana Jones ohne Peitsche oder Filzhut erweitern sie die Grenzen des Wissens und führen die Erkenntnisse von mehr als einem Fachgebiet zusammen, um eine völlig neue Perspektive zu begründen. Wynn und Coolidge sind solche Abenteurer.

Im Jahr 2000 erforschte der Psychologe Coolidge die Exekutivfunktion – die Verarbeitungsfähigkeiten auf höherer Ebene, die eng mit dem Arbeitsgedächtnis verbunden sind. Der Archäologe Wynn befasste sich mit den zur Herstellung prähistorischer Werkzeuge nötigen geistigen Prozessen. Coolidge schaute einmal in Wynns Büro vorbei, und diese Begegnung war schicksalhaft. Coolidge hatte sich schon immer für Archäologie interessiert und Wynn, bedingt durch seine Arbeit, für Kognition. Beide wurden sie gemeinsam zu kognitiven Archäologen. In ihrem Buch *Denken wie ein Neandertaler* machen sie ein verbessertes Arbeitsgedächtnis (VAG) als den evolutionären Zündfunken aus, der dafür sorgte, dass wir am Anfang mit Knochen warfen und am Ende Satelliten in Umlaufbahnen schossen.

Verbessert ist ein wichtiges Adjektiv. Wynn und Coolidge behaupten nicht, dass es kein Arbeitsgedächtnis gab, bis die Menschen den kognitiven Sprung machten – denken Sie an unsere Neandertaler Gurk und Prat, die zwei Informationselemente im Kopf behalten konnten –, sondern dass es sich in einem Maße verbesserte, dass es den Anstoß zu technischen, sozialen und kulturellen Erfindungen gab.

Einen praktischen Eindruck von dieser Erfindungskraft erhalten wir, wenn wir uns anschauen, wie Jäger- und Sammlergesellschaften etwa in Papua-Neuguinea Steinzeittechniken anwenden. Der Köcher eines Jägers kann mit vielen verschiedenen Pfeilen bestückt sein, jeder für eine andere Situation – einer zum Erlegen kleiner Tiere, einer für größere Beute und einer mit großen Widerhaken, angeblich zum Töten von Menschen. Heutige Steinzeitgesellschaften nutzen zudem verschiedene Seile, Knochenmesser, Schaber sowie Stein- und Holzäxte für komplexe Tätigkeiten. Betrachten wir, wie ein Stamm die Sagopalme verarbeitet. Jedes Stammesmitglied erfüllt eine spezielle Aufgabe: Die Männer verwenden Steinäxte und Seile zum Fällen der Palmen, die Frauen kratzen mit Holzäxten das wertvolle Mark heraus und raspeln und zerstampfen es. Um schließlich die Stärke aus dem Mark zu gewinnen, wird der Brei mehrmals durch Siebe gestrichen, getrocknet und wieder mit Wasser versetzt.

Diese Methoden unterscheiden sich im Grunde nicht allzu sehr von den Produktionsverfahren, die heute in den modernsten Fabriken Indonesiens zur Anwendung kommen. Natürlich sind die meisten davon automatisiert, doch das Prinzip ist verblüffend ähnlich. Einen mehrstufigen Prozess zu entwickeln und den Ausführenden der einzelnen Schritte unterschiedliche Rollen zuzuweisen, setzt ein verbessertes Arbeitsgedächtnis voraus. Man muss sich zuerst das Verfahren ausdenken, es an bestimmte Umstände anpassen und dann herausfinden, wer welche Rolle am besten erfüllt. Macht man das nicht präzise, hungern alle.

Dürfen wir vorstellen – die Feuersteins, Ihre moderne Steinzeitfamilie

Beim Gedanken an unsere steinzeitlichen Vorfahren klammern sich die meisten von uns an ein romantisches Bild von edlen Wilden, die in vollkommener Harmonie mit der Natur leben und auf nichts als rohe Kraft und Glück bauen, um dem Hungertod zu entgehen. Doch dieses Bild bedarf einer gründlichen Überarbeitung. Es könnte sogar sein, dass das Leben der Familie Feuerstein aus der gleichnamigen Trickfilmserie in mancher Hinsicht der Realität näher kommt.

Erinnern Sie sich noch an Fred, Wilma, Barney, Betty, Pebbles und Bamm-Bamm? Fred arbeitet als Kranführer im örtlichen Steinbruch. Er und sein Nachbar Barney sind Freunde und gehören beide dem Wasserbüffel-Verein an. Und alle sind ständig auf der Suche nach neuen Möglichkeiten, sich das Leben zu erleichtern. Wilma benutzt ein Wollmammutbaby als Staubsauger. Fred verwendet einen Vogel als Autohupe. Und die ganze Familie bedient sich eines ausgewachsenen Wollmammuts, das Wasser aus seinem Rüssel spritzt, als Dusche.

Gut, die frühen modernen Menschen fuhren nicht in Steinautos herum und saugten auch nicht Staub mit Mammuts. Aber vielleicht unterschied sich ihr Leben gar nicht so sehr von dem in Steintal. Dank ihres verbesserten Arbeitsgedächtnisses ernährten sich unsere Vorfahren wie Fallenstellerin und Fischfänger nicht einfach nur vom Land; sie machten sich das Land und das Wasser in ihrer Umgebung zunutze und beuteten es entsprechend ihren Bedürfnissen aus. Und sie taten das mit Hilfe ihrer spezialisierten Werkzeuge, Steinzeitmaschinen, ausgefeilten Gerätschaften und ausgeklügelten Techniken. Mit ihrer Form der Industrialisierung kamen die frühen modernen Menschen nicht etwa gerade so über die Runden; sie waren fruchtbar und mehrten sich.

Beispielsweise könnten der Fischfänger und die anderen Männer seiner Gruppe Fischfang in industriellem Maßstab betrieben haben. Rute, Schnur und Haken sind gut für einen einzelnen Angler, doch der Fischfänger und seine Leute wussten, dass sie etwas Größeres benötigten, wenn sie die ganze Sippe satt bekommen wollten. Möglicherweise errichteten sie so etwas wie ein Wehr, eine komplexe Anlage aus zweckmäßig konstruierten Absperrungen mit Pfählen oder Netzen; sie nutzte die Strömung des Flusses und erlaubte den Fischern, von Plattformen aus die eingesperrten Fische aus dem Wasser zu holen. Stellen wir uns vor, wie der Fischfänger und seine Kumpel Dutzende Fische fortschaffen und über den armen Prat lachen, einen der wenigen verbliebenen Neandertaler, der nach einer erfolglosen Mammutjagd zurück zur Höhle humpelt.

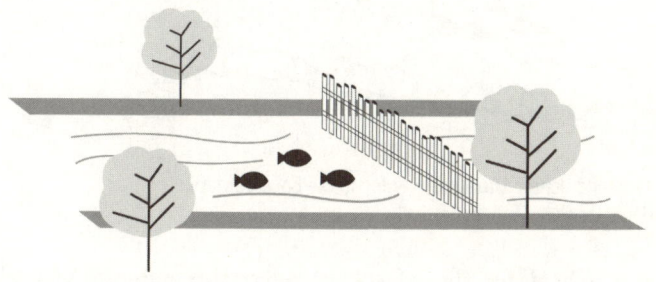

Wehr: Die Fische schwimmen auf ihrem Weg stromabwärts in die Falle.

Die Erfindung dieses Fischereiverfahrens war keine einfache Aufgabe. Sie erforderte sorgfältige Berechnungen und visuell-räumliche Anpassung im Geist, somit die Benutzung des Arbeitsgedächtnisses, um wichtige Konstruktionsentscheidungen zu fällen. Das Wehr spricht dafür, dass der Fischfänger und andere frühe moderne Menschen nicht in kleinem Maßstab dachten; sie dachten in industriellem Maßstab.

Einer der aufsehenerregenden Beweise für Vorausplanung und damit für ein verbessertes Arbeitsgedächtnis ist der »Wüstendrachen«, den Wynn und Coolidge in ihrem Werk anführen. Ihrer Ansicht nach funktionierte diese Fanganlage folgendermaßen: Der Fischfänger und die anderen Männer seiner Gruppe errichteten lange Steinwälle in V-Form, um Gazellenrudel zusammenzutreiben und am Ende in einer Falle zu fangen. Die Männer haben sich vermutlich natürliche Schluchten, welche die Bewegungsfreiheit der Tiere einschränkten, zum Vorbild genommen und sie in bekannten Streifgebieten von Gazellen quasi nachgebaut. Wenn eine ganze Herde in die Falle gegangen war, töteten die Männer die Tiere. Das war weit mehr Nahrung, als die Gruppe auf einmal verzehren konnte. Dann war es vermutlich die Aufgabe der Frauen, das Fleisch von den Knochen zu lösen und es für Zeiten haltbar zu machen, in denen kaum Wild aufzutreiben war.

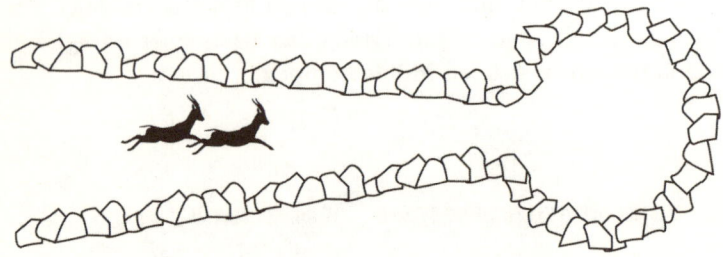

Wüstendrachen: Die Tiere werden in die Enge getrieben und sitzen am Ende in der Falle.

Das spricht dafür, dass das Arbeitsgedächtnis dieser Menschen so leistungsfähig war, dass sie ihrem Drang widerstehen konnten, vorhandene Nahrung sofort aufzubrauchen. Wenn Sie schon einmal eine Tüte mit Schokoriegeln gekauft haben, in der Absicht, sie ein paar Tage aufzubewahren und sie dann an Halloween zu verteilen, dann wissen Sie, wie schwer es sein kann, die Tüte *nicht* aufzureißen und alles gleich ratzeputz selbst zu verschlingen.

Die frühen modernen Menschen verdankten die geistigen Fähigkeiten, um die Ressourcen um sie herum klug zu nutzen, ihrem verbesserten Arbeitsgedächtnis. Und es verhalf ihnen zu noch mehr. Vielleicht war es die Fallenstellerin – ein Steve Jobs der Steinzeit –, die ein Knochenwerkzeug mit Kerben erfand, das als primitiver Rechner diente, um sich größere Informationsmengen, als sie einigermaßen in ihrem Arbeitsgedächtnis behalten konnte, merken zu können. Ein Rechner, der so funktioniert hat, dass jede Kerbe für eine Zahl stand, auf die die Menschen ihren Finger hielten, damit sie wussten, an welcher Stelle des Zählvorgangs sie waren. Vielleicht vermochte die Fallenstellerin mit Hilfe dieses primitiven Computers den Überblick über einen Vorrat an Fischen oder Gazellen zu behalten. Wir werden wohl nie genau wissen, wofür sie ihn verwendete, doch es ist mehr als klar, dass sie ein verbessertes Arbeitsgedächtnis benötigte, um ihn zu erfinden.

Die Kreativität entfesseln

Fallenstellerin und Fischfänger sind nicht nur Landnutzer und Werkzeugmacher. Sie sind zufällig auch jungpaläolithische Kulturliebhaber wie Sie und ich. Ihre Erfahrungen mit prähistorischer Kunst und Kultur zeigen sogar eine verblüffende Ähnlichkeit mit den unsrigen.

In unserer Gesellschaft knüpfen wir Kontakte, wenn wir ins Kino gehen, fernsehen, Bücher lesen und neue Musikstücke anhören. So machen wir uns ein Bild von unserer Welt und gelangen zu einem Verständnis – oder zumindest zu einer Ahnung – von unserem Platz in dieser Welt. Es spielt keine Rolle, ob Sie die tiefere Bedeutung von Damien Hirsts eingelegten Tieren – ein toter Tigerhai in einem Formaldehydtank mit dem Titel *The Kingdom*, verkauft 2008 für rund 17 Millionen Dollar – zu dekonstruieren versuchen oder ob Sie *How I met your mother* im Fernsehen verfolgen. Kultur und Unterhaltung liefern Ihnen die Themen für den Plausch am Kopierer.

Höhlenmalereien, geschnitzte Figuren und Musikinstrumente gehören zu den beweiskräftigsten Artefakten, dass die frühen modernen Menschen sich genau wie wir Zeit dafür nahmen, ihre Umgebung zu deuten, das »große Ganze« zu sehen, nach ihrer Rolle in der Welt um sie herum zu fragen, nachzudenken und sich das eigene Ich vorzustellen. All diese Gedankenprozesse erfordern ein verbessertes Arbeitsgedächtnis.

Musik liefert ein einschlägiges Beispiel. Wir malen uns gerne aus, wie Fischfänger, Fallenstellerin und die anderen ums abendliche Lagerfeuer sitzen und den süßen Klängen einer Knochenflöte lauschen. Solche vermutlich 40 000 Jahre alten Flöten fand man in der Höhle Hohler Fels auf der Schwäbischen Alb. Wir werden wohl nie erfahren, ob die Musik die Hauptattraktion des Abends war oder eher eine Kulisse für das Geschichtenerzählen oder vielleicht eine Art Aufruf zum Handeln. Und wir wissen nicht, ob ihr Musikgeschmack eher auf die Flötentöne in »Going Up the Country« von Canned Heat, auf »Nothing Is Easy« von Jethro Tull oder auf Mozarts Flötenkonzert Nr. 1 hinauslief.

Sehr wohl wissen wir aber, dass, wer auch immer ein solches Instrument schuf, eine hochkomplexe Handlungsabfolge zu bewältigen hatte. Im Einzelnen musste einer:

1. während des gesamten Prozesses die Vorstellung einer idealen Flöte im Kopf behalten

2. Knochen mit genau der richtigen Form finden

3. berechnen, wo es die Löcher zu bohren galt

4. berechnen, an welcher Stelle das Mundstück zu formen war.

Die Herstellung einer Flöte erfordert die Berechnung, Konzentration und Beurteilung durch das Arbeitsgedächtnis, sonst liegen die Töne daneben. Doch besaßen die frühen modernen Menschen wirklich ein Ohr für Musik? Wäre es ihnen überhaupt aufgefallen, wenn eine Flöte falsch geklungen hätte? Es sieht ganz danach aus. Fachleute haben festgestellt, dass vergleichbare Knochenflöten sehr harmonisch klingen, und das ist eine gute Nachricht für unsere prähistorischen Freunde, die ihnen lauschten.

Heutzutage sind wir häufig mit modernen Kunstwerken konfrontiert, auf die wir uns kaum einen Reim zu machen wissen. Sich die Bedeutung einer 32 000 Jahre alten Figur zu erschließen ist praktisch unmöglich. Doch das hat die Archäologen nicht davon abgehalten, sich jahrelang den Kopf über die Bedeutung des *Löwenmannes* zu zerbrechen, einer Statuette aus Mammutelfenbein mit dem Kopf eines Löwen und dem Körper eines Menschen. Wir wissen nicht ganz sicher, was sie bedeutet, doch sie ist ein verblüffendes Zeugnis eines verbesserten Arbeitsgedächtnisses.

Der Künstler dürfte sein Arbeitsgedächtnis dazu genutzt haben, während des Schnitzvorgangs die Symmetrie und dreidimensionalen Proportionen der Arme, des Kopfes und des Gesichts zu beurteilen. Doch um sich die Idee hinter dem Artefakt auszudenken, musste der Künstler einen Löwenkopf mit einer Menschengestalt kombinieren und dazu auf jeden Fall sein Arbeitsgedächtnis nutzen – eine ausgeklügelte Form der Konjunktion. Mittels Analogiedenken entstand so ein Fabelwesen aus zwei realen Dingen, eines der frühesten Beispiele.

Kunstwerke, die auf das Erwachen der Phantasie, des Selbst und der Fähigkeit, durch die Augen anderer zu sehen, hinweisen, fand man in der Grotte Chauvet, wenn Sie so wollen, einem frühen Pendant zum Kino. Die Höhle im Südwesten Frankreichs beherbergt die bislang ältesten prähistorischen Malereien und Felsgravuren. Ein Erdrutsch hatte vor Jahrtausenden den Eingang zur Höhle verschüttet und sie in der Zeit eingefroren. So blieb die Kunst für uns bewahrt. Die Höhle wurde sofort nach ihrer Entdeckung 1994 gesperrt, damit Wissenschaftler sie in unberührtem Zustand untersuchen konnten.

2011, nachdem der Regisseur Werner Herzog einen 3-D-Dokumentarfilm über Chauvet mit dem Titel *Die Höhle der vergessenen Träume* gedreht hatte, erhielten wir einen Einblick in die phantasievollen, fast filmisch bewegten Vorstellungen der alten Künstler. In einigen ihrer Werke malten sie auf die dreidimensionale Oberfläche einer geschwungenen Höhlenwand Bilder von Tieren mit zusätzlichen Beinen, etwa einen Wisent mit acht Beinen. Es wirkt fast so, als seien die Beine übereinander gemalt, und 2012 prägten die Steinzeitforscher Marc Azéma und Florent Rivère den Begriff »Bildüberlagerung« für diese Technik. Das Licht einer flackernden Fackel beleuchtet immer einige der Beine, während andere verborgen bleiben, sodass das Wisent zu galoppieren scheint, ein Effekt, den Herzog als »Protokino« bezeichnet. Überdies entwickelten die Steinzeitkünstler laut Azéma und Rivère auch Bilderzählungen. Die Forscher lenken die Aufmerksamkeit auf ein Gemälde in der Grotte Chauvet, auf dem sich eine Jagdgeschichte abspielt: Löwen pirschen sich an eine Wisentherde heran und fallen dann über ihre Beute her. Ein derartig hoch entwickeltes Beobachtungs- und Erzählvermögen lässt auf einen scharfen Intellekt schließen, der dazu fähig war, zahlreiche Elemente zu einer Geschichte zu verknüpfen.

Kunst in der Grotte Chauvet: achtbeiniges Wisent. Das Licht einer über das Bild geführten flackernden Fackel beleuchtet abwechselnd verschiedene Beine und erzeugt wie ein Film den Eindruck von Bewegung. Abdruck mit freundlicher Genehmigung von Marc Azéma und Gilles Tosello.

Stellen Sie sich vor, wie aufregend es für die Menschen gewesen sein muss, durch diese Höhle zu wandern, während das Licht ihrer Fackeln über die Wände tanzte und die Bilder förmlich zum Leben erweckte. Doch darüber hinaus erlebten sie gemeinsam eine einheitliche Tiermenagerie: Wisente, Nashörner, Löwen, Vögel, Pferde und Bären. Zeugt diese Fixierung auf die Tierwelt von einer Art Kompendium gefährlicher oder spirituell bedeutsamer Tiere, von schamanistischen Riten oder von etwas noch Unbekanntem?

Von der Bedeutung abgesehen liefert die Chauvet-Höhle Hinweise auf die Leistungsfähigkeit des Arbeitsgedächtnisses der frühen Menschen. Die auf den Wänden dargestellte Welt ist nicht zufällig oder willkürlich. Vielmehr spiegelt sie einen zielgerichteten und auswählenden Prozess wider, der den Gebrauch des Arbeitsgedächtnisses erforderte, um sich alle Tiere präsent zu halten und zu entscheiden, was dargestellt wurde und was *nicht*. Beispielsweise sind keine Bäume, Gewässer, Speere oder Hügel dargestellt. Interessanterweise gibt es auch keine Bilder von Menschen. Wir werden die genaue Bedeutung dieser Darstellungen vielleicht nie erfahren, doch wir können leicht nachfühlen, wie sie unsere höhlenbewohnenden Vorfahren fasziniert haben müssen.

Wie also können wir wissen, was frühe Menschen wie der Fischfänger und die Fallenstellerin über ihren Platz in der Welt dachten? Nach Ansicht der Kunsthistorikerin Joëlle Robert-Lamblin definieren die Künstler die Beziehung der Menschen zu den Tieren, indem sie sie malen. Beispielsweise werden die Tiere nicht als drohend oder bedrohlich dargestellt, was dafür spricht, dass die frühen modernen Menschen keine Angst vor ihnen hatten – wir haben hier also keine prähistorische Version von *Der Weiße Hai* vor uns.

Auf den Wänden finden sich in der Nähe von Tierbildern auch gezielt und sorgfältig platzierte Handabdrücke in rot, die für ein bewusstes Gewahrsein einer Verbindung zwischen ihren Besitzern und den Tieren sprechen. Natürlich gibt das keine Antwort auf die eigentliche Frage: In welchem Maße waren sich die Künstler ihrer selbst bewusst – ein mentaler Zustand, der ein kennzeichnendes Merkmal des Arbeitsgedächtnisses ist?

Wie Sie sich erinnern, ist das Arbeitsgedächtnis der kognitive Ort unseres Bewusstseins. Dort richten wir unser Augenmerk auf uns selbst, dort entscheiden wir und dort handeln wir. Neben den Handabdrücken – einer Proklamation der Identität – finden sich einige halbmenschliche Abbildungen, darunter eine Figur mit einem Wisentkopf und den Beinen und Genitalien einer Frau. Ähnlich wie der *Löwenmann* verlangte dieses Phantasiegeschöpf von dem/r Künstler/in, zwei getrennte Vorstellungen in seinem/ihrem Arbeitsgedächtnis zu vereinen. Diese halbmenschlichen Geschöpfe könnten die prähistorische Version eines Sci-fi-Wesens sein.

Die Illustrationen auf den Wänden der Grotte Chauvet liefern zudem einen klaren Beleg dafür, dass sich die Menschen ihrer Artgenossen bewusst waren, ein weiteres Schlüsselmerkmal des Arbeitsgedächtnisses in Aktion. Dies drückt sich aus in offenbar erotischen Darstellungen, darunter Schamdreiecken und Vulven. Unter den kulturellen Artefakten aus anderen europäischen Fundstätten finden sich anatomisch korrekte Phalli und Figurinen üppiger nackter Frauen. Obwohl sie eindeutig von anderen Hirnregionen als dem PFC motiviert sind, konnte nur das Arbeitsgedächtnis die symbolische Reduktion der menschlichen Anatomie auf die Geschlechtsorgane und die Vorstellung der Frau als ausschließlich sexuelle Figur in Betracht ziehen.

Neuartige Spezialeffekte, phantastische Geschöpfe, erotische Bilder und Figuren – diese Werke zeigen, dass unsere Vorfahren wie Fischfänger und Fallenstellerin kulturelle Vorlieben hegten, die das ganze Spektrum von Kunst bis künstlicher Stimulation abdeckten.

Vielleicht der kälteste aller kalten Kriminalfälle ist das Verschwinden der Neandertaler. Jahrzehntelang haben die archäologischen Ermittler auf die frühen modernen Menschen als die Übeltäter gewiesen. Der Theorie zufolge übertrumpften die modernen Menschen die Neandertaler mit ihrer überlegenen Intelligenz und trieben sie durch bessere Nutzung der Ressourcen in den Untergang. Manche beschuldigen die Menschen sogar, ihre

Vettern gegessen zu haben! Doch ein neuer Hinweis spricht womöglich für ein wasserdichtes Alibi der Menschen.

Bahnbrechenden Forschungen unter Federführung von Love Dalén von der schwedischen Uppsala Universität zufolge hielten sich die frühen modernen Menschen – die mit dem verbesserten Arbeitsgedächtnis – schlicht und ergreifend nicht am Tatort auf. Daléns 2012 veröffentlichte Arbeit verglich die DNS chronologisch jüngerer Neandertalerüberreste aus Spanien mit älteren europäischen und asiatischen Neandertalerfunden. Die älteren Proben zeigten eine viel größere genetische Variation, was auf eine größere Bevölkerung hinweist. Die jüngeren Neandertaler dagegen wiesen ein stark eingeschränktes Variantenspektrum in ihrer DNS auf, was für eine winzige Bevölkerung in den letzten Zügen spricht.

Nach Daléns Ansicht waren es wahrscheinlich Klimaveränderungen, *nicht Menschen*, die sie aussterben ließen. Als das geschah, habe es in Europa einfach keine Menschen gegeben. Der Großteil der Neandertaler starb vor etwa 50 000 Jahren aus, und die Nachzügler hielten weitere 10 000 Jahre lang durch. Sie verschwanden, als die frühen modernen Menschen von Afrika her nach Europa vorstießen. Wir hatten wahrscheinlich wenig Umgang mit ihnen, was die Theorie ausschließt, dass Menschen einen prähistorischen Völkermord begingen.

Die Kunst in der Chauvet-Höhle zeichnet ein klares Porträt der frühen modernen Menschen, und es ist keines von Massenmördern. Es zeigt Menschen, die ihr verbessertes Arbeitsgedächtnis dazu nutzten, sich ein Bild von sich selbst zu machen, sich ihres Platzes in der Welt bewusst zu werden und kulturelle Fäden zu knüpfen. Diese sollten schließlich dazu dienen, Gruppen durch starke Bindungen zu vereinen, die zu weitaus mehr dienten als bloß dazu, sich die nächste Mahlzeit zu verschaffen.

Das Arbeitsgedächtnis ist zwar nicht allein verantwortlich für die Entwicklungslinie vom Knochenwurf zum Satellitenstart, doch es ist aufs Engste damit verknüpft. Der Vorteil des Arbeitsgedächtnisses machte Zivilisation weitgehend erst möglich. Es ist das ultimative evolutionäre Instrument, und es hat uns erlaubt, alles hervorzubringen – von der Knochenflöte bis zur Stradivari, vom *Löwenmann* bis zu Michelangelos *David*, von einem Knochen»rechner« bis zu Google. Es half Höhlenmenschen, sich als Gruppe um ein Lagerfeuer zu scharen, und es half Menschen der Jetztzeit, die Demokratie zu erfinden. Das Arbeitsgedächtnis wird sich im digitalen Zeitalter und darüber hinaus immer weiter entwickeln.

Wir mögen vielleicht nicht wissen, wie diese Zukunft konkret aussehen wird – vielleicht sogar wie eine Variante von Gutopia (Träumen ist schließlich erlaubt, nicht wahr?) –, wir wissen aber sehr wohl, dass unser Arbeitsgedächtnis uns helfen wird, in dieser Welt zu wachsen und zu gedeihen. Es spielt keine Rolle, welche technischen Werkzeuge uns zur Verfügung stehen werden – ob es nun ein Fischwehr ist oder ein Cyborg. Solange wir über ein gutes Arbeitsgedächtnis verfügen, können wir es bestmöglich einsetzen. Das Arbeitsgedächtnis ist sogar das tollste Werkzeug, das wir je besitzen werden. Und in Zukunft werden diejenigen, die sich ihr Arbeitsgedächtnis voll zunutze machen, nicht nur einfach so durchkommen, sondern weit vorankommen. Werden Sie zu ihnen gehören?

Arbeitsgedächtnis-Trainingshandbuch zum raschen Nachschlagen

Überall in diesem Buch haben wir Übungen eingebaut, die Ihnen dazu verhelfen sollen, Ihr Arbeitsgedächtnisses besser zu nutzen und möglichst viel herauszuholen. Damit Sie diese Strategien leichter anwenden können, folgt jetzt ein Trainingshandbuch, das viele davon an einer Stelle zusammenführt. Und damit Sie die Übungen finden, die Ihren persönlichen Bedürfnissen am besten entgegenkommen, haben wir jene nach drei Grundprinzipien geordnet: *Vereinfachung, Funktionsverbesserung* und *Unterstützung*.

- *Vereinfachung:* Die Tipps und Taktiken dieser Rubrik helfen Ihnen, die Zahl unnötiger Elemente, die Ihr Arbeitsgedächtnis-Dirigent handhaben muss, zu begrenzen, damit Sie sich auf die wichtigsten konzentrieren können.
- *Funktionsverbesserung:* Diese Übungen verbessern Ihre Fähigkeit zum aktiven Umgang mit Information.
- *Unterstützung:* Die Strategien dieser Rubrik bieten Ihrem Arbeitsgedächtnis Unterstützung und Pflege, so dass es optimal funktionieren kann.

Vereinfachungsübungen

Vereinfachen bedeutet Verringern von Komplexität wo immer möglich. Durch Vereinfachen begrenzen wir die Zahl der unnötigen Dinge, mit denen unser Arbeitsgedächtnis-Dirigent umgehen muss, damit wir unsere Aufmerksamkeit den wirklich wichtigen Dingen widmen können. Durch Vereinfachen kann unser Arbeitsgedächtnis bessere Ergebnisse liefern, uns glücklicher, produktiver und effizienter machen. Diese Übungen dienen dazu, den geistigen Schrott zu beseitigen, der unser Arbeitsgedächtnis nur allzu oft zumüllt.

Machen Sie sich das Leben einfacher –
in Familie, Arbeit oder Schule

Die folgende Übung lässt sich auf jeden Lebensbereich anwenden.

- Notieren Sie alle täglichen Aktivitäten, die Ihr Arbeitsgedächtnis beanspruchen. Halten Sie sich vor Augen, dass das Arbeitsgedächtnis die bewusste Verarbeitung von Information leistet. Wenn Sie also über etwas nachdenken, sich an etwas erinnern oder damit arbeiten, sollte es auf diese Liste kommen. Machen Sie sich darauf gefasst, dass sie sehr lang werden könnte.

- Bringen Sie die Liste in eine Rangfolge vom Wichtigsten zum Unwichtigsten. Trennen Sie so viele der unwichtigsten Aktivitäten ab, wie Sie nur können, und unterlassen Sie sie eine ganze Woche lang. Beurteilen Sie am Ende der Woche die Klarheit Ihres Denkens, Ihr Gedächtnis, Ihre Produktivität, Ihre Stimmungslage und das Ausmaß Ihrer Frustration. Wenn Sie Verbesserungen durch die Streichung dieser Aufgaben sehen, dann sollten Sie in Erwägung ziehen, sie auf Dauer von Ihrer Liste zu entfernen. Sie könnten sie auch auf einmal pro Woche oder pro Monat einschränken, damit sie Sie nicht tagtäglich ablenken.

- Werfen Sie noch ein paar Dinge von der Liste und wiederholen Sie das.

Im familiären Umfeld können Sie diese wertvolle Lektion an Ihre Kinder weitergeben. Tragen Sie ihnen auf, eine To-do-Liste niederzuschreiben und sie nach Wichtigkeit zu ordnen. Am Arbeitsplatz können Arbeitgeber und Chefs die Produktivität ankurbeln, wenn sie den Mitarbeitern klipp und klar sagen, welche Projekte Vorrang haben, und sie dazu anhalten, den Großteil ihrer Zeit den wichtigsten Aufgaben zu widmen. In der Schule können die Lehrkräfte das weglassen, was keinen substantiellen Beitrag zu besserem Lernen und besseren Noten leistet.

Machen Sie eine Pause: feste Auszeiten nehmen

Für Erwachsene: Blackberrrys und andere mobile E-Mail-Geräte helfen Ihnen, Kontakt zu halten, doch sie können auch an Ihrem Arbeitsgedächtnis und Ihrer Arbeitsproduktivität zehren, wenn sie ständig an sind. Ab und zu nicht erreichbar zu sein kann Ihrem Arbeitsgedächtnis eine dringend nötige Pause verschaffen. Einige Grundregeln:

- Schalten Sie mindestens einmal in der Woche abends das Telefon aus und sehen Sie zu, dass Sie das noch öfter schaffen.
- Geben Sie im vorhinein bekannt, dass Sie nicht erreichbar sein werden.
- Wenn das Telefon aus ist, machen Sie etwas, das nichts mit Ihrer Arbeit zu tun hat. Schauen Sie nicht auf einen Bildschirm. Machen Sie Sport oder unternehmen Sie etwas mit der Familie.

Für Kinder: Das Leben von Kindern kann durch so viele verschiedene geregelte Aktivitäten verplant sein, dass gar keine Möglichkeit zur Langeweile aufkommt. Langeweile kann Kindern aber gut tun, weil es sie dazu anspornt, ihr Arbeitsgedächtnis zu benutzen, um die Erlebnisleere mit selbst erfundenen Unterhaltungen zu füllen. Geben Sie Kindern mindestens einmal pro Woche eine Pause von all den vorgeplanten Dingen und freie Zeit zum Spielen. Hier ist der Hinweis wichtig, dass Fernsehen als passive Beschäftigung nicht dazu gehören sollte.

- Geben Sie ihnen Stifte und Papier ohne Vorgaben und warten Sie ab, was ihnen einfällt.
- Schicken Sie sie mit einem Wasserschlauch und einer Schaufel in den Garten.
- Lassen Sie sie die Verkleidungskiste plündern.
- Gehen Sie mit Ihnen auf den Spielplatz und halten Sie sich zurück. Wenn sie alt genug sind, überlassen Sie es ihrem eigenen Urteil, welche Risiken sie eingehen. Sie können immer noch eingreifen, wenn Sie es für nötig halten. In Kletterhallen können Kinder bestens lernen, sich in einer sicheren Umgebung mit ihrer Angst auseinander zu setzen.

Setzen Sie sich einfache Ziele und fangen Sie dann am Ende an
Komplexität ist der Erzfeind jeder Leistung. Je komplexer Ihre Ziele, desto unklarer sind sie und desto schwieriger ist es für Ihr Arbeitsgedächtnis, Ihnen bei der Realisierung zu helfen. Hier zeigen wir Ihnen, wie Sie das Gewünschte anvisieren, sowie einen cleveren Weg, es zu erreichen.

- Fassen Sie Ihr Ziel in wenigen Worten zusammen, etwa *Leiter des Verkaufs* oder *Android App*.
- Wenn Sie Ihr Endziel bestimmt haben, dann arbeiten Sie sich vom Ende zum Anfang vor, um herauszufinden, was Sie tun müssen, um dorthin zu gelangen. Wenn Sie eine Android App publizieren wollen, dann schreiben Sie das in die oberste Zeile und darunter alle nötigen Schritte, die davor liegen, bis Sie zum Anfangspunkt kommen. Beispielsweise:

Ziel: Android App
↓
Überprüfe App
↓
Stelle Programmierer ein
↓
Entwickle App-Idee

Dieses Verfahren mag simpel erscheinen, doch genau das ist der Punkt. Durch das Vereinfachen der Schritte und das Aufschreiben verwandelt es sich von: »Oh, das wäre eine tolle Idee, aber sie wird nie Wirklichkeit werden« in: »Ich schaffe das«. Wenn Sie Ihre Ideen verwirklichen, geben Sie Ihrem Arbeitsgedächtnis etwas Konkretes, mit dem es arbeiten kann.

Diese Strategie kann auf jeder Ebene der Firmenhierarchie wirksam sein – sie kann dem Praktikanten in der Poststelle helfen, die Postverteilung zu rationalisieren und zugleich die Kosten für den Postversand zu senken, und dem Geschäftsführer, die finanziellen Ziele des Unternehmens zu erreichen.

Auch Lehrkräfte können diese Strategie anwenden. Beispielsweise:

Ziel: Dreierschüler bekommen Zweien
↓
Testmaterial mit Klasse überprüfen
↓
Schwergewicht auf Testthemen legen
↓
Arbeitsgedächtnisprinzipien einbauen

Machen Sie das Klassenzimmer einfacher

Ein Klassenzimmer stellt eine schwierige Lernumgebung dar. Kinder schwätzen, Stifte fallen zu Boden, der Stoff wird zu schnell oder auch zu langsam durchgenommen. Und dann gibt es da noch all das ablenkende Zeug an den Wänden: das Alphabet, Formeln, Karten und Dekoration. Infolgedessen muss das Arbeitsgedächtnis eines Schülers zunächst einmal viele Dinge ausblenden, bevor es sich überhaupt mit dem Stoff befassen kann. Es folgen einige Schritte, um die Prinzipien des kognitiven Designs in den Unterricht einzubauen:

- *Reduzieren Sie das Material.* Fragen Sie sich, was der Dekoration dient und was die Klasse zum Lernen braucht. Unnötiges erschwert es Ihnen, sich die Aufmerksamkeit der Kinder zu sichern. Manche Lehrer möchten vielleicht alles abnehmen und nur eine kahle Wand haben, andere behalten vielleicht einiges, das sich in ihren Unterrichtsstil einfügt.

- *Halten Sie sich an feste Abläufe.* Wenn Sie Ihren Stoff »durchmixen« und zu verschiedenen Zeitpunkten durchnehmen, belasten Sie das Arbeitsgedächtnis Ihrer Schüler. Sollen diese aber ihre ganze Arbeitsgedächtnisbandbreite einer Lektion widmen, dann sollten sie beim Thema bleiben und wissen können, was als Nächstes kommt. Das stellen Sie sicher durch immer gleiche Abläufe. Beispielsweise gibt eine Grundschullehrerin, die den ganzen Tag lang dieselbe Klasse unterrichtet, vielleicht regelmäßig Rechnen in der ersten Stunde, Erdkunde in der zweiten und Lesen in der dritten. Ein Fachlehrer kann einem analogen Plan folgen: den gestrigen Stoff besprechen, dann abfragen, dann neuen Stoff einführen und schließlich mit Übungsaufgaben die richtige Methode pauken.

- *Sorgen Sie für Ordnung.* Die Schüler sollten nicht nach dem benötigten Material suchen müssen, und Sie sollten dafür sorgen, dass sie alles an seinen Platz zurücklegen. Verwenden Sie dazu ein Farbcodiersystem; kleben Sie beispielsweise einen gelben Punkt auf ein Buch und einen gelben Streifen auf das Regal, auf dem die Bücher mit gelbem Punkt stehen. Bücher mit einem roten Punkt gehören auf das Regal mit dem roten Streifen. Benutzen Sie dieses Farbcodiersystem auch für Spielzeug, Zeichenmaterial und anderes mehr.

Beschränken Sie sich beim Sport auf das Wesentliche

Sportlicher Erfolg beruht letztlich darauf, schneller als der Gegner zu reagieren und zu agieren. Dazu müssen Sie zuweilen Ihr Arbeitsgedächtnis abschalten, damit Ihr motorischer Cortex und Ihr Kleinhirn blitzschnell auf die Situation reagieren können. Wenn Sie Ihr Arbeitsgedächtnis mitmischen lassen, laufen Sie Gefahr, alles komplizierter zu machen und langsamer zu werden.

- *Füllen Sie Ihr Kleinhirn mit den richtigen Bewegungen.* Wenn Sie auf dem Tennisplatz glänzen wollen, müssen Sie die entsprechenden Schläge lernen und üben, üben, üben. Wenn Ihnen diese Bewegungen in Fleisch und Blut übergegangen sind, dann heißt das, dass Sie zur Ausführung nicht mehr Ihr Arbeitsgedächtnis benutzen.

- *Suchen Sie sich einen Trainer, suchen Sie sich den richtigen Trainer.* Suchen Sie nach einem Trainer, der zu Ihren Zielen passt. Möchten Sie so gut Tennis spielen wie Ihr sportlicher Onkel Robert, dann lassen Sie sich von diesem zeigen, wie man eine Rückhand spielt. Möchten Sie so gut Tennis spielen wie Roger Federer, müssen Sie auf der Trainerleiter schon ziemlich hoch gehen. Robert ist prima, um das Kleinhirn des Sonntagssportlers mit »leidlich guten« Bewegungen zu füllen, doch ein professioneller Trainer ist besser, wenn in Ihr Cerebellum nur Spitzentechnik kommen soll.

- *Nehmen Sie Einzelunterricht.* Einzelstunden sind am besten, weil dann jemand unmittelbar Kritik an Ihrer Form üben kann. In Gruppenstunden kann Ihnen der Trainer nur ein paar Augenblicke Aufmerksamkeit widmen.

- *Konzentrieren Sie sich auf das Gefühl.* Nehmen Sie das Arbeitsgedächtnis aus dem Lernprozess heraus und spüren Sie eher als dass Sie denken. Falls Sie der Trainer sind, dann trainieren Sie Ihre Sportler mit möglichst wenigen gesprochenen Anweisungen. Präzise Worte kommen präzisem Handeln in die Quere. Wenn Sie weniger reden und zuhören, können Sie die C-MC-Schleife aktivieren.

- *Machen Sie sich müde.* Wenn Sie zu müde zum Denken sind, lässt Ihr Gehirn das Arbeitsgedächtnis links liegen und greift auf die C-MC-Schleife zurück, wenn es neue Bewegungen lernt. Beim nächsten Training werden Sie merken, dass die neuen Bewegungen sich in Ihr Muskelgedächtnis eingebrannt haben.

Funktionsverbessernde Übungen

Die Funktion des Arbeitsgedächtnisses besteht darin, aktiv mit Information umzugehen. Die folgenden Übungen sollen Ihre Fähigkeit stärken, Ihren Arbeitsgedächtnis-Dirigenten präzise und effizient einzusetzen, damit Sie bewusst auf Information zugreifen (oder sie ignorieren) können, je nachdem, was die Situation erfordert.

Techniken, mit denen Sie sich mehr merken können, als Sie je zu träumen wagten

Zufallslisten auswendig lernen. Wenn Sie sich mehrere Informationen ohne Bezug zueinander merken müssen, etwa Bestell- oder Telefonnummern, die Namen potentieller Kunden an einem Konferenztisch oder Daten, dann probieren Sie es mit der Loci-Methode. Sie funktioniert wie folgt:

- Nehmen wir an, Sie müssten sich die Zahlen 35, 0 und 91 in genau dieser Reihenfolge merken. Nutzen Sie Ihr Arbeitsgedächtnis, um die neue Information mit etwas zu verknüpfen, das Sie bereits kennen. Assoziieren Sie eine Zahl, etwa die 35, mit Ihrem 35-jährigen Freund Tom.
- Versetzen Sie Tom an einen Ort, den Sie gut kennen, etwa Ihren Lieblingspark.
- Weisen Sie ihm dort einen genau definierten Platz zu, etwa den Grill.

- Fügen Sie nun das nächste Informationselement hinzu, beispielsweise *Frodo* (er steht für die »0«, weil er den Ring trug, welcher der Zahl ähnelt) neben das Beachvolleyball-Feld.

- Nehmen Sie das letzte Informationselement hinzu, beispielsweise *Michael Schumacher* (er steht für die 91, weil Sie gelesen haben, dass er 91 Grand-Prix-Siege errungen hat).

- Machen Sie eine Geschichte daraus: Tom hat die Steaks verkohlen lassen und warf sie über das Volleyballnetz zu Frodo, der sie gerade essen wollte, als Michael sie verschlang. Das überträgt sich in: 35, 0 und 91.

- Wenn Sie den Bogen raus haben, werden Sie sich noch viel mehr aneinandergereihte Informationen merken können. Üben Sie zu Hause, dann werden Sie immer schneller.

Sich Namen einprägen. Wenn Sie sich die Namen von Leuten merken müssen, die Sie in der Kaffeepause einer Konferenz kennenlernen, wo alle durcheinanderlaufen, ist die Loci-Methode nicht mehr so nützlich. In solchen Situationen ist alles eher im Fluss, und man vergisst sehr leicht den Namen einer Person, die sich gerade vorgestellt hat. Sorgen Sie dafür, dass die Leute Ihnen im Gedächtnis bleiben, indem Sie sie mit einem Ihnen vertrauten Wort oder Bild verknüpfen. Wenn Sie sich besser an Gesehenes als an Gehörtes erinnern, dann konzentrieren Sie sich auf die visuellen Elemente der betreffenden Person und verbinden Sie sie mit etwas Visuellem, etwa einer Farbe. Fährt Bob beispielsweise ein blaues Auto, machen Sie ihn also zum »blauen Bob«. Wenn Sie sich Gehörtes besser merken können als Gesehenes, dann verknüpfen Sie Information aus dem Gespräch, etwa die Herkunft einer Person, mit ihrem Namen. In diesem Fall merken Sie sich Bob, der aus Kalifornien kommt, als »Kalifornien-Bob«.

Schnelles Multiplizieren

Die Multiplikation im Kopf ist eine große Belastung für Ihr Arbeitsgedächtnis, weil Sie sich dabei eine Reihe von Variablen gleichzeitig geistig präsent halten müssen. Eine gute Kopfrechenmethode ist, die Zahlen in der Waagrechten von links nach rechts zu multiplizieren und die Zwischenergebnisse zu addieren.

39 x 7 wird so gelöst:

- 30 x 7 = 210
- 9 x 7 = 63
- 210 + 63 = 273

25 x 13 wird so gelöst:

- 20 x 10 = 200
- 20 x 3 = 60
- 200 + 60 = 260
- 5 x 10 = 50
- 260 + 50 = 310
- 5 x 3 = 15
- 310 + 15 = 325

Machen Sie sich durch Multiplikation von zwei- mit einstelligen Zahlen mit der Technik vertraut, etwa 69 x 8, 55 x 4 und 28 x 8. Gehen Sie dann zu der schwierigeren Aufgabe der Multiplikation zweier zweistelliger Zahlen über wie 34 x 18, 47 x 19 und 28 x 33.

Warum Sie wirklich mehr lesen sollten als nur die SMS auf Ihrem Handy

Vielleicht die angenehmste Art und Weise, mit Information umzugehen und zugleich Ihr Arbeitsgedächtnis zu trainieren, ist Lesen. Zum Lesen benötigen Sie Ihr Arbeitsgedächtnis, weil Sie sich dabei nicht nur an die vorangegangene Information erinnern und die kommende voraussahnen, sondern auch Wörter und Sätze sowie neue Wörter deuten müssen. Wenn Sie Lesen als Arbeitsgedächtnistraining nutzen möchten, sollten Sie sich dabei fordern. Im Zeitalter von SMS und Twitter haben wir uns an immer kürzere Sätze mit immer einfacherem Inhalt gewöhnt. Je knapper und simpler, desto leichter fällt Ihrem Arbeitsgedächtnis deren Verarbeitung. Möchten Sie aber Ihr Arbeitsgedächtnis so richtig ins Schwitzen bringen, müssen Sie ihm schwierigere Lektüre zumuten.

Für Erwachsene
Machen Sie es sich mit einem guten Buch bequem, vorzugsweise einem Werk, das für Sie schwieriger zu lesen ist als Ihre übliche Kost. Die Weltliteratur ist voller Wälzer, die sich bestens dazu eignen, Ihr Arbeitsgedächtnis auf Trab zu bringen. Es scheint, als würden die Sätze, je weiter Sie zeitlich zurückgehen – ins 20., 19. und 18. Jahrhundert und noch früher –, umso länger und verschachtelter. Nehmen Sie einen Band von Jane Austen, Thomas Mann, Marcel Proust zur Hand und wagen Sie sich an große Dichter wie Shakespeare, Goethe oder Dante. Diese Schriftsteller werden Ihren Horizont erweitern, denn ihre Art zu schreiben ist für uns heute ungewohnt, und Sie müssen Ihr Arbeitsgedächtnis einspannen, um sie zu verstehen.

Für jüngere Kinder (zwei bis fünf Jahre)
Lesen Sie ihnen laut vor und fordern Sie sie mit neuen Geschichten. Halten Sie sich vor Augen, dass die Kinder, je abgedroschener die Geschichte ist, beim Zuhören desto eher ihr Langzeit- als ihr Arbeitsgedächtnis nutzen. Lassen Sie sie im Ungewissen – zum Nutzen ihres Arbeitsgedächtnisses. Wenn Sie Kindern von klein auf vorlesen, werden Sie staunen, was sie alles begreifen. Gehen Sie wie folgt vor, um sicherzustellen, dass die Kleinen ihr Arbeitsgedächtnis aktivieren:

- Zwei- bis Dreijährige: Fragen Sie sie nach *Fakten* aus der Geschichte. So müssen sie mit Hilfe ihres Arbeitsgedächtnisses prüfen, was sie noch von der Geschichte wissen. Beispielsweise: »Welche Farbe hat das neugierige Kätzchen?«
- Vierjährige: Fordern Sie sie auf, Vermutungen über die *Motive* der Figuren anzustellen. Beispielsweise: »Warum, glaubst du, ist das neugierige Kätzchen vor der mutigen Maus davongelaufen?«
- Fünfjährige: Fordern Sie sie auf, selbst Geschichten zu lesen, aber beachten sie, dass dies als solches eine derart belastende Arbeitsgedächtnisaufgabe sein kann, dass Sie, je nach den Voraussetzungen des Kindes, nicht mehr als ein oberflächliches Textverständnis erwarten dürfen.

Für ältere Kinder (sechs bis zehn Jahre)

Diese Kinder sollten täglich selbständig *leichte* Texte lesen. Was einem Zehnjährigen leicht fällt, ist für eine Sechsjährige wahrscheinlich schwierig, lassen Sie also Besonnenheit walten. Mit älteren Kindern sollten Eltern auch *schwierigeres* Material lesen, denn dann kommen den Kindern die Bücher, die sie alleine lesen, viel einfacher vor. Schließlich werden ihnen auch die schwierigeren Texte vertraut. Unser sechsjähriger Sohn liest derzeit alleine die Buchserie *Das magische Baumhaus* (jeden Abend zwei Seiten), und Ross liest regelmäßig *Der Herr der Ringe* mit ihm (zehn Seiten täglich). Auch wenn es manchmal nur holprig vorangehen mag, werden Sie merken, dass Ihre Kinder das schwierigere Material förmlich aufsaugen. Einer der ermutigendsten Aspekte an dem Phänomen Harry Potter besteht darin, dass J.K. Rowling es gewagt hat, es ihrer Leserschaft schwer zu machen. Kinder, ja, Kinder widersetzten sich dem Trend der Erwachsenen zur Verkürzung und Vereinfachung und ihr Arbeitsgedächtnis stürzt sich begeistert auf einen komplizierten, anspruchsvollen Lesestoff. Das spricht dafür, dass kürzer und simpler keine Einbahnstraße sein muss.

Kochen ohne Nachschlagen

Kochen ist eine tolle Möglichkeit, Ihr Arbeitsgedächtnis im Umgang mit Information zu üben. Außerdem können Sie die Ergebnisse essen! Als Erwachsener sollten Sie zuerst das Rezept durchlesen und es dann nachzukochen versuchen, ohne nochmals hineinzuschauen. Bei Fleischgerichten funktioniert das prima. Beim Backen kann man die Ansprüche noch höher schrauben. Für Kinder suchen Sie einfache Rezepte mit möglichst wenigen Zubereitungsschritten heraus. Kochen ohne ins Rezept zu schauen zwingt Sie dazu, sowohl die Zutaten als auch die Zubereitungsschritte im Kopf zu behalten und sie zugleich auszuführen. Das ist Multitasking mit Geschmack!

Nehmen Sie Verbindung zu Ihrem Gefühlen auf

Das, worauf Sie Ihre Aufmerksamkeit richten, beeinflusst, wie Sie sich fühlen. Wenn Ihr Denken um Negatives kreist, macht Sie das zu einem negativen Menschen. Konzentrieren Sie sich auf Positives, macht Sie das zu einem positiven Menschen. Klingt ganz einfach, nicht wahr? Das Knifflige daran ist, *wie* man sich auf das Positive einstimmt. An diesem Punkt kommt das Arbeitsgedächtnis ins Spiel. Im ersten Schritt müssen Sie Ihrem Arbeitsgedächtnis beibringen, bewusste Urteile zu fällen: Was ist positiv, was negativ und was neutral?

1. Bitten Sie eine/n Freund/in, Ihnen die folgende Wortliste vorzulesen. **Schauen Sie nicht selbst in die Liste!**
2. Achten Sie auf sich wiederholende Wörter. Hören Sie ein wiederholtes Wort, das zwei Wörter zuvor vorkam, schnipsen Sie mit dem Finger und sagen Sie Ihrer/m Freund/in, ob es positiv, negativ oder neutral ist (Lösungen fett gedruckt). Wenn Sie das gemacht haben, versuchen Sie es mit Wörtern, die drei Wörter zuvor vorkamen.

2 Wörter	3 Wörter
Computer	Blume
zuversichtlich	Vergnügen
glücklich	klug
zuversichtlich	**Blume**
glücklich	schuldig
verängstigt	Schere
Qual	gezwungen
verängstigt	gezwungen
Qual	klug
Kamera	trostlos
inspirieren	wütend
umarmen	**klug**
inspirieren	**trostlos**
Freude	Schmerz
Rasenmäher	zuversichtlich
sicher	Fliese
Rasenmäher	schuldig
inspirieren	**zuversichtlich**
inspirieren	**Fliese**

Nun da Ihr Arbeitsgedächtnis den emotionalen Einfluss von Wörtern bewusst beurteilt, können Sie es daran gewöhnen, die negativen auszublenden und sich auf die positiven zu konzentrieren. Verbinden Sie in dieser Übung die positiven Wörter durch eine Linie und vermeiden Sie es sorgfältig, die negativen oder neutralen Wörter zu berühren. Fällt Ihnen diese Übung schwer, dann trinken Sie ein, zwei Tassen Kaffee oder Tee und schauen Sie, ob es Ihnen nun leichter fällt, Ihr Augenmerk auf das Positive zu richten, denn die Forschung hat gezeigt, dass Koffein die Schnelligkeit und Genauigkeit verbessert, mit der man positive Wörter erkennt.

Unterstützen Sie das Arbeitsgedächtnis in jedem Alter

Ihr Arbeitsgedächtnis ist ein wunderbares Werkzeug, doch wie jedes Werkzeug benötigt es Pflege. Wenn Sie ein Messer nicht schärfen, dürfen Sie sich nicht beschweren, dass es nicht schneidet. Genau wie ein Messer erfordert Ihr Arbeitsgedächtnis Pflege, um in Topform zu bleiben. Mit den folgenden Übungen geben wir Tipps, wie Sie Ihrem Arbeitsgedächtnis – oder dem Ihres Kindes oder Ihrer Schüler – die Liebe und Zuneigung angedeihen lassen, die es braucht.

Schätzen Sie Ihr Publikum ein

Wenn Sie Schülern oder Kindern Anweisungen geben, dann bitte nicht mehr, als deren Arbeitsgedächtnis bewältigen kann. Wenn Sie wissen, wie viele Anweisungen auf einmal die verschiedenen Altersgruppen im Kopf behalten können, erhöhen Sie damit die Wahrscheinlichkeit, dass Ihre Anweisungen erfolgreich ausgeführt werden. Die folgende Tabelle zeigt, was Sie altersentsprechend erwarten dürfen.

Alter	Arbeitsgedächtnis und Anweisungen
5 bis 6	2 Anweisungen
7 bis 9	3 Anweisungen
10 bis 12	4 Anweisungen
13 bis 15	5 Anweisungen
16 bis 30-er	6 Anweisungen
40-er	5 Anweisungen
50-er	4 Anweisungen
60-er bis 70-er	3 Anweisungen

Schalten Sie aus!

Eine der wichtigsten Maßnahmen, mit denen Sie das Arbeitsgedächtnis Ihres Kindes unterstützen können, ist den Fernseher auszuschalten. Die Forschung zeigt, dass Kinder, je mehr sie fernsehen, ein umso größeres Risiko für Aufmerksamkeitsprobleme haben, und diese weisen auf eine abnorme Entwicklung des Arbeitsgedächtnisses hin. Wie Sie das machen sollen? Seien Sie ganz offen und erklären Sie, dass Fernsehen die Konzentrationsfähigkeit schwächt und dadurch auch andere Bereiche ihres Lebens negativ beeinflussen kann. Fernsehen sollte ein seltenes Vergnügen sein.

Schlafen Sie sich schlauer

Wenn Sie mit Schlaf knausern, wird Ihr Arbeitsgedächtnis so schlapp wie Sie. Überdies muss es in erschöpftem Zustand doppelte Arbeit leisten, weil es in die Bresche springen muss, wenn andere Bereiche Ihres Gehirns zu erledigt sind, um die geforderte Leistung zu bringen. Wir wiederholen hier nochmals die nützliche Liste der Schlafstunden, die Sie bekommen sollten.

Wie viel Schlaf brauchen Sie?

Alter	Stunden
Kleinkinder (1 bis 3 Jahre)	12 bis 14 Stunden
Vorschulkinder (3 bis 5 Jahre)	11 bis 13 Stunden
Kinder (5 bis 12 Jahre)	10 bis 11 Stunden
Jugendliche	8,5 bis 9,25 Stunden
Erwachsene	7 bis 9 Stunden

Laufen Sie für Ihr Arbeitsgedächtnis

Es ist wissenschaftlich erwiesen, dass Laufen auch Ihren PFC trainiert. Teilweise liegt das daran, dass Laufen zu einer stärkeren Durchblutung des PFC führt. Wir fanden ermutigende Hinweise, dass im Hinblick auf das Arbeitsgedächtnis Barfußlaufen eine der nützlichsten Formen des Laufens sein könnte. Doch ob Sie nun die Schuhe schnüren oder barfuß losziehen, wenn Sie regelmäßig laufen, kann das Ihr Arbeitsgedächtnis stärken. Holen

Sie nur ärztlichen Rat ein, bevor Sie mit regelmäßiger sportlicher Betätigung beginnen.

Lernen Sie English, Français oder Español

Eine neue Sprache zu lernen ist arbeitsgedächtnisintensiv. Sie müssen Ihr Arbeitsgedächtnis nutzen, um eine Unmenge neuer Wörter, Laute und Bedeutungen in Ihr Langzeitgedächtnis zu übertragen und sich dann mit deren korrektem Gebrauch vertraut zu machen. Das funktioniert am besten bei neuen Sprachen. Wenn Sie bereits zwei Sprachen sprechen, werden Sie *dreisprachig*.

Schicken Sie Ihre Gedanken an die Rente in Rente

Arbeit eignet sich wunderbar dafür, Ihr Arbeitsgedächtnis in Form zu halten. Wenn sich das Tempo des Lebens verlangsamt und Sie sich nicht mehr an die Anforderungen am Arbeitsplatz anpassen müssen, wird Ihr Arbeitsgedächtnis nicht mehr so beansprucht wie früher, und was zu lange brachliegt, kommt nur schwer wieder in Gang, wenn Sie es dann brauchen. Der Ruhestand kann Ihren kognitiven Fähigkeiten schaden.

Nähren Sie Ihren Verstand

Wie Sie essen, so denken Sie. Wenn Sie sich von Schrott ernähren, wird Ihr Arbeitsgedächtnis auch wie Schrott funktionieren. Eine der besten Maßnahmen zur Unterstützung Ihres Arbeitsgedächtnisses ist, den regelmäßigen Verzehr von Junk Food mit hohem Gehalt an Transfettsäuren zu vermeiden. Ab und zu ein Hotdog und eine Tüte Chips sind nicht so schlimm wie tägliches Futtern – das zieht Ihr Arbeitsgedächtnis wirklich runter. Es folgt eine kurze Liste von Nahrungsmitteln und Getränken, die gut für das Arbeitsgedächtnis sind und in Ihrem Speiseplan nicht fehlen sollten:

Omega-3-Fettsäuren
mageres rotes Fleisch
fette Fischsorten
buntes Gemüse
Beeren
Milch
Rotwein
Beerenweine
grüner Tee, schwarzer Tee

Nehmen Sie leichte Mahlzeiten zu sich

Vieles deutet darauf hin, dass eine kalorienreduzierte Ernährung eine gute Methode zur Stärkung des Arbeitsgedächtnisses darstellt. Zeitweises Fasten kann ebenfalls kognitive Vorteile bringen. Wenn Sie das ausprobieren möchten, holen Sie zuerst ärztlichen Rat ein.

Soforthilfe für das Arbeitsgedächtnis

Rosmarin- und Pfefferminzduft haben stärkende Eigenschaften für das Denkvermögen. Sie sollten immer ein Fläschchen dieser ätherischen Öle zur Hand haben, und wenn Sie eine sofortige Auffrischung brauchen, geben Sie einige Tropfen auf ein Tuch und legen Sie es bei der Arbeit neben sich. Wenden Sie das Öl *nicht* direkt auf der Haut an, da reine ätherische Öle sehr potent sind und unangenehme Beschwerden hervorrufen können.

Dank

Zu tiefem Dank verpflichtet sind wir Familie, Freunden und Kollegen, die uns in unendlich vielen Weisen, direkt und indirekt, unterstützt haben. Unsere Eltern David und Karmen Packiam und Ross und Beverly Alloway lehrten uns zu lieben und zu lernen, und sie brachten uns bei, dass man nie zu viele Fragen stellen kann. Durch gemeinsames Entdecken, Lachen und Kämpfen um das letzte M&M in der Schale waren unsere Geschwister (Heather, Lark, Ian, Glenn) der Wetzstahl, auf dem wir geschärft wurden. Ohne sie wären wir nicht die, die wir sind. Glenn war stets bereit, uns für das Buch sein erfahrenes Ohr zu leihen und uns willkommene Ratschläge zu erteilen.

Unsere Freunde und Kollegen waren während des ganzen Entstehungsprozesses überaus hilfreich. Verena und Thomas Ahnert boten Tracy eine Bleibe, als wir einen internationalen Umzug bewältigten und gleichzeitig an dem Buch schrieben. Myron Penner und Kyle Russell diskutierten stundenlang die philosophischen Implikationen von Arbeitsgedächtnis und Bewusstsein. Peter wusste es immer besser. Cédric Minel – der beste Käsehändler/Makronenzauberer in Edinburgh – brachte uns dazu, über den Zusammenhang zwischen gutem Essen und gutem Arbeitsgedächtnis nachzudenken. Zu denjenigen, deren scharfer Verstand dazu beitrug, unsere Fragen auszuarbeiten und unsere Antworten in Frage zu stellen, gehörten Gwyneth Doherty-Sneddon, Nancy Anderson, Robert Logie, Sue Gathercole, Julian Elliott, Bill Bell, Peter Garside, Jonathan Wild und Eyal Poleg. Dankbar sind wir auch Bill, Mark und Wayne, Luke und Josh, Vaughn und Paul.

Das Team von Foundry Literary + Media hat Großartiges geleistet, um dieses Buch herauszubringen. Die Wissenschaft vom Arbeitsgedächtnis würde in den Regalen wissenschaftlicher Bibliotheken versauern, wären sie nicht gewesen. Mollie Glicks Vision von unserem Buch war atemberaubend und anregend, und sie unterstützte uns in jedem Stadium. Stéphanie Abou brachte dieses Buch einer internationalen Leserschaft nahe und Kathleen Hamblin war immer eine freundliche und hilfreiche Stimme am anderen Ende der Telefonleitung. Besonders danken möchten wir Frances Sharpe und Rachel Lehman-Haupt, die Material zusammentrugen und uns dazu drängten, über unseren Wohlfühlbereich hinauszugehen.

Emily Loose und Karyn Marcus, unsere Lektorinnen bei Simon & Schuster, begleiteten dieses Buch von Anfang bis Ende. Emily ist eine wahre Cheerleaderin. Ihre Begeisterung für dieses Buch kam in jedem Gespräch durch und ihr Händchen für das Glätten holpriger Stellen war unvergleichlich. Karyn war eine wunderbare Stütze und beantwortete unsere zahlreichen Fragen stets umgehend. Dieses Buch wurde besser durch ihren beträchtlichen verlegerischen Weitblick.

Von den Wissenschaftlern und Autoren, deren kommerziell erfolgreiche Werke uns gezeigt haben, wie man Leser jenseits des Elfenbeinturms erreicht, möchten wir nennen: Daniel Amen, Louann Brizendine, Dale Carnegie, Stephen R. Covey, Norman Doidge, Charles Duhigg, Timothy Ferriss, Daniel Gilbert, Malcolm Gladwell, Daniel Goleman, Chip und Dan Heath, Steven D. Levitt und Stephen J. Dubner, Christopher McDougall, John Medina, Steven Pinker, Gretchen Rubin, Oliver Sacks, William Sears, Daniel T. Willingham. Danke für tolle Bücher und tolle Prosa. Einen besonderen Hochruf möchten wir auf die Arbeitsgedächtnismeister ausbringen: Rodney Mullen, Alex Honnold, Susan Polgar, Feross Aboukhadijeh und Dominic O'Brien. Ihre Bereitschaft, mit uns über sich zu sprechen, zeigte die menschlichen Gesichter hinter der Wissenschaft.

Viel schulden wir den Pionieren, die maßgeblich zur Entdeckung des Arbeitsgedächtnisses beigetragen haben, einschließlich dem Eisenbahnvorarbeiter Phineas Gage im 19. Jahrhundert. Er überlebte einen Unfall, bei dem eine Eisenstange durch seinen Schädel getrieben wurde, und lehrte uns damit, dass bei einer Schädigung des frontalen Cortex auch unser Arbeitsgedächtnis zerstört wird. Der 1920 gestorbene Hirnforscher David Ferrier (der an unserer Alma Mater, der University of Edinburgh, promovierte) zeigte, dass Experimente mit elektrischem Strom an Affenhirnen mehr als erwartet über unser Denk- und Handlungsvermögen verraten konnten. Alan Baddeley und Graham Hitch führten in der zweiten Hälfte des 20. Jahrhunderts ein einflussreiches Arbeitsgedächtnismodell ein. Die zahlreichen Wissenschaftler, deren Arbeiten dieses Buch füllen, fehlen bei diesem Dank nur aus Platzgründen. Wir danken ihnen für ihre faszinierenden Erkenntnisse und ihre harte Arbeit.

Unseren tief empfundenen Dank möchten wir auch den Tausenden Menschen aussprechen, die durch ihre Teilnahme an Arbeitsgedächtnisexperimenten die Grenzen des wissenschaftlichen Wissens erweitert haben. Wenn sie nicht Zeit und Mühe aufgebracht hätten, wären die Hypothesen, die dem Arbeitsgedächtnis Gestalt geben, ungeprüft und unbewiesen geblieben.

Schließlich möchten wir noch jenen Hirnregionen Anerkennung zollen, die dieses Buch geformt haben. Amygdala, du standest immer parat, um uns mit der Angst vor versäumten Terminen zu motivieren. Hippocampus, du hast einen endlosen Strom von Geschichten, Erfahrungen und bedeutsamen Augenblicken geliefert, an dem wir uns schamlos bedient haben. Broca- und Wernicke-Areal, ohne eure Wörter, Grammatik und Redewendungen wären die Seiten leer; bitte bringt uns nicht mit Schreibfehlern oder syntaktischen Schwerfälligkeiten in Verlegenheit. Präfrontaler Cortex und das von dir bereitgestellte Arbeitsgedächtnis, nun, ihr beide seid die Stars der Show, deswegen sagen wir einfach nur »dankeschön«.

Bibliographie

1 Willkommen im Reich des Arbeitsgedächtnisses

Alloway, T. P. 2007. *Automated Working Memory Assessment*. London: Pearson Assessment (15 translations).

Alloway, T. P. 2012. *Alloway Working Memory Assessment-II*. London: Pearson Assessment (5 translations).

BBC Business news. »FTSE Collapse Remains a Mystery.« May 16, 2001. Last accessed November 7, 2012. http://news.bbc.co.uk/2/hi/business/1333405.stm.

Bindschaedler, C., Peter-Favre, C., Maeder, P., Hirsbrunner, T., Clarke, S. 2011. »Growing Up with Bilateral Hippocampal Atrophy: From Childhood to Teenage.« *Cortex* 47:931–44.

Cooper, J., et al. 2012. »Dorsomedial Prefrontal Cortex Mediates Rapid Evaluations Predicting the Outcome of Romantic Interactions.« *Journal of Neuroscience* 32:15647–15656.

D'Esposito, M. 2008. Working memory. *Handbook of clinical neurology*. Edited by P. J. Vinken and G. W. Bruyn. 88:237–47.

Jonides, J., et al. 1998. »The Role of Parietal Cortex in Verbal Working Memory.« *Journal of Neuroscience* 18:5026–5034.

Kadosh, R., et al. 2007. »Virtual Dyscalculia Induced by Parietal-Lobe TMS Impairs Automatic Magnitude Processing.« *Current Biology* 17:689–693.

Karremans, J., Verwijmeren, T., Pronk, T., Reitsma, M. 2009. »Interacting with Women Can Impair Men's Cognitive Functioning.« *Journal of Experimental Social Psychology* 45:1041–1044.

Kevles, D. 1968. »Testing the Army's Intelligence: Psychologists and the Military in World War I.« *The Journal of American History* 55: 565–581.

Luerding, R., Weigand, T., Bogdahn, U., Schmidt-Wilcke, T. 2008. »Working Memory Performance Is Correlated with Local Brain Morphology in the Medial Frontal and Anterior Cingulate Cortex in Fibromyalgia Patients: Structural Correlates of Pain–Cognition Interaction.« *Brain* 131:3222–3231.

McCurry, J. »Too Fat, Too Fast. The £1.6bn finger.« *Guardian*, December 8, 2005. Last accessed November 7, 2012. www.guardian.co.uk/business/2005/dec/09/japan.internationalnews.

McNab, F., Klingberg, T. 2008. »Prefrontal Cortex and Basal Ganglia Control Access to Working Memory.« *Nature Neuroscience* 11:103–107.

Roberts, N., et al. 2004. »The Impact of Orbital Prefrontal Cortex Damage on Emotional Activation to Unanticipated and Anticipated Acoustic Startle Stimuli.« *Cognitive, Affective, and Behavioral Neuroscience* 4:307–316.

2 Warum das Arbeitsgedächtnis wichtig ist für Erfolg

Craig's quote as reported in Dyson, F., Folger, T. 2010. *The Best American Science & Nature Writing*. New York: Mariner Books.

Acevedo, B., Aron, A., Fisher, H., Brown, L. 2012. »Neural Correlates of Focused Attention During a Brief Mindfulness Induction.« *Social Cognitive Affective Neuroscience* 7:145–159.

Ainslie, G. 1975. »Specious Reward: A Behavioral Theory of Impulsiveness and Impulse Control.« *Psychological Bulletin* 82:463–496.

Amieva, H., Stoykova, R., Matharan, F., et al. 2010. »What Aspects of Social Network Are Protective for Dementia? Not the Quantity but the Quality of Social Interactions Is Protective Up to 15 Years Later.« *Psychosomatic Medicine* 72:905–911.

Arnsten, A.F. 2009. »Stress Signalling Pathways that Impair Prefrontal Cortex Structure and Function.« *Nature Reviews Neuroscience* 10:410–422.

Aron, A., Fisher, H., Mashek, D., et al. 2005. »Reward, Motivation, and Emotion Systems Associated with Early-Stage Intense Romantic Love.« *Journal of Neurophysiology* 94: 327–337.

Bimonte-Nelson, H.A., Hunter, C.L., Nelson, M.E., Granholm, A.C. 2003. »Frontal Cortex BDNF Levels Correlate with Working Memory in an Animal Model of Down Syndrome.« *Behavioral Brain Research* 139:47–57.

Birnbaum, S.G., Yuan, P.X., Wang, M., Vijayraghavan, S., et al. 2004. »Protein Kinase C Overactivity Impairs Prefrontal Cortical Regulation of Working Memory.« *Science* 306:882–884.

Casey, B.J., et al. 2011. »Behavioral and Neural Correlates of Delay of Gratification 40 Years Later.« *Proceedings of the National Academy of Sciences of the USA* 108:14998–15003.

De Martino, B., Kumaran, D., Seymour, B., Dolan, R.J. 2006. »Frames Biases and Rational Decision-Making in the Human Brain.« *Science* 313:684–687.

Dror, I.E., Busemeyer, J.R., Basola, B. 1999. »Decision Making Under Time Pressure: An Independent Test of Sequential Sampling Models.« *Memory and Cognition* 27:713–725.

Fisher, H., Brown, L., Aron, A., Strong, G., Mashek, D. 2010. »Reward, Addiction, and Emotion Regulation Systems Associated with Rejection in Love.« *Journal of Neurophysiology* 104: 51–60.

Fuster, J.M. 2008. *The Prefrontal Cortex, 4th Edition*. London: Academic Press.

Higgins, E.T. 2006. »Value from Hedonic Experience and Engagement.« *Psychological Review* 113:439–460.

Hinson, J.M., Jameson, T.L., Whitney, P. 2003. »Impulsive Decision Making and Working Memory.« *Journal of Experimental Psychology: Learning Memory and Cognition* 29:298–306.

Jacobsen, T., Schubotz, R. I., Höfel, L., Cramon, D. Y. 2006. »Brain Correlates of Aesthetic Judgment of Beauty.« *NeuroImage* 29:276–285.

Kane, M. J., Brown, L. H., Little, J. C., Silvia, P. J., Myin-Germeys, I., Kwapil, T. R. 2007. »For Whom the Mind Wanders and When: An Experience-Sampling Study of Working Memory and Executive Control in Daily Life.« *Psychological Science* 18:614–621.

Karremans, J., Verwijmeren, T. 2008. »Mimicking Attractive Opposite-Sex Others: The Role of Romantic Relationship Status.« *Personality and Social Psychology Bulletin* 34:939–945.

Karremans, J., Verwijmeren, T., Pronk, T., Reitsma, M. 2009. »Interacting with Women Can Impair Men's Cognitive Functioning.« *Journal of Experimental Social Psychology* 45:1041–1044.

Liefooghe, B., Barrouillet, P., Vandierendonck, A., Camos, V. 2008. »Working Memory Costs of Task Switching.« *Journal of Experimental Psychology: Learning, Memory, & Cognition* 34: 478–494.

LoPresti, M. L., Schon, K., Tricarico, M. D., Swisher, J. D., Celone, K. A., Stern, C. E. 2008. »Working Memory for Social Cues Recruits Orbitofrontal Cortex and Amygdala: A Functional Magnetic Resonance Imaging Study of Delayed Matching to Sample for Emotional Expressions.« *Journal of Neuroscience* 28:3718–3728.

Mischel, W., Ebbesen, E. B. 1970. »Attention in Delay of Gratification.« *Journal of Personality and Social Psychology* 16:329–337.

Mischel, W., Ebbesen, E. B., Zeiss, A. R. 1972. »Cognitive and Attentional Mechanisms in Delay of Gratification.« *Journal of Personality and Social Psychology* 21:204–218.

Phillips, L. H., Channon, S., Tunstall, M., Hedenstrom, A., Lyons, K. 2008. »The Role of Working Memory in Decoding Emotions.« *Emotion* 8:184–191.

Porcelli, A., Delgado, M. 2009. »Acute Stress Modulates Risk Taking in Financial Decision Making.« *Psychological Science* 20:278–283.

Pronk, T. M., Karremans, J. C., Overbeek, G., Vermulst, A. A., Wigboldus, D. H. 2010. »What It Takes to Forgive: When and Why Executive Functioning Facilitates Forgiveness.« *Journal of Personality and Social Psychology* 981:119–131.

Rubia, K., Smith, A. 2004. »The Neural Correlates of Cognitive Time Management: A Review.« *Acta Neurobiologiae* 64:329–340.

Shoda, Y., Mischel, W., Peake, P. K. 1990. »Predicting Adolescent Cognitive and Social Competence from Preschool Delay of Gratification: Identifying Diagnostic Conditions.« *Developmental Psychology* 26:978–986.

Sprenger, A., Dougherty, M. R. 2006. »Differences Between Probability and Frequency Judgments: The Role of Individual Differences in Working Memory Capacity.« *Organizational Behavior and Human Decision Processes* 99:202–221.

Tversky, A., Kahneman, D. 1981. »The Framing of Decisions and the Psychology of Choice.« *Science* 211:453–458.

Watson, J. M., Strayer, D. L. 2010. Supertaskers: »Profiles in Extraordinary Multi-Tasking Ability.« *Psychonomic Bulletin & Review* 17:479–485.

Whitney, P., Rinehart, C. A., Hinson, J. M. 2008. »Framing Effects Under Cognitive Load: The Role of Working Memory in Risky Decisions.« *Psychonomic Bulletin & Review* 15:1179–1184.

Yehuda, R., Flory, J., Southwick, S., Charney, D. 2006. »Developing an Agenda for Translational Studies of Resilience and Vulnerability Following Trauma Exposure.« *Annals of the New York Academy of Sciences* 1071:379–396.

3 Verschüttet, aber unverzagt – wie das Arbeitsgedächtnis uns glücklicher macht

Alloway, T. P., Alloway, R. G., Horton, J. C. 2012. »Investigating the Link Between Working Memory and Optimism.« Manuscript under Review.

Brefczynski-Lewis, J. A., Lutz, A., Schaefer, H. S., Levinson, D. B., Davidson, R. 2007. »Neural Correlates of Attentional Expertise in Long-Term Meditation Practitioners.« *Proceedings of the National Academy of Sciences of the United States* 104:11483–11488.

Cools, R., Gibbs, S., Miyakawa, A., Jagust, W., D'Esposito, M. 2008. »Working Memory Capacity Predicts Dopamine Synthesis Capacity in the Human Striatum.« *Journal of Neuroscience* 28:1208–1212.

Davidson, K. W., Mostofsky, E., Whang, W. 2010. »Don't Worry, Be Happy: Positive Affect and Reduced 10-Year Incident Coronary Heart Disease: The Canadian Nova Scotia Health Survey.« *European Heart Journal* 319:1065–70.

Fitzgerald, T., Tennen, H., Affleck, G., Pransky, G. S. 1993. »The Relative Importance of Dispositional Optimism and Control Appraisals in Quality Of Life After Coronary Artery Bypass Surgery.« *Journal of Behavioral Medicine* 16:25–43.

Frankl, V. 2006. *Man's Search for Meaning*. Boston: Beacon Press.

Grandt, R., Mueller, H. W., Hautzel, H. 2009. »Serotonin Release Induced by Working Memory: An [18F] Altanserin PET Study.« *Journal of Nuclear Medicine* 50 (Supplement 2):1201.

Hester, R., Foxe, J., Molholm, S., Shpaner, M., Garavan, H. 2005. »Neural Mechanisms Involved in Error Processing: A Comparison of Errors Made with and without Awareness.« *NeuroImage* 273:602–608.

Hester, R., Garavan, H. 2005. »Working Memory and Executive Function: The Influence of Content and Load on the Control of Attention.« *Memory and Cognition* 33:221–233.

Jha, A. P., Stanley, E. A., Kiyonaga, A., Wong, L., Gelfand, L. 2010. »Examining the Protective Effects of Mindfulness Training on Working Memory Capacity and Affective Experience.« *Emotion* 10:54–64.

Joormann, J., Dkane, M., Gotlib, I. H. 2006. »Adaptive and Maladaptive Components Of Rumination? Diagnostic Specificity and Relation to Depressive Biases.« *Behaviour Therapy* 37:269–280.

Joormann, J., Gotlib, I. H. 2008. »Updating the Contents of Working Memory in Depression: Interference from Irrelevant Negative Material.« *Journal of Abnormal Psychology* 117:182–192.

Krishnan, V., Han, M. H., Graham, D. L., et al. 2007. »Molecular Adaptations Underlying Susceptibility and Resistance to Social Defeat in Brain Reward Regions.« *Cell* 131:391–404.

Kuchinke, L., Lux, V. 2012. »Caffeine Improves Left Hemisphere Processing of Positive Words.« *PLoS ONE* 7: e48487.

Levens, S., Gotlib, I. 2010. »Updating Positive and Negative Stimuli in Working Memory in Depression.« *Journal of Experimental Psychology: General* 139:654–664.

Levens, S., Muhtadie, L., Gotlib, I. 2009. »Impaired Resource Allocation and Rumination in Depression.« *Journal of Abnormal Psychology* 118:757–766.

Levens, S. M., Phelps, E. A. 2010. »Insula and Orbital Frontal Cortex Activity Underlying Emotion Interference Resolution in Working Memory.« *Journal of Cognitive Neuroscience* 22:2790–2803.

Levy, B. R., Slade, M. D., Kasl, S. V. 2002. »Longitudinal Benefit of Positive Self-Perceptions of Aging on Functioning Health.« *Journal of Gerontology: Psychological Sciences* 57: 409–417.

Mario Sepulveda to Caroline Graham. »The Amazing First Interview with One of the Trapped Chilean Miners.« *Daily Mail*, 17 October 2010. Last accessed November 7, 2012. www.dailymail.co.uk/news/article-1321230/Chilean-miners-World-exclusive-interview-Mario-Sepulveda.html.

Markus, H., Schwartz, B. 2010. »Does Choice Mean Freedom and Well-Being?« *Journal of Consumer Research* 37: 344–355.

Peterson, C. 2006. *A Primer in Positive Psychology*. New York: Oxford University Press.

Schieman, S., Young, M. 2010. »The Demands of Creative Work: Implications for Stress in the Work–Family Interface.« *Social Science Research* 39:246–259.

Tindale, H. A., Chang, Y., Kuller, L. H., Manson, J. E., Robinson, J. G., Rosal, M. C., et al. 2009. »Optimism, Cynical Hostility, and Incident Coronary Heart Disease and Mortality in the Women's Health Initiative.« *Circulation* 120: 656–662.

Treynor, W., Gonzalez, R., Nolen-Hoeksema, S. 2003. »Rumination Reconsidered: A Psychometric Analysis.« *Cognitive Therapy and Research* 27: 247–259.

Van Reekum, C., Urry, H., Johnstone, T., et al. 2007. »Individual Differences in Amygdala and Ventromedial Prefrontal Cortex Activity Are Associated with Evaluation Speed and Psychological Well-Being.« *Journal of Cognitive Neuroscience* 19:237–248.

4 Misserfolge, schlechte Gewohnheiten und Irrwege

American Society of Addiction Medicine. 2012. Last accessed November 7, 2012. www.asam.org.

Anna Patterson. Last accessed November 7, 2012. www.anorectic.fsnet.co.uk/.

Bailer, U., Narendran, R., Frankle, G., Himes, M., Duvvuri, V., Mathis, C., Kaye, W. 2012. »Amphetamine Induced Dopamine Release Increases Anxiety in Individuals Recovered from Anorexia Nervosa.« *International Journal of Eating Disorders* 45:263–271.

Baumeister, R. 2002. »Yielding to Temptation: Self-Control Failure. Impulsive Purchasing, and Consumer Behavior.« *Journal of Consumer Research* 28:670–676.

Centers for Disease Control and Prevention. »Obesity and Overweight.« Last accessed November 7, 2012. www.cdc.gov/nchs/fastats/overwt.htm.

Cserjesi, R., Molnar, D., Luminet, O., Lenard, L. 2007. »Is There Any Relationship Between Obesity and Mental Flexibility in Children?« *Appetite* 49:675–678.

Elias, M.F., Elias, P.K., Sullivan, L.M., Wolf, P.A., D'Agostino, R.B. 2003. »Lower Cognitive Function in the Presence of Obesity and Hypertension: The Framingham Heart Study.« *International Journal of Obesity* 27:260–268.

Finn, P. 2002. »Motivation, Working Memory, and Decision Making: A Cognitive-Motivational Theory of Personality Vulnerability to Alcoholism.« *Behavioral and Cognitive Neuroscience Reviews* 1:183–205.

Gonzales, M., Tarumi, T., Miles, S., Tanaka, H., Shah, F., Haley, F. 2010. »Insulin Sensitivity as a Mediator of the Relationship Between BMI and Working Memory-Related Brain Activation.« *Obesity* 18:2131–2137.

Hoch, S., Loewenstein, G. 1991. »Time-Inconsistent Preferences and Consumer Self-Control.« *Journal of Consumer Research* 4: 492–507.

Hofmann, W., Friese, M., Strack, F. 2009. »Impulse and Self-Control from a Dual-Systems Perspective.« *Psychological Science* 4:162–176.

Internet Porn Addiction. Last accessed November 7, 2012. www.safefamilies.org/sfStats.php.

Johnson, P., Kenny, P. 2010. »Dopamine D2 receptors in Addiction-Like Reward Dysfunction and Compulsive Eating in Obese Rats.« *Nature Neuroscience* 13:635–641.

Kemps, E., Tiggemann, M., Wade, T., Tovim, B., Isaac, D., Breyer, R. 2006. »Selective Working Memory Deficits in Anorexia Nervosa.« *European Eating Disorders Review* 14:97–103.

Kessler, D. 2010. *The End of Overeating: Taking Control of the Insatiable American Appetite*. New York: Rodale Books.

Ko, C.H., Liu, G.C., Hsiao, S., et al. 2009. »Brain Activities Associated with Gaming Urge of Online Gaming Addiction.« *Journal of Psychiatric Research* 43:739–747.

Lenoir, M., Serre, L., Cantin, F., Ahmed, S. 2007. »Intense Sweetness Surpasses Cocaine Reward.« *PLoS ONE* 2:e698.

Lubman, D.I., Yücel, M., Pantelis, C. 2004. »Addiction, a Condition of Compulsive behaviour? Neuroimaging and Neuropsychological Evidence of Inhibitory Dysregulation.« *Addiction* 99: 1491–1502.

Michael. Last accessed November 7, 2012. www.dimensionsmagazine.com/dimtext/kjn/people/heaviest.htm.

Murray, A., Knight, N., Cochlin, L., et al. 2009. »Deterioration of Physical Performance and Cognitive Function in Rats with Short-Term High-Fat Feeding.« *FASEB Journal* 23:1–8.

National Council on Problem Gambling. 2012. Last accessed November 7, 2012. www.ncpgambling.org/i4a/pages/index.cfm?pageid=3314.

Ogden, C., Carroll, M., Kit, B., Flegal, K. 2012. »Prevalence of Obesity in the United States, 2009–2010.« *NCHS Data Brief*, No. 82.

Silvera, D., Lavack, A., Kropp, F. 2008. »Impulse Buying: The Role of Affect, Social Influence, and Subjective Well-Being.« *Journal of Consumer Marketing* 25:23–33.

Substance Abuse and Mental Health Services Administration. *Results from the 2011 National Survey on Drug Use and Health: Summary of National Findings*, NSDUH Series H-44, HHS Publication No. (SMA) 12-4713. Rockville, MD: Substance Abuse and Mental Health Services Administration, 2012.

Valerie Compan to Gura T. »Addicted to Starvation: The Neurological Roots of Anorexia.« *Scientific American*, June/July 2008.

Volkow, N.D., Fowler, J., Wang, G. 2003. »The Addicted Human Brain: Insights from Imaging Studies.« *Journal of Clinical Investigation* 111:1444–1451.

Volkow, N.D., Fowler, J., Wang, G. 2004. »The Addicted Human Brain Viewed in the Light of Imaging Studies: Brain Circuits and Treatment Strategies.« *Neuropharmacology* 47:3–13.

Wang, G.J., Yang, J., Volkow, N. 2006. »Gastric Stimulation in Obese Subjects Activates the Hippocampus and Other Regions Involved in Brain Reward Circuitry.« *Proceedings of the National Academy of Sciences* 103:15641–15645.

Whitmer, R.A., Gunderson, E.P., Quesenberry, C.P. Jr., Zhou, J., Yaffe, K. 2007. »Body Mass Index in Midlife and Risk of Alzheimer Disease and Vascular Dementia.« *Current Alzheimer's Research* 4:103–109.

Witt, A. »Rich Man, Poor Man.« *The Washington Post*, January 30, 2005. Last accessed on November 7, 2012. www.washingtonpost.com/wp-dyn/articles/A36338-2005Jan25.html.

World of Warcraft gamers addiction stories. Last accessed November 7, 2012. www.gamefront.com/world-of-warcraft-addiction-stories/.

Zastrow, A., Kaiser, K., Stippich, C., et al. 2009. »Neural Correlates of Impaired Cognitive-Behavioral Flexibility in Anorexia Nervosa.« *The American Journal of Psychiatry* 166:608–616.

Zoroya, G. »One Wild Ride for Jackpot Winner.« *USA Today*, February 12, 2004. Last accessed on November 7, 2012. http://usatoday30.usatoday.com/news/nation/2004-02-12-lottery-winner_x.htm.

5 Das wichtigste Instrument des Lernens – das Arbeitsgedächtnis in der Schule

Alloway, T. P., Alloway, R. G., Wooten S. 2012. »Home Sweet Home: The Impact of Zipcode on Cognitive Skills.« Manuscript under Review.

Alloway, T. P., Alloway, R. G. 2010. »Investigating the Predictive Roles of Working Memory and IQ in Academic Attainment.« *Journal of Experimental Child Psychology* 106:20–29.

Alloway, T. P., Archibald, L. M. 2008. »Working Memory and Learning in Children with Developmental Coordination Disorder and Specific Language Impairment.« *Journal of Learning Disabilities* 41:251–262.

Alloway, T. P., Banner, G., Smith, P. 2010. »Working Memory and Cognitive Styles in Adolescents' Attainment.« *British Journal of Educational Psychology* 80:567–581.

Alloway, T. P., Bibile, V., Lau, G. 2012. »Computerized Working Memory Training: Can it Lead to Gains in Cognitive Skills in Students?« *Computers & Human Behavior.*

Alloway, T. P., Cockcroft, K. 2012. »Working Memory in ADHD: A Comparison of British and South African Children.« *Journal of Attention Disorders* doi: 10.1177/1087054711417397.

Alloway, T. P., Elliott, J., Holmes, J. 2010. »The Prevalence of ADHD-Like Symptoms in a Community Sample.« *Journal of Attention Disorders* 14:52–56.

Alloway, T. P., Elliott, J., Place, M. 2010. »Investigating the Relationship Between Attention and Working Memory in Clinical and Community Samples.« *Child Neuropsychology* 16:242–254.

Alloway, T. P., Gathercole, S. E., Adams, A. M., Willis, C., Eaglen, R., Lamont, E. 2005. »Working Memory and Other Cognitive Skills as Predictors of Progress Towards Early Learning Goals at School Entry.« *British Journal of Developmental Psychology* 23:417–426.

Alloway, T. P., Gathercole, S. E., Elliott, J. 2010. »Examining the Link Between Working Memory Behavior and Academic Attainment in Children with ADHD.« *Developmental Medicine & Child Neurology* 52:632–636.

Alloway, T. P., Gathercole, S. E., Holmes, J., Place, M., Elliott, J. 2009. »The Diagnostic Utility of Behavioral Checklists in Identifying Children with ADHD and Children with Working Memory Deficits.« *Child Psychiatry & Human Development* 40:353–366.

Alloway, T. P., Gathercole, S. E., Kirkwood, H. J., Elliott, J. E. 2009. »The Cognitive and Behavioral Characteristics of Children with Low Working Memory.« *Child Development* 80:606–621.

Alloway, T. P., Gathercole, S. E., Kirkwood, H. J., Elliott, J. E. 2009. »The Working Memory Rating Scale: A Classroom-Based Behavioral Assessment of Working Memory.« *Learning and Individual Differences* 19:242–245.

Alloway, T. P., Gathercole, S. E., Pickering, S. J. 2006. »Verbal and Visuo-Spatial Short-Term and Working Memory in Children: Are They Separable?« *Child Development* 77:1698–1716.

Alloway, T.P., Gathercole, S.E., Willis, C., Adams, A.M. 2005. »Working Memory and Special Educational Needs.« *Educational and Child Psychology* 22:56–67.

Alloway, T.P., Gathercole, S.E. 2006. »How Does Working Memory Work in the Classroom?« *Educational Research and Reviews* 1:134–139.

Alloway, T.P., Passolunghi, M.C. 2011. »The Relations Between Working Memory and Arithmetical Abilities: A Comparison Between Italian and British Children.« *Learning and Individual Differences* 21:133–137.

Alloway, T.P., Rajendran, G., Archibald, L.M. 2009. »Working Memory Profiles of Children with Developmental Disorders.« *Journal of Learning Difficulties* 42:372–382.

Alloway, T.P., Wootan, S., Deane, P. 2012. »Investigating Working Memory and Sustained Attention in Dyslexic Adults.« *Learning and Individual Differences*.

Alloway, T.P. 2009. »Working Memory but Not IQ Predicts Subsequent Learning in Children with Learning Difficulties.« *European Journal of Psychological Assessment* 25:92–98.

Alloway, T.P. 2010. *Improving Working Memory: Supporting Students' Learning*. London: Sage Press.

Alloway, T.P. 2010. »Working Memory and Executive Function Profiles of Students with Borderline Intellectual Functioning.« *Journal of Intellectual Disability Research* 54:448–456.

Alloway, T.P. 2011. »A Comparison of Working Memory Profiles in Children with ADHD and DCD.« *Child Neuropsychology* 21:1–12.

Alloway, T.P. 2011. »The Benefits of Computerized Working Memory Assessment.« *Educational and Child Psychology* 28:8–17.

Alloway, T.P. 2012. »Can interactive Working Memory Training Improve Learning?« *Journal of Interactive Learning Research* 23:1–11.

Alloway, T.P. 2012. »Fluid Intelligence. In N Seel, Ed.« *Encyclopedia of the Sciences of Learning*. New York: Springer.

Alloway, T.P., Elsworth, M. 2012. »A Comparison of IQ and Working Memory Across High, Average, and Low Ability Students.« *Learning and Individual Differences*. 22:891–895.

Alloway, T.P., Gathercole, S.E. 2006. »How Does Working Memory Work in the Classroom?« *Educational Research and Reviews*. 1:134–139.

Alloway, T.P., Gregory, D. 2013. »The Predictive Ability of IQ and Working Memory Scores in Literacy in an Adult Population.« *International Journal of Educational Research* 57:51–56.

Alloway, T.P., Gathercole, S.E., Willis, C., & Adams, A.M. 2004. »A Structural Analysis of Working Memory and Related Cognitive Skills in Early Childhood.« *Journal of Experimental Child Psychology* 87: 85–106.

Archibald, L.M., Alloway, T.P. 2008. »Comparing Language Profiles: Children with Specific Language Impairment and Developmental Coordination Disorder.« *International Journal of Communication and Language Disorders* 43:165–180.

Arnsten, A.F. 2008. »Genetics of Childhood Disorders: XVIII. ADHD, Part.2:

Norepinephrine Has a Critical Modulatory Influence on Prefrontal Cortical Function.« *Journal of the American Academy of Child and Adolescent Psychiatry* 39:1201–1203.

Baltruschat, L., et al. 2011. »Addressing Working Memory in Children with Autism Through Behavioral Intervention.« *Research in Autistic Spectrum Disorders* 5:267–276, 2011.

Baron-Cohen, S. 2004. »The Cognitive Neuroscience of Autism.« *Journal of Neurology Neurosurgery Psychiatry* 75:945–948.

Baron-Cohen, S. 2006. »Two New Theories of Autism: Hyper-Systemizing and Assortative Mating.« *Archives of Diseases in Childhood* 91:2–5.

Brody, G., Flor, D. 1998. »Maternal Resources, Parenting Practices, and Child Competence in Rural, Single-Parent African American Families.« *Child Development* 69:803–816.

Bugden, S., Price, G.R., McLean, D.A., Ansari, D. 2012. »The Role of the Left Intraparietal Sulcus in the Relationship Between Symbolic Number Processing and Children's Arithmetic Competence.« *Developmental Cognitive Neuroscience* 2:448–57.

Bull, R., Scerif, G., 2001. »Executive Functioning as a Predictor of Children's Mathematics Ability: Inhibition, Switching, and Working Memory.« *Developmental Neuropsychology* 19:273–93.

Casanova, M.F., Buxhoeveden, D.P., Switala, A.E., Roy, E. 2002. »Minicolumnar Pathology in Autism.« *Neurology* 58:428–432.

Casey, B.J., Castellanos, F.X., Giedd, et al. 1997. »Implication of Right Frontostriatal Circuitry in Response Inhibition and Attention-Deficit/Hyperactivity Disorder.« *American Academy Child and Adolescent Psychiatry* 36:374–383.

Christakis, D., Zimmerman, F., DiGiuseppe, D., McCarthy, C. 2004. »Early Television Exposure and Subsequent Attentional Problems in Children.« *Pediatrics* 113:708–713.

Courchesne, E., Mouton, P., Calhoun, M., et al. 2011. »Neuron Number and Size in Prefrontal Cortex of Children with Autism.« *Journal of the American Medical Association* 306:2001–2010.

Cowan, N., Alloway, T.P. 2008. »The Development of Working Memory in Childhood,« in *Development of Memory in Infancy and Childhood*, 2nd edition, M. Courage & N. Cowan, Eds. pp. 303–342. Hove, England: Psychology Press.

de Vries, M., Geurts, H.M. 2012. »Cognitive Flexibility in ASD; Task Switching with Emotional Faces.« *Journal of Autism and Developmental Disorders* 42:2558–68.

Dronkers, et al. 2007. »Paul Broca's Historic Cases: High Resolution MR Imaging of the Brains of Leborgne and Lelong.« *Brain* 130:1432–1441.

Ellis Weismer, S., Evans, J., Hesketh, L. 1999. »An Examination of Working Memory Capacity in Children with Specific Language Impairment.« *Journal of Speech, Language, and Hearing Research* 42:1249–1260.

Ellis Weismer, S., Tomblin, J.B., Zhang, X., Buckwalter, P., Gaura Chynoweth, J., Jones, M. 2000. »Nonword Repetition Performance in School-Age Children with and without Language Impairment.« *Journal of Speech, Language, and Hearing Research* 43:865–878.

Fuster, J.M. 2008. *The Prefrontal Cortex*, 4th Edition. London: Academic Press.

Gathercole, S., Durling, M., Evans, S., Jeffcock, S., Stone, E. 2008. »Working Memory Abilities and Children's Performance in Laboratory Analogues of Classroom Activities.« *Applied Cognitive Psychology* 22:1019–1037.

Gathercole, S.E., Alloway, T.P., Willis, C., Adams, A.M. 2006. »Working Memory in Children With Reading Disabilities.« *Journal of Experimental Child Psychology* 93:265–281.

Geary, D.C., Hoard, M.K., Nugent, L., Bailey, D. 2012. »Mathematical Cognition Deficits in Children with Learning Disabilities and Persistent Low Achievement: A Five Year Prospective Study.« *Journal of Educational Psychology* 104:206–223.

Gross, L. 2006. »A Neural Seat for Math?« *PLoS Biology*. 4:e149.

Groth, N. 1975. »Mothers of Gifted.« *The Gifted Child Quarterly* 19:217–222.

Hasher, L., Zacks, R. 1988. »Working Memory, Comprehension, and Aging: A Review and a New View,« in *The Psychology of Learning and Motivation*, G.H. Bower, Ed., vol. 22, pp. 193–225. New York: Academic Press.

Holmes, J., Gathercole, S., Place, M., Alloway, T.P., & Elliott, J. 2010. »An Assessment of the Diagnostic Utility of EF Assessments in the Identification of ADHD in Children.« *Child & Adolescent Mental Health* 15: 37–43.

Horn, J.L., Cattell, R.B. 1967. »Age Differences in Fluid and Crystallized Intelligence.« *Acta Psychologica* 26:107–129. http://nces.ed.gov/surveys/pisa/. www.americaspromise.org/.www.usatoday.com/news/education/2010-12-07-us-students-international-ranking_N.htm.

Jaeggi, S.M., Buschkuehl, M., Jonides, J., & Shah, P. 2011. »Short- and Long-term Benefits of Cognitive Training.« *PNAS*, 108:25.

Lesser, R.P., Lueders, H., Dinner, D.S., et al. 1984. »The Location of Speech and Writing Functions in the Frontal Language Area. Results of Extraoperative Cortical Stimulation.« *Brain* 107: 275–291.

Luciana, M., Conklin, H.M., Hooper, C.J., Yarger, R.S. 2005. »The Development of Nonverbal Working Memory and Executive Control Processes in Adolescents.« *Child Development* 76:697–712.

Mutter, B., Alcorn, M.B., Welsh, M. 2006. »Theory of Mind and Executive Function: Working-Memory Capacity and Inhibitory Control as Predictors of False-Belief Task Performance.« *Perceptual and Motor Skills* 102:819–835.

National Resource Center on ADHD. 2012. »Statistical Prevalence.« Last accessed November 7, 2012. www.help4adhd.org/about/statistics.

Ni, W., Constable, R.T., Mencl, W., Pugh, K., Fulbright, R., Shaywitz, S., Shaywitz, B., Gore, J., Shankweiler, D. 2000. »An Event-Related Neuroimaging Study Distinguishing Form and Content in Sentence Processing.« *Journal of Cognitive Neuroscience* 12:120–133.

Novick, J.M., Trueswell, J.C., Thompson-Schill, S.L. 2005. »Cognitive Control and Parsing: Reexamining the Role of Broca's Area in Sentence Comprehension.« *Cognitive, Affective, and Behavioral Neuroscience* 5:263–281.

Oden, M. 1968. »The Fulfillment of Promise: 40-year Follow-Up of the Terman Gifted Group.« *Genetic Psychology Monographs* 77:3–93.

Pickering, S. »Working Memory in Dyslexia,« in *Working Memory and Neurodevelopmental Conditions*, T. Alloway & S. Gathercole, Eds., pp. 10–72. London: Psychology Press.

Raghubara, K., Barnes, M., Hecht, S. 2010. »Working Memory and Mathematics: A Review of Developmental, Individual Difference, and Cognitive Approaches.« *Learning and Individual Differences* 20:110–122.

Reynolds, C., Willson, V., Ramsey, M. 1999. »Intellectual Differences Among Mexican Americans, Papagos and Whites, Independent of G.« *Personality and Individual Differences* 27:1181–1187.

Riding, R. 1991. *Cognitive styles analysis*. Birmingham: Learning and Training Technology.

Riding, R., Grimley, M., Dahraei, H., Banner, G., 2003. »Cognitive Style, Working Memory, and Learning Behaviour and Attainment in School Subjects.« *British Journal of Educational Psychology* 73:149–169.

Rogalsky, C., Matchin, W., Hickok, G. 2008. »Broca's Area, Sentence Comprehension, and Working Memory: An fMRI Study.« *Frontiers in Human Neuroscience* 2:14.

Sahin, N.T., Pinker, S., Halgren, E. 2006. »Abstract Grammatical Processing of Nouns and Verbs in Broca's Area: Evidence from fMRI.« *Cortex* 42: 540–562.

Shipstead, Z., Redick, T., Engle, R. 2012. »Is Working Memory Training Effective?« *Psychological Bulletin* 138:628–54.

Siegel, L., Ryan, E. 1989. »The Development of Working Memory in Normally Achieving and Subtypes of Learning Disabled Children.« *Child Development* 60:973–980.

Stanley, J., Kipp, H., Greisenegger, E., et al. 2008. »Evidence of Developmental Alterations in Cortical and Subcortical Regions of Children with Attention-Deficit/Hyperactivity Disorder.« *Archives of General Psychiatry* 65:1419–1428.

Swanson, H.L., Jerman, O. 2007. »The Influence of Working Memory on Reading Growth in Subgroups of Children with Reading Disabilities.« *Journal of Experimental Child Psychology* 96:249–283.

Swanson, L., Alloway, T.P. 2011. »Working Memory Learning and Academic Achievement,« in *APA Educational Psychology Handbook*, K. Harris, T. Urdan, & S. Graham, Eds. vol 1. New York: American Psychological Society.

Terman, L., Madison, M., Oden, M. 1947. *Genetic Studies of Genius: The Gifted Child Grows Up; Twenty-Five Years' Follow-up of a Superior Group*, 4th edition. Stanford, CA: Stanford University Press.

Terman, L. 1926. *Mental and Physical Traits of a Thousand Gifted Children*. Vol. 1. *Genetic studies of genius*, 2nd edition. Stanford, CA: Stanford University Press.

Vidal, C. N. et al., 2006. »Mapping Corpus Callosum Deficits in Autism: An Index of Aberrant Cortical Connectivity.« *Biological Psychiatry* 60:218–25.

6 Die neue Leib-Seele-Einheit – das Arbeitsgedächtnis beim Sport

Alex Honnold. Interview with Ross Alloway, August 2011.

Al'Absi, M., Hugdahl, K., Lovallo, W. R. 2002. »Adrenocortical Stress Responses and Altered Working Memory Performance.« *Psychophysiology* 39:95–99.

Babya, M., Blumenthal, J. A., Herman, S., Khatri, P., Doraiswamy, M., et al. 2000. »Exercise Treatment for Major Depression: Maintenance of Therapeutic Benefit at 10 Months.« *Psychosomatic Medicine* 62:633–638.

Berger, Lee R., et al. 2010. »Australopithecus sediba: A New Species of Homo-like Australopith from South Africa.« *Science* 328:195.

Boecker, H., et al. 2008. »The Runner's High: Opioidergic Mechanisms in the Human Brain.« *Cerebral Cortex* 18:2523–31.

Brené, S., Bjørnebekk, A., Aberg, E., Mathé, A. A., Olson, L., Werme, M. 2007. »Running Is Rewarding and Antidepressive.« *Physiology & Behavior* 92:136–140.

Casey, S. 2010. *The Wave: In Pursuit of the Rogues, Freaks and Giants of the Ocean.* New York: Doubleday.

Clark, P. J., Bhattacharya, T. K., Miller, D. S., Kohman, R. A., DeYoung, E. K., and Rhodes, J. S. 2012. »New Neurons Generated from Running Are Broadly Recruited into Neuronal Activation Associated with Three Different Hippocampus-Involved Tasks.« *Hippocampus.* 22:1860–67.

Doyne, E. J., Ossip-Klein, D. J., Bowman, E. D., Osborn, K. M., McDougall-Wilson, I. B., Neimeyer, R. A. 1987. »Running Versus Weight Lifting in the Treatment of Depression.« *Journal of Consulting and Clinical Psychology* 55:748–754.

Echlin, P. S. 2010. »Return to Play After an Initial or Recurrent Concussion in a Prospective Study of Physician-Observed Junior Ice Hockey Concussions: Implications for Return to Play After a Concussion.« *Neurosurgical Focus* 29:E5.

Echlin, P. S., Upshur, R. E., Peck, D. M., Skopelja, E. N. 2005. »Craniomaxillofacial Injury in Sport: A Review of Prevention Research.« *British Journal of Sports Medicine* 39:254–263.

Giza, C., Hovda, D. 2001. »The Neurometabolic Cascade of Concussion.« *Journal of Athletic Training* 363:228–235.

Goldman-Rakic, P. S. 1995. »Cellular Basis of Working Memory.« *Neuron* 14:447–485.

Goldman-Rakic, P. S. 1988. »Topography of Cognition: Parallel Distributed Networks in Primate Association Cortex.« *Annual Review of Neuroscience* 11:137–156.

Gow, A., et al. 2012. »Neuroprotective Lifestyles and the Aging Brain: Activity, Atrophy, and White Matter Integrity.« *Neurology* 79:1802.

Jordan, B.D., Matser, J.T., Zimmerman, R., Zazula, T. 1996. »Sparring and Cognitive Function in Professional Boxers.« *The Physician and Sports Medicine* 24:87–98.

Hamilton, L. 2008. *Force of Nature: Mind, Body, Soul (And, of Course, Surfing)*. New York: Rodale Books.

Lieberman, D.E., Bramble, D.M., Raichlen, D.A., Shea, J.J. 2009. »Brains, Brawn and the Evolution of Human Endurance Running Capabilities,« in *The First Humans: Origin and Early Evolution of the Genus Homo*, F.E. Grine, J.G. Fleagle, R.E. Leakey, Eds. pp. 77–98. New York: Springer.

Lieberman, D.E., Venkadesan, M., Werbel, W.A., Daoud, A.I., D'Andrea, S., Davis, I.S., Mang'eni, R.O., Pitsiladis, Y. 2010. »Foot Strike Patterns and Collision Forces in Habitually Barefoot Versus Shod Runners.« *Nature* 463:531–535.

Matser, J.T., Kessels, A.G.H., Jordan, B.D., Lezak, M.D., Troost, J. 1998. Chronic traumatic brain injury in professional soccer players. *Neurology* 51:791–796.

Matser, J.T., Kessels, A.G.H., Lezak, M.D., Jordan, B.D., Troost, J. 1999. »Neuropsychological Impairment in Amateur Soccer Players.« *Journal of American Medical Association* 282:971–973.

Maxwell, J., Masters, R., Eves, F. 2003. »The Role of Working Memory in Motor Learning and Performance.« *Consciousness and Cognition* 12:376–402.

McDougall, C. 2009. *Born to Run*. New York: Knopf.

McKee, A.C., Cantu, R.C., Nowinski, C.J., Hedley-Whyte, E.T., Gavett, B.E., Budson, A.E., Santini, V.E., Lee, H-Y., Kubilus, C.A., Stern, R.A. 2009. »Chronic Traumatic Encephalopathy in Athletes: Progressive Tauopathy after Repetitive Head Injury.« *Journal of Neuropathology & Experimental Neurology* 68:709–735.

McMorris, T., Swain, J., Smith, M., Corbett, J., Delves, S., Sale, C., Harris, R.C., Potter, J. 2006. »Heat Stress Plasma Concentrations of Adrenaline Noradrenaline 5-Hydroxytryptamine and Cortisol Mood State and Cognitive Performance.« *International Journal of Psychophysiology* 61:204–215.

Pontifex, M.B., Hillman, C.H., Fernhall, B., Thompson, K.M., Valentini, T.A. 2009. »The Effect of Acute Aerobic and Resistance Exercise on Working Memory.« *Medicine and Science in Sport and Exercise* 41:927–934.

Robinson, S.J., Sünram-Lea, S.I., Leach, J., Owen-Lynch, P.J. 2007. »The Effects of Exposure to an Acute Naturalistic Stressor on Working Memory State Anxiety and Salivary Cortisol Concentrations.« *Stress* 11:115–124.

Rodney Mullen. Interview with Ross Alloway, August 2011.

Roland, P.E. *1984*. »Organization of Motor Control by the Normal Human Brain.« *Human Neurobiology* 2:205–216.

Suzuki, M., Miyai, I., Ono, T., Oda, I., Konishi, I., Kochiyama, T., et al. 2004. »Prefrontal and Premotor Cortices Are Involved in Adapting Walking and Running Speed on the Treadmill: An Optical Topography Study.« *NeuroImage* 23:1020–1026.

Talavage, T., Nauman, E., Breedlove, E., et al. 2010. »Functionally-Detected Cognitive Impairment in High School Football Players Without Clinically-

Diagnosed Concussion.« *Journal of Neurotrauma*, DOI: 10.1089/neu. 2010.1512.
Vandervert, L. 2003. »The Neurophysiological Basis of Innovation,« in *The International Handbook on Innovation*, L.V. Shavinina, Ed., pp. 17–30. Oxford, England: Elsevier Science.
Vandervert, L.R., Schimpf, P.H., Liu, H. 2007. »How Working Memory and the Cerebellum Collaborate to Produce Creativity and Innovation.« *Creativity Research Journal* 9:1–18.
Vestberg, T., Gustafson, R., Maurex, L., Ingvar, M., Petrovic, P. 2012. »Executive Functions Predict the Success of Top-Soccer Players.« *PLoS ONE* 7:e34731.

7 Das Arbeitsgedächtnis über die Lebensspanne

Abrahám, H., Vincze, A., Jewgenow, I., Veszprémi, B., Kravják, A., Gömöri, E., Seress, L. 2010. »Myelination In the Human Hippocampal Formation from Midgestation to Adulthood.« *International Journal of Developmental Neuroscience* 28:401–410.
Alloway, T.P., Alloway, R.G. (in press). »Working Memory in the Lifespan: A Cross-Sectional Approach.« *Journal of Cognitive Psychology*.
Alloway, T.P., Horton, J., Alloway, R.G., Dawson C. In press. »The Impact of Technology and Social Networking on Working Memory.« *Computers & Education*.
Alloway, T.P., McCallum, F., Hoika, E., Alloway, R.G. 2012. »Working Memory and Children's Lie-Telling Skills.« Manuscript under review.
Alzheimer's Association. 2012. »Alzheimer's Facts and Figures.« Last accessed November 7, 2012. www.alz.org/alzheimers_disease_facts_and_figures.asp
Asendorpf, J., Warkentin, V., Baudonniere, P.M. 1996. »Self-Awareness and Other-Awareness II: Mirror Self-Recognition, Social Contingency Awareness, and Synchronic Imitation.« *Developmental Psychology* 32: 313–321.
Baddeley, A.D., Bressi, S., Della Sala, S., Logie, R., Spinnler, H. 1991. »The Decline of Working Memory in Alzheimer's Disease: A Longitudinal Study.« *Brain* 114:2521–2542.
Baddeley, A.D., Bressi, S., Della Sala, S., Spinnler, H. 1986. »Dementia and Working Memory.« *Quarterly Journal of Experimental Psychology* 38A:603–618.
Bateman, R.J., et al. 2012. »Clinical and Biomarker Changes in Dominantly Inherited Alzheimer's Disease.« *The New England Journal of Medicine* 367:795–804.
Bell, M. 2002. »Power Changes in Infant EEG Frequency Bands During a Spatial Working Memory Task.« *Psychophysiology* 39:450–458.
Bialystok, E., Craik, F., Luk, G. 2012. »Bilingualism: Consequences for Mind and Brain.« *Trends in Cognitive Science* 16:240–250.
Blakemore, S.J., Choudhury, S. 2006. »Brain Development During Puberty: State of the Science.« *Developmental Science* 9:11–14.

Bookheimer, S. Y., et al. 2000. »Patterns of Brain Activation in People at Risk for Alzheimer's Disease.« *New England Journal of Medicine* 343: 450–456.

Bunge, S., Wright, S. 2007. »Neurodevelopmental Changes in Working Memory and Cognitive Control.« *Current Biology* 17:243–250.

Carlson, S., Moses, L. 2001. »Individual Differences in Inhibitory Control and Theory of Mind.« *Child Development* 72:1032–1053.

Carlson, S., Moses, L., Claxton, L. J. 2004. »Individual Differences in Executive Functioning and Theory of Mind: An Investigation of Inhibitory Control and Planning Ability.« *Journal of Experimental Child Psychology* 87: 299–319.

Casey, B. J., Jones, R. M., Hare, T. A. 2008. »The Adolescent Brain.« *Ann NY Acad Sci* 1124: 111–126.

Christ, S., Van Essen, D., Watson, J., Brubaker, L., McDermott, K. 2009. »The Contributions of Prefrontal Cortex and Executive Control to Deception: Evidence from Activation Likelihood Estimate Meta-Analyses.« *Cerebral Cortex* 19:1557–1566.

Conel, J. 1963. *The Postnatal Development of the Human Cerebral Cortex*, Vols. 1–6. Cambridge, MA: Harvard University Press.

Courchesne, E., Mouton, P., Calhoun, M., et al. 2011. »Neuron Number and Size in Prefrontal Cortex of Children with Autism.« *Journal of the American Medical Association* 306:2001–2010.

Crone, E. A., Wendelken, C., Donohue, S. E., Bunge, S. A. 2006. »Neurocognitive Development of the Ability to Manipulate Information in Working Memory.« *Proceedings of the National Academy of Sciences of the United States* 103:9315–9320.

Davis, S., Dennis, N., Buchler, N., Madden, D., White, L., Cabeza, R. 2009. »Assessing the Effects of Aging on Long White Matter Tracts Using Diffusion Tensor Imaging (DTI) Tractography.« *Neuroimage* 46:530–541.

Davis, S., Kragel, J., Madden, D., Cabeza, R. 2012. »Cross-Hemispheric Communication and Aging: Linking Behavior, Brain Activity, Functional Connectivity, and White Matter Integrity.« *Cerebral Cortex* 22(1):232–42.

Diamond, A. 2002. »Normal Development of Prefrontal Cortex from Birth to Young Adulthood: Cognitive Functions, Anatomy, and Biochemistry«, in *Principles of Frontal Lobe Function*, D. T. Stuss and R. T. Knight, Eds., pp. 466–503. London: Oxford University Press.

Dick, B., Rashiq, S. 2007. »Disruption of Attention and Working Memory Traces in Individuals with Chronic Pain.« *Anesthesia & Analgesia* 104:1223–1229.

Ertel, K. A., Glymour, M. M., Berkman, L. 2008. »Effects of Social Integration on Preserving Memory Function in a Nationally Representative US Elderly Population.« *American Journal of Public Health* 98:1215–1220.

Fuster, J. M. 2008. *The Prefrontal Cortex*, 4th Edition. London: Academic Press.

Gallup, G. 1970. »Chimpanzees: Self-Recognition.« *Science* 167: 86–87.

Giedd, J. N. 2004. »Structural Magnetic Resonance Imaging of the Adolescent Brain.« *Ann NY Acad Sci* 1021:77.

Giedd, J., et al. 1999. »Brain Development During Childhood and Adolescence: A Longitudinal MRI Study.« *Nature Neuroscience* 2:861–863.

Glynn, L., Sandman, C. 2011. »Prenatal Origins of Neurological Development. *Current Directions in Psychological Science* 20:384–389.

Hampton, Keith., et al. 2009. »Social Isolation and New Technology.« *Pew Internet and American Life Project* 4 Nov. 2009. Web. 18 Aug. 2010. www.pewinternet.org/Reports/2009/18--Social-Isolation-and-New-Technology.aspx.

Iacono, D., Markesbery, W.R., Gross, M., Pletnikova, O., Rudow, G. Zandi, P., Troncoso, J. 2009. »The Nun Study: Clinically Silent AD Neuronal Hypertrophy and Linguistic Skills in Early Life.« *Neurology* 739:665–673.

Joseph Coughlin to Clifford S. »Online, ›a Reason to Keep on Going‹.« *New York Times*, June 1, 2009. Last accessed November 7, 2012. www.nytimes.com/2009/06/02/health/02face.html.

Kemper, S., Greiner, L.H., Marquis, J.G., Prenovost, K., Mitzner, T.L. 2001. »Language Decline Across the Life Span: Findings from the Nun Study.« *Psychology and Aging* 16: 227–239.

Kensinger, E.A., Shearer, D.K., Locascio, J.J., Growdon, J.H., Corkin, S. 2003. »Working Memory in Mild Alzheimer's Disease and Early Parkinson's Disease.« *Neuropsychology* 17:230–239.

Legrain, V., Crombez, G., Mouraux, A. 2011. »Controlling Attention to Nociceptive Stimuli with Working Memory.« *PLoS One* 66:e20926.

Legrain, V., Crombez, G., Verhoeven, K., Mouraux, A. 2011. »The Role of Working Memory in the Attentional Control of Pain.« *Pain* 152:453–459.

Lenroot, R.K., Giedd, J.N. 2006. »Brain Development in Children and Adolescents: Insights from Anatomical Magnetic Resonance Imaging.« *Neuroscience and Biobehavioral Reviews* 30:718–729.

Lisa Perlow: http://hbr.org/2009/10/making-time-off-predictable-and-required/ar/1.

Liu, W., Yuen, E.Y., Yan, Z. 2009. »Acute Stress Enhances Glutamatergic Transmission in Prefrontal Cortex and Facilitates Working Memory.« *Proceedings of the National Academy of Sciences of the USA* 106:14075–14079.

McPherson, M., Smith-Lovin, L., Brashears, M. 2006. »Social Isolation in America: Changes in Core Discussion Networks.« *American Sociological Review* 71:353–375.

Mrzljak, L., Uylings, H., Van Eden, C.G., Judás, M. 1990. »Neuronal Development in Human Prefrontal Cortex in Prenatal and Postnatal Stages,« in *The Prefrontal Cortex: Its Structure, Function and Pathology*, H. Uylings, C. Van Eden, J. De Bruin, M.A. Corner, and M.G.P. Feenstra (Eds). Amsterdam: Elsevier, p. 185.

Munnell, A. 2011. »What Is the Average Retirement Age?« Report produced for the Center for Retirement Research, Boston College. Last accessed November 8, 2012. http://crr.bc.edu/wp-content/uploads/2011/08/IB_11-11.pdf.

Perner, J., Frith, U., Leslie, A.M., Leekam, S.R. 1989. »Exploration of the Autistic Child's Theory of Mind: Knowledge, Belief, and Communication.« *Child Development* 60:688–700.

Radel, C. »At 100 Years Old, an Ohio Doctor Is Still In.« *MSNBC News*, December 18, 2011. Last accessed November 7, 2012. www.msnbc.msn.com/id/45715573/ns/health-aging/t/years-old-ohio-doctor-still/.

Rajah, M. N., D'Esposito, M. 2005. »Region-Specific Changes in Prefrontal Function with Age: A Review of PET and fMRI Studies on Working and Episodic Memory.« *Brain* 128: 1964–1983.

Richards, M., Sacker, A. 2003. »Lifetime Antecedents of Cognitive Reserve.« *Journal of Clinical and Experimental Neuropsychology* 25:614–624.

Riley, K. P., Snowdon, D. A., Markesbery, W. R. 2002. »Alzheimer's Neurofibrillary Pathology and the Spectrum of Cognitive Function: Findings from the Nun Study.« *Annals Neurology* 51:567–77.

Rohwedder, S., Willis, R. 2011. »Mental Retirement.« *Journal of Economic Perspectives* 24:119–138.

Ross-Sheehy, S., Oakes, L., Luck, S. 2003. »The Development of Visual Short-Term Memory in Infancy.« *Child Development* 74:1807–1822.

Rubin, L. 1997. »Neuronal Cell Death: When, Why and How.« *British Medical Bulletin* 53:617–631.

Ruggles, S., et al. 2010. Integrated Public Use Microdata Series: Version 5.0 [Machinereadable database]. Minneapolis, MN: University of Minnesota.

Rypma, B., D'Esposito, M. 2000. »Isolating the Neural Mechanisms of Age-related Changes in Human Working Memory.« *Nature Neuroscience* 3:509–515.

Saito, S. 2001. »The Phonological Loop and Memory for Rhythms: An Individual Differences Approach.« *Memory* 94:313–322.

Sanchez, C. 2011. »Working Through the Pain: Working Memory Capacity and Differences in Processing and Storage Under Pain.« *Memory* 19:226–232.

Snowdon, D., et al. 2000. »Serum Folate and the Severity of Atrophy of the Neocortex in Alzheimer's Disease: Findings From The Nun Study.« *American Journal of Clinical Nutrition* 71:993–98.

Snowdon, D. A., Kemper, S. J., Mortimer, J. A., Greiner, L. H., Wekstein, D. R., Markesbery, W. R. 1996. »Linguistic Ability in Early Life and Cognitive Function and Alzheimer's Disease in Late Life: Findings from the Nun Study.« *Journal of the American Medical Association* 275:528–532.

Snowdon, D. A. 2001. *Aging with Grace: What the Nun Study Teaches Us About Leading Longer, Healthier, and More Meaningful Lives.* New York: Bantam Books.

Sowell, E. R., Thompson, P. M., Tessner, K. D., Toga, A. W. 2001. »Mapping Continued Brain Growth and Gray Matter Density Reduction in Dorsal Frontal Cortex: Inverse Relationships during Postadolescent Brain Maturation.« *Journal of Neuroscience* 2122: 8819–8829.

Stalwart, V., Lee, K. 2008. »Social and Cognitive Correlates of Children's Lying Behavior.« *Child Development* 79:866–881.

Wimmer, H., Perner, J. 1983. »Beliefs about Beliefs: Representation and Constraining Function of Wrong Beliefs in Young Children's Understanding of Deception.« *Cognition* 13:103–128.

Zelazo, P. 2004. »The Development of Conscious Control in Childhood.« *Trends in Cognitive Sciences* 8:12–17.

Ziegler, D., et al. 2010. »Cognition in Healthy Aging is Related to Regional White Matter Integrity, but Not Cortical Thickness.« *Neurobiology of Aging* 31:1921–1926.

8 Arbeitsgedächtnistraining Grundkurs

Ackerman, P. L., Kanfer, R., Calderwood, C. 2010. »Use It or Lose It? Wii Brain Exercise Practice and Reading for Domain Knowledge.« *Psychology and Aging* 25:753–766.

Alloway, T. P. 2012. »Can Interactive Working Memory Training Improve Learning?« *Journal of Interactive Learning Research* 23:1–11.

Alloway, T. P., Bibile, V., Lau, G. In press. »Computerized Working Memory Training: Can It Lead to Gains in Cognitive Skills in Students?« *Computers & Human Behavior.*

Boot, W., Kramer, A., Simons, D., Fabiana, M., Gratton, G. 2008. »The Effects of Video Game Playing on Attention Memory and Executive Control.« *Acta Psychologica* 129:387–398.

Buschkuehl, M., Jaeggi, S., 2012. »Neuronal Effects Following Working Memory Training.« *Developmental Cognitive Neuroscience* 25:S167–S179.

Clark, J. E., Lanphear, A. K., Riddick, C. C. 1987. »The Effects of Videogame Playing on the Response Selection Processing of Elderly Adults.« *Journals of Gerontology* 42:82–85.

De Lisi, R., Wolford, J. L. 2002. »Improving Children's Mental Rotation Accuracy with Computer Game Playing.« *The Journal of Genetic Psychology* 163:272–282.

Grabbe, J. 2012. »Sudoku and Working Memory Performance for Older Adults.« *Activities Adaptation & Aging* 35:241–254.

Jaeggi, S. M., Buschkuehl, M., Jonides, J., Perrig, W. J. 2008. »Improving Fluid Intelligence with Training on Working Memory.« *Proceedings of the National Academy of Sciences, USA* 105:6829–6833.

Jaeggi, S. M., Buschkuehl, M., Jonides, J., Shah, P. 2011. »Short- and Long-Term Benefits of Cognitive Training.« *Proceedings of the National Academy of Sciences of the USA* 108: 10081–10086.

Lorant-Royer, S., Munch, C., Mesclé, H., Lieury, A. 2010. »Kawashima vs ›Super Mario‹! Should a Game Be Serious in Order to Stimulate Cognitive Aptitudes?« *European Review of Applied Psychology* 60:221–232.

Lorant-Royer, S., Spiess, V., Goncalves, J., Lieury, A. 2008. »Programmes d'entraînement cérébral et performances cognitives: efficacité ou marketing? De la gym-cerveau au programme du Dr Kawashima.« *Bulletin de Psychologie* 61:531–549.

Nouichi, R., Taki, Y., Takeuchi, H., et al. 2012. »Brain Training Game Improves Executive Functions and Processing Speed in the Elderly: A Randomized Controlled Trial.« *PLoS ONE* 71:e29676.

Redick, T.S., Shipstead, Z., Harrison, T.L., Hicks, K.L., Fried, D.E., Hambrick, D.Z., Kane, M.J., and Engle, R.W. 2013. »No Evidence of Intelligence Improvement After Working Memory Training: A Randomized, Placebo-Controlled Study.« *Journal of Experimental Psychology:* General 142: 359–379.

Sims, V.K., Mayer, R.E. 2002. »Domain Specificity of Spatial Expertise: The Case of Video Game Players.« *Applied Cognitive Psychology* 161:97–115.

Whitlock, L., McLaughlin, A., Allaire, J. 2012. »Individual Differences in Response to Cognitive Training: Using a Multi-Modal Attentionally Demanding Game-Based Intervention for Older Adults.« *Computers in Human Behavior* 28:1091–1096.

9 Geheimnisse von Arbeitsgedächtnisspezialisten

Amidzic, O., Riehle, H.J., Fehr, T., Wienbruch, C., Elbert, T. 2001. »Pattern of Focal [gamma]-Bursts in Chess Players.« *Nature* 412:603–604.

Beam, C. »Bubble Boys.« *New York Magazine*, September 11, 2011, last accessed November 6, 2012. http://nymag.com/news/features/silicon-valley-2011-9/.

Bentley, P. »It Takes Mark Zuckerberg Two Hours to Do What Takes us Five Minutes: Causing a Stir in Silicon Valley, the Young Entrepreneurs Who Stay Up All Night Doing Lines (of code).« *Daily Mail*, September 12, 2011, last accessed November 6, 2012. www.dailymail.co.uk/news/article-2036586/Meet-precocious-Mark-Zuckerbergs-future-causing-stir-Silicon-Valley.html.

Chase, W.G., Simon, H.A. 1973. »Perception in Chess.« *Cognitive Psychology* 4:55–81.

Chase, W.G., Simon, H.A. 1973. »The Mind's Eye in Chess,« in *Visual information processing*, W.G. Chase, Ed., pp. 215–281. New York: Academic Press.

de Groot, A., Gobet, F. 1996. *Perception and Memory in Chess. Heuristics of the Professional Eye.* Assen: Van Gorcum.

Dominic O'Brien. Interview with Tracy Alloway, November 2011.

Ericsson, K.A., Staszewski, J.J. 1989. »Skilled Memory and Expertise: Mechanisms of Exceptional Performance,« in *Complex Information Processing: The Impact of Herbert A. Simon*, D. Klahr and K. Kotovsky, Eds., pp. 235–267. Hillsdale NJ: Lawrence Erlbaum.

Feross Aboukhadijeh. Interview with Ross Alloway, December 2011.

Gobet, F. 1997. »A Pattern-Recognition Theory of Search in Expert Problem Solving.« *Thinking and Reasoning* 3:291–313.

Gobet, F. 1998. »Expert memory: A Comparison of Four Theories.« *Cognition* 66:115–152.

Gobet, F., Simon, H. 1996. »The Roles of Recognition Processes and Look-Ahead Search in Time-Constrained Expert Problem Solving: Evidence from Grand-Master Level Chess.« *Psychological Science* 7:52–55.

Julius, E. 1992. *Rapid Math Tricks and Tips.* NJ: Wiley Press.

Lane, G. 2008. *Mind Games: Amazing Mental Arithmetic Made Easy.* London: John Blake.

Maguire, E. A., Valentine, E. R., Wilding, J. M., Kapur, N. 2003. »Routes to Remembering: The Brains Behind Superior Memory.« *Nature Neuroscience* 6:90–95.

Pesenti, M., Zago, L., Crivello, F., et al. 2001. »Mental Calculation in a Prodigy Is Sustained by Right Prefrontal and Medial Temporal Areas.« *Nature Neuroscience* 4:103–107.

Robbins, T. W., Anderson, E. J., Barker, D. R., Bradley, A. C., Fearnyhough, C., Henson, R., Hudson, S. R. 1996. »Working Memory in Chess.« *Memory and Cognition* 24:83–93.

Susan Polgar. Interview with Tracy Alloway, November 2011.

10 Nervennahrung – Treibstoff für Ihr Arbeitsgedächtnis

BBC 2005. »The Omega Wave.« Last accessed November 7, 2012. www.bbc.co.uk/science/humanbody/mind/articles/intelligenceandmemory/omega_three.shtml.

Bruce-Keller, A. J., Umberger, G., McFall, R., Mattson, M. 1999. »Food Restriction Reduces Brain Damage and Improves Behavioral Outcome Following Excitotoxic and Metabolic Insults.« *Annals Neurology* 45:8–15.

Crawford, M., Bloom, M., Broadhurst, C., Schmidt, W., Cunnane, S., Galli, C., Ghebremeskel, K., Linseisen, F., Lloyd-Smith, J., Parkington, J. 2000. »Evidence for the Unique Function of Docosahexanoic Acid DHA During the Evolution of the Modern Hominid Brain.« *Lipids* 34:S39–S47.

Crichton, G. E., Elias, M., Dore, G., Robbins, M. 2012. »Relation Between Dairy Food Intake and Cognitive Function: The Maine-Syracuse Longitudinal Study.« *International Dairy Journal* 22:15–23.

Crichton, G. E., Murphy, K. J., Bryan, J. 2010. »Dairy Intake and Cognitive Health in Middle-Aged South Australians.« *Asia Pacific Journal of Clinical Nutrition* 192:161–71.

Crichton, G. E., Murphy, K. J., Howe, P. R., Buckley, J. D., Bryan, J. 2012. »Dairy Consumption and Working Memory Performance in Overweight and Obese Adults.« *Appetite.*

Cunnane, S. C., Crawford, M. 2003. »Survival of the Fattest: Fat Babies Were the Key to Evolution of the Large Human Brain.« *Comparative Biochemistry and Physiology* 136:17–26.

Daniel, D. R., Thompson, L., Hoover, L. C. 2000. »Nutrition Composition of Emu Compares Favorably with That of Other Lean Meats.« *Journal American Dietetic Association* 100:836–8.

Duan, W., Guo, Z., Jiang, H., Ware, M., Li, X. J., Mattson, M. P. 2003 »Dietary Restriction Normalizes Glucose Metabolism and BDNF Levels Slows Disease Progression and Increases Survival in Huntington Mutant Mice.« *Proceedings of the National Academy of Sciences of the USA* 100:2911–2916.

Francis, S. T., Head, K., Morris, P. G., Macdonald, I. A. 2006. »The Effect of

Flavanol-Rich Cocoa on the fMRI Response to a Cognitive Task in Healthy Young People.« *Journal of Cardiovascular Pharmacology* 47:S215–S220.

Galloway, S., Broad, E. 2005. »Oral L-Carnitine Supplementation and Exercise Metabolism.« *Chemical Monthly* 136:1391–1410.

Granholm, A. C., Bimonte-Nelson, H. A., Moore, A. B., et al. 2008. »Effects of a Saturated Fat and High Cholesterol Diet on Memory and Hippocampal Morphology in the Middle-Aged Rat.« *Journal of Alzheimer's Disease* 142:133–145.

Kelly, C., Polich, J. 2009. »Binge Drinking in Young Adults: Data Definitions and Determinants.« *Psychological Bulletin* 135:142–156.

Lustig, R. 2009. »Sugar: The Bitter Truth.« Public lecture at the University of California-San Francisco »Mini Medical School for the Public« on May 26, 2009.

Macready, A., Kennedy, O., Ellis, J., Williams, C., Spencer, J., Butler, L. 2009. »Flavonoids and Cognitive Function: A Review of Human Randomized Controlled Trial Studies and Recommendations for Future Studies.« *Genes & Nutrition* 4:227–242.

Mattison, J., et al. 2012. »Impact of Caloric Restriction on Health and Survival in Rhesus Monkeys from the NIA Study.« *Nature* 489:318–321.

Mattson, M., Duan, W., Lee, J., Guo, Z. 2001. »Suppression of Brain Aging and Neurodegenerative Disorders by Dietary Restriction and Environmental Enrichment: Molecular Mechanisms.« *Mechanisms of Ageing and Development* 122:757–778.

Meydani, M., Das, S., Band, M., Epstein, S., Roberts, S. 2011. »The Effect of Caloric Restriction and Glycemic Load on Measures of Oxidative Stress and Antioxidants in Humans: Results From the CALERIE Trial of Human Caloric Restriction.« *Journal of Nutrition Health and Aging* 156:456–460.

Moss, M., Cook, J., Wesnes, K., Duckett, P. 2003. »Aromas of Rosemary and Lavender Essential Oils Differentially Affect Cognition and Mood in Healthy Adults.« *International Journal of Neuroscience* 113:15–38.

Moss, M., Hewitt, S., Moss, L., Wesnes, K. 2008. »Modulation of Cognitive Performance and Mood by Aromas of Peppermint and Ylang-Ylang.« *International Journal of Neuroscience* 118:59–77.

Moss, M., Oliver, L. 2012. »Plasma 18-Cineole Correlates with Cognitive Performance Following Exposure to Rosemary Essential Oil Aroma.« *Therapeutic Advances in Psychopharmacology* doi:10.1177/2045125312436573.

Narendran, R., et al. 2012. »Improved Working Memory but No Effect on Striatal Vesicular Monoamine Transporter Type 2 after Omega-3 Polyunsaturated Fatty Acid Supplementation.« *PLOS ONE* 7: e46832.

Nehlig, A. 2010. »Is Caffeine a Cognitive Enhancer?« *Journal of Alzheimer's Disease* 20:S85–S94.

Saults, J. S., Cowan, N., Sher, K. J., Moreno, M. 2007. »Differential Effects of Alcohol on Working Memory: Distinguishing Multiple Processes.« *Experimental and Clinical Psychopharmacology* 156:576–587.

Smith, M., Rigby, L., Van Eekelen, A., Foster, J. 2011. »Glucose Enhancement of Human Memory: A Comprehensive Research Review of the Glucose Memory Facilitation Effect.« *Neuroscience and Biobehavioral Reviews* 35:770–783.

Tan, Z. S., Harris, W. S., Beiser, A. S., Au, R., Himali, J. J., Debette, S., et al. 2012. »Red Blood Cell Omega-3 Fatty Acid Levels and Markers of Accelerated Brain Aging.« *Neurology* 78:658–64.

Tangney, C. C., Aggarwal, N., Li, H., et al. 2011. »Vitamin B12 Cognition and Brain MRI Measures: A Cross-Sectional Examination.« *Neurology* 77:1276–1282.

USDA Database for the Flavonoid Content of Selected Foods, Release 3. 2011. Last accessed November 7, 2012. http://www.ars.usda.gov/Services/docs.htm?docid=6231

Wittea, V., Fobkerb, M., Gellnerc, R., Knechta, S., Floel, A. 2009. »Caloric Restriction Improves Memory in Elderly Humans.« *Proceedings of the National Academy of Sciences of the USA* 106:1255–1260.

11 Sieben Gewohnheiten, um das Arbeitsgedächtnis aufzuladen ... und ein paar, die Sie vermeiden sollten

Alloway, T. P., Alloway, R. G. 2012. »Attentional Control and Engagement with Digital Technology.« *Computers and Human Behavior.*

Andrade, J. 2010. »What Does Doodling Do?« *Applied Cognitive Psychology* 24:100–106.

Berman, M., Jonides, J., Kaplan, S. 2008. »The Cognitive Benefits of Interacting with Nature.« *Psychological Science* 19:1207–1212.

Carskadon, M. A., Harvey, K., Dement, W. C. 1981. »Acute Restriction of Nocturnal Sleep in Children.« *Perceptual Motor Skills* 53:103–112.

Carskadon, M. A., Harvey, K., Dement, W. C. 1981. »Sleep Loss in Young Adolescents.« *Sleep* 4:299–312.

Chee, M., Choo, W. 2004. »Functional Imaging of Working Memory after 24 Hr of Total Sleep Deprivation.« *Journal of Neuroscience* 2419:4560–4567.

Chuah, L. Y. M., Dolcos, F., Chen, A. K. Zheng, H., Parimal, S., Chee, M. W. L. 2010. »Sleep Deprivation and Interference by Emotional Distracters.« *Sleep* 33:1305–1313.

Dager Schweinsburg, A. D., Nagel, B., Schweinsburg, B., Parke, A., Theilmann, R., Tapert, S. 2008. »Abstinent Adolescent Marijuana Users Show Altered fMRI Response During Spatial Working Memory.« *Psychiatry Research: Neuroimaging* 163:40–51.

Drummond, S. P., Gillin, J. C., Brown, G. G. 2001. »Increased Cerebral Response During a Divided Attention Task Following Sleep Deprivation.« *Journal of Sleep Research* 10:85–92.

Ersche, K. D., Clark, L., London, M., Robbins, T. V., Sahakian, B. J. 2006. »Profile of Executive and Memory Function Associated with Amphetamine and Opiate Dependence.« *Neuropsychopharmacology* 315:1036–1047.

Ersche, K. D., Sahakian, B. J. 2007. »The Neuropsychology of Amphetamine and Opiate Dependence: Implications for Treatment.« *Neuropsychology Review* 17:317–336.

Fink, A., Grabner, R.H., Benedek, M., Reishofer, G., Hauswirth, V., Fally, M., Neuper, C., Ebner, F., Neubauer, A. 2009. »The Creative Brain: Investigation of Brain Activity During Creative Problem Solving by Means of EEG and FMRI.« *Human Brain Mapping.* 303:734–748.

Frank, M.G., Issa, N.P., Stryker, M.P. 2001. »Sleep Enhances Plasticity in the Developing Visual Cortex.« *Neuron* 30:275–87.

Hart, C.L., van Gorp, W.G., Haney, M., Foltin, R.W., Fischman, M.W. 2001. »Effects of Acute Smoked Marijuana on Complex Cognitive Performance.« *Neuropsychopharmacology* 25:757–765.

Heishman, S.J., Kleykamp, B.A., Singleton, E.G. 2010. »Meta-Analysis of the Acute Effects of Nicotine and Smoking on Human Performance.« *Psychopharmacology* 210:453–469.

Hofmann, W., Vohs, K., Baumeister, R. 2012. »What People Desire, Feel Conflicted About, and Try to Resist in Everyday Life.« *Psychological Science* 23:582–588.

Jonelis, M., Drummond, S., Salamat, J., et al. 2012. »Age-Related Influences of Prior Sleep on Brain Activation during Verbal Encoding.« *Frontiers in Neurology* 3:1–8.

Kopasz, M., Loessl, B., Hornyak, M., Riemann, D., Nissen, C., Piosczyk, H., Voderholzer, U. 2010. »Sleep and Memory in Healthy Children and Adolescents—A Critical Review.« *Sleep Medicine Reviews* 14:167–177.

Lyoo, I.K., Pollack, M.H., Silveri, M.M., Ahn, K.H., Diaz, C.I., Hwang, J., et al. 2006. »Prefrontal and Temporal Gray Matter Density Decreases in Opiate Dependence.« *Psychopharmacology* 184:139–144.

MovNat. Last accessed November 7, 2012. http://movnat.com/.

National Sleep Foundation. Last accessed November 7, 2012. www.sleepfoundation.org/.

National Association of Professional Organizers. Last accessed November 7, 2012. www.napo.net/

Owens, J., Belon, K., Moss, P. 2010. »Impact of Delaying School Start Time on Adolescent Sleep Mood and Behavior.« *Archives of Pediatrics & Adolescent Medicine* 164:608–614.

Payne, J.D., Tucker, M.A., Ellenbogen, J.M., Wamsley, E.J., Walker, M.P., Schacter, D.L., Stickgold, R. 2012. »Memory for Semantically Related and Unrelated Declarative Information: The Benefit of Sleep the Cost of Wake.« *PLoS ONE* 73: e33079.

Pilcher, J., Huffcutt, A. 1996. »Effects of Sleep Deprivation on Performance: A Meta Analysis.« *Sleep* 19:318–326.

Steenari, M.R., Vuontela, V., Paavonen, E.J., Carlson, S., Fjallberg, M., Aronen, E. 2003. »Working Memory and Sleep in 6- to 13-Year-Old Schoolchildren.« *Journal of the American Academy of Child and Adolescent Psychiatry* 42:85–92.

Wahlstrom, K. 2010. »School Start Time and Sleepy Teens.« *Archives of Pediatrics & Adolescent Medicine* 164:676–677.

Whitney, P., Rosen, P. 2012. »Sleep Deprivation and Performance: The Role of Working Memory,« in *Working Memory: The Connected Intelligence*, T. P. Alloway and R. G. Alloway, Eds. New York: Psychology Press.

12 Ein Utopia für das Arbeitsgedächtnis

Barros, R., Silver, E., Stein, R. 2009. »School Recess and Group Classroom Behavior.« *Pediatrics* 123:431–436.
Gardiner, V. »24 Rooms Tucked in One.« *New York Times*, January 14, 2009. Last accessed November 7, 2012. www.nytimes.com/2009/01/15/garden/15hongkong.html?pagewanted=all&_r=0
Ginsburg, K. 2007. »The Importance of Play in Promoting Healthy Child Development and Maintaining Strong Parent-Child Bonds.« *Pediatrics* 119: 182–191.
Jahnke, H., Hygge, S., Halin, N., Green, A. M., Dimberg, K. 2011. »Open-Plan Office Noise: Cognitive Performance and Restoration.« *Journal of Environmental Psychology* 31:373–382.
Litman, L., Davachi, L. 2008. »Distributed Learning Enhances Relational Memory Consolidation.« *Learning and Memory* 15:711–716.
Seppänen, O., Fisk, W., Lei, Q. 2006. »Ventilation and Performance in Office Work.« *Indoor Air* 6:28–36.

13 Am Vorabend des Arbeitsgedächtnisses

Azéma, M., Rivère, F. 2012. »Animation in Palaeolithic Art: A Pre-Echo of Cinema.« *Antiquity* 86:316–32.
Barabás, P., Director. 2005. *Pururambo* (documentary).
Bates, T. C., Luciano, M., Lind, P., Wright, M. J., Montgomery, G. W., Martin, N. G. 2008. »Recently-derived Variants of Brain-size Genes ASPM MCPHI CDK5RAP and BRCA1 Not Associated with General Cognition Reading or Language.« *Intelligence* 36:689–693.
Binford, L. R., Binford, S. 1966. »A Preliminary Analysis of Functional Variability in the Mousterian of Levallois Facies.« *American Anthropologist* 68:238–295.
Bruner, E. 2010. »Morphological Differences in the Parietal Lobes Within the Human Genus: A Neurofunctional Perspective.« *Current Anthropology* 51:S77–S88.
Chauvet, J. M., Deschamps, E., Hillaire, C. 1996. *Dawn of Art: The Chauvet Cave the Oldest Known Paintings, in the World*. New York: Harry N. Abrams, Inc.
Clottes, J. 2003. *Chauvet Cave: The Art of Earliest Times*. Utah: University of Utah Press.
Conard, N., Malina, M., Münzel, S. 2009. »New Flutes Document the Earliest Musical Tradition in Southwestern Germany.« *Nature* 460:737–740.
Coolidge, F., Wynn, T. 2001. »Executive Functions of the Frontal Lobes and the

Evolutionary Ascendancy of *Homo sapiens.*« *Cambridge Archaeological Journal* 11:255–260.

Coolidge, F., Wynn, T. 2005. »Working Memory: Its Executive Functions and the Emergence of Modern Thinking.« *Cambridge Archaeological Journal* 15:5–26.

Coolidge, F., Wynn, T. 2009. *The Rise of Homo sapiens: The Evolution of Modern Thinking.* Chichester, UK: Wiley-Blackwell.

Coolidge, F., Wynn, T. 2011. *How to Think Like a Neandertal.* Oxford University Press, USA.

Dalén, L., Orlando, L., Shapiro, B., et al. 2012. »Partial Genetic Turnover in Neandertals: Continuity in the East and Population Replacement in the West.« *Molecular Biology and Evolution* doi: 10.1093/molbev/mss074.

Darling, S., Havelka, J. 2010. »Visuo-Spatial Bootstrapping: Evidence for Binding of Verbal and Spatial Information in Working Memory.« *Quarterly Journal of Experimental Psychology* 63:239–245.

Enard, W., Przeworski, M., Fisher, S., Lai, C., Wiebe, V., Kitano, T., Monaco, A., Pääbo, S. 2002. »Molecular Evolution of *FOXP2* a Gene Involved in Speech and Language.« *Nature* 418:869–872.

Evans, P.D., Mekel-Bobrov, N., Vallender, E.J., Hudson, R.R., Lahn, B.T. 2006. »Evidence That the Adaptive Allele of the Brain Size Gene *Microcephalin* Introgressed into *Homo Sapiens* from an Archaic *Homo* Lineage.« *Proceedings of the National Academy of Sciences of the United States* 103:18178.

Fincham, J., Carter, C., van Veen, V., Stenger, V., Anderson, J. 2002. »Neural Mechanisms of Planning: A Computational Analysis Using Event-Related fMRI.« *Proceedings of the National Academy of Sciences* 99:3346–3351.

Fisher, S.E., Vargha-Khadem, F., Watkins, K.E., Monaco, A.P., Pembrey, M.E. 1998. »Localisation of a Gene Implicated in a Severe Speech and Language Disorder.« *Nature Genetics* 18: 168–70.

Green, R., Krause, J., Briggs, A., et al. 2010. »A Draft Sequence of the Neandertal Genome.« *Science* 328:710–22.

Herzog, W., director. 2011. *Cave of Forgotten Dreams* (documentary).

Howard Hughes Medical Institute. »Human Brain Evolution Was a ›Special Event,‹« December 29, 2004, last accessed November 6, 2012. www.hhmi.org/news/lahn3.html

Inoue, S., Matsuzawa, T. 2007. »Working Memory of Numerals in Chimpanzees.« *Current Biology* 17:R1004–R1005.

Jurmain, R., Kilgore, L., Trevathan, W. 2012. *Essentials of Physical Anthropology.* Wadsworth Publishing.

Karlsen, P.J., Allen, R.J., Baddeley, A.D., Hitch, G.J. 2010. »Binding Across Space and Time in Visual Working Memory.« *Memory and Cognition* 38:292–303.

Klein, R. 2003. »Whither the Neanderthals?« *Science* 299:1525–1527.

Kubrick, S., director. 1968. *2001: A Space Odyssey* (movie).

Lai, C., Fisher, S., Hurst, J., Vargha-Khadem, F., Monaco, A. 2001. »A Forkhead-domain Gene is Mutated in a Severe Speech and Language Disorder.« *Nature* 413:519–523.

Lalueza-Fox, C., Krause, J., Caramelli, D., et al. 2006. »Mitochondrial DNA of an Iberian Neandertal Suggests a Population Affinity with other European Neandertals.« *Current Biology* 16:R629–630.

Mekel-Bobrov, N., Gilbert, S.L., Evans, P.D., Vallender, E.J., Anderson, J.R., Hudson, R.R., Tishkoff, S.A., Lahn, B.T. 2005. »Ongoing Adaptive Evolution of *ASPM* a Brain Size Determinant in *Homo sapiens*.« *Science* 309:1720.

Pääbo, S. 1985. »Molecular Cloning of Ancient Egyptian Mummy DNA.« *Nature* 314:644–645.

Reyburn, S. »Hirst Shark Sells for 9.6 Million Pounds at Sotheby's.« *Bloomberg*, September 15, 2008, last accessed November 6, 2012. www.bloomberg.com/apps/news?sid=aw9UAnyzyFB4&pid=newsarchive.

Söderqvist, S., McNab, F., Peyrard-Janvid, M., Matsson, H., Humphreys, K., Kere, J., Klingberg, T. 2010. »The SNAP25 Gene Is Linked to Working Memory Capacity and Maturation of the Posterior Cingulate Cortex During Childhood.« *Biological Psychiatry* 68:1120–1125.

Vernes, S., Nicod, J., Elahi, F., Coventry, J., Kenny, N., Coupe, A., Bird, L., Davies, K., Fisher, S. 2006. »Functional Genetic Analysis of Mutations Implicated in a Human Speech and Language Disorder.« *Human Molecular Genetics* 15:3154–3167.

Wilford, J. »Flutes Offer Clues to Stone-Age Music.« *New York Times*, June 24, 2009, last accessed November 6, 2012. www.nytimes.com/2009/06/25/science/25flute.html.

Wynn, T. 2008. »A Stone-Age Meeting of Minds.« *American Scientist* 96:44.

Wynn, T., Coolidge F. 2004. »The Expert Neandertal Mind.« *Journal of Human Evolution* 46:467–487.

Gerald Hüther
**Was wir sind und
was wir sein könnten**
Ein neurobiologischer Mutmacher
Band 18850

Begeisterung ist Dünger fürs Gehirn. Doch immer mehr scheint uns als Individuen wie als Gesellschaft die Begeisterung abhanden zu kommen, weil sie in unserer Kultur gar nicht gefragt ist. Kein Wunder, dass ›Burn-Out‹, Depressionen und Demenz die Krankheiten unserer Zeit sind, dass wir uns vor Krisen nicht retten können.

Der bekannte Neurobiologe und erfolgreiche Autor Gerald Hüther plädiert für ein radikales Umdenken: Er fordert den Wechsel von einer Gesellschaft der Ressourcennutzung zu einer Gesellschaft der Potentialentfaltung und Weiterentwicklung, mit mehr Raum und Zeit für das Wesentliche. In seiner großartigen, ganz konkreten Darstellung zeigt er aus neurobiologischer Sicht, wie es uns gelingen kann, aus dem, was wir sind, zu dem zu werden, was wir sein können.

»Das Buch ist wirklich ein Mutmacher,
denn Hüther zeigt, dass es jedenfalls nicht an unserem
Gehirn liegt, wenn wir auch in Zukunft glauben,
so weitermachen zu müssen wie bisher.«
RBB Kulturradio

Fischer Taschenbuch Verlag